chez les Grecs se prenoit le plus ordinairement pour toute sorte d'habit tant des hommes que des femmes. Les tuniques des Grecs avoient des manches assez étroites: la tunique étoit commune aux Grecs & aux Romains; mais les Romains avoient des manches larges extremement courtes, & qui ne venoient pas même jusqu'au coude, comme l'on peut remarquer dans un grand nombre de statues que nous donnerons ci-après.

II. Outre cette tunique exterieure plusieurs en portoient une autre sur la peau, qui tenoit lieu de chemise, & que les Grecs appelloient χιτωνίσκος, & les Romains *interula* ou *subucula*. Anciennement ces tuniques interieures étoient de laine, du moins celles qui servoient aux hommes. Je ne sai si chez les Romains l'on trouve l'usage du lin pour les hommes avant Alexandre Severe qui se servoit de lin selon Lampridius qui a écrit sa vie; cet Empereur, dit-il, aimoit le linge le plus beau & le plus fin, & sembloit le preferer à la pourpre; il regardoit comme une folie de brocher d'or le linge, disant que cela ne servoit qu'à le rendre plus rude & plus tendu. L'usage du linge étoit donc introduit dès ce tems-là même pour les hommes. Il n'y a pourtant guere d'apparence qu'il fût encore generalement reçu; nous ne savons pas même si l'on s'en servoit pour ce que l'on appelloit *interula* ou *subucula*; c'étoit la tunique interieure, ou ce que nous appellons aujourd'hui la chemise. Varron en son livre 1. dit qu'après que les Romains eurent introduit l'usage des deux tuniques, ils commencerent à se servir des mots *subucula* & *indusium*; c'étoit sans doute pour marquer la tunique interieure qui étoit encore de laine. Auguste, dit Suetone, portoit en hiver une toge de grosse étoffe, quatre tuniques, & une *subucule* ou une tunique interieure qui étoit de laine. Horace l'appelle de même *subucula*, c'étoit la même chose que ce qu'on nommoit *indusium*, qui selon Nonius Marcellus étoit celui des habits qui touchoit au corps. Nous ne voyons pas jusqu'ici aucun usage du linge pour les chemises: il y a apparence qu'on ne s'en est servi pour cela que dans des tems fort posterieurs.

III. Les femmes s'étoient apparemment plutôt servies de robes de lin que les hommes: Varron rapporté par Pline dit que c'étoit une coutume de pere en fils dans la famille des Serrans, que les femmes n'y portoient point de robe de lin. Cela étant remarqué comme une chose extraordinaire, il paroit certain que l'usage du lin étoit ancien à Rome pour les femmes; sur quoi le Ferrari

---

apud Græcos in usu vulgari erat pro quolibet vestimenti genere tum virili tum muliebri: tunica Græcorum manicis, iisque angustis instructa erat. Tunica in usu perinde Romanis erat; sed hi manicis larioribus breviotibusque utebantur, quæ nequidem ad cubitum usque pertingerent, ut in statuis bene multis quarum imagines afferemus, observatur.

II. Præter tunicam illam exteriorem, aliam multi interiorem gestabant corpori adhærentem, quam Græci χιτωνίσκον, Romani interulam vel subuculam vocabant. Principio tunicæ illæ, saltem quæ viris in usu, laneæ erant. Nescio utrum apud Romanos lineæ vestes viriles occurrant ante Alexandrum Severum Impetatorem, qui lineis utebatur vestibus teste Lampridio c. 40. *Boni linteaminis*, inquit, *appetitor fuit & quidem puri*; dicens, *Si lintei idcirco sint ut nihil asperum habeant, quid opus est purpurâ? In linea autem aureum mitti etiam dementiam judicabat, cum asperitati adderetur rigor.* Linearum igitur vestium usus illo tempote inductus erat, etiam pro viris. Neque tamen videtur apud omnes receptus fuisse; neque scimus an linum pro interiori veste, interula videlicet aut subucula corpori adhærente in usu tunc fuerit. Varro l. 1. de vita populi Romani, cujus locus affertur a Nonio Marcello in voce *Subucula*, sic ait: *Postquam binas tunicas habere cœperunt, instituerunt vocare Subuculas & indusium*. Hæ voces interiorem tunicam, quæ adhuc lanea erat, significabant. *Augustus*, inquit Suetonius n. 82. *hieme quaternis cum pingui toga tunicis, & subucula thorace laneo & feminalibus & tibialibus muniebatur*. Horatius item l. 1. epist. 1. tunicam interiorem subuculam vocat, eratque subucula idipsum quod indusium nominabant, *vestimentum*, inquit Nonius Marcellus in hac voce, *quod corpori intus plurimas vestes adhæret*. Hactenus ergo nullum videmus linteaminis usum ad interulas quæ hodie *Camisiæ* vocantur, videturque hæc consuetudo longe posterioribus inducta sæculis.

III. Mulieres, ut videtur, lineis vestibus prius quam viri sunt usæ: Varro a Plinio allatus lib. 19. c. 1. ait in Serranorum familia gentilitium esse feminas linea veste non uti. Cum hoc ut singulare quidpiam observetur, hinc arguitur linearum vestium usum Romanis mulieribus antiquum fuisse: cujus rei occasione

remarque que Plaute qui donne quelquefois des robes de lin aux femmes, n'en donne jamais aux hommes: mais nous ne trouvons pas que dans ces anciens tems les femmes s'en soient servies pour des chemises, non plus que les hommes.

L'usage du linge étoit aussi fort ancien dans la Grece; il paroit par ce qu'Herodote dit, que les Grecs faisoient commerce de lin dans divers payis; ils appelloient, dit-il, le lin de Cholcos Sardonique, & celui d'Egypte Egyptien. Xenophon parle plus clairement du commerce de lin dans sa republique des Atheniens. Tous ceux qui vouloient entrer dans l'antre de Trophone pour y consulter l'Oracle, portoient une robe de lin, dit Pausanias; mais on ne sait pas quand est-ce qu'ils ont commencé à en faire des tuniques interieures ou des chemises.

La Calasiris, dit Herodote, étoit une tunique de lin frangée par le bas, que les Egyptiens portoient sous un habit de laine blanche; mais quand ils entroient dans les temples, ils ôtoient leurs habits de laine, ne leur étant pas permis d'y paroître qu'en habit de lin. Ces Calasiris ont l'air d'avoir servi aux Egyptiens qui alloient vêtus legerement, d'habit & de chemise en même tems. Il paroit que la Calasiris a été aussi en usage chez les Grecs: le Scholiaste d'Aristophane *in avibus*, & Hesychius l'appellent χιτὼν πλατύσημος, la tunique au clou large; nous expliquerons plus bas ce qu'on entendoit par le clou large. On croit que l'usage du lin a passé de l'Egypte dans la Grece. Les Prêtres d'Isis & d'Anubis étoient vêtus de lin, ne leur étant point permis d'entrer dans le temple en habit de laine, comme nous venons de dire. Il leur étoit même défendu de se servir de laine pour enterrer leurs morts: en effet nous voyons que les mumies sont toujours enveloppées de linge & de bandes de toiles, & jamais de laine.

IV. Les tuniques que les Romains portoient sous la toge, avoient des manches si courtes, qu'elles n'alloient pas même jusqu'au coude. Ces tuniques descendoient ordinairement jusqu'à la cheville du pied: nous les voyons à peu près telles dans les images que nous donnerons plus bas; quoique, comme il arrive presque en toutes ces choses qui regardent l'antiquité, nous n'y remarquions pas beaucoup d'uniformité dans la longueur des tuniques; car pour les manches elles sont ordinairement fort courtes. Ciceron

---

annotat Ferrarius de re vestiaria l. 3. c. 3. Plautum qui lineas mulierum vestes aliquando commemorat, nunquam virorum similes dixisse; neque tamen reperimus mulieres unquam linceis interulis seu *camisiis* usas, ut neque viros.

Lini linearumque vestium usus in Græcia etiam antiquitus adhibebatur: ex his quæ ait Herodotus lib. 2. c. 105. liquidum est Græcos ex variis regionibus linum advexisse; linum Colchidis vocabant Sardonicum; ex Ægypto comportatum, linum Ægyptium appellabant: apertiusque eam rem perhibet Xenophon in republica Atheniensium p. 697. Quotquot in antrum Trophonii Oraculum consultum intrabant linea veste induebantur, inquit Pausanias in Bœot. p. 603. Ignoratur tamen quandonam illi χιτωνίσκους seu interulas ex lino primum concinnare cœperint.

Calasiris, inquit Herodotus lib. 2. c. 81. tunica erat linea exornata fimbriis, quam Ægyptii sub lanea exteriori veste alba gestabant; cumque in templa ingrediebantur, vestes laneas deponebant, nonnisi enim lineis cum vestibus eo intrare licebat. Calasiris illa, ut quidem videtur, & tunicæ simul & interulæ loco ipsis erat, cutemque tangebat; nam tenuiore illi vestitu utebantur. Calasiris etiam Græcis in usu fuisse putatur; Aristophanis scholiastes in *Avibus*, & Hesychius illam sic interpretantur χιτὼν πλατύσημος, *tunica laticlavia* vel *lati clavi*; quid per latum clavum intelligatur infra dicemus. Lini linteorumque usus ex Ægypto in Græciam transiisse putatur. Sacerdores Isidis & Anubidis lino vestiebantur; neque enim licitum ipsis erat in templa cum laneis vestibus ingredi, ut jam diximus. Vetitum etiam erat defunctorum corpora laneis circumdare pannis. Sane videmus *mumias* omnes, ut vocant, lineis fasciis involutas, nunquam laneis. Hactenus de tunicis illis interioribus seu subuculis.

IV. Tunicæ illæ quas Romani sub toga gestabant, brevissimis manicis instructæ erant, quæ ne ad cubitum quidem usque pertingerent; ad pedis malleolos circiter defluebant. Tales conspicimus in imaginibus inferius proferendis, quamvis, ut in iis rebus quæ antiquitatem spectant observatur, non semper illæ eadem omnino sint forma, nec eadem longitudine: manicæ tamen brevissimæ solent omnino esse. Cicero

parlant du luxe des compagnons de Catilina, dit qu'ils portoient des tuniques qui descendoient jusqu'aux talons, & à longues manches, & que leurs toges étoient grandes comme des voiles. Ces tuniques n'avoient point d'ouverture sur le devant, comme il paroit dans presque toutes les images que nous donnons en assez grand nombre : comme elles étoient assez larges, ils les serroient d'une ceinture, qui paroit en certaines images où la toge ne la cache pas.

V. On ne trouve guere de sculptures des anciens Grecs avant qu'ils fussent soumis à l'empire Romain. La plûpart de celles que nous donnons ici, sont des tems posterieurs, où ils avoient déja perdu leur liberté. Leurs tuniques paroissent de même forme que les Romaines, à quelque petite difference près ; les manches étoient courtes de même : ces manches s'appelloient en grec χειρίδες ; mais dans l'une & l'autre langue ces deux mots χειρίδες & *manicæ*, se prenoient aussi pour des gands, dont l'usage étoit chez les anciens, quoique moins frequent qu'aujourd'hui.

Ceux qui servoient à table étoient assez ordinairement vêtus de lin : leurs tuniques étoient larges, serrées d'une ceinture, & relevées par devant & sur les côtez : nous en parlerons plus bas au chapitre de la table.

Catilinæ sodalium luxum mollitiemque notans ait 2. Catil. 22. ipsos gestasse tunicas talares & manicatas, togasque velis similes. Illæ tunicæ non erant in anteriori facie apertæ, ut in omnibus fere schematibus quæ amplo numero proferemus, conspicitur : quia autem illæ amplæ latæque erant, zona stringebantur, quæ zona in nonnullis imaginibus cernitur, ubi ea togis non operitur.

V. Pauca anaglypha occurrunt quæ Græcos illos veteres a Romanis nondum subactos efferant ; eorum quæ infra proferentur maxima pars posterioris sunt ævi, cum jam illi libertatem amisissent. Tunicæ eorum Romanis sunt fere similes : manicæ breves, quas illi χειρίδες vocabant : verum χειρίδες græce, & *manicæ* latine, pro chirothecis etiam accipiebantur, quarum usus priscis illis temporibus infrequentior erat.

Qui mensæ ministrabant lineis ut plurimum vestibus induebantur. Ipsorum tunicæ latiores erant, sed cingulo constrictæ undique largos sinus efficiebant, quod in pocillatoribus infra videbimus.

CHAPITRE II.

I. Ce que c'étoit que la Chlamyde. *II. Sa forme. III. Elle étoit en usage chez les Romains. IV. Ce que c'étoit que la* Chlene.

I. LA *chlamyde* habit ancien chez les Grecs fut aussi en usage chez les Romains ; on la mettoit sur la tunique comme un surtout ou comme un manteau. Voila ce qu'il y a de certain ; car pour ce qui est de sa forme les auteurs ne sont pas plus d'accord entre eux, que sur la plûpart des autres vêtemens des anciens. Quelques-uns ont dit que c'étoit la même chose que la toge Romaine ; mais ce sentiment est rejetté de la plûpart : d'autres disent plus vraisemblablement qu'elle ne differoit point du *sagum* ou *paludamentum*, fondez sur l'Etymologique qui dit que la *chlamyde* est ce qu'on appelloit σάγος, & sur la définition de Nonius qui assure, que le *paludamentum*

CAPUT II.

I. Quid esset chlamys. II. Ejus forma. III. Romanis etiam in usu erat. IV. Quid chlæna ?

I. Χλαμὺς, chlamys, vetusti apud Græcos usus erat, ad Romanosque transiit. Ea ceu pallium supra tunicam gestabatur : hoc quidem certum est ; de forma enim disceptatur a scriptoribus perinde atque de aliis fere omnibus vestimentis. Non defuere qui dicerent chlamydem idipsum esse quod togam Romanam ; alii verisimilius dicunt a sago aut a paludamento non differre, Etymologici nempe auctoritate nixi, in quo dicitur chlamydem idipsum esse quod σάγος vocari ; itemque Nonii Marcelli qui in voce *Paludamentum* sic habet : *Paludamentum est vestis quæ nunc chlamys*

étoit ce qu'on appelloit de son tems *chlamyde*. Chez les Grecs on se servoit de cet habit en guerre & en paix, comme plusieurs auteurs en font foi.

II. La chlamyde étoit toute ouverte, & s'attachoit avec une boucle sur l'épaule, en sorte que le côté où s'attachoit la boucle étoit tout découvert. Ils mettoient ordinairement la boucle sur l'épaule droite, afin que le bras droit demeurât libre, comme on observera plus bas sur les monumens. Il y avoit deux sortes de chlamydes, la Macedonienne, & la commune: la Macedonienne étoit selon quelques-uns fermée à l'extrémité d'en bas; on prétend trouver la forme de la chlamyde commune dans ce passage de Macrobe: *Les anciens ont dit que toute la terre habitable étoit semblable à une chlamyde étendue.* Mais Rubenius soutient qu'il n'y avoit aucune difference entre la Macedonienne & la commune. Il est en effet fort difficile d'entendre comment une chlamyde, qui étoit une espece de manteau, pouvoit être fermée à l'extrémité d'en bas: le passage d'Ammonius qu'on allegue pour prouver qu'elle étoit fermée en bas, εἰς τέλειον περὶ τὰ κάτω συντάξει, peut fort bien s'entendre en cette maniere, que la chlamyde Macedonienne étant fort large, les deux côtez se réunissoient par le bas, sans être joints ni cousus ensemble, comme les deux côtez de nos manteaux se touchent sans être attachez l'un à l'autre. Demetrius roi de Macedoine, dit Plutarque, fit faire une chlamyde de grand prix, qui avoit la figure du monde, & qui représentoit les astres: ce qui semble marquer une chlamyde étendue & qui n'est pas fermée. Pline est plus clair lorsqu'il dit que Dinocharès qui bâtit Alexandrie sous les ordres d'Alexandre le Grand, donna à cette ville la forme d'une chlamyde Macedonienne, qu'elle avoit la rondeur de la chlamyde avec quelques inégalitez sur les bords, & que ses deux angles s'étendoient à droit & à gauche: ce qui marque évidemment que la chlamyde Macedonienne n'étoit pas rejointe en bas aux angles des deux côtez. Cela prouve en même tems que la chlamyde Macedonienne ne differoit point des autres chlamydes, hors peut-être pour la grandeur: ce nom de Macedonienne donné par les auteurs à cette espece de chlamyde, semble marquer quelque difference; mais on ne sauroit dire précisément en quoi elle differoit des autres, non plus que la Thessalienne, dont parlent Hesychius & les autres Grammairiens, & à laquelle Philostrate dans ses Heroïques semble donner une forme particuliere.

---

dicitur. Græci hoc vestimenti genere domi militiæque utebantur, ut ex plurimis auctoribus arguitur.

II. Erat chlamys vestimentum apertum, quod ad humerum fibula annectebatur, ita ut latus illud in quo fibula, apertum omnino detectumque esset, ut dexterum brachium liberum maneret; in humero dextero ut plurimum fibula ponebatur, ut videre est in monumentis infra. Duo chlamydum genera erant, chlamys nempe Macedonica, & chlamys communis usus; Macedonica, ut voluere quidam, ab inferiori parte clausa undique erat; communis vero chlamydis forma ex illo Macrobii loco intelligitur: *Veteres omnem habitabilem terram extensæ chlamydi similem esse dixerunt.* At Rubenius de re vestiaria l. 2. c. 7. nullum fuisse discrimen putat Macedonicam inter & communem. Sane vix intelligatur chlamydem, quod genus erat pallii, ab ima ora fuisse clausam. Ammonii locus allatus a Ferrario de re vest. part. 2. l. 3. c. 7. ὡς τέλειον περὶ τὰ κάτω συνάξει, hoc utique modo explicari potest, chlamydis illius Macedonicæ, quæ latior ampliorque esset, extremas oras sese mutuo contigisse, nec tamen conjunctas & assutas fuisse, quemadmodum & in palliis hodiernis videmus. Demetrius Macedoniæ rex, inquit Plutarchus in ejus vita, chlamydem sibi preciosissimam parari jussit, quæ formam mundi exhiberet atque astra repræsentaret; id certe extensam, non clausam chlamydem significare videtur. Apertius Plinius rem explicare videtur cum ait 5. 10. Dinocharen qui jubente Alexandro Magno Alexandriam construxit, *illam metatum esse ad effigiem Macedonicæ chlamydis, orbe gyrato laciniosam, dextera lævaque angulose procursu.* Quibus indicari prorsus videtur Macedonicam chlamydem non conjunctis inferne angulis clausam fuisse: inde quoque probatur chlamydem Macedonicam a cæteris forma diversam non fuisse; nisi fortasse dixeris longiorem lavoremque fuisse: nam cum a scriptoribus *chlamys Macedonica* sic expresse memoretur, aliquid discriminis interfuerit oportet: in quo autem Macedonica itemque alia quam Thessalicam appellabant, ab aliis differrent non facile est divinare. Thessalicam memorant Hesychius aliique grammatici, itemque Philostratus in Heroicis p. 645. qui videtur ipsi formam adscribere peculiarem.

III. La chlamyde étoit aussi en usage chez les Romains; nous trouvons dans les anciens monumens plusieurs Empereurs & Officiers d'armée avec cette sorte de manteau qu'on appelloit *paludamentum*: s'il étoit la même chose que la chlamyde, comme il y a apparence, & comme le dit expressément Nonius Marcellus, nous ne manquons pas de figures de la chlamyde, lesquelles nous donnerons plus bas. Il est vraisemblable que l'ephestride étoit la même chose que la chlamyde; Artemidore dit expressément que ce qu'on nommoit chlamyde s'appelloit aussi *mandyas*, *ephestride* & *birrhus*.

IV. La *chlene* que les Romains appelloient lene, étoit en usage dès les tems heroïques: c'étoit une espece de surtout, qui servoit à garantir du froid & des autres injures des saisons: il y en avoit de doubles, & d'autres toutes simples sans fourrure; on s'en servoit la nuit comme de couverture. On donna à Priam lorsqu'il coucha dans la tente d'Achille des chlenes fourrées pour se couvrir la nuit. S. Benoit veut qu'on en donne une à chaque Religieux, sans doute pour cet usage: *Stramenta autem lectorum sufficiant matta, sagum, lana & capitale*. Je crois que le Religieux se mettoit dans le *sagum* ou le saie, & qu'il se couvroit de la chlene. On s'en servoit à la guerre, comme on peut voir dans l'Odyssée d'Homere. Il n'est guere d'habit dont l'usage se trouve plus frequemment dans les auteurs: il est quarré, dit Ammonius; figure propre à servir la nuit comme le jour. Il y avoit un autre habit à peu près semblable pour la forme, qu'on appelloit *chlanis* ou *chlanidion*, qui étoit d'une étofe plus legere & plus douce, & qui servoit aux femmes aussi bien qu'aux hommes. On croit aussi que la sisyre étoit une espece de chlene d'une étoffe plus grossiere, & qui servoit aussi le jour & la nuit.

Elien parlant du luxe des anciens Atheniens, dit qu'ils portoient des manteaux de pourpre, des tuniques de diverses couleurs, qu'ils se boucloient & frisoient les cheveux, & qu'ils entremêloient dans leur chevelure des ornemens d'or qui avoient la forme de cigales: cela n'apprend rien quant à la forme des tuniques & des manteaux, & n'instruit que sur les ornemens.

III. Chlamys etiam Romanis in usu erat. In monumentis Imperatores, Prætores Tribunosque cernimus hoc pallii amictos genere, quod & *paludamentum* vocabant: si paludamentum idipsum erat quod chlamys, ut post Nonium Marcellum supra dicebamus, non deerunt chlamydis schemata, quæ infra in tabulis subjiciamus. Vero simile est etiam Ephestridem nihil aliud fuisse quam chlamydem. Ait Artemidorus l. 2. cap. 3. idipsum quod chlamydem vocabant, mandyan quoque, ephestridem & birrhum appellarum fuisse.

IV. Χλαῖνα, chlæna quam Romani lænam appellabant, heroïcis temporibus in usu fuisse perhibetur. Amiculi species erat frigori propulsando idonea: ex iis quædam duplices, aliæ simplices erant, noctuque stragulimore inserviebant. Cum Priamus in Achillis tentorio pernoctavit Iliad. 24. chlænæ ipsi duplices datæ fuerunt quibus sese operiret. S. P. Benedictus cuique monacho lænam ad hujusmodi usum concedit; *Stramenta autem lectorum sufficiant matta, sagum, lana & capitale*. Puto autem monachum sese in sago conclusisse, & lænam superposuisse. Chlæna in bellis usurpabatur, quod in Homeri Odyssea videas. Pauca sunt vestium genera quæ frequentius quam chlæna a scriptoribus commemorentur. Vestis erat quadrata, inquit Ammonius; qua sane forma nocturni perinde atque diurni usus esse commode poterat. Alia huic fere similis vestis erat, quæ chlanis vel chlanidion vocabatur, ex tenuiore mollioreque panno confecta, quæ a mulieribus perinde atque a viris gestabatur. Sisyra etiam chlænæ species fuisse existimatur, ex densiore panno, quæ perinde nocturni diurnique usus fuisse putatur.

Ælianus var. Hist. 4. 22. de veterum Atheniensium luxu mollitieque loquens ait ipsos purpurea pallia, ἰμάτια, gestasse, variis amictos fuisse tunicis, corymbis implicavisse capillos, iisque aureas cicadas inseruisse: ex his ornamenta tantum, non vero formam palliorum tunicarumque discimus.

HABITS DES GRECS ET DES ROMAINS.

CHAPITRE III.

I. Le pallium ou le manteau fut premierement à l'usage des Grecs, & ensuite des Romains. II. Images des Grecs revêtus de la tunique & du manteau. III. Autres images des Grecs du tems de Periclés. IV. Difficultez sur ce manteau. V. Image de Prusias & de sa femme. VI. Autre image de Telamon & de sa femme Hesione.

I. LE *pallium* ou le manteau s'appelloit chez les Grecs, *himation*, *pharos*, *tribon* ou *tribonion*. Le mot latin *pallium* passa aussi aux Grecs, qui l'appelloient παλλον; c'étoit une espece de manteau assez semblable à ceux d'aujourd'hui. Cet habit étoit propre aux Grecs; ce qui se voit par un passage de Suetone dans la vie d'Auguste: *Il distribua*, dit-il, *entre autres differens presens, des toges & des manteaux, & fit une loi que les Romains porteroient l'habit Grec, & les Grecs l'habit Romain; c'est à-dire que les Grecs marcheroient avec la toge, & les Romains avec le manteau*. Quoiqu'il soit certain que le *pallium* ou manteau étoit propre aux Grecs, & que plusieurs auteurs le témoignent aussi-bien que Suetone, cet habit devint depuis commun aux Romains & aux Grecs. Le *pallium* Grec étoit plus long que nos manteaux ordinaires, mais un peu plus court que les manteaux longs de nos Ecclesiastiques.

II. Il paroit que le manteau n'avoit point de collet, & qu'il se mettoit sur la tunique, comme on le peut voir dans l'image de [1] Metrodore Ephesien copiée d'après une statue ancienne de Rome, où l'on remarque qu'il y entroit beaucoup d'étoffe, & qu'on pouvoit en faire plusieurs tours sur le corps. La tunique descend jusqu'aux pieds comme dans la figure d'après. Le manteau suivant, qui est aussi d'un Grec [2], ne differe de celui de Metrodore qu'en ce que tous les bords en sont découpez, en sorte que les découpures ressemblent à des franges; cela se voit mieux dans la figure même. La tunique fort large est ceinte au bas de la poitrine; les manches sont aussi fort larges & assez longues.

III. Une autre [3] image qui nous a été communiquée longtems après les deux autres, est tirée des bas-reliefs du temple de Minerve d'Athenes, que

PLAN-
CHE I.
1

2

3

CAPUT III.

I. Pallium in usu Græcis fuit, deinde & Romanis. II. Imagines Græcorum cum tunica & pallio. III. Aliæ imagines Græcorum Periclis ævo. IV. Circa pallium difficultates. V. Imago Prusiæ & uxoris ejus. VI. Alia imago Telamonis & Hesiones uxoris.

I. PAllium apud Græcos ἱμάτιον vocabatur, φάρος item, τρίβων & τριβώνιον. Vox latina *pallium* ad Græcos etiam transiit, qui ipsum πάλλιον vocabant; eratque palliis hodiernis non absimile. Græcis proprium pallium fuisse videtur, ut ex hisce Suetonii verbis patet in Augusto cap. 98. *Inter varia munuscula rogas insuper ac pallia distribuit, lege proposita ut Romani Græco, Græci Romano habitu & sermone uterentur*. Etenim certum sit ἱμάτιον seu pallium Græcis usui fuisse, multique præter Suetonium scriptores idipsum testificentur, hæc vestis postea Romanis perinde atque Græcis in usu fuit. Pallium Græcorum palliis hodiernis longius fuisse videtur, sed Ecclesiasticorum hodierno pallio oblongo brevius.

II. In pallio collare nullum, ut quidem videtur, erat; tunicæ autem superponebatur, ut videre est infra in imagine [1] Metrodori Ephesii expressa ex statua veteri quæ Romæ visitur, ubi latissimum vestimentum exhibetur, quod possit pluries circa corpus convolvi. Tunica ad pedes usque desluit perinde atque in altera imagine. Pallium sequentis Græci [2] a pallio Metrodori ea in re solum differt, quod illius oræ hinc & inde intercisæ fimbriarum aspectum exhibeant; quod in ipsa imagine facilius observabis. Tunica amplissima zona circa pectus præcingitur, manicæ latæ satis longæque sunt.

III. Alia imago [3] quæ diu post hasce duas accessit, ex anaglyphis templi Minervæ Athenienis expressa cum aliis delineataque fuit jussu Marchionis de

Tom. III.   B

fit deſſiner ſur les lieux M. le Marquis de Nointel ; elle nous repréſente un homme & une femme : l'homme porte une tunique qui deſcend juſqu'à terre, & un manteau aſſez ſemblable à celui des deux autres Grecs qui ſont ſur cette planche : l'habit de la femme qui eſt auprès de lui, ſe remarquera à l'œil. Ces deux figures ſont fort anciennes, faites à ce qu'on croit du tems de Periclès, qui fit bâtir le Parthenon ou le temple de Minerve, d'où on les a tirées. Les deux filles [4] miſes au bas de cette planche ſont tirées du même temple : l'une des deux qui eſt à demi nue, met la main ſur une petite idole poſée ſur une baſe ronde.

IV. A voir ces Grecs, il ſemble qu'il ne peut y avoir aucune difficulté ſur la forme de leur manteau : cependant quelques auteurs y en ont trouvé de bien grandes, fondez ſur ce qu'Appien dit que Marc-Antoine étant en Egypte portoit un manteau Grec quarré ; il eſt aſſez difficile de comprendre ce que c'étoit que ce manteau quarré. Ce qu'on en peut dire de plus vraiſemblable, eſt que ce manteau devoit avoir quatre angles : on a aſſez de peine à comprendre l'uſage d'un tel manteau. Dans les manteaux que nous voyons ſur les vieux monumens, il ne paroit d'autres angles que les deux de devant, & le bord ſemble être rond comme dans les nôtres. On prétend que ce manteau étoit porté différemment, & qu'il y en avoit qui l'attachoient à l'épaule avec une boucle qui réuniſſoit les deux côtez ; en ſorte que le côté droit du manteau attaché à l'épaule gauche couvroit la partie gauche du devant ; le corps, diſent-ils, ſe trouvoit ainſi envelopé de tous côtez, & le mouvement du bras droit ſeul étoit libre.

PL. II. V. L'habit de Pruſias Prefet de l'iſle de Co, paroit être d'un homme de guerre ; il porte la chlamyde attachée à l'épaule ; au deſſous il eſt revêtu de deux tuniques, dont l'interieure, qui deſcend plus bas que l'autre, ne va qu'à demi cuiſſe : l'une & l'autre eſt relevée par une ceinture. Son épée bien plus longue que la Romaine a une lame de près de deux pieds, en la meſurant ſur la taille de Pruſias. Sa femme eſt coeffée aſſez ſingulierement ; elle porte une tunique qui deſcend juſqu'à terre & qui traine, quoiqu'elle paroiſſe être relevée par une ceinture : ſes manches longues vont juſqu'à la main, & ſont aſſez étroites : elle porte un manteau que les Grecs appelloient *himation* ou *chlanidion*, & les Romains *palla* ou *pallium*.

PL. III. VI. Telamon qui ſuit eſt en habit militaire ; ſon bouclier reſſemble à

Nointel : virum mulieremque repræſentat ; vir tunicam geſtat talarem & pallium jam memoratorum Græcorum palliis ſimile. Mulieris proximæ veſtis oculis melius quam deſcriptione intelligetur. Hæc ſchemata perantiqua ſunt, factaque, ut putatur, tempore Periclis, qui Parthenonem ſeu Minervæ templum unde eæ figuræ eductæ ſunt, conſtruxit. Virgines [4] illæ duæ in ima tabula expreſſæ ex eodem templo acceſſerunt : earum altera ſeminuda manum imponit capiti idoli parvi baſi rotundæ inſidentis.

IV. Græcos illos ſi perſpexeris, circa formam palliorum vix quidquam difficultatis oriri poſſe putes : attamen circa pallium Græcorum formam non leves motæ controverſiæ fuerunt, quoniam ſcilicet Appianus lib. 5. de bello civili ait Antonium in Ægypto pallium Græco more quadratum geſtaſſe. Quid quadrato pallio ſignificetur non ita facile eſt divinare : id quod ſtatim cogitanti offertur, eſt pallium quatuor inſtructum angulis ; cujuſmodi pallii uſum non abſque negotio percipias : in palliis quæ in monumentis conſpiciuntur, duo tantum anguli anteriores comparent, imaque ora rotunda videtur, ut eſt in hodiernis noſtris palliis. Putant hujuſmodi pallium variis geſtatum modis fuiſſe ; ac quoſdam latera duo oppoſita fibula ad humeros junxiſſe, ita ut a dextera ad ſiniſtram reductum pallium partem quoque ſiniſtram anteriorem operiret ; ſicque corpus totum, inquiunt, involutum erat.

V. Pruſiæ præfecti Coiorum, veſtes militares eſſe videntur. Is chlamydem humero annexam habet ; ſub chlamyde tunicas duas geſtat, quarum ea quæ interior eſt, longior ſuperiore ad medium femur defluit ; utraque cingulo ſtringitur. Ejus gladius Romanis gladiis longior laminam habet quaſi bipedalem, ſi ad Pruſiæ ſtaturam dimetiamur illam. Ejus uxor ornatu capillorum ſingulari decoratur ; hæc tunica induitur ad terram uſque defluente, etiamſi zona conſtringi videatur ; manicis inſtructa tunica ad uſque manum protenſis. Tunicæ amiculum ſuperponitur, quod Græci ἱμάτιον ſeu χλανίδιον vocabant, Romani vero *pallium* aut *pallam*.

VI. Telamon ſequens veſtibus indutus eſt militari-

HABITS DES GRECS ET DES ROMAINS. 11

un grand bassin, son casque est de belle forme, & son épée est semblable à celle de Prusias. Son épouse Hesione porte une tunique trainante; les manches en sont si courtes qu'elle montre presque tout le bras. Elle porte un manteau découpé aux extrémitez en maniere de frange; il n'entre dans sa coeffure que ses cheveux.

bus, ejus scutum pelvem magnam ovatæ formæ refert, cassis elegans est, gladius Prusiæ gladio similis. Hesione uxor ejus tunicam diffluentem gestat, brevioribus manicis, ut fere brachium totum sit nudum. Pallio ea amicitur ad extremam oram passim interciso, ita ut fimbriatum videatur; ornatus capitis solo capillitio & capillis decussatim implexis constat.

CHAPITRE IV.

I. Le manteau des philosophes appellé tribonion, *& sa forme. II. Images de Diogene le Cynique. III. Autres images de philosophes. IV. Denys d'Halicarnasse tiré d'un ancien manuscrit. V. Le* tribonion *a servi à d'autres qu'aux philosophes. VI. Tous les philosophes n'ont pas toujours affecté un habit pauvre. VII. Passage de S. Jean Chrysostome touchant l'habit des philosophes. VIII. Qu'est-ce que c'étoit que* palliolum, phelone *&* synthesis.

I. LE manteau ou *pallium* des philosophes s'appelloit proprement *tribonion*; il ne paroit pas qu'il fut different des autres manteaux, sinon en ce qu'il étoit ordinairement usé & ras, & c'est pour cela qu'on l'appelloit *tribonion* du verbe τρίβω, *tero*. Les philosophes le portoient ainsi par ostentation, pour faire parade de leur pauvreté & de leur mépris pour toute sorte de luxe; il étoit de couleur noire ou brune. Les Cyniques, selon Athenée, laissoient croitre leurs cheveux & leur barbe, ils étoient mal propres, alloient pieds nus, & portoient un manteau qu'il nomme *tribon*. Ce manteau étoit non seulement usé, mais aussi fort souvent déchiré.

II. Tel est le manteau de Diogene [1] dans la vigne Borghese; il le porte sur la chair nue à la maniere des philosophes Cyniques. D'autres monumens représentent ce fameux philosophe dans son tonneau, d'où sa tête sort comme celle d'une tortue sort de sa coquille. Dans l'une des images il tient [2] d'une main son bâton de philosophe, & de l'autre une besace; il est à côté du frontispice d'un temple: son chien est vis-à-vis de lui; en effet Diogene habitoit dans la portique du temple de Jupiter, & disoit que les Atheniens en faisant

Pl. IV.

CAPUT IV.

Pallium Philosophorum τριβώνιον *dictum ejusque forma. II. Imagines Diogenis Cynici. III. Aliæ philosophorum imagines. IV. Dionysius Halicarnasseus ex veteri codice expressus. V. Tribonion aliis, quam philosophi in usu fuit. VI. Non philosophi omnes semper pauperem vestem affectarunt. VII. Loca Joannis Chrysostomi de vestibus philosophorum. VIII. Quid essent* palliolum, phelone, *&* synthesis.

I. PALLIUM philosophorum τριβώνιον proprie nominabatur, ab aliisque palliis eo solum distinctum fuisse creditur, quod admodum detritum esset, ideoque τριβώνιον vocabatur a τρίβω tero. Ostentatione pallia hujusmodi philosophi gestabant, paupertatem luxusque despectum affectantes: pallium nigro aut fusco erat colore. Cynici secundum Athenæum lib. 4. c. 18. comam & barbam non attondebant; sordibus pleni pedibus incedebant nudis, pallium gestabant τρίβωνα dictum. Quod pallium non detrito modo, sed & lacerum erat.

II. Hujusmodi est Diogenis pallium [2] in villa Burghesia, nudo corpori impositum, ut solebant Cynici philosophi. In aliis monumentis celebris ille philosophus in dolio repræsentatur, unde caput emittit, quasi testudo ex cochlea. In alia [2] imagine, altera manu philosophicum baculum, altera peram tenet: prope templum sedes habet, è regione canis est: vereque Diogenes in portici templi Jovis habitabat, dicebatque Athenienses hanc pulcherrimam porticum

Tom. III. B ij

ce superbe portique lui avoient bâti un beau palais. Le tonneau étoit de terre cuite, comme l'étoient ordinairement les autres tonneaux à conserver le vin & les liqueurs. De là vient que Juvenal dit qu'Alexandre apperçut Diogene dans son tonneau de terre cuite. Je ne sai si le masque qu'on voit dans cette image ne marqueroit pas l'hypocrisie de ce Cynique & de ses semblables, qui affectoient un genre de vie extraordinaire pour s'attirer l'applaudissement des hommes. Dans l'autre image 3 le chien est sur le tonneau, un homme assis lit dans un rouleau, Diogene semble l'écouter. Je ne sai à quoi tant cela que le croissant qu'on voit au haut de l'image peuvent se rapporter.

III. Il ne sera pas hors de propos de remarquer ici que Cosmas l'Egyptien qui écrivoit du tems de l'Empereur Justinien, à l'endroit où il parle d'Hyperide & de Menandre, donne la figure de l'habit des Atheniens, qu'il appelle ainsi, οἱ ἔξωθεν Ἀττικοί, les Atheniens étrangers, c'est-à-dire étrangers à nôtre religion; car le mot οἱ ἔξωθεν est celui dont il se sert aussi-bien que les Peres Grecs, pour marquer ceux qui n'étoient pas Chrétiens. Ces deux Atheniens portent sur la tunique un manteau que l'un retrousse sur son bras : ils tiennent un livre, & portent un bonnet qui ressemble assez à un turban. Nous passons ces deux figures, pour venir à une fort belle statue de la gallerie Justinienne, qui represente un ancien 4 philosophe : il semble mediter profondement, tient un rouleau de la main gauche, & appuie sa tête sur la droite. Il porte comme Diogene son manteau sur la chair nue.

IV. Denys 5 d'Halicarnasse qui suit, est tiré d'un tres-ancien manuscrit de la Bibliotheque du Prince Chiggi à Rome : quoique le manuscrit n'ait pas plus de 800. ans, il y a lieu de croire que cette figure aura été copiée de quelque autre plus ancienne. La coutume de mettre l'image de l'auteur à la tête de ses ouvrages est des plus anciens tems, comme nous avons remarqué ailleurs. Cet historiographe assis porte audessus de la tunique un manteau frangé de tous côtez, qui a un collet frangé de même. Il a des manches comme un surtout ; ce qu'on ne voit pas dans les autres anciens manteaux. Son bonnet ressemble à une toque, & ses sandales à celles des Capucins, mais il porte des bas.

Une des raisons pourquoi nous avons tant de peine à reconnoître sur les images anciennes la forme des habits que les anciens auteurs décrivent, c'est qu'outre qu'il y aura eu sans doute bien des manieres differentes de s'ha-

construentes, amplissimas sibi ædes paravisse. Dolium fictile erat, ut erant pleraque alia dolia vino liquoribusque recipiendis destinata: hinc Juvenalis Satyr. 14.
Sentit Alexander testa cum vidis in illa.
Nescio utrum larva hic posita fucatam illam significet virtutis speciem, quam Diogenes & Cynici affectabant, ut plausus sibi conciliarent. In alia 3 imagine canis dolio insidet : vir sedens legit Diogene auscultante : nescio quid tum hac re, tum bicorni luna, quæ in suprema imaginis parte visitur, significetur.

III. Non abs re duximus esse hic observare Cosmam Ægyptium Monachum, qui tempore Justiniani Imperatoris scripsit, ubi loquitur de Hyperide & de Menandro, schema vestitumque Atheniensium exhibere, hac apposita inscriptione, οἱ ἔξωθεν Ἀττικοί, exteri Attici : exteros scilicet vocat quod exteram aliamque religionem profiterentur : hac enim voce οἱ ἔξωθεν Patres scriptoresque ecclesiastici utuntur, ut significent viros non christianos. Hi duo Athenienses tunicam pallium que gestant, cujus pallii partem alter supra brachium reducit : uterque librum tenent, peta-

sumque gestant *Turbano*, ut vocant, similem : sed his prætermissis ad veterem philosophum 4 venimus, cujus statua in Museo Justiniano exhibetur. Is intento videtur animo meditari, volumen manu tenet, in alteramque manum caput reclinat : pallio ut Diogenes nudum corpus tegit.

IV. Dionysius 5 Halicarnasseus hic exhibitus ex antiquissimo codice bibliothecæ principis Chiggii Romæ expressus fuit. Etsi codex ab annis non plus octingentis scriptus sit, hæc imago ad alterius antiquioris fidem concinnata videtur. Mos enim ille autores in operum fronte depingendi priscis temporibus vigebat, ut in aliis libris observavimus. Hic historiographus sedens supra tunicam pallium gestat undique fimbriatum, collarique instructum fimbria similiter ornato. Pallium instar sagi Gallici manicas habet, quod in cæteris palliis non observatur. Pileus singularis est formæ, nec absimilis hodiernis quibusdam ; sandalia gestat Franciscanorum soleis affinia.

Ideo autem imagines illas quas veteres scriptores commemorant ac describunt, in monumentis invernoscere vix possumus, tum quod diversis in locis, for-

Habit Grec Homme et Femme

LAOMEDON GENUIT, RAPUIT TIRYNTHIUS HEROS
MI SOBOLES AIAX EX TELAMONE NATUS.

Boissard

biller en divers payis, & peutêtre dans les mêmes lieux, les coutumes auront varié en divers tems, comme il arrive tous les jours ; n'étant pas possible que l'usage & l'experience ne fassent toujours inventer quelque chose de nouveau pour les commoditez de la vie.

V. Pour revenir au *tribonion*, des gens d'autre profession que les philosophes s'en servoient aussi. Eunapius dans plusieurs endroits de son livre le donne à des sophistes. Dans les anciens tems même, le *tribonion* servoit à bien des gens, quoique ce fut l'habit des pauvres : on le portoit aussi au Barreau dans la Grece.

Dans un siecle plus bas Marc-Aurele ne dédaigna point de le porter dès sa plus tendre jeunesse ; » Il s'adonna, dit Capitolin, à la philosophie lorsqu'il « étoit encore fort jeune : à sa douziéme année il prit l'habit de philosophe, « & s'accoutuma peu après à une vie dure. Il étudioit dans son manteau, & « couchoit à platte-terre. Sa mere eut bien de la peine à l'obliger de coucher « sur un lit où il n'avoit sous lui que des peaux de bêtes. «

VI. Tous les philosophes des plus anciens tems n'affectoient point ces sortes d'habits vils & grossiers, puisque selon Elien, Pythagore étoit vêtu de blanc, portoit une couronne d'or, & se servoit aussi de braies ; Empedocle d'Agrigente alloit vêtu de pourpre, & portoit des souliers de cuivre ; Hippias & Gorgias ne paroissoient en public qu'en habit de pourpre. Il y avoit aussi des philosophes qui portoient des tuniques de lin qu'on appelloit ὀθόν, *othone* : on en trouve quelques exemples ; l'*othone* étoit pourtant plus ordinairement un habit de femme.

VII. S. Jean Chrysostome qui n'épargne pas ces philosophes dans ses Sermons, tombe rudement sur eux dans sa dix-septiéme Homelie au peuple d'Antioche sur les statues. A l'occasion de ce que l'Empereur Theodose étant irrité contre la ville, & menaçant de la ruiner, les philosophes furent les premiers à s'enfuir, au lieu que les Moines descendirent des montagnes, & firent tant par leurs prieres, qu'ils obtinrent grace pour les habitans : Où sont, dit-il, « présentement ces hommes revêtus de leurs tribonions ; ces gens à longue « barbe, qui tiennent un bâton à la main droite ; ces philosophes profanes, ces « detestables Cyniques, ces gens pires que les chiens de table, qui ne font « rien que pour leur ventre ; tous se sont enfuis, tous se sont cachez dans des « cavernes.

---

tasseque in iisdem diversæ vestium formæ fuerint ; tum etiam, quod variis temporibus variæ consuetudines fuerint inductæ. Usus enim & experientia ad vitæ commodum semper aliquid important novi.

V. Ut ad rem redeamus, philosophorum pallium, sive *tribonium* : non adeo proprium philosophis erat, ut nullis aliis in usu esset. Eunapius in multis operis sui locis etiam sophistis illud attribuit. Priscis enim temporibus etiamsi pauperum amiculum esset, multi tamen alii eo utebantur. Athenis in judiciali foro gestabatur.

Posteriori autem ævo Marcus Aurelius eo a teneris usus est : *Philosophiæ operam vehementer dedit*, inquit Capitolinus c. 2. *& quidem adhuc puer : nam duodecimum annum ingressus, habitum philosophi assumsit : & deinceps tolerantiam, cum studeret in pallio & humi cubaret, vix autem matre agente, in strato pellibus lecto accubaret.*

VI. Neque tamen omnes quotquot prisco tempore fuere philosophi sordidas hujusmodi vestes affectarunt, quandoquidem Æliano referente var. hist. l. 2. cap. 32. Pythagoras alba utebatur veste, coronam auream gestabat, braccasque adhibebat. Empedocles Agrigentinus purpura vestiebatur, calceisque utebatur æneis : Hippias demum atque Gorgias nonnisi purpurea veste in publicum prodibant. Alii quoque philosophi erant qui lineis induerentur tunicis, quæ Othonæ vocabantur, cujus rei aliquot exempla suppetunt ; at Othone mulieribus ut plurimum in usu erat. Magna tamen pars philosophorum id curabant ut ex vestitu & habitu se philosophiam profiteri cognosceretur.

VII. Jo. Chrysostomus, qui in concionibus suis philosophos hujusmodi carpere solet, in decima septima ad populum Antiochenum Homilia de statuis, p. 173. in eos acriter invehitur ; cum enim Theodosio Imperatore in urbem Antiochiam vehementer incenso, proximum urbis excidium expectaretur, philosophi priores fugam fecerunt ; Monachi vero ex montibus in urbem se conferentes Antiochenis veniam impetrarunt : *Ubi sunt nunc*, inquit, *pallia τρίβωνας gestantes illi philosophi, qui profundam ostentant barbam, & baculos dextra ferunt, cynica piacula, submensalibus canibus inferiores, ventrique causa cuncta facientes : omnes tunc civitatem deseruerunt, refugierunt omnes, in cavernas se contulerunt.*

Le même Pere en un autre endroit parle d'un autre habit que les philosophes affectoient de porter ; c'étoit l'*exomide*, que quelques-uns croient être la même chose que l'*abolla*. Ce qui est certain, c'est que l'un & l'autre étoit en usage chez les philosophes. L'exomide étoit une tunique sans manches, en sorte qu'on voioit non seulement les bras, mais aussi les épaules ; & c'est de là qu'elle prenoit son nom. C'étoit encore un habit des valets & de tous les gens de service.

On appelloit chez les Grecs un manteau double *diploïs* ; & s'il en faut croire Acron sur ce vers d'Horace,

Quem duplici panno patientia velat,

cette piece de drap double signifie la diploïs. Ferrarius prétend que la diploïs est représentée dans une figure d'un philosophe Cynique que lui envoia le Cavalier del Pozzo. Je ne sai s'il se fonde sur ce que le philosophe replie & retrousse son grand manteau sur le devant : mais je ne crois pas que ce fût ce qu'on appelloit *diploïs* ; si le manteau est double, la doublure ne paroit pas là.

VIII. On appelloit *palliolum* une espece de mantelet ou de chapperon dont on se servoit pour couvrir la tête : il étoit en usage pour les malades & les convalescens, quand ils sortoient de la maison : les femmes de mauvaise vie le portoient aussi par la ville, pour n'être pas connues : Juvenal & Martial tous deux bien instruits des usages de ces sortes de femmes, disent qu'elles marchoient avec cette espece de capuchon.

L'Empereur Aurelien fait mention dans une lettre que Vopisque nous a conservée, des tuniques qu'on appelloit *palliolatæ* ou mantelées : Casaubon croit que c'étoient des tuniques qui servoient de manteaux en même tems, qui étoient en usage aux hommes aussi-bien qu'aux femmes, & qui avoient des manches. Mais Saumaise n'est pas de ce sentiment ; il croit que c'étoient des tuniques où étoit attaché un chapperon qui s'appelloit *palliolum* : cette explication paroit mieux se rapporter au mot *palliolatæ*, qui vient de *palliolum*, & non pas immédiatement de *pallium*.

Il y avoit un autre habit qu'on appelloit en grec *phelone* ou *phenole*, & en latin *penula*, que Suidas dit être la même chose que l'ephestride : c'étoit une espece de manteau ou de surtout dont on se servoit ordinairement pour la

---

Alio autem loco alterum philosophorum vestitum commemorat, quem vocat ἐξωμίδα. Exomidem vero putant nonnulli idipsum esse, quod *Abolla* latine : certumque est utrumque exomidem scilicet & abollam in usu fuisse philosophis. Ἐξωμὶς tunica erat manicis destituta ; ita ut non modo brachia nuda sed etiam humeri conspicerentur, indeque vesti nomen erat, nam ῶμος humerus est. Hæc etiam vestis in usu erat famulis & servis, & cuivis ministrantium generi.

Apud Græcos pallium, cui erat pannus interius assutus, διπλοΐς vocabatur : si sit Acroni Horatii interpreti fides in hunc Horatii versum,

Quem duplici panno patientia velat,

ille duplex pannus idem ipsum erat, quod Græci διπλοΐδα vocabant. Putat Octavius Ferrarius diploïdem repræsentari in schemate cujusdam philosophi Cynici ; ad ipsum misso per equitem del Pozzo. Nescio utrum ideo diploïdem esse existimet, quoniam philosophus ille pallium complicat & in anteriorem partem reducit. Sed non puto diploïdem deprehendi posse, nisi alter pannus pallio sit assutus : at illud in schemate non comparet.

VIII. Palliolum vocabatur quoddam quasi cuculli genus, quo caput operiebatur : in usuque erat ægris & ex morbo convalescentibus, cum domo exibant, itemque meretricibus, quæ per urbem ambulantes latere cupiebant ; hinc Martialis,

Hanc volo, quæ simplex, quæ palliolata vagatur;
& Juvenalis,

*Dorida nullo
Cultam palliolo*

Aurelianus imperator in epistola, quam refert Vopiscus, tunicas palliolatas memorat. Putat Casaubonus his significari tunicas, quæ usum præstarent duarum vestium, tunicæ videlicet & pallii : utraque vestis, inquit, tam muliebris fuit, quam virilis ; eratque manicata. At Salmasius alio sentit modo, existimatque tunicas fuisse quibus adnexa & adjuncta erat palliola : quæ explicatio magis consentanea videtur, & cum illa voce *palliolatæ* consonat, quæ vox ex palliolo efficitur, ex pallio autem nonnisi post efformatam vocem, palliolum, derivatur.

Aliud vestimenti genus erat, quod græce φελόνη aut φαινόλη, latine *penula*, dicebatur. Phelonen vero Suidas idipsum esse dicit quod ephestridem : eratque pallii species quædam, quo utebantur ii, qui rustica-

campagne : comme il semble avoir été destiné uniquement pour cet usage, il y a apparence qu'il ne differoit de la chlamyde que par la qualité de l'étoffe. Il n'est guere d'habit dont il soit plus souvent fait mention chez les auteurs des tems posterieurs.

Une autre sorte d'habit étoit la *synthese*, dont on se servoit ordinairement aux festins : quoique ce nom soit grec, la synthese étoit pourtant fort ordinaire dans Rome & dans tout l'Empire Romain; les Empereurs & les Senateurs s'en servoient comme les autres. Il est tres-difficile de savoir quelle forme d'habit c'étoit ; ce qu'on en peut dire de plus vraisemblable est que c'étoit une espece de manteau aisé à prendre & à laisser. Dans le livre du Pasteur il est parlé de la synthese : le passage où il en est fait mention, & dont nous avons rétabli le grec dans un ouvrage qui porte le nom de S. Athanase, semble donner à entendre que la synthese est là prise pour tous les vêtemens d'un homme : *J'allai*, dit-il, *à la campagne, & l'Ange me montra un jeune garçon revêtu d'une synthese de vêtemens de couleur de safran.*

Nous ne disons rien ici de cette espece d'habit que les Grecs appelloient *tebennos*, parceque selon Plutarque, Diodore & quelques autres auteurs, ce n'étoit autre chose que la toge des Romains, dont nous allons parler.

---

rum concedebant. Cum autem huic tantum usui destinatum fuisse videatur, verisimile est, sola panni ratione a chlamyde differre : vix ullum vestimenti genus frequentius memoratur a scriptoribus posterioris ævi.

Aliud vestis genus erat synthesis, quæ usuveniebat in conviviis. Etsi nomen sit græcum, synthesis tamen frequentis usus erat Romæ atque in Imperio Romano. Imperatores quoque & Senatores perinde atque alii ea induebantur. Ejus formam capere non ita facile est : verisimiliter dicatur fuisse speciem pallii, quod nullo negotio assumeretur, ac perinde poneretur. In libro Pastoris synthesis commemoratur in loco cujus græca restituimus in quodam opere, quod Athanasii nomen ementitur. Ibi indicari videtur synthesin esse vestimenta plura simul accepta : *Veni in agrum*, inquit, *ostenditque ille mihi adolescentem quemdam indutum synthesi vestimentorum croceorum.*

Nihil hic dicimus de vestimento quod τὸ ἕννον Græci vocant, quia secundum Plutarchum, Diodorum, aliosque, nihil aliud erat, quam toga Romanorum de qua mox acturi sumus.

CHAPITRE V.

I. La Toge habit d'honneur des Romains. II. Differens sentimens sur la forme de la toge. III. Il y a grande apparence que la toge étoit toute ouverte sur le devant; les figures qui nous en restent semblent le prouver. IV. La toge n'avoit point de collet ni d'échancrure. V. Autres remarques sur la toge. VI. Differens usages de la toge.

I. La toge chez les Romains étoit originairement un habit d'honneur, qu'il n'étoit pas permis au peuple de porter. Elle fut appellée *tebennos*, dit Artemidore, du nom de Temenus Arcadien, qui l'apporta de l'Ionie : de *Temenos* on fit *Tebennos* par une legere corruption. Selon Tertullien, elle fut apportée des Pelasges aux Lydiens, & des Lydiens aux Romains. La toge étoit en demi cercle, dit Denys d'Halicarnasse.

II. Il y a differens sentimens sur la forme de cet habit : les uns prétendent que la toge étoit toute ouverte comme un manteau, & que comme c'étoit un vêtement fort long & fort ample, on la plioit & on la retroussoit en plusieurs manieres, & l'on en faisoit passer de grands pans sur les bras. Les autres, entre lesquels est le Ferrari, prétendent que c'étoit un habit fermé de tous côtez, mais qui avoit un grand trou au haut, par où on faisoit passer la tête & le bras droit, qui étoit ainsi tout à fait libre, & que du bras gauche on relevoit tout ce qui pendoit de l'autre côté. Ce qu'il y a de plus surprenant, c'est que le grand nombre de statues que nous voions avec la toge, n'a pû encore décider la question. Le Ferrari soutient que les statues représentent la toge fermée avec ce grand trou pour y passer la tête & le bras; les autres croient que ces statues mêmes prouvent que la toge étoit toute ouverte.

III. Nous donnons ici un assez grand nombre de figures avec la toge, qui ne décident point la question en faveur du Ferrari; car s'il y en a quelques-unes où cela n'est pas bien reconnoissable, d'autres sont disposées de maniere qu'elles paroissent ouvertes du haut en bas. Un sacrificateur que nous avons donné après Beger en son Tresor de Brandebourg, porte la toge relevée par

---

CAPUT V.

I. Toga vestis honorifica apud Romanos. II. Varia circa togæ formam opiniones. III. Toga videtur in anteriore facie aperta fuisse: quæ supersunt imagines id probare putantur. IV. Toga nec collare nec incisionem habuit. V. Alia circa togam annotantur. VI. Togæ varii usus.

I. Toga apud Romanos primitus vestis honoris erat, qua uti plebi non licebat. τέβεννος autem appellata fuit, inquit Artemidorus, ex Temeno Arcade, qui ex Ionia illam attulit. Ex Temeno Tebennos levi mutatione factum est. At secundum Tertullianum de pallio cap. 1. *Toga circumvenit a Pelasgis ad Lydos, a Lydis ad Romanos.* Toga in semicirculum concinnata erat, inquit Dionysius Halicarnasseus lib. 3. p. 195.

II. Variæ sunt sententiæ circa formam ejus. Alii putant togam fuisse vestimentum apertum, quasi pallium hodiernum, cumque longissima amplissimaque vestis esset, multis potuisse modis volvi & plicari, longasque ejus lacinias brachiis imponi. Alii ex quorum numero Octavius Ferrarius, existimant togam fuisse vestimentum undique clausum, magno foramine in medio relicto, ut per illud posset caput brachiumque educi; ita ut brachium dextrum omnino liberum esset, sinistro autem brachio, quæ ex illo latere defluebant, attollerentur. Quod autem summopere mireris, etsi Romæ & aliis in locis perquam multæ sint togatæ statuæ, nondum tamen ex earum toties repetito conspectu potuit controversia dirimi. Contendit Ferrarius in statuis illis clausam toga repræsentari, cum illo quod diximus foramine per quod caput & brachium dextrum educuntur; alii contra affirmant ex iisdem statuis togam apertam fuisse confirmari.

III. Hic bene multas togatas imagines proferimus, quæ certe, ni fallor, pro Ferrario non stabunt : licet enim quædam occurrant ubi res non cognitu facilis est ; aliæ certe sunt ita concinnatæ, ut a summo ad imum apertæ haud dubie videantur. Sacerdos ille, quem Begerus tomo 3. p. 356. Thesauri Brandeburgici dedit, quemque nos iterum protulimus tom. 2.

dessus

HABITS DES GRECS ET DES ROMAINS.

dessus la tête, à la maniere de ceux qui sacrifioient. Cette toge est tellement disposée, qu'il faut necessairement qu'elle soit ouverte, comme le sont selon toutes les apparences plusieurs de celles que nous allons donner d'après des statues Romaines. Il y en a à la verité d'autres où cela n'est pas aisé à distinguer; mais celles-là mêmes ne peuvent pas servir à prouver qu'elles fussent fermées. La toge étendue avoit la figure d'un demi cercle selon Denys d'Halicarnasse; ce qui semble encore ne pouvoir convenir qu'à un habit tout ouvert, & dont on peut étendre toute l'étoffe. Lorsque Ciceron décrit le luxe des compagnons de Catilina; ils sont, dit-il, revêtus de tuniques à manches qui leur descendent jusqu'aux talons, & couverts de voiles de navire, & non de toges: il compare la grandeur énorme de ces toges à des voiles de navire; comparaison qui ne conviendroit guere à un habit fermé pardevant. Une autre chose qui fait juger que la toge avoit la forme d'un manteau ouvert par le devant, est qu'anciennement on la portoit à la guerre, & que pour combattre on la ceignoit autour du corps, & on l'arrêtoit par un nœud; ce qu'il semble qu'on n'auroit pu faire, si la toge avoit été fermée comme un cotillon.

IV. Rubenius qui soutient le sentiment de la toge ouverte par le devant, croit qu'elle ne differoit de la chlamyde qu'en ce qu'elle étoit plus ample & plus longue. La chlamyde selon lui étoit de la forme marquée ci-dessus: mais comme la chlamyde qu'il représente en figure avoit une espece de collet fort large par le haut, qui consistoit en une échancrure, & que ce collet faisoit deux angles en haut; il semble que cela ne peut convenir à la toge, qui dans les figures mêmes que Rubenius apporte, n'a point d'angle en haut, mais a le bord tout droit: cela se remarque aussi dans toutes les autres images de la toge. Son sentiment est moins soutenable en cela qu'en ce qu'il ajoute que la toge aiant selon Denys d'Halicarnasse la figure d'un demi cercle, elle devoit être ouverte par le devant. C'est peutêtre cette figure de demi cercle qui lui a fait croire que, pour en rendre l'usage commode, il y falloit une échancrure & une espece de collet; ne prenant pas garde que ceux qui portoient la toge faisoient monter sur l'épaule gauche non seulement le bord, mais aussi plusieurs plis, sans la ramener sur l'épaule droite; ce qu'ils faisoient pour laisser le bras droit libre: & qu'un collet & une échancrure auroient été inutiles, puisque la toge ne montoit que sur une épaule. Ce qui est certain, c'est que ni dans la

tab. 4. toga caput tegit, ut solebant ii qui sacrificabant: quæ toga sic disposita est, ut apertam eam esse necesse sit: ut etiam apertæ omnino videntur esse multæ ex iis, quas ex statuis Romanis expressas modo dabimus: aliæ sunt quæ huic probandæ rei usurpari non possunt; sed ex his tamen togas clausas fuisse nunquam probare valeas. Toga extensa semicirculi formam habebat, inquit Dionysius Halicarnasseus; id vero de aperta tantum veste quæ tota extendi possit dici videtur. Cum Cicero Catilinæ sodalium luxum describit, illos esse ait, *manicatis & talaribus tunicis, velis amictos, non togis*. Vela hic navium necessario intelliguntur; itaque velis navium togas illas confert, quæ certe comparatio clausæ vesti non conveniat. Alio item argumento togam apertam fuisse demonstrari videtur; priscis illis temporibus toga non in urbe tantum, sed etiam in bello gestabatur; cumque pugnandum esset, eam circa corpus convolvebant, cingebant, nodoque firmabant, idque vocabatur *cinctus gabinus*: si clausa fuisset toga, id certe fieri omnino non potuisse videtur.

IV. Rubenius qui apertam fuisse togam contendit, putat eam inter & chlamydem nihil aliud fuisse discriminis, quam quod & latior, & longior toga esset: chlamys ea quam diximus forma erat: sed quia chlamys quam ille ex conjectura repræsentat, collari quopiam longo instructa erat; ita ut pannus inferendo collo introrsum incisus esset, duosque superne angulos efficeret; illud sane togæ convenire non posse videtur, quæ in schematibus omnibus etiam iis, quæ affert Rubenius, nullum angulum, incisionem nullam præfert, sed rectam habet oram; quod etiam in aliis omnibus togæ imaginibus observatur; quare ejus hac in re opinioni acquiescere non possumus: quod autem subjungit, cum toga secundum Dionysium Halicarnasseum ἡμικύκλιος esset, apertam eam debuisse, id vero admodum probatur nobis, ut diximus. Ex hac fortasse semicirculi figura putavit ille, ad usum & commodum oportuisse, ut introrsum in medio incideretur, & quoddam ceu collare haberet: neque animadvertit eos, qui togam gestarent, non oram tantum togæ humero sinistro imposuisse, sed & panni partem convolutam, neque tantum in humerum dextrum reduxisse, idque ut brachium dextrum liberum & expeditum relinquerent: atque adeo panni incisionem illam & collare inutilia prorsus fuisse, cum toga alteri tantum humero superponeretur. Certum autem est neque in toga, neque in

Tom. III.   C

toge ni dans la chlamyde ou le *paludamentum*, qui étoit la même chose, on ne voit jamais d'échancrure. Entre un grand nombre de chlamydes qui se voient dans les combats au quatriéme tome, on remarqueroit sans doute cette échancrure si elle s'y trouvoit effectivement.

Voila ce que nous avons à dire sur la figure de la toge. Nous laissons au lecteur habile à juger sur les images mêmes, si la toge étoit ouverte ou fermée; nous les donnons en assez grand nombre ici; l'on en voit encore plusieurs autres dans tout le cours de cet ouvrage.

V. La toge étoit de laine, comme on le prouve par les passages de plusieurs auteurs; mais dans la suite des tems on en fit de soie, & peut-être d'autres matieres: elle étoit anciennement blanche pour l'ordinaire; mais Tullus Hostilius introduisit à Rome la toge peinte & la *pretexte*, qui étoient les marques de magistrature chez les Hetrusques. On la faisoit plus étroite ou plus large, selon les facultez des particuliers. Quoique cette sorte d'habit ne parût guere propre à la guerre, on s'en servoit néantmoins anciennement tant pour la guerre que pour la paix: mais dans la suite la toge fut tellement un habit de paix, qu'on la prenoit quelquefois pour la paix même, comme le marque ce vers,

Que la guerre cede à la toge.

On dispute si l'on mettoit une ceinture sur la toge. La question ne paroit être fondée que sur un passage de Macrobe assez obscur. Les statues n'ont jamais de ceinture sur la toge: si les Romains que les marbres nous représentent avec cet habit, sont ceints, ce n'est que de la toge même, qu'ils tournent autour du corps comme une ceinture, & dont ils font une espece de nœud, comme on peut voir dans certaines figures. Macrobe ne dit pas qu'on mît une ceinture sur la toge; mais il dit seulement parlant d'Hortensius qui se piquoit d'être habillé proprement, qu'il faisoit son nœud de telle maniere que le pan de sa robe qui pendoit sur le devant, s'étendoit également autour du nœud. C'est ce qu'il me semble qu'on peut assez bien comprendre sur les differentes images que nous en donnons: ce pan de robe qui pendoit sur le devant, & qui étoit arrêté par le nœud, étoit à mon avis ce qu'on appelloit le *sinus*, & l'extrémité du pli que faisoit ce pan de robe étoit ce qu'on appelloit *umbo*. Je voi que plu-

---

chlamyde, sive in paludamento, talem unquam incisionem, sive collare conspici. Inter innumeras chlamydes, quas quarto tomo proferimus, hæc incisio seu collare, aliquando saltem animadverteretur, si revera in chlamyde fuisset.

Hactenus de toga: in ipsis schematibus perpendat eruditus lector an clausa, an aperta toga esset: hic multæ afferuntur togarum imagines, atque in aliis quoque hujus operis tomis togæ non paucæ repræsentatæ occurrunt.

V. Toga lanea erat ut scriptorum complurium testimoniis asseritur: sed posteriori ævo ex serico exque alio sortasse panno concinnabatur. Alba initio, ut plurimum erat: sed togam pictam atque prætextam, quæ insignia magistratuum Hetruscorum erant, primus ut Romæ haberentur instituit Tullus Hostilius, ut ait Macrobius Saturn. lib. 1. cap. 6. sed in colore etiam invecta mutatio fuit, & fortasse in forma quoque: ea vero vel strictior vel latior apparabatur, secundum facultates illa utentium. Etsi ad bellum gerendum hujusmodi vestis non apta videretur, priscis tamen temporibus, ut diximus, & belli & pacis vestimentum toga erat. Posteriori autem ævo toga pacis tantum tempore gestabatur, ita ut etiam toga pro pace haberetur, ut hoc versu significatur:

Cedant arma togæ.

Quæritur an toga zona præcingeretur: quæstio autem hæc ex loco quodam Macrobii oritur, qui locus admodum obscurus intricatusque videtur. Statuæ certe togatæ nullam unquam præferunt zonam. Si Romani illi quos marmora togatos exhibent præcincti sunt, ipsa tantum toga præcinguntur, quam circa corpus convolvunt, ac cingulum, imo quemdam ceu nodum efficiunt, ut in quibusdam togis infra videas. Macrobius non zona præcinctam togam dicit, sed de Hortensio loquens Saturn. 2. c. 9. hæc habet: *Hortensius vir ex professo mollis, & in præcinctu ponens omnem decorem: fuit enim vestitu ad munditiem curioso: &, ut bene amictus iret, faciem in speculo ponebat: ubi se intuens togam corpori sic applicabat, ut rugæ non forte, sed industria locatæ artifex nodum constringeret, & sinus ex composito defluens nodum lateris ambiret*, nodus ille ex ipsa toga efficiebatur, ita ut sinus vestis ex composito defluens nodum undique ambiret; id in oblatis togæ imaginibus intelligitur. Pars illa togæ defluens, quæ nodo firmabatur, illud erat quod sinum vocabant. Sinus autem summa pars quæ quasi inflata erat, *umbo* dicebatur. Multos ex

sieurs Antiquaires après avoir longtems disputé sur le *sinus* & l'*umbo* de la toge, sont obligez d'en venir à ce sentiment, parce que les images qu'on en a semblent démentir toute autre explication. La toge faisoit donc elle-même sa ceinture. Ce qu'on appelloit *cinctus Gabinus* étoit encore pris de la toge même lorsqu'elle servoit à la guerre. Dans les combats ceux qui portoient la toge la ceignoient autour du corps, & l'arrêtoient par un nœud : c'est de là qu'est venu le terme *in procinctu*, qui originairement se disoit d'un homme prêt à combattre, mais qui dans la suite a servi pour marquer un homme préparé à toute autre action.

VI. Les Romains qui alloient assez ordinairement la tête nue, mettoient le haut de la toge dessus, lorsque le soleil, la pluie ou le froid les obligeoient de la couvrir : quand ils rencontroient quelqu'un à qui ils vouloient faire honneur, ils ôtoient, dit Plutarque, leur vêtement de dessus la tête : ce qui fait voir qu'ils se servoient de la toge même pour la couvrir. Juste-Lipse a cru qu'ils se couvroient la tête d'une extrémité de la toge ; mais la maniere que nous venons de dire, comme le remarque le Ferrari, est & plus naturelle, & plus conforme aux anciens monumens.

On quittoit la toge dans les deuils & dans les calamitez publiques : les Senateurs la quittoient aussi pour prendre la robe des chevaliers. Les morts pourtant, ceux même de la plus basse condition, étoient portez au tombeau avec la toge. C'est ce que disent assez clairement Juvenal & Martial. Lampridius sur Commode dit de plus qu'on avoit accoutumé d'assister aux funerailles avec la toge. On quittoit la toge aux Saturnales pendant cinq jours, dit Martial. C'étoit apparemment parce que cet habit étoit trop grave & trop embarrassant pour ces réjouissances où les maîtres servoient leurs esclaves à table. On la portoit dans les festins ; les exemples en sont assez frequens chez les auteurs : celui de Spartien est remarquable ; *L'Empereur Hadrien*, dit-il, *recevoit debout les Senateurs qui venoient dîner chez lui, & se mettoit toujours à table ou avec le manteau ou avec la toge rabattue*. C'est ainsi que je crois qu'il faut tourner *aut toga submissa* ; il la laissoit tomber de dessus l'épaule & la rabattoit ainsi. La toge auroit été trop embarrassante, s'il l'avoit laissée sur l'épaule gauche, comme on la portoit ordinairement. Je suis entierement du sentiment du Ferrari, qui l'explique ainsi ; & je l'entendois de même avant que de lire son explication.

---

antiquariæ rei peritis video, qui postquam de sinu, deque umbone togæ diu disputarunt, ad hanc demum explicationem deflectunt, quia imagines togæ quæ supersunt, quemvis alium explicandi modum explodere videntur. Toga igitur sibi ipsi cingulum zonaque erat, huncque cingendi modum *cinctum gabinum* vocabant, etiam cum toga in bello usurpabatur. Priscis enim temporibus qui togam gestabant, illa corpus præcingebant, nodoque illam firmabant, indeque profluxit illud *in procinctu*, quod initio dicebatur de iis tantum qui ad pugnandum in procinctu sive præcincti erant ; sed in sequenti tempore de homine in quamlibet aliam rem parato dictum fuit.

VI. Romani qui ut plurimum nudo capite incedebant, quando aut sol, aut imber, aut frigus ut contegerent suadebat, togam summam capiti imponebant. Quando cuipiam occurrebant, cui honorem exhibere vellent, vestem a capite removebant, inquit Plutarchus : quod signum est eos toga caput operuisse. Extrema imaque togæ ora Romanos caput operuisse putavit Justus Lipsius ; sed is modus quem modo dicebamus, quemque Ferrarius explicat, & rei & monumentorum imaginibus congruentior esse videtur.

In luctu toga deponebatur, similiterque in calamitatibus publicis. Senatores illa posita equitum veste induebantur. Defuncti tamen etiamsi ex infima plebe essent, cum toga deferebantur :

Pars magna Italiæ, si verum admittimus, in qua
Nemo togam sumit, nisi mortuus :

Inquit Juvenalis satyra 3. apud Martialem quoque hunc observamus usum. 9. 57.

Neu pallens toga mortui tribulis.

Lampridius item in Commodo cap. 16. ait in funeribus solere togam usurpari. Saturnalibus per dies quinque toga deponebatur, inquit Martialis : fortasse quia vestis nimiam præferret severitatem quæ hisce diebus festis non consentanea esset, cum heri servis ministrarent. In conviviis tamen gestabatur : cujus rei exempla apud scriptores plurima sunt : locus hic Spartiani observatu dignus videtur. *Hadrianus*, inquit, *ad convivium venientes Senatores stans excepit : semperque aut pallio tectus discubuit, aut toga submissa* : togam submissam sic intelligendam puto, ex lævo humero extractam, & sic dimissam, ut in triclinari lecto ab illa parte jaceret, levandi scilicet incommodi causa. Hac in re cum Ferrario sentio, atque ita locum hunc acceperam antequam in Ferrarium in-

Nous verrons dans la suite des gens à table aiant l'habit tout-à-fait rabattu sur la hanche.

Un passage de Lampridius nous apprend qu'aux jeux publics les spectateurs avoient porté autrefois la toge, mais que l'Empereur Commode les obligea d'y venir avec la *penula*, qui étoit comme nous avons dit ci-dessus, une espece de manteau court.

L'usage de la toge étoit non seulement chez les Romains, mais aussi dans toute l'Italie, dans les villes municipales, & chez les peuples conquis; & ce n'est que pour cette raison qu'on appelloit *togata* cette partie des Gaules qui avoit l'usage de la toge. Quoique ce fut ordinairement un habit d'honneur, on la trouve en usage parmi les gens de basse condition.

Ceux qui triomphoient portoient la toge peinte, qui étoit un habit Hetrusque; les Consuls la portoient aussi, les Tribuns de même, & les Préteurs, à ce qu'on croit, quand ils sacrifioient, & quand ils assistoient aux jeux.

Varron dans Nonius parle de certaines toges si transparentes, qu'on voioit à travers la tunique qui étoit dessous. Il y avoit aussi des toges ondées comme nos camelots tabisez, que Nonius appelle *undulatæ togæ*, & Pline *undulata vestis*.

---

ciderem. Infra videbimus discumbentes viros demissis ad femur usque vestimentis.

Docet Lampridius in Commodo cap. 16. in ludis publicis spectatores olim togatos accessisse, sed consuetudinem jussu Commodi mutatam: *contra consuetudinem*, inquit, *penulatos jussit spectatores non togatos convenire*.

Togæ usus non Romæ tantum, sed etiam per totam Italiam admittebatur, in urbibusque municipalibus, & in subactis quoque nationibus: ideoque *togata* vocabatur pars illa Galliæ quæ togæ usum receperat: etsi honorifica vestis esset, plebeii quoque usus aliquando fuisse deprehenditur.

Qui triumphabant togam pictam gestabant, quæ erat, ut dictum est, Hetrusca vestis: consules item illa, & tribuni perinde amiciebantur: itemque prætores, ut putatur, quando sacrificabant, seu quando ludis publicis intererant.

Varro in Nonio Marcello togas quasdam memorat ita pellucidas, ut subtus posita tunica videretur: *Istorum*, inquit, *vitreæ togæ ostentant tunica clavos*. Erant etiam undulatæ togæ quas commemorat Nonius: à Plinio item undulata vestis memoratur.

CHAPITRE VI.

I. On dispute sur la forme du latus clavus *ou du clou large qu'on mettoit sur la tunique & sur la toge.* II. *Preuves que le clou large étoit une bande d'étoffe longue qu'on inseroit dans la tunique ou dans la toge.* III. *Le clou large se mettoit aussi aux serviettes, aux nappes & aux lits.*

I. LE *latus clavus* ou le *clou large* a causé encore plus de disputes entre les auteurs que la toge : il donnoit le nom à tout l'habit, quoique ce n'en fût proprement qu'un ornement. Le *latus clavus* étoit une tunique propre aux Senateurs, comme l'*angustus clavus* ou le *clou étroit* étoit la tunique des Chevaliers Romains. On demande ce que c'étoit que le *latus clavus*. Sans nous arrêter aux sentimens des premiers antiquaires de ces derniers tems, qui ont dit que c'étoient, les uns des fleurs, les autres des boucles, & quelques-uns des boutons, qu'on mettoit aux tuniques pour l'ornement ; sans nous arrêter, dis-je, à ces sentimens qui ont été refutez, & que personne ne soutient plus presentement ; nous ne parlerons que des deux opinions qui partagent aujourd'hui les gens de lettres. Ils conviennent tous que c'étoient des pieces de pourpre qu'on inseroit dans les tuniques ; ils conviennent aussi qu'elles avoient la forme de clous, & que de là vient le nom de *Latus clavus* ou du clou large : mais ils different en ce que les uns croient que ces pieces de pourpre étoient de forme ronde, & avoient ainsi la figure d'un clou, c'est-à-dire de la tête d'un clou ; que quand cette piece ronde étoit grande, on l'appelloit *latus clavus*, le clou large ; & que quand elle étoit plus petite, on la nommoit *angustus clavus*, le clou étroit. C'est le sentiment du Ferrari, que quelques-uns soutiennent encore.

II. Mais Rubenius prétend que le mot *latus clavus* signifie non pas une piece ronde qui eût la forme de la tête d'un clou, mais une longue piece qui avoit la forme du clou même ; ou des bandes de pourpre tissues dans la toge ou dans d'autres sortes d'habit, qu'on appelloit *latus clavus*, quand elles avoient une certaine largeur ; ou *angustus clavus*, quand elles étoient plus étroites. Les principales raisons sur lesquelles il se fonde sont, que ces sortes de robes clouées, qu'on appelloit *clavatæ vestes*, se nommoient

CAPUT VI.

I. Disputatur de forma lati clavi, qui tunicis atque togis superponebatur. II. *Multis argumentis probatur latum clavum fuisse pannum oblongum, qui in tunicas & in togas inserebatur.* III. *Latus clavus in mantilia, etiam in mappas, & in lectorum tegmina immittebatur.*

I. LATUS clavus, de cujus forma plus, quam de toga, digladiantur nuperi scriptores, vesti nomen indebat, etsi ornamentum solummodo vestis esset. Erat latus clavus tunica Senatorum, ut angustus clavus Equitum Romanorum. Quæritur quid latus clavus esset ; hac in re eruditorum turba deducitur in partes. Nihil morabimur eos qui primi hisce postremis temporibus rem tractarunt, quorum alii latos clavos esse flores, alii fibulas, aliique globulos, quos vulgo *boutons* vocamus, putaverunt : his, inquam, missis opinionibus quæ jam confutatæ peneque obsoletæ sunt : duas solum proferemus sententias, quæ apud litteratos obtinent, aliis illam, aliis alteram propugnantibus. Inter omnes jam convenit fuisse latum clavum, purpureum assumentum, quod tunicis insereretur : in hac etiam re consentiunt omnes latos clavos, clavorum formam quampiam habuisse, indeque ortum nomen esse ; verum ea in re divortia facta sunt, quod alii putent illa purpura assumenta fuisse rotunda, sicque clavum retulisse, id est, caput clavi rotundum ; cumque assumentum illud majus erat, tunc latum clavum ; cumque minus, tunc angustum clavum dictum fuisse. Hæc est Octavii Ferrarii opinio, quam nonnulli hodieque propugnant.

II. At Albertus Rubenius latum clavum significare putat, non rotundum assumentum, quod caput clavi referat, sed oblongam purpuræ lineam aut virgam quæ clavum ipsum longitudine repræsentet, quæ purpureæ lineæ vel togis, vel tunicis, vel aliis vestimentis insererentur : tuncque latum clavum vocatum fuisse, cum latiores illæ virgæ erant ; angustum vero clavum, cum angustiores. His maxime argumentis nititur Rubenius : hæ clavatæ vestes μεσόπορφυρα græ-

en grec μεσοπόρφυρα, c'est-à-dire qui avoient des bandes de pourpre inférées dans la robe; & que tout de même que περιπόρφυρον s'entend d'un habit bordé d'une bande de pourpre, μεσοπόρφυρον se doit expliquer d'un habit où la bande va au milieu ou tout au travers de l'étoffe. Cette explication paroit plus naturelle & pour l'un & pour l'autre habit. C'est ainsi que S. Basile explique ce mot grec des Septante au chapitre 3. d'Isaïe: *Il blâme*, dit-il, *le luxe des femmes qui mettoient de la pourpre au bord de leurs juppes, ou qui l'inseroient dans la juppe même*. S. Jerôme sur le même endroit appelle *clavatam purpura*, clouée de pourpre, la même robe qui avoit de la pourpre inferée comme une bande dans l'étoffe ordinaire. Ce qui paroit marquer évidemment que ce clou large étoit non une piece ronde de pourpre qui eût la forme de la tête d'un clou, mais une bande qui avoit la figure du clou même: ce que semble exprimer Horace lorsqu'il dit; *On ajoute deux bandes larges de pourpre qui brillent dans l'habit*. C'est ainsi qu'il faut entendre Lucien, lorsqu'il parle d'un certain homme qui se glorifioit de la largeur de son clou. En effet les noms mêmes de *latus clavus* & d'*angustus clavus*, semblent ne pouvoir pas s'entendre d'une piece ronde plus grande ou plus petite. Les Glosses favorisent l'interpretation de Rubenius; *clavus impurpurata vestis*, ἐμπόρφυρος ἐσθὴς καὶ ἔνηλος, une robe empourprée, & qui a des clous. L'ancien Glossaire de cette Abbayie qui a environ neuf cens ans d'antiquité, a aussi *clavus purpurata vestis*, le clou signifie une robe pourprée; & cite pour cela un auteur nommé Placide. Ce qui est à remarquer après Rubenius, est qu'Isidore, Alcuin, Amalarius, Jean diacre & Raban Maur parlant des dalmatiques, font mention de ces longues bandes qu'on y met pour l'ornement, & qu'Isidore les appelle clous, *clavos*; Alcuin des verges, *virgulas*; Amalarius des lignes, *lineas*; Jean diacre des ceintures, *zonas*; & Raban des voies, *tramites*.

III. Cette bigarrure se voioit aussi dans les servietes; Lampride dans la vie de l'Empereur Alexandre Severe, dit que dans ses festins on donnoit des servietes clouées d'écarlate, *clavata cocco mantilia*. Ce clou se trouvoit aussi dans les nappes & dans les linges qu'on mettoit sur les lits où se couchoient les

---

ce appellabantur; id est, quæ medias insertas aut lineas aut tænias purpureas haberent: quemadmodum enim περιπόρφυρον græce intelligitur vestis quæ circum tænia vel linea purpurea exornatur; ita μεσοπόρφυρον explicandum de veste quam mediam permeant eædem virgæ aut tæniæ purpureæ, quæ sane explicatio videtur ad voces illas περιπόρφυρον & μεσοπόρφυρον quadrare. Hac ratione intelligendi, inquit, septuaginta interpretes Isaiæ cap. 3. cum aiunt: ἀντὶ τοῦ περιπόρφυρου, καὶ μεσοπόρφυρα, κρίτα ἐπιβλήματα κατὰ τὴν οἰκίαν αὐτῶν, καὶ τὰ διαφανῆ λακωνικά: quem locum sic explicat Basilius: τὴν ἐν τῷ ἐκτῷ κόσμῳ τῶν καλλωπιζομένων γυναικῶν, ὡς ψιλεγχων διαβάλλει, πορφύρας τότε μὲν κατὰ τὰ ἄκρα σαρραινομένων, τότε δὲ κατὰ τὸ μέσον αὐτῶν ἐντιθεντῶν: id est: *ornatum vestis, quem mulieres affectant, tamquam superfluum perstringit: quæ aut vestium oris attexebant purpuram, aut tam pari media immittebant.* Hic habes τὸ μεσοπόρφυρον togæ pannum oblongum immissum in vestem, ut τὸ περιπόρφυρον vestimenti ora attexebatur: quod autem μεσοπόρφυρον purpuræ clavam illum immissum in vestimentum significet, id Hieronymus diserte perhibet in eundem scripturæ locum, sic loquens: *septuaginta tunicam μεσοπόρφυρον, id est, clavatam purpura, transtulerunt.* Hinc palam est μεσοπόρφυρον, clavatam vestem significare, & ex interpretatione Basilii liquet insertam fuisse purpuræ lineam oblongam, & qualem oris vestimenti attexebant: atque inde consequitur purpureum illud assumentum non rotundum fuisse, neque capiti clavi simile, sed purpureum pannum aut virgam, quod sic exprimit Horatius de arte poëtica init.

Purpureus late qui splendeat unus & alter
Assuitur pannus.

Sic etiam intelligendus Lucianus, cum quempiam memorat qui de clavi sui latitudine gloriabatur. Certe ipsa nomina lati angustique clavi, non videntur ad assumentum rotundum aut majus aut minus posse referri: glossæ etiam Rubenii interpretationi favent: *clavus impurpurata vestis*, ἐμπόρφυρος ἐσθὴς καὶ ἔνηλος, *vestis impurpurata & clavata.* Glossæ veteres hujusce monasterii a nongentis circiter annis descriptæ sic habent, *clavus purpurata vestis*, ubi auctor interpretationis affertur Placidus quidam: quodque post Rubenium annotandum est, Isidorus, Alcuinus, Amalarius, Joannes Diaconus & Rabanus Maurus de Dalmaticis loquentes, pannos seu lineas illas ad ornatum immissas hisce vocibus efferunt: Isidorus clavos appellat; Alcuinus, virgulas; Amalarius, lineas; Joannes Diaconus, zonas; Rabanus, tramites.

III. Hic varius ornatus in mantilibus etiam usurpabatur. Lampridius in Alexandro Severo cap. 37. ait in conviviis adhibita fuisse *clavata cocco mantilia*: in mappis etiam & in linteis, quæ supra lectos sternebant

anciens pour prendre leur repas. Cela se voit dans un passage d'Ammien Marcellin, qui prouve que ces clous étoient des bandes longues, & non pas des pieces rondes comme des têtes de clous: *Il vit*, dit-il, *deux de ces linges qui couvroient les lits, deux clous si larges, que par l'artifice des serviteurs de table ils se touchoient l'un l'autre ; la table étoit couverte de nappes de la même sorte, de maniere que le tout ressembloit à l'habit du Prince*. Deux clous qui se touchoient ainsi l'un l'autre, en sorte qu'ils paroissoient être unis, ne pouvoient pas être des figures rondes comme des têtes de clou ; comment cela auroit-il pu ressembler à l'habit du Prince, qui étoit alors tout de pourpre, s'il n'avoit eu que ces pieces rondes ?

Ces clous étoient quelquefois d'or : l'Empereur Aurelien dans sa lettre à Gallonius Avitus dit qu'il donne à Bonosus une tunique de soie clouée d'or.

De cet habit venoit le nom de *laticlavii*, qu'on donnoit aux Senateurs & à leurs enfans qui portoient le clou large. On le donnoit aussi aux plus qualifiez des Chevaliers & à leurs enfans aussi. Ceux qui étoient d'un degré plus bas s'appelloient *angusticlavii*, tel étoit le pere de Suetone, comme le dit le même Suetone à la fin de la vie de l'Empereur Othon. De là venoit le nom de *patrimonium laticlavium*, du patrimoine au clou large, que nous remarquons dans Petrone : c'étoient les biens & les fonds de terre qui passoient aux enfans de ceux qui portoient le clou large. Ils ne le portoient eux-mêmes que lorsque quittant la robe qu'ils appelloient Pretexte, ils prenoient la Toge.

---

bantur, clavus adhibebatur. Quod in loco quodam Ammiani Marcellini deprehenditur, quo etiam loco probatur clavos illos virgas fuisse ; non autem assumenta rotunda : sic lib. xvi. Ammianus de veteratore quodam loquens : *cum vidisset linteorum toralium par, duos clavos ita latissimos, ut sibi invicem arte ministrantium cohaererent, mensamque operimentis paribus tectam intrinsecus, strukturam omnem ut amictus adornaverat principales* : duo clavi qui sese mutuo contingerent, sibique mutuo cohaererent, ita ut amictum Principis seu Imperatoris qui purpureus erat referrent, non poterant capita tantum clavorum referre.

Hujusmodi clavi aliquando aurei erant : Vopiscus in Bonoso cap. 15. epistolam Aureliani Imperatoris affert, ubi inter munera Bonoso ab ipso Imperatore data memorat *tunicam auro clavatam subsericam*.

Ex hujusmodi veste profectum *laticlavii* nomen, quod Senatoribus eorumque filiis latum clavum gestantibus dabatur : etiamque Equitum Romanorum præcipuis & insignioribus eorumque filiis latus pariter clavus concedebatur. Qui in gradu erant inferiori *Angusticlavii* nominabantur, quod angustum gestarent clavum : talis Suetonii pater erat, ut ipse Suetonius testificatur in fine vitæ Othonis Imperatoris. Hinc etiam patrimonium laticlavium quod apud Petronium memoratum observamus : sic appellabantur bona prædiaque, quæ ad filios eorum qui latum clavum gestaverant, in hereditatem transibant : qui etiam filii tunc primum latum clavum sumebant, cum prætextâ depositâ toga ipsâ vestiebantur.

CHAPITRE VII.

I. Où l'on parle de differentes sortes d'habits, dont les noms étoient trabea. *II.* Lacerna. *III.* Pullata vestis *ou l'habit brun, & d'autres habits. IV. De ceux aussi qu'on appelloit* Caracalla. *V.* Colobium. *VI.* Gausapa. *VII.* Lacinia.

I. CE qu'on appelloit *trabea* étoit aussi un habit d'honneur, dont la forme n'est guere moins disputée que celle du *latus clavus*. Elle étoit ainsi appellée, à ce que l'on croit, de certaines bandes qui traversoient sur la poitrine presque comme une écharpe, mais qui étoient tissues dans l'habit même. Il y en avoit, dit Servius, de trois sortes : celle des dieux étoit toute de pourpre ; celle des rois, de pourpre mêlée de blanc ; & celle des prêtres mêlée de pourpre & d'une autre espece de pourpre qu'on appelloit *coccum*. Selon plusieurs auteurs elle ne differoit de la toge que par la qualité de l'étoffe. Denys d'Halicarnasse le dit assez clairement : mais Rubenius prétend qu'elle differoit en ce qu'elle étoit plus courte, & apporte pour cela un vers de Virgile qui semble dire que la *t. abea* étoit courte. Il est certain, poursuit Rubenius, qu'elle n'étoit pas fort differente du *paludamentum* ou de la chlamyde Romaine : de là vient que les Saliens, qui sont appellez *trabeati* dans Denys d'Halicarnasse, sont nommez *paludati* dans Festus. Le Ferrari se revolte contre le sentiment de Rubenius : mais je ne voi pas qu'il nous donne de plus grands éclaircissemens. Après toutes les disputes, le sentiment de Rubenius paroit toujours le plus plausible.

II. La *Lacerne* étoit une espece de manteau ou de surtout, qui anciennement ne servoit que pour la guerre, mais qui dans la suite fut en usage à la ville & aux champs. On l'attachoit pardevant avec une boucle, comme plusieurs font encore aujourd'hui. On y attachoit un capuchon qu'on appelloit *cucullus* : presque tous conviennent que ce capuchon s'ôtoit aisément quand on vouloit. On en faisoit pour l'hiver d'étoffe plus grosse & plus velue, & pour l'été elles étoient plus legeres. On les faisoit ordinairement de laine. Au commencement, & même jusqu'au tems de Ciceron, la lacerne n'étoit que pour le peuple ; c'étoit une espece de honte aux Senateurs de paroitre avec un tel habit : mais dans la suite des tems elle devint commune à tout le monde.

CAPUT VII.

I. De variis vestimentorum generibus disseritur, de trabea. II. De lacerna. III. De pullata veste, deque aliis. IV. De caracalla. V. De colobio. VI. De gausapa. VII. De lacinia deque aliis nonnullis.

I. QUÆ trabea vocabatur, honorifica quoque vestis erat, cujus forma non minores peperit controversias, quam latus clavus. Sic appellabatur, ut putant, a quibusdam pannis seu fasciis quæ transversæ gestabantur ; sed in ipsa veste attextæ. Servius ad 7. Æneidos ex Suetonii libro de genere vestium tria esse genera trabearum tradit : *Unum diis sacratum quod est tantum de purpura : aliud regum, quod est purpureum, habet tamen aliquod album : tertium augurale, de purpura & cocco* : non pauci putant trabeam a toga ex sola panni conditione distingui, non autem a forma : idipsum Dionysius Halicarnasseus non obscure dicere videtur : at Rubenius contendit breviorem fuisse toga, & hunc affert Virgilii locum Æneid. 7.

parvaque sedebat
Succinctus trabea.

Certum est, pergit Rubenius, non dissimilem fuisse paludamento sive chlamydi : indeque Salii qui trabeati dicuntur apud Dionysium Halicarnasseum, apud Festum paludati vocantur. Rubenii sententiam explodere nititur Ferrarius, sed non videtur ipse majorem rei lucem afferre, ponderatisque omnibus, verisimilior videtur Rubenii sententia.

II. Lacerna pallii genus quoddam erat priscis temporibus in bello dumtaxat usurpatum, at posteriori ævo in urbe ipsa & rure usurpabatur. Fibula annectebatur, ut hodieque fieri solet : huic etiam hærebat cucullus, qui, ut omnes fere sentiunt, amoveri facile a lacerna poterat. Hieme ex panno densiore & pilosiore gestabatur, æstate ex leviore purioreque : ex lana vulgo confecta erat : initio imo usque ad Ciceronis ævum lacerna plebi tantum erat in usu. Pudori fuisse Senatoribus, si tali veste indui prodiissent : sed posteriori ævo ab omnibus permixtim gestatam fuisse comperimus : plebs ut plurimum atram aut fus-

HABITS DES GRECS ET DES ROMAINS.

Le peuple la portoit ordinairement noire ou brune; les Senateurs & les gens de quelque distinction la portoient de pourpre. L'Empereur Alexandre Severe, dit Lampridius, alloit à ses thermes ou à d'autres pour s'y baigner avec le peuple, & sur tout en été; il s'en retournoit au Palais portant l'habit ordinaire des bains, avec cette seule marque d'Empereur, qu'il étoit revêtu d'une *lacerne* d'écarlate. Le *Birrhus* étoit à peu près la même chose que la lacerne, & c'est ce qui fait que les anciens semblent prendre indifferemment l'un pour l'autre : on croit que les lacernes prirent le nom de *Birrhus* du mot grec πύρρος, qui veut dire roux, parcequ'on les faisoit de cette couleur; & comme le Birrhus avoit un capuchon de même que la lacerne, on a aussi appellé Birrhus un capuchon ou un bonnet qui servoit à couvrir la tête.

III. Ce qu'on appelloit *pullata vestis*, ne se prenoit pas seulement pour le deuil, mais aussi pour un habit populaire; d'où venoit le nom de *pullata turba*, la troupe noire, & de *pullatus circulus*, le cercle noir, dans Quintilien. La couleur en étoit noire, & la forme étoit celle de la lacerne. Le *bardaicus cucullus* étoit selon Casaubon la même chose que le *bardocucullus* des Gaulois; mais selon Saumaise c'étoit ce que Martial appelle *Liburnicus cucullus*; le nom *Bardaicus* selon lui étoit pris des peuples d'Illyrie qu'on appelloit *Bardæi*; la chose est incertaine.

IV. La *Caracalle* approchoit pour la forme de la lacerne; c'étoit un habit barbare & gaulois. Tout le monde sait que l'Empereur Antonin Caracalla fut ainsi appellé parcequ'il se plaisoit à porter cette sorte d'habit. La caracalle Gauloise ne descendoit guere qu'à demi cuisse; mais Caracalla en fit faire qui alloient jusqu'aux pieds. Elles avoient des manches & aussi des capuchons comme les lacernes. Voila ce qu'on peut dire de cette sorte d'habit. Je ne sai si on a reconnu encore la caracalle sur quelque statue ou sur quelque vieux monument.

V. Il y avoit encore un habit Senatorial qu'on appelloit le *colobium*, qui étoit une espece de tunique dont on ne connoit pas bien la forme, & dont il est fait rarement mention chez les auteurs.

VI. La *Gausape* qui s'appelloit *Gausapa*, *Gausape* & *Gausapum*, étoit un habit fort velu; il ne l'étoit que d'un côté: on le distingue par là de l'*Amphimallum*, qui étoit velu des deux côtez; on le portoit pour se garantir du froid. On appelloit encore ainsi des couvertures de lit velues, & certaines nappes aussi

---

scam lacernam gestabat ; senatoresque nobilesve viri purpuream. Alexander Severus Imperator, inquit Lampridius cap. 42. *Thermis suis & veterum frequenter cum populo usus est, & æstate maxime balneari veste ad palatium revertens, hoc solum Imperatorium habens quod lacernam coccineam accipiebat.* Birrhus idipsum pene erat quod lacerna : hinc veteres alterum pro altero passim accipiunt ; putaturque lacernas hoc nomine Birrhus appellatas ex voce græca πύρρος, quod rufum significat, quia istius erant coloris. Quoniam vero birrhus cucullum habebat annexum, perinde atque lacerna, hinc factum ut birrhus pro cucullo etiam habitus sit, aut pro petaso caput operiente.

III. Quæ pullata vestis dicebatur, non pro luctus vestimento solum accipiebatur, sed etiam pro veste populari : indeque nomen *pullata turba* cepit, & *pullatus circulus* apud Quintilianum 11. 12. dicitur : color niger erat, formaque lacernæ similis. Cuculli Bardaïci memorantur a Julio Capitolino in Pertinace cap. 8. putantur a Casaubono iidem esse qui bardocuculli Gallorum : Salmasius vero existimat eosdem esse atque liburnicos cucullos, sic dictos a Bardæis qui erant Illyriæ populi : res in incerto versatur.

IV. Caracalla quantum ad formam lacernæ similis erat : barbara autem gallicaque vestis erat. Ignorat nemo Imperatorem Antoninum Caracallam sic ideo vocatum fuisse, quod hoc vestimenti genere uteretur. Caracalla Gallica ad dimidium usque femur tantum defluebat ; sed Caracalla Imperator hujusmodi vestes talares apparari jussit. Manicis illæ erant instructæ, & cucullo etiam perinde atque lacernæ. Hactenus de Caracalla ; nescio autem an hujusmodi vestimentum uspiam compareat in marmoribus atque monumentis.

V. Genus aliud Senatoriæ vestis *Colobium*, erat tunica quædam cujus forma nescitur, cujus admodum infrequenter mentio est apud scriptores.

VI. *Gausapa*, *Gausape*, & *Gausapum*, villosa vestis erat, ab una solum parte, qua in re distinguebatur ab Amphimallo, quod erat utrinque pilosum villosumque. Hoc vestimentum erat propulsando frigori paratum : gausapa etiam vocabatur lodix quæ-

velues. On prend encore pour *Gausapa* l'habit d'un roi captif Dace ou Parthe; il est bordé de peaux. Cette sorte d'habit étoit fort en usage chez les Daces, comme nous verrons plus bas.

VII. Ce qu'on appelloit *Lacinia* étoit une partie du vêtement ; quelques-uns l'ont prise pour l'extrémité d'en bas; je suis assez pour cette opinion ; je trouve aussi beaucoup de vraisemblance à ce que dit Rubenius que *lacinia togæ* étoit l'un & l'autre angle de devant. Ce sentiment suppose que la toge étoit toute ouverte ; ce qui nous paroit fort vraisemblable. Ce vers de Plaute

> *At tu ædepol sume laciniam, atque absterge*
> *Sudorem tibi,*

peut s'entendre du bord du vêtement aussi-bien que de l'angle ; de même que cet autre endroit de Suetone dans la vie de l'Empereur Claude ; » J'ai oui » dire à nos anciens que les plaideurs abusoient tellement de la patience de » cet Empereur, que lorsqu'il se retiroit du tribunal, non contens de le rap- » peller à haute voix, ils le retenoient même quelquefois par le bord de sa » robe & quelquefois par le pied. Je n'oserois décider si la *Lacinia* se prenoit pour le bord en general ou pour l'angle de l'habit : peutêtre se prenoit-il pour l'un & pour l'autre.

---

dam villosa, pariterque mappa villosa. Gausapa creditur esse vestis cujusdam Daciæ aut Parthiæ Regis, quæ pellibus assutis munita videtur : quod vestis genus apud Dacos in usu fuisse videtur, ut infra dicemus.

VII. Quæ lacinia dicebatur, pars vestimenti erat : aliqui putant imam oram fuisse ; quæ sententia non improbabilis videtur : imos angulos vestis fuisse existimat Rubenius, quam ego sententiam verisimilem arbitror ; etenim togam apertam fuisse cum eodem Rubenio diximus, & rem quasi conspicuam statuimus supra : hic Plauti versus in Mercat. Scena 2.

At tu ædepol sume laciniam, atque absterge
Sudorem tibi

de ora aut de angulo vestis intelligitur ut puro : similiterque ille alius Suetonii locus in Claudio : *Illud quoque a majoribus natu audiebam, adeo causidicos patientia ejus solitos abuti, ut descendentem e tribunali non solum voce revocarent, sed & lacinia togæ retenta, interdum pede apprehenso retinerent.* His conspectis non ausim asserere utrum lacinia pro ora tota acciperetur, an pro angulis tantum vestis ; forte lacinia de utroque intelligebatur.

HABITS DES GRECS ET DES ROMAINS.

CHAPITRE VIII.

I. La toge pretexte donnée aux jeunes nobles & aux magistrats Romains. II. Images de la Pretexte. III. A quel âge on la donnoit aux jeunes nobles. IV. Histoire de Papirius Prætextatus. V. Autre jeune Senateur avec la toge.

I. LA Prétexte étoit une espece de toge qu'on donnoit aux garçons de qualité Romains, quand ils entroient dans l'adolescence : on l'appelloit *Prætexta*, parceque les bords étoient ornez & comme tissus de pourpre. Les Grecs l'appelloient *periporphyros*, mot qui marque qu'elle avoit un bord de pourpre tout autour. Ce n'étoient pas seulement ces jeunes gens qui se servoient de la Prétexte, mais aussi en certaines occasions les magistrats & les prêtres. » Nos jeunes garçons, dit Tite-Live, portent des toges prétextes « ou bordées de pourpre. Il est permis aux magistrats d'en porter dans les co-« lonies & dans les villes municipales. Dans Rome même il étoit permis aux « Commissaires des rues d'en porter. Ils en peuvent porter pendant leur vie & « après leur mort, quand on brûle leurs corps. « Les Augures, les Consuls & les Dictateurs la portoient aussi en certaines occasions.

II. Nous donnons ici la forme d'un jeune homme habillé de la prétexte, Pl. V. copié d'après une ² statue du cabinet de Brandebourg : la bordure de pourpre 1 n'y paroit pas, parcequ'apparemment la couture & la tissure étoit si fine, que le marbre ne peut la représenter : ce qu'on observe aussi sur ce qu'on appelloit *latus clavus* ou le clou large, qui étant de pourpre ne pouvoit paroitre sur des statues de marbre blanc ni par la couleur, ni par la tissure, & qu'on ne voit jamais dans les anciens monumens. Ce jeune homme porte une bulle pendue au cou, comme la portoient ordinairement les jeunes garçons de qualité : nous parlerons plus bas de l'usage & des differentes especes de bulles, dont nous donnerons un grand nombre de figures. On ceignoit, disent quelques-uns, les prétextes en la même maniere que les toges ; on appelloit cela *cinctus Gabinus*, la ceinture Gabine, qui se faisoit avec la robe même, comme nous l'avons expliqué ci-dessus en parlant de la toge.

III. On a fort disputé sur l'âge auquel les jeunes garçons de qualité quit-

---

CAPUT VIII.

I. Toga prætexta nobilioribus adolescentibus & magistratibus data. II. Prætextæ imagines. III. Qua ætate prætexta adolescentibus dabatur. IV. Historia Papirii Prætextati. V. Juvenis Senator cum toga.

I. PRÆTEXTA togæ species erat, qua Romani nobiles pueri induebantur, quo tempore adolescentiam attigerant. Prætexta appellabatur quia oræ ornatæ & quasi textæ purpura erant : eam Græci vocabant περιπόρφυρον, quæ vox purpuream undique vestem significat. Non juvenes modo prætexta utebantur ; sed etiam quandoque Magistratus atque Sacerdotes. *Purpura viri utemur*, inquit Livius Decad. 4. l. 4. *prætextati in Magistratibus, in Sacerdotiis : liberi nostri prætextis purpura togis utentur : Magistratibus in coloniis, municipiisque : hic Roma infimo genere magistris vicorum toga prætexta habenda jus permittemus, nec id ut vivi solum habeant tantum insigne, sed etiam ut eo crementur.* Augures quoque, Consules & Dictatores prætextam aliquando gestabant.

II. Hic juvenem prætextatum proferimus, ex statua Musei Brandeburgici expressum a Begero in thesauro Brand. tom. 3. p. 360. Ora hic purpurea non conspicitur, quoniam, ut videtur, sutura texturaque ita subtilis erat, ut non posset in marmore exhiberi, quod ipsum dicendum de lato clavo, qui purpureus cum esset, in statuis ex marmore albo perspici nequit : marmor enim nec colorem nec subtilem texturam efferre potest. Hic juvenis bullam e collo pendentem habet, ut in more erat nobilium pueris. De bullarum variæ speciei usu infra loquuturi sumus, schematumque ipsarum magnam copiam proferemus. Prætextæ, ut quidam aiunt, eodem quo togæ modo præcingebantur ; qui cingendi modus cinctus gabinus vocabatur, ipsaque vestis circa corpus convoluta, nodo firmabatur, ut supra de toga loquentes diximus.

III. Disceptatum sæpe fuit de ætate qua pueri

Tom. III. D ij

toient la prétexte, & prenoient la toge virile; les uns disent que c'est après quatorze ans passez, au commencement de la quinziéme année; les autres au commencement de la dix-septiéme: mais le P. Noris depuis Cardinal a fort bien prouvé par plusieurs exemples, que c'étoit au commencement de la seiziéme année, quoiqu'il y ait eu bien des exceptions à cette regle, sur tout du tems des Empereurs.

Ce jeune garçon tient un rouleau; à ses pieds est une espece de laiete ronde qu'on appelloit *scrinium*, où ils mettoient leurs cannes à écrire, leurs tablettes, & quelques livres. Les manches de sa tunique ne vont pas jusqu'au coude. La prétexte qu'il porte a la forme de la toge, à la bordure près, qui étoit de pourpre, & qui ne paroit pas ici; on l'appelloit aussi la toge prétexte. On peut juger sur cette figure & sur les suivantes, si la toge étoit ouverte sur le devant comme un manteau; ou si elle étoit fermée, n'aiant sur le haut qu'un trou pour passer la tête & le bras: si elle étoit en cette derniere maniere, ce qu'on aura de la peine à se persuader, ce trou auroit été, à ce qu'il paroit sur toutes les images, d'énorme grandeur. Ils mettoient la toge sur l'épaule gauche, la relevoient du même côté, & faisoient encore passer tout le reste du côté droit sur le bras gauche: il entroit dans cet habit beaucoup d'étoffe; l'usage n'en devoit pas être fort commode, il n'y avoit que l'habitude qui pût le rendre supportable. Le jeune garçon [2] qui vient après porte aussi la bulle & la toge prétexte. Ce qu'il y a de singulier dans cette image, c'est que le jeune homme porte la prétexte sur l'épaule droite; cela pourroit être une faute du graveur, qui l'aura tournée de l'autre côté. Il tient aussi le rouleau de la main droite, au lieu que tous les autres, tant de cette planche que des deux suivantes, le tiennent de la gauche: autre preuve que le premier graveur l'aura tournée de l'autre côté.

IV. Personne n'ignore l'histoire de Papirius Prætextatus jeune garçon d'ordre Senatorial, qui pressé par sa mere de lui reveler ce qui s'étoit passé au Senat où il avoit assisté; pour éluder ses poursuites, lui fit une fausse confidence: ce qui apprêta à rire à tous les Senateurs, qui ordonnerent que dans la suite les autres jeunes garçons de son âge n'assisteroient point aux déliberations du Senat, & que le seul Papirius en recompense de sa fidelité à garder le secret, s'y trouveroit avec les autres Senateurs. Il fut appellé, dit Macrobe, *Prætexta-*

nobiles posita prætexta, toga virili induebantur; alii dicunt post quartumdecimum exactum annum ineunte decimo quinto; alii initio decimi septimi anni. Sed R. P. Norisius postea Cardinalis Cenotaph. Pisan. Dissert. 2. c. 4. optime plurimisque exemplis probat, initio decimi sexti anni togam virilem assumere in more fuisse, etsi Imperatorum maxime ævo præter morem sæpissime actum fuerit.

Hic juvenis volumen tenet, ad ejusque pedes arcula rotunda est, quam vocabant scrinium, ubi reponebantur calami, pugillares librique aliquot. Tunica manicata est, sed breves manicæ ne ad cubitum quidem pertingunt. Prætexta quam ipse gestat, togæ formam habet, una excepta ora quæ purpurea erat, licet id in marmore non compareat: ideoque vocabatur toga prætexta. In hoc schemate & in sequentibus considerandum relinquitur, an toga ut pallium hodiernum aperta in anteriore parte fuerit, an vero clausa undique solo foramine in medio relicto, ut per illud caput & brachium dexterum inducerentur. Si hoc ultimo modo res erat, quod vix putem quempiam esse crediturum: foramen illud in omnibus quas proferimus togis immanis latitudinis fuisset. Togam in humerum sinistrum attollebant, infimamque oram eodem latere super brachium sinistrum reducebant, reliquam vero togæ partem sub brachium dextrum adductam sinistro iterum brachio sustollebant: erat quippe vestis hujus amplitudo magna; neque ita commoda fuisse videatur, sed incommodum levabat diuturna consuetudo. Quod in altera statua [2] singulare observatur, juvenis ille prætextam humero dextero gestat, sed error fortasse ex scalpro provenerit, qui eam in alterum latus converterit, id quod non raro contingit. Volumen etiam manu dextera tenet, cum prior necnon omnes alii qui in duabus sequentibus tabulis exhibentur, sinistra illud teneant: unde suspicio augetur eum a scalptore primo conversum fuisse.

IV. Papirii prætextati historiam nemo nescit; erat ille juvenis Senatorii ordinis, quem mater percontabatur quid in curia ubi cum patre suo fuerat factum esset: tenitente puero, urgebat mater vehementiusque perquirebat; cum puer lepido mendacio matrem decepit, quæ res senatoribus risum paravit; consultumque postea fuit, ut posthac pueri in curiam non introirent præter unum Papirium, idque in præmium fidei prudentiæque: huic cognomentum honoris gratia inditum *Prætextatus*, ob loquendi tacendique in

HABITS DES GRECS ET DES ROMAINS. 29

zus, parceque dans un âge où il portoit encore la prétexte, il pouvoit garder son secret.

V. L'autre jeune homme qui est à la même planche, a quitté la prétexte, & pris la toge virile ; il tient un rouleau comme les précedens. C'est ici, ce me semble, qu'on voit clairement que la toge étoit un habit ouvert, car le côté qui est mis sur l'épaule gauche descend fort bas & tourne derriere, en sorte qu'il paroit impossible qu'il tienne par le devant à l'autre côté.

---

prætexta ætate prudentiam, inquit Macrobius Sat. 1.6.
V. Alter juvenis in eadem tabula jam prætexta posita togam sumit virilem : volumen ut duo priores tenet. Hic clare, ni fallor, conspicitur togam fuisse vestimentum apertum : latus enim togæ illud quod supra humerum sinistrum imponitur ad terram pene defluit cum altero latere non conjunctum ; ut nullo modo fieri posse videatur ut alteri hæreat lateri.

CHAPITRE IX.

I. Plusieurs images de Senateurs avec la toge ; la forme des scrinia ou laietes rondes.
II. Ce que c'étoit que scutulata vestis, paragauda, sagum & subarmalis vestis.
III. L'Empereur Trajan & plusieurs autres figures en habit court, portant la chlamyde. IV. Habits de tout âge du tems de Trajan. V. Habits du tems de Constantin & de Theodose.

Pl. VI.

I. Les trois Senateurs Romains de la planche suivante portent aussi la toge sur l'épaule gauche, & la ramenent ensuite sur le devant, laissant le bras droit libre : quand on regarde attentivement ces figures, on se confirme de plus en plus dans l'opinion que la toge étoit un habit ouvert sur le devant. Chacun des trois tient un rouleau de la main gauche, & a un *scrinium* ou une laiete à ses pieds.

Pl. VII.

Le premier de la planche suivante paroit être un jeune Senateur ; les bras de la statue sont tombez. A son côté est un chef d'armée couronné de laurier, apparemment parcequ'il a remporté quelque victoire. Il est ici en habit de paix, & porte la toge ; les manches de sa tunique ne vont pas jusqu'au coude. Il tient de la main gauche un rouleau, de même que les deux suivans, & a comme eux une laiete ronde à son côté. Le suivant est remarquable en ce qu'il a les pieds nuds. Le dernier est aussi couronné de laurier, & a pour chaussure la *calige* ou le *campagus*, dont nous parlerons plus bas au chapitre des chaussures. Nous mettons encore ici à part deux laietes ou *scrinia*, outre celles qui sont à côté des Senateurs, pour en faire mieux remarquer & la forme &

CAPUT IX.

I. Imagines togatorum Senatorum multæ : scriniorum forma. II. Quid essent scutulata vestis, paragauda, sagum & subarmalis vestis. III. Imperator Trajanus & alii cum chlamyde seu paludati. IV. Vestimenta Trajani tempore. V. Constantini & Theodosii ævo.

I. Tres Romani Senatores sequentes togam item humero sinistro gestant, quam postea in anteriorem partem reducunt, brachio dextero prorsus libero relicto. Hæc schemata si diligenter considerentur, sane magis ac magis illa firmatur mens & opinio, togam fuisse ab anteriori parte apertam : ex tribus singuli volumen tenent, scriniumque habent ad pedes positum.

Qui prior in sequenti tabula occurrit juvenis Senator esse videtur, statuæ brachia vetustate collapsa sunt. E regione hujus dux exercitus conspicitur lauro coronatus, quia, ut credere est, victoriam aliquam reportaverat : hic tamen togam pacificam vestem gestat. In tunica manicæ ad cubitum non pertingunt ; sinistra volumen tenet perinde atque alii in tabula præcedenti, & scrinium a latere habet. Hac in re singularis est is qui sequitur, quod pedibus sit nudis. Ultimus etiam lauro coronatur, caliga aut campago calceatus, de quibus infra ubi de calceo. Hic alia duo scrinia ponimus præter ea quæ a latere Senatorum sunt, ut eorum & forma & usus me-

50 L'ANTIQUITE' EXPLIQUE'E, &c. Liv. I.

l'uſage. Nous voions dans l'une les rouleaux rangez dedans par ordre ; elles ſe fermoient à clef, la ſerrure eſt ici repréſentée cinq fois. Je n'ai jamais vu de ſerrure certainement antique, repréſentée ailleurs que dans ces laietes rondes.

Pl. VIII.

1 Les deux Senateurs ſuivans ſont aſſis ſur un ſiege couvert 1 d'un couſſin ;
2 ils tiennent chacun un 2 rouleau. La figure ſuivante paroit être de quelque
3 philoſophe 3 ; il eſt auſſi aſſis & penſif en homme qui médite quelque choſe : ſon habit eſt trop court pour être une toge ; c'eſt un manteau qu'il porte ſur la chair nue.

Pl. IX.

1 Dans la medaille qui eſt au haut de la planche ſuivante, on 1 voit l'Empereur avec la toge ; il tient un globe de la main droite. Ces figures des medailles ſont ſi petites, qu'on ne peut guere s'y inſtruire de la forme des choſes.
2 Il n'en eſt pas de même de l'image ſuivante 2 de Caius Ceſtius, qui dans l'épitaphe miſe au bas relief dit un adieu éternel à ſa fille Erotion. Sa toge eſt, ce me ſemble, une nouvelle preuve que toutes les toges étoient ouvertes : ſa tunique plus longue que les ordinaires deſcend juſqu'à terre ; les manches ſi elles n'étoient pas retrouſſées couvriroient la meilleure partie du bras. Erotion qui donne la main à ſon pere, porte une tunique qui traîne à terre, dont les manches vont juſqu'à la main. Il n'entre dans ſa coëffure que ſes cheveux, auxquels un grand manteau qui l'environne de toutes parts eſt attaché.

Pl. X. Le Senateur qui ſuit & qui donne la main à ſa femme, eſt remarquable par la beauté du deſſein, ſa chauſſure eſt toute fermée, & celle de ſa femme ouverte, en ſorte que les orteils paroiſſent.

II. Ce que Juvenal appelle *ſcutulata veſtis*, a donné bien de l'exercice aux Critiques de ces derniers tems : on diſpute d'abord ſur l'étymologie de ce mot. Turnebe le fait venir de *ſcutum* : Saumaiſe le refute, fondé ſur ce que *ſcutum* a la premiere ſyllabe longue, au lieu que *ſcu* dans *ſcutulata* eſt bref ; il aime mieux le faire venir de σκυτάλη, *virga*, & prétend que la tiſſure de ces ſortes d'habits repréſentoit comme des verges. Les anciens ont trop peu parlé de cette ſorte d'habit, pour qu'on s'en puiſſe former une idée diſtincte.

La *paragaude* ou *paragauda veſtis*, étoit une eſpece d'habit qu'Aurelien donna aux ſoldats ; elle étoit compoſée d'une courroie, quelquefois de deux ou trois & juſqu'à cinq. On n'en connoit guere la forme, qui ſera venue

---

lius obſerventur. In altero volumina videmus ordinata intuſque poſita ; clavi obſerabantur ; ſeraque hic quinquies conſpicitur : non aliam hactenus ſeram vidi, quæ quidem antiquitatis non dubiæ eſſet, præter has in ſciniis poſitas.

Duo Senatores ſequentes 1 in ſella ſedent ſuppoſito pulvinari, ſinguli volumen 2 tenent. Schema ſequens philoſophum quemdam exhibere videtur, qui ſedens 3 meditatur, intentoque animo eſſe videtur. Veſtis brevior eſt, quam ut toga eſſe dicatur, pallium eſt *nudo corpori adhærens*.

In numo ſequenti qui tabulæ 1 ſupremam partem occupat, imperator togatus conſpicitur, qui globum dextera tenet. In nummis adeo breve ſpatium eſt, & tam exiguæ imagines, ut ſæpe de rerum forma vel minimum quidpiam diſcere non facile ſit. Non ſimiliter loquendum de 2 imagine ſequenti Caii Ceſtii, qui in epitaphio æternum vale dicit Erotio filiæ ſuæ. Novum ut puto ex toga ejus argumentum eruitur, quo probetur togas omnes apertas fuiſſe. Tunica vulgaribus longior ad terram uſque defluit : manicæ ſi reductæ non eſſent, totum fere brachium operirent. Erotion quæ patri manum porrigit, tunicam ad terram item defluentem geſtat, cujus manicæ ad manum uſque pertingunt. Ad ornatum capitis ejus ſolum capillitium adhibetur, cui capillitio annexa eſt palla maxima totum fere corpus ambiens.

Senator ſequens qui manum uxori dat artificii elegantia ſpectabilis eſt : calceamentum ejus clauſum, uxoris apertum eſt, ita ut digiti pedum conſpiciantur.

II. Quæ apud Juvenalem *ſcutulata veſtis* dicitur, poſteriorum temporum criticis magnam diſceptandi anſam præbuit : ſtatim de vocis etymologia inquiritur. Turnebus eam a voce *ſcutum* educit : Salmaſius Turnebum confutat, eo nixus argumento, quod in voce ſcutum prima ſyllaba producatur ; cum contra in voce ſcutulata, prima ſit brevis, quare mavult illam ex voce σκυτάλη, virga, educere : exiſtimatque illarum veſtium texturam virgas expreſſiſſe. Cum hanc veſtem veteres rariſſime uſurpaverint, non poteſt ex eorum narratione ejus forma accurate cognoſci.

Paragauda veſtis erat, quam Aurelianus militibus dedit, ut videas in Vopiſco cap. 47. *& quidem aliis monolores, aliis dilores, trilores aliis, & uſque ad pentelores, quales hodie lineæ ſunt*, id eſt in aliis uno loto ſtringebantur, in aliis duobus vel tribus, vel quinque : earum vix forma cognoſcitur, quæ ut &

HABITS DES ROMAINS

UN ROMAIN AVEC SA FEMME

Gallerie Justiniane

HABITS DES GRECS ET DES ROMAINS.

apparemment auſſi-bien que le nom de quelque payis étranger.

Le ſaie ou le *ſagum* étoit une eſpece d'habit militaire, dont la forme auſſi-bien que le nom étoient venus des Gaules avant qu'elles fuſſent ſubjuguées. Il paroit que c'étoit une eſpece de ſurtout, qui n'avoit point de manches à Rome, mais qui en avoit dans les Gaules, comme nous verrons dans les habits Gaulois. Comme le *ſagum* étoit l'habit militaire, nous le verrons dans les habits militaires Romains que nous donnerons en grand nombre au tome ſuivant. Pluſieurs croient que c'étoit la même choſe que le *paludamentum* & la chlamyde; je penche fort à le croire auſſi.

Il y avoit une autre ſorte d'habit militaire qui s'appelloit *ſubarmalis veſtis*: les Commentateurs qui tâchent de trouver l'explication de ce mot dans l'étymologie, diſent les uns que cet habit vient d'*armus*, épaule, parceque cet habit couvroit le deſſous des épaules; les autres croient que c'étoit un habit qu'on portoit ſous les armes ou ſous le *ſagum*; ce qui paroit plus vraiſemblable: ce ſont des matieres où l'on ne parle qu'en devinant.

III. Dans la planche ſuivante nous voyons ¹ l'Empereur Trajan dans ſon habit d'hiver, tel qu'il le portoit quand il faiſoit la guerre aux Daces. Il porte une tunique courte & large relevée par une ceinture, & une chlamyde attachée à l'épaule droite avec une boucle. Il eſt à remarquer que dans les trois images la chlamyde ou le *paludamentum* laiſſe le bras & le côté droit tout découvert, afin que le mouvement du bras ſoit plus libre. Dans la ² ſeconde image la chlamyde eſt frangée, peutêtre étoit-elle auſſi fourrée de quelque peau; ces habits fourrez s'appelloient *gauſapes*. Dans la troiſiéme image ³ Trajan eſt en la compagnie de deux autres hommes, dont l'un eſt revêtu d'une toge, qui à la bien conſiderer, doit être neceſſairement ouverte comme un manteau.

Pl. XI.
1
2
3

IV. La planche qui ſuit eſt un beau bas relief Romain, où l'Empereur Trajan ſe voit ſur un maſſif élevé qu'on appelloit *ſuggeſtus*, aſſis ſur un pliant ou ſur un ſiege Curule. Il porte la toge, qui paroit comme ci-devant ouverte. Derriere Trajan paroit une architecture de colonnes d'ordre Corinthien. Sur ce maſſif ſont quelques officiers de l'Empereur, & en bas pluſieurs perſonnes d'entre le peuple; de ſorte qu'on voit ici des habits d'hommes, de femmes & d'enfans de differente condition.

Pl. XII.

V. Dans les ſiecles poſterieurs il s'introduiſit de nouvelles modes, plus dans

Pl. XIII.

---

nomen ipſum ex peregrina aliqua regione venerit.

Sagum veſtis militaris erat, cujus nomen & forma ex Galliis, antequam eæ libertatem amiſiſſent, acceſſerant, ut putant nonnulli; videtur fuiſſe veſtis exterior manicis carens apud Romanos; ſed apud Gallos manuleata, ut videbitur ubi de veſtibus Gallorum. Quia ſagum veſtis erat militaris, ipſum inter veſtes Romanas militares videbitur, quas magno numero tomo ſequenti dabimus. Multi credunt ſagum Romanum idipſum fuiſſe quod paludamentum aut chlamydem, cum quibus ego facile calculum feram.

Alia militaris veſtis *ſubarmalis* nominabatur. Scriptores critici qui vocis ſignificatum in etymologia quærunt, dicunt alii eductum nomen ex voce *armus*, id eſt humerus, quod hæc veſtis ea quæ ſub humero ſunt contegeret; alii putant veſtitum fuiſſe ſub armis vel ſub ſago poſitum, indeque nomen mutuatum: quod quidem veriſimilius videtur, licet hic ſemper quaſi hariolando loquendum ſit.

III. In tabula ſequenti ¹ Imperatorem Trajanum videmus hiemali tectum veſte, qualem geſtabat in bello Dacico. Tunicam ille habet brevem latamque cingulo conſtrictam; itemque chlamydem humero dextro annexam fibulâ. Hic animadvertendum eſt in tribus quas repræſentamus imaginibus chlamydem ſeu paludamentum, non brachium, non latus dexterum contegere, ut libero Imperator brachii dexteri motu gaudeat. In imagine ² ſecunda fimbriata chlamys eſt, forteque pellibus aſſutis duplicata erat, quod genus veſtium Gauſapæ vocabantur. In tertia ³ imagine Trajanus duos alios habet comites, quorum alter toga amicitur, quæ toga ſi diligenter conſideretur, quaſi pallium aperta deprehendetur.

IV. Tabula ſequens elegans refert Anaglyphum Romanum, ubi Imperator Trajanus in ſuggeſtu poſitus in ſella curuli ſedet. Togam ille geſtat quæ perinde atque in præmiſſis imaginibus aperta eſſe videtur. Pone Trajanum ædificium eſt columnis ordinis corinthii ornatum. In ſuggeſtu illo quidam Imperatoris miniſtri eſſe videntur, & infra ſuggeſtum ex plebe multi; hic itaque veſtes comparent virorum diverſæ conditionis, mulierum atque puerorum.

V. Poſterioribus ſæculis novæ inductæ ſunt veſtium formæ, in urbano potius, quam in militari habitu.

les habits ordinaires que dans les militaires. Cela paroit dans la planche suivante tirée de l'arc de Constantin, où se voit deux fois ce même Empereur. Dans l'une des images où il harangue une grosse compagnie, il porte la tunique & la chlamyde ou le *paludamentum*: dans l'autre où il fait une liberalité, il est assis & porte une robe qui touche à terre, & dont les manches vont jusqu'au poignet; il porte en écharpe une large bande, ornement que portent aussi plusieurs de sa compagnie: cette écharpe s'appelloit selon quelques-uns *orarium*, & fut fort en usage dans les tems posterieurs; on croit que la robe sur laquelle on portoit ces bandes en écharpe s'appelloit *trabea*, & qu'elle avoit pris son nom de là. Dans la grande troupe on remarque des hommes & des petits garçons avec un habit fort different de ceux des siecles précedens.

Pl. XIV.

VI. Le premier habit qui paroit [1] sur la planche suivante, a l'air d'une lacerne ou d'une chlamyde, aussi-bien que [2] celui des deux licteurs qui portent les faisceaux, qui l'ont frangée par le bas. Un autre licteur [3] avec des haches n'a rien qui se puisse bien distinguer. La troupe qui occupe le bas de la planche est prise de la colonne Theodosienne [4] que fit faire Theodose le jeune. On y voit des habits fort differens des précedens, des bonnets extraordinaires, une tunique à collet, & plusieurs autres particularitez qu'on laisse à remarquer au lecteur.

1
2
3

4

Id in tabula sequenti observatur, quæ ex arcu Constantini educta fuit, ubi Imperator ipse bis comparet: in altera ex imaginibus magnum ille cœtum alloquitur tunica indutus, cui superponitur chlamys aut paludamentum; in altera, ubi liberalitas exprimitur, sedet ille vestemque talarem gestat, cujus manicæ ad manum usque protenduntur: transversum ille pannum gestat, qui pannus in multis aliis hujus tabellæ figuris observatur: & ut quidam existimant, idipsum est, quod olim orarium vocabatur, & ævo posteriori in usu frequenti erat. Vestis in qua hujusmodi transversus pannus gestabatur, *trabea* nomen habebat, atque ex eodem transverso panno trabea, ut putant, nuncupabatur. In magno illo cœtu viri puerique observantur cum vestibus, ab iis quæ priscis temporibus in usu erant, admodum diversis.

VI. Prima vestis [1] in tabula sequenti, lacerna aut chlamys videtur esse, perinde ac vestis illa duorum [2] lictorum fasces gestantium, quæ in ima ora fimbriis ornatur. Alius lictor [3] cum securibus nihil præfert, quod possit clare aperteque distingui. Promiscua turba ima in tabula posita, ex columna [4] Theodosii per Theodosium juniorem constructa prodit. Hic conspiciuntur vestes a præcedentibus omnibus longe discrepantes, petasi singulares, tunica cum collari, & alia multa observatu digna, quæ lectori consideranda mittuntur.

Arc de Constantin

HABIT ROMAIN DU TEMS D
DES HOMMES, DES FEMME

DU TEMS DE CONSTANTIN LE GRAND
ES, DES FEMMES, ET DES ENFANS

XIII. Pl. a la 32. page T. III.

Tome III

HABITS DES ROMAINS

CHAPITRE X.

I. Comment les Grecs se couvroient la tête. II. La forme du sciadion des Grecs. Les Romains se couvroient la tête de la toge. IV. Le cucullus. V. Le pileus, & autres bonnets. VI. Le petase & autres figures qui approchoient du chapeau.

I. Les Grecs & les Romains alloient assez ordinairement la tête nue. Les anciens Atheniens, dit Elien, se boucloient & se lioient les cheveux, & entremêloient dans leur chevelure des cigales d'or. Il paroit pourtant que les Grecs avoient des especes de bonnets qu'ils appelloient *pilion* ou *sciadion* ou *cyneé*, qu'ils portoient quelquefois pour se défendre de l'injure des tems.

II. Je crois que le chapeau assez semblable à ceux d'aujourd'hui, que porte un [1] cavalier tiré des bas reliefs du temple de Minerve d'Athenes, est ce qu'ils appelloient le *sciadion*, mot qui signifie un parasol. Il y en a plusieurs autres de même dans ces sculptures.

III. Nous avons déja dit que les Romains lorsqu'il faisoit trop froid ou trop chaud, se couvroient quelquefois la tête de la toge qu'ils relevoient par derriere. Cela n'empêchoit pas qu'ils n'eussent d'autres bonnets ou capuchons pour marcher la nuit & pour la campagne. Les statues & les marbres nous les représentent ordinairement la tête nue, excepté lorsqu'ils offrent des sacrifices: alors on les voit souvent la tête voilée de leur robe même; je dis souvent, car ils sacrifioient aussi la tête nue, comme nous avons vu au chapitre des sacrifices.

IV. Ils se servoient pour se garantir des injures des saisons du *cucullus*, espece de capuchon semblable au capuchon des moines. Il étoit ordinairement attaché à la lacerne ou au birrhus, habits de campagne. Le nom aussi-bien que l'usage du *cucullus* venoit des Gaules; on s'en servoit plus ordinairement dans la Saintonge, comme le marquent les vers de Juvenal, qui parle de ceux qui vont la nuit sous ce capuchon de Saintonge chercher des avantures; & un autre de Martial, où il fait mention du *bardocucullus*. La *cuculle* étoit encore en usage chez les villageois & à la campagne. Spon nous a donné [2] un bas relief, où nous voyons des paysans cueillir des olives avec

---

CAPUT X.

I. De capitis tegminibus Græcorum. II. Forma τȣ̃ σκιαδιȣ. III. Romani ipsa toga caput operiebant. IV. Cucullus. V. Pileus aliaque tegmina. VI. Petasus & aliæ figuræ ad hodiernos petasos accedentes.

I. Græci atque Romani, capite ut plurimum nudo prodibant: Athenienses, inquit Ælianus var. hist. 4. 22. cincinnis capillitium ornabant, atque ligabant, cicadasque aureas cincinnis admiscebant. Videntur tamen Græci pileos, petasosque habuisse quos vocabant πίλιον, aut σκιάδιον, aut κυνέν, quosque nonnunquam æstus vel frigoris propulsandi causa usurpabant.

II. Ego σκιάδιον esse putem galerum illum quem gestat [1] eques ex anaglyphis templi Minervæ Atheniensis eductus: in quibus anaglyphis multi sunt idem tegmen gestantes, quod hodiernis petasis nostris omnino simile est.

III. Jam diximus Romanos ingruente vel frigore vel æstu sublatam a tergo togam capiti imposuisse. Attamen illi pileos, petasos, cucullosque habebant, quibuscum tecto capite noctu incederent, atque sic rusticarentur. Statuæ marmoraque illos nudo ut plurimum capite exprimunt, nisi cum sacrificia offerunt; tunc enim sæpe veste sua capita contegunt; sæpe dixi: nam nudo etiam capite sacrificabant; ut in sacrificiis diximus.

IV. Ut caput ab injuriis aëris tempestatumque tutum redderent, cucullum gestabant, Monachorum *Capusiis*, ut vocant, similem. Hærebatque cucullus lacernæ aut birrho, quæ vestes rusticantibus propriæ. Et nomen & usus cuculli ex Galliis venerat, & apud Santonas maxime in usu erat, ut his Juvenalis versibus significatur Satyra 8.

si nocturnus adulter
Tempora Santonico velas adoperta cucullo.

& alio similiter Martialis versu, lib. 14. ep. 128. ubi Bardocucullum ille commemorat;

Gallia Santonico vertit te Bardocucullo.

Cucullus etiam in usu erat apud rusticos. Anaglyphum publicavit [2] Sponius, ubi rustici cucullis si-

des *cuculles* ou des capuchons qui leur couvrent la tête & les épaules.

V. Il y avoit d'autres sortes de bonnets qui ne servoient pas ordinairement; tel étoit le *pileus*, dont la forme que nous voions sur les medailles telle que nous³ la représentons ici, approchoit assez de nos bonnets de nuit: on le donnoit aux esclaves lorsqu'on les affranchissoit, & qu'on les mettoit en liberté; c'est par là que le *pileus* devint le symbole de la liberté. On le voit souvent aux revers des medailles Romaines avec l'inscription *Libertas*. Suetone dit qu'à la mort de Neron le peuple plein de joie sortit aiant le bonnet ou le *pileus* en tête. Selon Servius ce mot *pileus* étoit un nom generique qui marquoit plusieurs sortes de bonnets. Sytonius, dit-il, en met trois differens dont les prêtres se servoient; le premier étoit l'*apex*, le second *tutulus*, le troisiéme le *galerus*: l'*apex* étoit fort leger, & avoit une verge au milieu; le *tutulus* fourré de laine s'élevoit en pointe; le *galerus* étoit fait de peaux de victimes. Nous avons donné la forme de l'*apex*, du *galerus*, & de l'*albogalerus* dans le tome précedent.

VI. Le petase étoit une autre sorte de bonnet dont se servoient les voiageurs; il étoit aussi en usage chez les Grecs. Alexandre le Grand, dit Athenée, portoit aux festins le petase & les escarpins. Le Petase avoit ordinairement des bords, mais plus petits que ceux de nos chapeaux, & tels que nous les voions aux petases de Mercure. Mercure le portoit en qualité de grand voiageur, & de négotiateur du ciel, de la terre & de l'enfer. Son petase avoit des ailes, il en portoit encore aux talons & à son caducée: ce grand nombre d'ailes étoit sans doute pour marquer la legereté de sa course. Il se trouve de ces petases qui ont les bords fort approchans de ceux de nos chapeaux: nous en donnons ici quelques-uns. Le premier⁴ se voit sur un buste de la galerie Justinienne. Le⁵ second a été donné par M. Fabreti qui l'a tiré d'une pierre gravée de son cabinet. Le troisiéme⁶ & le quatriéme ont été tirez par le même, l'un d'une medaille du Strada, l'autre⁷ d'un medaillon du Cardinal Carpegna: ce sont deux medaillons de Pergame; l'homme qui tient un bâton & qui porte Esculape sur la main, est à ce que croit M. Fabreti Galien qui étoit Pergamenien, & que ceux de Pergame se seront fait un honneur de mettre sur leurs medailles. Il porte un petase qui revient assez à la forme de nos chapeaux. La derniere⁸ figure est d'un homme qui porte sur la tête une espece de turban. On voit par là combien les marbres nous apprennent de choses touchant les

---

ve caputiis tecti olivas colligunt, qui cuculli & caput & humeros contegunt.

V. Alia erant capitis tegmina non tam vulgaris usus. Talis erat pileus, cujus forma in nummis, qualis hic, repræsentata ³ conspicitur, nocturnis hodiernis capitis tegminibus non absimilis. Hic servis dabatur, quando libertatem obtinebant & liberti postea vocabantur; hinc vero factum ut pileus libertatis symbolum fuerit. Sæpe in Romanis nummis pileus cernitur cum inscriptione *libertas*. Mors Neronis, inquit Suetonius cap. 57. *tantum gaudium publice prebuit, ut plebs pileata tota urbe discurreret.* Servius Virgilii interpres Æneid. lib. 2. pileum quasi genericum nomen effert, quo plura capitis tegmina significentur: *Sytonius*, (sic) inquit, *tria genera pileorum dixit, quibus Sacerdotes utuntur, apicem, tutulum, galerum; sed apicem pileum subtile circa medium virga eminente; tutulum pileum lunatum metæ figura: galerum pileum ex pelle hostia cæsa.* Apicis, galeri, albogalerique formam dedimus tomo præcedenti.

VI. Petasus genus tegminis erat quo in itineribus utebantur: perinde Græcis in usu atque Romanis.

Alexander magnus, inquit Athenæus, in conviviis petasum & πέδιλα gestabat: quosdam petasus ceu margines habebat, sed ut plurimum breviores hodiernis petasis, & quales nonnunquam conspicimus in petasis Mercurii. Mercurius petasum gestabat ut viator & ut negotiator cæli, terræ, inferorumque. Ejus petasus alis erat instructus, ut etiam tali ejus, atque caduceus: quo tanto alarum numero cursus illius velocitas significabatur. Petasi nonnunquam occurrunt cum oris hodiernorum petasorum formam pene referentibus. Hic plures hujusmodi proferuntur: prior ⁴ in protome Musei Justinianæi: secundus a Raphaele ⁵ Fabreto in columna Trajana profertur p. 211. ex gemma Musei ipsius eductus est: ⁶ tertius ab eodem Fabreto ex nummo Stradæ erutus fuit, quartus ex nummo Cardinalis ⁷ Carpegnæ: hi duo nummi Pergameni sunt: vir qui scipionem habet & Æsculapium manu gestat, est, ut putat Fabrerus, Galenus medicus, qui Pergamenus erat, quemque Pergameni honoris causa in nummis exprimebant: petasum ille gestat hodiernis similem. Ultimum schema ⁸ viri est tegmen capitis *turbano* simile gestantis; hinc videas quanta ex marmoribus & ex monumentis hauria-

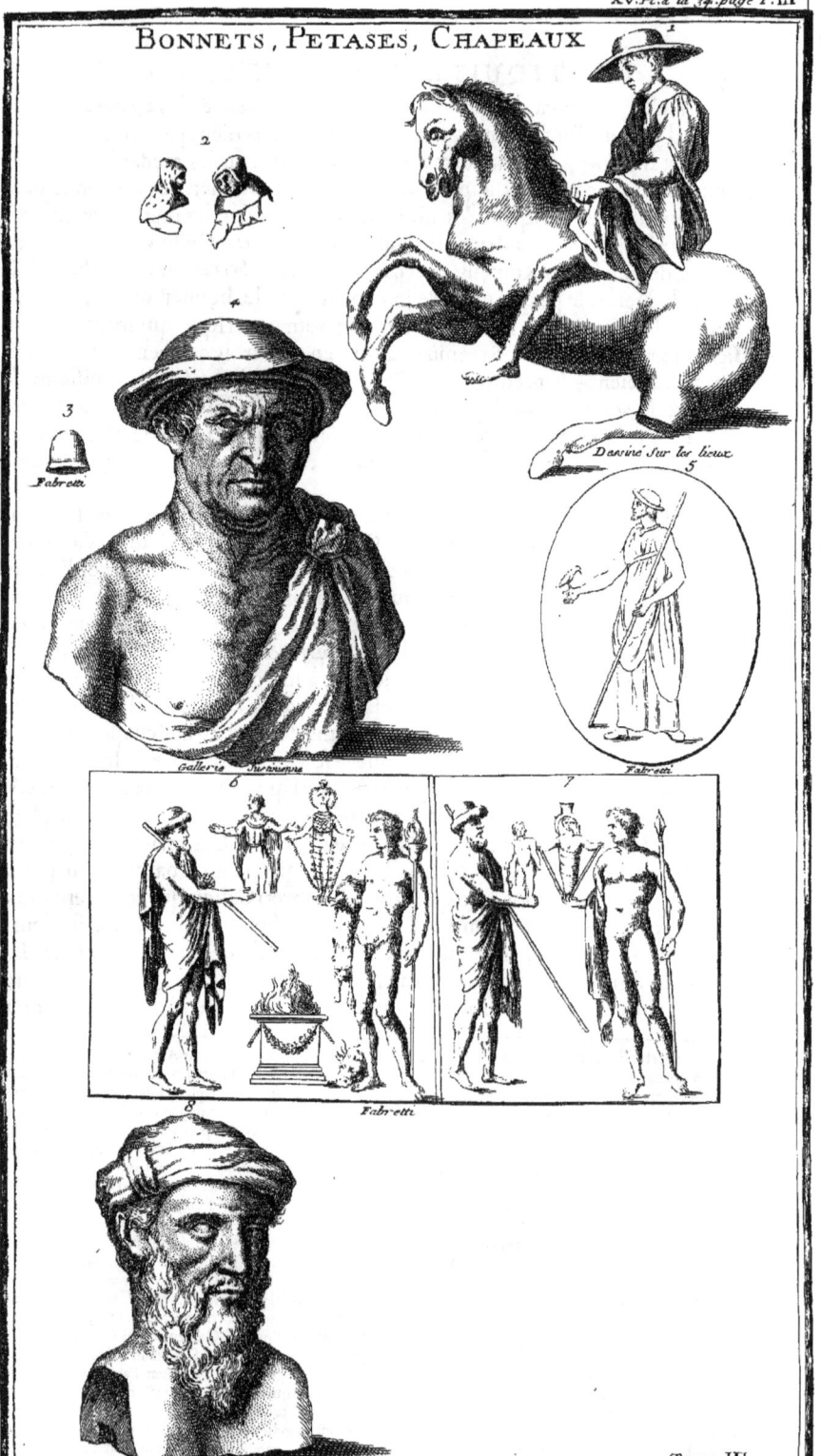

HABITS DES GRECS ET DES ROMAINS.

anciens usages, dont les auteurs n'ont pas fait mention.

Ce qu'on appelloit *infula* étoit une bande tissue de laine de couleur blanche, selon Isidore, ou mêlée de blanc & de couleur de safran, dit Servius; on en lioit les cheveux d'une temple à l'autre, & on la nouoit par derriere, laissant tomber l'extrémité des bandes de côté & d'autre. Les sacrificateurs seuls, dit-on, la portoient: cependant parmi le grand nombre de sacrificateurs que nous avons vus au livre second, je ne sai si l'on en remarque quelqu'un qui ait cet ornement de tête.

Causia selon Pollux étoit le bonnet des Macedoniens, dont on ne connoit pas la forme, non plus que celle du *crobylum*, dont se servoient les Atheniens. Voilà à peu près tout ce que nous connoissons touchant les bonnets & les ornemens de tête dont se servoient les Grecs & les Romains.

---

mus documenta, quæ in scriptoribus frustra quæras.

Quæ infula vocabatur, erat fascia lanea candida, que secundum Isidorum, aut albo & croceo colore mixta, inquit Servius: ea capilli alligabantur secundum tempora, & ad occiput constringebatur nodo, pendentibus hinc & inde fasciæ oris. Eam dicuntur ii soli gestasse, qui sacrificarent: attamen inter Sacerdotes sacrificantes quos magno numero protulimus tomo secundo, nescio an vel unus observetur, qui hoc capitis ornatu gaudeat.

Causia, ait Pollux, pileus Macedonum erat, ut *Crobylum* Atheniensium, quorum capitis tegminum formam ignoramus. Hæc fere omnia Græcorum Romanorumque tegmina sunt, quæ ad notitiam devenere nostram.

CHAPITRE XI.

I. Les habits des femmes tant Greques que Romaines. II. Passage d'Elien où sont rapportez les noms des habits des femmes Greques. III. La robe Tarentine; histoire rapportée par Lucien à ce sujet. IV. Noms des habits des femmes Romaines; ce que c'étoit que palla, crocota, mavors, penula.

I. LEs femmes tant chez les Grecs que chez les Romains portoient des tuniques comme les hommes, mais plus longues, & qui leur descendoient jusqu'aux talons. Les femmes Romaines avoient autrefois porté la toge; mais dans la suite des tems la toge ne fut en usage que pour les hommes, & la tunique fut commune à l'un & à l'autre sexe: celle des femmes differoit de la virile non seulement en ce qu'elle étoit plus longue, mais encore en ce qu'elle avoit des manches qui n'alloient que jusqu'au coude, comme on peut voir ci-après sur les figures. Il se trouve aussi des statues de femmes où le bras paroit nu ou découvert jusques bien audessus du coude. Les tuniques des hommes n'avoient presque point de manches. Sur la tunique les femmes portoient une espece de manteau leger que les Grecs appelloient *ampechoné*: c'est peutêtre ce que nous voions qu'Hesione porte audessus de sa tunique dans son image que nous avons donnée ci-devant. Ce manteau est frangé par le bas. Ce qu'on nommoit *anabolé* étoit encore une espece de

---

CAPUT XI.

I. Vestes mulierum Græcarum Romanarumque. II. Æliani locus in quo enumerantur vestes mulierum Græcarum. III. Vestis Tarentina: historia a Luciano allata hujus vestis occasione. IV. Nomina vestium mulierum Romanarum: quid essent palla, crocota, mavors & penula.

I. MUlieres tum Græcæ tum Romanæ tunicas perinde atque viri gestabant; sed longiores atque talares. Romanæ mulieres olim togam gestaverant, sed insequenti tempore togæ solis viris in usu fuere: tunica vero utrique sexui communis; muliebris a virili non longitudine modo differebat; sed quod manicas ut plurimum haberet ad usque cubitum protensas, ut in schematibus infra videtur. Neque desunt etiam mulierum statuæ, in queis brachium aut prorsus nudum, aut fere nudum comparet. In tunicis virorum manicæ brevissimæ; supra tunicam mulieres pallium sive pallam gestabant levem, quam Græci ἀμπεχόνην vocabant. Ampechone fortasse fuerit pallium illud, quod Hesione supra tunicam gestat in imagine superius oblata, quod pallium in ima ora fimbriatum est. Id etiam quod ἀναβολὴν Græci vocabant, genus erat pallii; in quo au-

manteau : il seroit difficile de dire en quoi il differoit de l'*ampechoné*, ni en quoi celui-ci differoit d'une autre sorte d'habit exterieur qu'on appelloit en grec *xystis*.

II. Elien fait en ces termes l'énumeration de l'habit des anciennes Greques : » La femme de Phocion portoit le manteau de son mari, & n'avoit be- »soin ni de crocote, ni de robe Tarentine, ni d'anabolé, ni d'encyclion, ni »de cecryphale, ni de calyptre, ni de tuniques teintes en couleur : son vête- »ment étoit premierement la modestie, & ensuite tout ce qu'elle pouvoit »trouver pour se couvrir. Nous avons été obligez de franciser la plûpart de ces mots grecs, parcequ'on ne connoit que par conjecture la forme de ces habits, & qu'on n'a point de termes pour les exprimer. La *crocote* prenoit ce nom ou de *crocos*, qui veut dire safran, parcequ'elle étoit de la couleur du safran, ou de *croké*, qui veut dire la trame.

III. La robe Tarentine est ainsi expliquée par Lucien : *Que la robe soit belle, blanche, de manufacture Tarentine, en sorte que le corps paroisse au travers*, tant elle étoit transparente. Le même dit dans un autre endroit qu'un nommé Demetrius Platonicien, fut accusé auprès de Ptolemée roi d'Egypte surnommé *Dionysus*, qui veut dire *Bacchus*, qu'il buvoit de l'eau aux fêtes des Baccanales, & qu'il étoit le seul qui ne prenoit pas un habit de femme. Cela passoit pour un si grand crime auprès de ce Prince, que si le lendemain il n'eût pas bu du vin en présence de tout le monde, & s'il n'eût pas mis la robe Tarentine pour danser en jouant des cymbales, il lui en auroit coûté la vie. L'*anabolé*, comme nous venons de dire, étoit une espece de manteau. L'*encyclion* ne se peut connoitre que par l'étymologie, qui marque un habit qui environne de tous côtez. On croit que le *cecryphale* étoit une bande ou un ruban à lier les cheveux ou à bander la tête.

IV. L'habit exterieur dont les femmes se couvroient, s'appelloit chez les Romains *palla* ou *amiculum*. Il paroit dans les figures que nous allons donner, qu'elles le faisoient quelquefois monter comme un voile jusques pardessus la tête ; & que les plus modestes s'en couvroient tous les bras jusqu'aux poignets. Un de ces habits exterieurs des femmes étoit ce qu'on appelloit *peplum* du mot grec πέπλος. L'usage en devint aussi commun chez les Romains que chez les Grecs. Il seroit tres-difficile de distinguer ces habits exterieurs les uns des autres ; les marbres n'aident point à faire ces distinctions ; & les auteurs qui font mention de ces habits n'ont pas eu assez de soin d'en marquer la difference ;

---

tem ab ampechone differret non ita facile dictu est, neque scimus etiam in quo anabole ab alia exteriori veste discreparet, cui nomen apud Græcos ξυςίς.

II. Ælianus var. hist. 7. 9. Græcarum veterum mulierum vestimenta sic enumerat : *Phocionis uxor Phocionis pallium gestabat, neque opus habebat vel crocota, vel Tarentina veste, vel anabolo, vel encyclio, vel cecryphalo, vel calyptra, non tinctis vel coloratis tunicis ; sed primum temperantia induebatur, dein te iis quæ supperent.* Crocota nomen mutuabatur vel a *ἐςόκω* crocus, quia colore erat croceo, vel a κρόκα subtegmen.

III. Tarentina vestis sic explicatur a Luciano de Rhetorum præc. *Vestis autem,* inquit, *sit venusta & candida, Tarentini artificii opus, ut corpus translluceat.* Alio autem loco in libro, *quod non temere credendum calumniæ,* narrat quempiam apud Ptolemæum cognomento Dionysum accusavisse Demetrium Platonicum, quod in bacchanalibus aquam biberet, solusque omnium muliebribus non indutus esset vestibus.

Ac nisi mane vocatus vinum bibisset in omnium conspectu, & sumta veste Tarentina cymbala pulsasset & saltasset, plane periisset, quod regis moribus non delectaretur. Anabole, ut modo dicebamus, genus pallii erat. Encyclion ex sola nominis etymologia cognoscitur, significarque amiculum undique tegens. Putatur cecryphalum fuisse vittam aut fasciam qua crines alligarentur, aut caput constringeretur.

IV. Vestis exterior mulierum apud Romanos palla aut amiculum vocabatur. In schematibus mox proferendis observatur, hoc amiculum aliquando capiti imponi tamquam velum, ut hinc postea totum corpus ambiat ; quæ modestiores erant mulieres, illo brachia etiam ad pugnum usque contegebant. Alia vestis exterior muliebris, erat peplum græce πέπλος, quod perinde Romanis in usu fuit atque Græcis. Hasce vestes aliam ab alia distinguere difficile esset. Ad hujusmodi distinctiones non juvant marmora ; scriptores vero qui hæc vestimenta commemorant, discrimen inter illud aliudque non notant : imo ut vere di-

HABITS DES GRECS ET DES ROMAINS.

ou pour mieux dire, ils ne penſoient le plus ſouvent à rien moins qu'à nous en inſtruire.

On eſt encore plus embarraſſé à connoitre la forme de l'habit des femmes nommé *crocota*, parcequ'il avoit la couleur du ſafran appellé *crocus*, ou parce que la trame appellée en grec *croke*, en étoit plus forte. Il étoit d'uſage non ſeulement pour les femmes, mais auſſi pour des hommes effeminez, pour des baccans & des bâteleurs. *Clodius eſt devenu populaire*, dit Ciceron, *par ſa crocote, par ſa ceinture, par ſes ſouliers de femme, & par ſes rubans de pourpre*. Il ſemble marquer par là que la *crocote* étoit un habit exterieur.

Ce qu'on appelloit *mavors*, *maforcium* & *maforte*, étoit d'un uſage plus recent que les autres habits dont nous venons de parler: on croit communement que c'eſt une corruption du mot grec *omophorion*, qui marque un voile qui couvroit les épaules. Le *mafortium* couvroit auſſi la tête & les épaules, & deſcendoit aſſez bas; on s'en ſervoit dans l'ancienne Egliſe pour voiler les vierges chrétiennes. Il en eſt ſouvent fait mention dans les anciens auteurs eccléſiaſtiques.

L'habit qu'on appelloit *penula* & en grec φενόλη ou φιλόνη, étoit une eſpece de ſurtout qui ſervoit aux femmes auſſi-bien qu'aux hommes. L'Empereur Alexandre Severe défendit aux matrones de le porter à la ville, & le leur permit ſeulement à la campagne. On ne ſait pas bien la raiſon de cette défenſe; Lampridius & les autres hiſtoriens des Auguſtes racontent ſi ſuccinctement les faits, qu'ils paſſent legerement ſur une infinité de choſes, & donnent la torture aux Commentateurs.

---

catur, ne cogitabant quidem rem ignotam poſteris manſuram.

Major occurrit difficultas in explicanda veſte illa quam crocotam dicebant, de qua pauca modo diximus, cumque vel a croco cujus colorem ferebat, vel a κρόκη ſubtegmen quod in illa fortius erat, nominari perhibuimus. Ea non mulieribus ſolum in uſu erat, ſed etiam viris effeminatis, Bacchantibus & circulatoribus. *Clodius*, inquit Cicero de Haruſpicum reſponſis, *a crocota, a mitra, a muliebribus ſoleis purpureiſque faſciolis factus eſt repente popularis*; quibus ſignificare videtur crocotam fuiſſe veſtem exteriorem.

Id quod mavors & maforcium vocabatur, uſus fuiſſe recentioris videtur, quam cæteræ veſtes de quibus ſuperius actum eſt; vulgo creditur vocem eſſe corruptam ex voce græca ὠμοφόριον, quo velum humeros operiens ſignificatur. Mafortium quoque caput & humeros contegebat, & infetius defluebat. In veteri Eccleſia Maforio utebantur ad velandas virgines chriſtianas: ejus mentio frequens occurrit in ſcriptoribus eccleſiaſticis.

Φενόλη aut φιλόνη, latine penula, non viris modo, ſed etiam mulieribus communis erat veſtis. Alexander Severus Imperator vetuit ne matronæ illam in urbe geſtarent; ſed ruri tantum permiſit. Ignoratur autem quæ cauſa prohibendi fuerit: Lampridius quippe, aliique hiſtoriæ Auguſtorum ſcriptores, ita compendio ſtudent, ut multa carptim tranſeant, & interpretes admodum torqueant.

CHAPITRE XII.

I. Les habits des femmes que Plaute rapporte, expliquez par Nonius Marcellus. II. Habits de Julie femme de Tibere, d'Agrippine & de Plotine. III. De Sabine & de Faustine. IV. De Lucille, de Crispine, de Mamée & de Salonine.

I. PLAUTE fait une assez longue énumeration de plusieurs habits de femmes, que Nonius Marcellus a tâché d'expliquer, mais de telle maniere que nous ne sommes guere plus savans après ses explications. La premiere tunique dont Plaute fait mention, est la *regilla*, qu'il exprime par *regilla inducula*; c'étoit une espece de tunique blanche, qui servoit aux filles la veille de leurs nôces. L'autre nom qui suit dans Plaute, *mendicula*, ne s'entend pas non plus que le suivant *impluviata*: ces deux mots marquent des tuniques distinguées ou par la couleur, ou par la forme, ou par la tissure. Des autres tuniques, celles qu'il appelle *ralla* & *spissa*, paroissent plus aisées à entendre que les autres ; *ralla* qui est la même chose, à ce que l'on croit, que *rara*, est celle dont la tissure est moins serrée ; & *spissa*, l'épaisse, ou celle qui est plus serrée & plus forte que l'autre. Les especes de robe suivantes, *linteolum casicium*, *indusiata*, *patagiata*, *caltula*, sont inintelligibles. Les anciens Grammairiens ne s'accordent pas entre eux : souvent le même rapporte plusieurs sentimens sans en adopter aucun, & fait voir qu'il n'explique qu'en devinant. La tunique nommée *crocotula*, qui n'est qu'un diminutif de *crocota*, se peut expliquer par ce que nous avons dit ci devant de la *crocote*. Tous les mots suivans qui signifient autant de sortes d'habits, *supparum*, *subminium*, *rica*, *basilicum*, *exoticam*, *cumatile*, *plumatile*, *cerinum*, *melinum*; tous ces mots, dis-je, sont autant d'énigmes, hors peutêtre ce qu'on appelloit *rica*, qui étoit une espece de couvre-chef.

II. On voit dans les figures des Dames Romaines que nous donnons ici,

---

CAPUT XII.

I. Muliebrium vestium a Plauto memoratarum, explicatio a Nonio Marcello data. II. Vestis Juliæ uxoris Tiberii, itemque Agrippinæ & Plotinæ. III. Sabinæ quoque & Faustinæ. IV. Lucillæ, Crispinæ, Mamæeæ & Saloninæ.

I. PLAUTUS in Epidico Act. 2. longam muliebrium vestium enumerationem texit, quam hic asserimus.

   Ep. *Sed ulstita, aurata, ornata ut lepide! ut concinne! ut nove.*
   Pe. *Qui erat induta? an regillam inluculam? an mendiculam?*
   An napluviatam? ut ista faciunt vestimenti nomina.
   Ep. *Utin' impluvium induta ext.* Pe. *Quid autem illut mirabile est?*
   Quasi non fundis exornatæ multa incedant per vias.
   At tribunus cum imperatus est potesse pendi negant:
   Illis quibus tributus major penditur, pendi potest.
   Quid ista, quæ vesti quotannis nomina inveniunt nova?
   Tunicam rallam, tunicam spissam, linteolum casicium:
   Indusiatam, patagiatam, caltulam, aut crocotulam,
   Supparum, aut subminium, ricam, basilicum, aut exoticum,
   Cumatile, aut plumatile, cerinum, aut melinum; gerræ maximæ.

Has vestes Nonius Marcellus explicare tentavit; sed ita ut lectis ejus explicationibus haud doctiores abeamus. Prima quam commemorat Plautus tunica, est regilla, quam ille sic exprimit, regilla inducula ; eæ tunicæ species erat a virginibus die nuptias suas antecedente usurpata: quod sequitur in Plauto nomen aliud *mendicula* haiiolis mittendum perinde atque aliud adjunctum *impluviata* : ambæ voces videntur tunicas significare, aut colore, aut forma, aut textura distinctas. Ex aliis tunicis eæ quæ ralla & spissa appellantur, reliquis cognitu faciliores esse videntur. Ralla quæ ut videtur idipsum est quod rara, ea est cujus textura laxior, spissa vero ea, cujus textura spissior densiorque est : quæ sequuntur, *linteolum casicium*, *indusiata*, *patagiata*, *caltula* intelligi nequeunt. Grammatici veteres in iis explicandis admodum inter se dissentiunt : idem ipse Grammaticus multas affert opiniones, quarum nullam adoptat, atque se ariolum agere commonstrat. Crocotula tunica ex crocota superius allata explicari potest. Voces omnes sequentes totidem vestibus significandis allatæ, *supparum*, *subminium*, *rica*, *basilicum*, *exoticum*, *cumatile*, *plumatile*, *cerinum*, *melinum*; hæc, inquam, omnia sunt ænigmata, si forte ricam excipias, quæ tegimen capitis erat.

II. In matronarum Romanarum, quas hic proferimus, imaginibus magna vestium discrimina depre-

HABITS DES GRECS ET DES ROMAINS. 39

une grande difference dans les habits, mais bien plus grande encore dans les coëffures. La premiere est Julie femme de ¹Tibere, comme semble le persuader l'inscription qui est au bas de la statue, PIETAS AVGVSTAE, *la pieté* ¹ *de l'Imperatrice*. On trouve quelquefois cette inscription au bas des medailles de cette Julie. Auprès d'elle est un autel, sur lequel est un grand vase, & un bassin; l'autel exprime la pieté envers les dieux. La suivante est, dit M. le Cavalier Maffei, ²Agrippine mere de Neron, qui porte les symboles d'Isis & de ² Cerès: Isis est marquée par la fleur du lotus, ou plutôt par celle de l'arbre nommé *Persea*; & Cerès par les pavots & les épis qu'elle tient aux mains. Cette large bande qu'elle porte en écharpe, & l'autre qui pend sur le devant, semblent convenir à des tems fort posterieurs à Agrippine: on laisse la chose indécise. La suivante ³ est Plotine femme de l'Empereur Trajan. ³

Pl. XVI.

III. Les deux premieres images de la planche suivante ¹ représentent une Pl. XVII. même Imperatrice; c'est Sabine ² femme de l'Empereur Hadrien. Ce qui est ¹ ² ici remarquable est que dans la premiere image où la coëffure est singuliere, Sabine porte une tunique qui traîne à terre, & sur celle-là une autre qui descend jusqu'à mi-jambe, & pardessus tout cela un grand manteau. La suivante se voit de face, on la laisse à considerer au lecteur. La figure d'en bas représente Faustine la jeune ³ femme de l'Empereur Marc-Aurele; elle est ici coëf- ³ fée en matrone, comme on la voit quelquefois sur les medailles. Ce voile n'est autre chose que son grand manteau qu'elle fait monter sur sa tête; elle tient de la main gauche une pomme.

Pl. XVIII.

IV. La premiere de la planche suivante est Lucille ¹ femme de Lucius Ve- ¹ rus collegue de Marc-Aurele; elle est remarquable par sa coëffure où il entre beaucoup de perles & de pierres précieuses, & par son triple bracelet. Celle d'après est ² Crispine femme de l'Empereur Commode, dit le Cavalier Maf- ² fei: elle est toute environnée de son manteau, & tient d'une main des épis & des pavots symboles de Cerès. C'étoit une chose fort ordinaire de représenter les Imperatrices en déesses. Celle de ³ dessous est Mamée mere d'Alexandre ³ Severe, laquelle sur sa tunique traînante porte une autre tunique frangée, & par dessus tout cela un grand manteau qui tient à l'extrémité de sa coëffure. La suivante ⁴ est encore une Mamée, dit le Cavalier Maffei; elle porte un ⁴ grand voile qui lui couvre toute la tête.

---

hendes, sed in cultu capitis majora. Quam primam hic proferimus, ea est Julia ¹ uxor Tiberii, ut ex inscriptione suadetur, quæ sub statua sic legitur, PIETAS AUGUSTÆ, quæ inscriptio etiam in nummis Juliæ Augustæ reperitur: prope Juliam ara est cui imposita sunt vas magnum atque discus: ara pietatem erga deos significat. Quæ sequitur est, inquit Maffeius eques, Agrippina ² Neronis mater, quæ Isidis Cererisque symbola gestat. Isis flore loti sive potius perseæ arboris significatur, Ceres papaveribus & spicis in ejus manu positis. Fascia illa seu tænia, quam illa transversam gestat, ad tempora longe posteriora pertinere videtur, unde an Agrippina sit dubium oriri possit. Quæ sequitur est Plotina ³ Trajani Imperatoris uxor.

III. Duæ priores sequentis tabellæ imagines eamdem Augustam exhibeant, quæ est ² Sabina uxor Hadriani Imperatoris. Quod hic observatu dignum est, in prima imagine, ubi ornatus cultusque capitis est singularis, Sabina tunicam gestat ad terram usque defluentem: supra illam tunicam, aliam breviorem, quæ ad mediam usque tibiam protenditur: quæ omnia palla maxima conteguntur: sequens ² Sabinæ imago de facie visitur, & lectori exploranda relinquitur. Infra posita imago est Faustinæ ³ M. Aurelii Imperatoris uxoris: ornatus capitis matronam refert velo obtectam, qualis ea in nummis non raro conspicitur: velum illud nihil aliud est, quam perampla palla, quæ caput & reliquas vestes obtegit; Faustina sinistra manu pomum tenet.

IV. In sequenti tabula prior ¹ locatur Lucilla uxor Lucii Veri Imperatoris, M. Aurelii collegæ; hæc a cultu capitis suspicitur, ubi margaritæ & gemmæ multæ, & a triplici armilla. Quæ sequitur est Crispina ² Commodi uxor, inquit Maffeius eques: quæ palla undique amicitur, & altera manu spicas papaveraque tenet, quæ sunt Cereris symbola: hæc consuetudo erat ut Augustæ quasi deæ repræsentarentur. Alia infra posita ³ Mammæa est mater Alexandri Severi Imperatoris, quæ supra tunicam ad terram usque defluentem, aliam gestat breviorem tunicam fimbriis decoratam, insuperque exteriorem vestem, pallam scilicet, quæ extremo capillitio annexa videtur. Sequens etiam ⁴ Mammæa est, ut putat eques Maffeius; hæc amplum gestat velum quod totum contegit caput.

Pl. XIX. Salonine femme de l'Empereur Gallien, est la premiere [1] de la planche qui suit; elle a perdu un bras, & n'a rien de singulier, non plus que les [2] deux autres [3] femmes Romaines, dont l'une est assise sur un siege assez extraordinaire.

Salonina [1] uxor Imperatoris Gallieni, prima est in tabella sequenti; hæc brachium amisit, nihilque suspiciendum præfert; quod ipsum [2] dicendum de duabus aliis Romanis matronis, quarum altera in sella sedet [3] singularis formæ.

CHAPITRE XIII.

I. Matrones Romaines. II. Autres images de femmes Romaines. III. Image extraordinaire, & une autre qu'on a prise pour une Sibylle. IV. Buste de Marc-Antoine & de Cleopatre: autres têtes.

Pl. XX.

I. DAns la planche suivante [1] sont trois matrones qui ont perdu les bras: la [2] seconde est remarquable par les deux tuniques, dont celle de dessus est, ce semble, fourrée d'une peau de bête; [3] ces fourrures s'appelloient, comme nous avons déja dit, *gausapes*. Au bas de la planche sont deux têtes dont les coëffures sont remarquables: la premiere [4] où il n'entre que les cheveux, est à longues tresses; la seconde [5] se laisse à remarquer aux curieux.

Pl. XXI. Pl. XXII.

La femme assise qui occupe toute la planche suivante est, dit on, d'un dessein excellent: elle semble penser profondément à quelque chose; son habit est singulier, les manches semblent boutonnées.

II. Ce n'est que pour faire remarquer la diversité des parures, qu'on donne les deux [1] images qui occupent le haut dans la planche suivante; la [2] seconde outre une coëffure extraordinaire, a une longue tunique frangée par le bas. Une jeune [3] fille audessous tient une patere de la main droite. Le buste [4] suivant paroit être d'une femme âgée, qui s'appelloit suivant l'inscription, *Sitapia Sempronia Moschis*. Je soupçonne quelque erreur dans le premier mot. Le mari qui a fait faire ce monument à sa femme, fait l'éloge de sa sagesse & de sa pudicité, & se fait bon gré à lui-même de l'avoir traitée comme sa vertu le meritoit.

Pl. XXIII.

III. L'inscription qui est au bas de la premiere statue de la planche suivante [1]

CAPUT XIII.

I. Matronæ Romanæ. II. Aliæ Romanarum mulierum imagines. III. Imago alia singularis: alia item quæ pro Sibylla habita fuit. IV. Protome Marci Antonii & Cleopatræ: alia capita.

I. IN sequenti tabula tres sunt [1] matronæ quæ brachia amiserunt; secunda [2] duabus induitur tunicis, ex quibus ea quæ exterior tunica dicitur assutis pellibus duplicata videtur: quod genus vestium gausape vocabatur, [3] ut diximus. In ima tabula duo capita muliebria sunt, quorum cultus observatu dignus; primum [4] capillorum solo complexu concinnatarum, longos habet cincinnos, alterum [5] considerandum relinquitur.

Mulier sequens, quæ sedens totam tabulam occupat, artificii, aiunt, eximii, videtur rem aliquam intento animo meditari. Vestis singularis est: manicæ globulis annexæ.

II. Ad solam cultus ornatusque diversitatem conspicientibus offerendam [1] duas priores imagines in suprema tabula sequenti posuimus; [2] secunda præter capitis cultum singularem, longam tunicam gestat in ima ora fimbriis decoratam. Puella [3] subtus posita pateram dextera tenet. Protome sequens vetulæ mulieris esse videtur, quæ, [4] ut inscriptione fertur, vocabatur *Sitapia Sempronia Moschis*: in prima voce errorem suspicor. Conjux qui uxori hoc monumentum apparavit, illam ob sapientiam & prudentiam laudat, sibique ipsi gratulari videtur, quod eam, ut virtutem ejus decebat, dum viveret, honorifice habuerit.

III. Inscriptio posita in ima statua, cujus imago [1] primum in tabula sequenti locum occupat, nihil

n'aide

Habit de Femme

Gallerie Justinienne

HABITS DES GRECS ET DES ROMAINS.   41

n'aide guere à la faire connoitre: cette inscription est *Mater villa Fagne*, ce qui semble ne rien signifier. On croiroit à voir cette femme avec la corne d'abondance, que c'est quelque divinité; la Fortune, par exemple, ou Flore, ou quelque prêtresse. La suivante a été ² prise pour une Amazone; je ne vois pas sur quoi se peut fonder l'habile homme qui l'a publiée, pour la donner comme telle. Le même donne pour ³ une Sibylle la vieille femme qui est audessous, & qui regarde le ciel; cela n'est pas hors de vraisemblance. Les deux bustes d'en bas ⁴ sont remarquables ⁵ par la coëffure des cheveux frisez & bouclez, dont les boucles pressées l'une contre l'autre font un gonflement de grandeur énorme, sur tout dans l'une. Nous verrons des coëffures semblables dans les sepulcres.

IV. Les deux têtes qui commencent la planche suivante, représentent Marc-Antoine & Cleopatre. C'est une agathe de la même grandeur qu'elle est ¹ représentée ici; elle appartient au Monastere de S. Sulpice de Bourges. D'habiles gens qui l'ont vûe, prennent les deux têtes pour Marc-Antoine & Cleopatre: j'ai vu & consideré la pierre, & j'en ai porté le même jugement. Ces deux têtes sont en demi relief Marc-Antoine s'y reconnoit aisément à son menton relevé, que la gravure n'a pas tout-à-fait bien représenté. Cleopatre a le nez cassé; le dessinateur a suppléé ce qui y manquoit. La tête ² suivante est de Livie, donnée pour telle par M. de la Chausse habile antiquaire. Celle d'après ³ se voit au Tresor de Saint-Denys, gravée en creux sur une aigue marine, de la même grandeur qu'elle est représentée ici. C'est un chef-d'œuvre de l'art; aussi l'ouvrier grec qui l'a faite, y a-t-il mis son nom, qui est Evodus. Nos graveurs ont parfaitement bien réussi à la représenter. Les connoisseurs sont partagez; les uns la prennent pour Domitia; d'autres pour Marciana sœur de Trajan; quelques-uns pour Matidia sa fille: le plus grand nombre pour Julia fille de Titus; je panche assez à suivre ce sentiment. La tête suivante est de l'Imperatrice ⁴ Sabine femme d'Hadrien: celle d'après est de ⁵ Faustine femme d'Antonin le Pieux. La derniere est de Julia ⁶ Cornelia Paula, l'une des femmes de l'Empereur Helagabale.

La planche qui suit represente dix coëffures, dans la plûpart desquelles il n'entre guere autre chose que les cheveux naturels.

PL. XXIV.

PL. XXV.

---

ad eam agnoscendam juvat: ea est MATER VILLA FAGNE, quod nihil significare posse videtur. Hac muliere cum cornu copiæ conspecta, dixerit forte quispiam esse deam aliquam, Fortunam puta, sive Floram, vel forte Sacerdotem. Quæ sequitur pro Amazone publicata fuit: nescio qua conjectura ductus vir ille doctus qui eam publicavit, hic Amazonem viderit. Idem ipse scriptor sequentem vetulam cælum suspicientem ³ Sibyllam esse putat, quod certe a verisimili non abhorret. Duæ protomæ ⁴ in ima tabella positæ, ⁵ cultu capitis insignes sunt, spissis densissimisque cincinnis adornati capilli quasi globum immanem efficiunt, præcipue in altera imagine. Similes capitis ornatus videbimus infra tomo quinto in sepulcris.

IV. Duo capita in principio tabulæ proximæ sunt M. Antonii ¹ & Cleopatræ, qui sic repræsentantur in achate eadem qua schema magnitudine: quæ gemma in Monasterio S. Sulpitii Bituricensis asservatur. Pro M. Antonio & Cleopatra habuere viri docti qui lapidem inspexerunt: quem lapidem & ego vidi, diligenterque exploravi, eorumque opinioni suffragium meum adjeci. Hæc duo capita media sui parte prominent in lapide. Marcus Antonius ab acuto mento

statim cognoscitur, quem tamen sculptor non accurate expressit in tabula. Cleopatræ nasi extrema pars fracta est, sculptor quæ deerant suo marte addidit. Caput sequens est ² Liviæ Augustæ, quam vir antiquariæ rei peritus ut Liviam publicavit. Sequens caput in Thesauro Sandionysiano ³ visitur suspiciturque, in cavo pretiosi lapidis quem vocant *aquam marinam*, insculptum, eadem qua hic repræsentatur magnitudine. Elegantissimi autem artificii est: ideoque sculptor Græcus qui sculpsit hac inscriptione nomen suum celebrari voluit, Εὔοδος ἐποίει, *Evodus faciebat*. Sculptores nostri pulcherrimam effigiem accurate repræsentarunt. Antiquariæ rei periti non eadem sunt sententia circa hanc imaginem; alii dicunt Domitiam esse; alii Marcianam Trajani sororem, nonnulli Matidiam Marcianæ filiam: pars major Juliam Titi filiam esse putant, cui ego opinioni pene adstipulor. Aliud caput ⁴ Sabinæ est uxoris Hadriani Imperatoris; alterum, ⁵ Faustinæ uxoris Antonini Pii: postremum, Juliæ ⁶ Corneliæ Paulæ, Helagabali uxoris.

Tabula sequens decem capita mulierum cum ornatibus suis profert: in plerisque earum cultus capitis ex solis constat crinibus.

CHAPITRE XIV.

I. *Pourquoi ne met-on pas dans cet ouvrage le recueil des images des grands hommes.* II. *Quelle est la forme de ces têtes, bustes & statues.* III. *Les inscriptions ont été mises après coup.* IV. *Differentes coëffures des femmes.* V. *Images de Theodose, d'Helene & de Valentinien troisiéme, faites dans des tems posterieurs.*

I. OUTRE ce que nous avons rapporté ici touchant les habits tant des hommes que des femmes, & touchant les coëffures, il y a encore bien des choses à remarquer dans les planches de tous les cinq tomes qui composent tout cet ouvrage, & particulierement dans le cinquiéme, où l'on voit un grand nombre d'habits de l'un & de l'autre sexe, & des coëffures de differentes especes, dont quelques-unes n'ont pas été rapportées ici pour éviter la repetition.

Nous nous dispensons de représenter ici les têtes, les bustes & les statues des grands hommes de l'antiquité, dont le recueil feroit un fort gros ouvrage. On en a donné plusieurs volumes entiers, que ceux qui sont curieux de ces sortes de monumens pourront aller consulter : quoique dans le fonds ce soient des recueils dont on peut tirer fort peu d'instruction ; car à la reserve des têtes d'Homere, de Socrate, de Platon, d'Aristote, de Demosthene, de Ciceron & d'un petit nombre d'autres, le reste est sujet à beaucoup d'incertitude. On trouve souvent deux figures d'un même homme qui n'ont aucune ressemblance. Quand même on auroit une certitude entiere, & qu'on pourroit donner tous les traits des visages au naturel, & des copies tirées successivement l'une de l'autre, qui représentassent les originaux avec toute l'exactitude possible, ce qui pourtant est tres-difficile ; quel fruit nous en reviendroit il ?

II. Un grand nombre de ces têtes sont posées sur des termes ou des piedestaux quarrez, qui vont toujours en diminuant par le bas. Elles portent assez souvent les noms écrits au dessous, d'une écriture qui est quelquefois d'un âge beaucoup plus bas que celui des personnages qu'elles représentent ; soit qu'elles aient été copiées sur d'autres plus anciennes dans des tems po-

CAPUT IV.

I. *Cur in hoc opere insignium virorum imagines non exhibeantur.* II. *De forma capitum, protomarum & statuarum hujusmodi.* III. *Inscriptiones longe posteriori ævo adjunctæ sunt.* IV. *De variis mulierum capitis ornatibus.* V. *Imagines Theodosii, Helenæ & Valentiniani tertii, infimis sæculis concinnatæ.*

I. PRÆTER ea quæ de vestibus tam virorum, quam mulierum, deque ornatu capitis hic diximus ; multa alia quoque occurrunt in toto operis hujus in quinque tomos distributi decursu, quæ vestimenta cultumque corporis spectant, maxime quinto tomo, ubi plurimæ occurrunt virorum mulierumque vestes, & capitis ornatus varii, quorum nonnulli hic non appositi sunt, ne bis idipsum referretur.

Hic capita, protomas, statuasque virorum insignium proferre non est animus, illud enim ingenti volumine, nec magno operæ precio fieret. Jam plurimi prodiere libri ubi hæc reperire est, quos adeant si qui harumce rerum studiosi sint : quamquam, ut vere fatear, hinc parum utilitatis patrumque notitiæ accedat : exceptis enim aliquot capitibus, verbi causa, Homeri, Socratis, Platonis, Aristotelis, Demosthenis, Ciceronis, paucorumque aliorum ; reliqua haud ita certa indubitataque videntur schemata eorum, quos referre dicuntur : sæpe ejusdem insignis viri imagines duæ eamdem inscriptionem habentes occurrunt, quæ sunt inter se omnino dissimiles. Ac etiamsi res semper certa esset, etiamsi omnia vultuum lineamenta genuina essent, etsi exemplaria omnia successione quadam ab aliis expressa, insignium virorum vultum accuratissime referrent, quæ tanta hinc utilitas proveniret ?

II. Horum capitum & protomarum magna pars Hermarum more Stylobatis quadris insident, qui in imo sensim spissitudinis minoris evadunt. Sæpe nomen præferunt ; ita ut scriptura frequenter longe inferioris ætatis sit ; sive icones illæ ad fidem vetustiorum sculptæ fuerint ; sive nomen initio non positum,

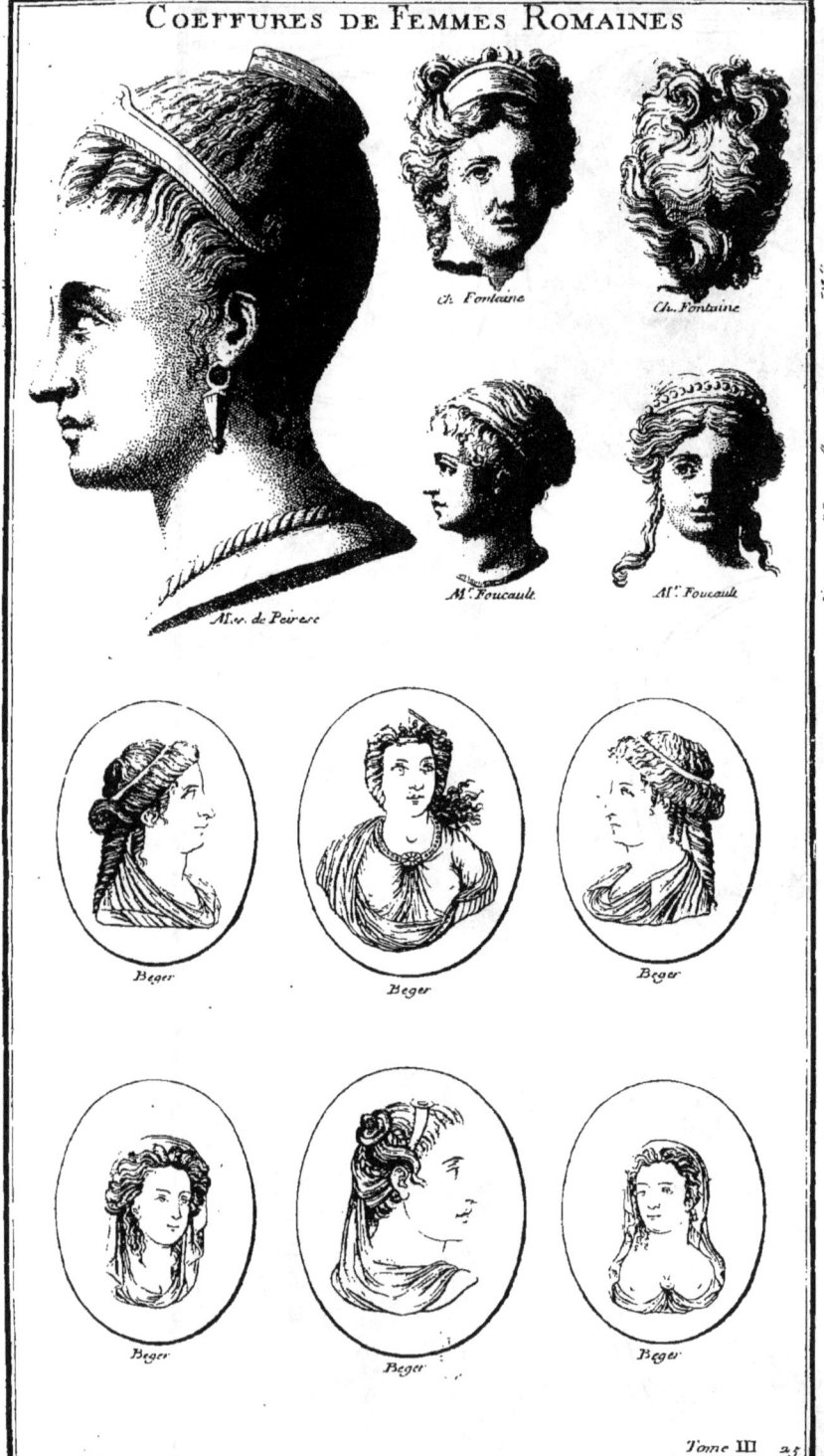

sterieurs, soit que le nom ait été écrit dans des siecles suivans sur des bustes de la premiere antiquité, de peur que dans la suite on ne vint à ignorer quels étoient les personnages représentez. Je crois que parmi ces inscriptions il s'en trouve de l'une & de l'autre maniere. Ciceron dans les Verrines fait mention de plusieurs bustes & statues dont les noms tant des divinitez & des personnes représentées, que des sculpteurs, s'étoient conservez par tradition. Pour assurer ces traditions à la posterité, on y ajoutoit le nom ou de la figure, ou de l'ouvrier, ou quelquefois des deux ensemble. Tel étoit cet Hercule de Lysippe trouvé à Rome, dont nous avons parlé dans notre Journal d'Italie, dont l'inscription latine *Hercules Lysippi* fut ajoutée longtems après que Lysippe eut achevé cette figure. Tels étoient aussi les deux chevaux & les deux heros de Montecaballo, dont les inscriptions *opus Phidiæ*, *opus Praxitelis*, sont à la vérité anciennes, mais de beaucoup posterieures au tems de Phidias & de Praxitele. Quand nous disons que ces inscriptions sont fort anciennes, nous ne prétendons pas nier que le Cavalier Fontana qui vivoit du tems de Sixte-Quint, voiant qu'elles étoient gâtées, & qu'elles dépérissoient tous les jours, ne les ait retouchées pour les conserver à la posterité ; mais on ne peut pas nier qu'elles n'y fussent devant, & qu'on ne les pût encore lire quoique plus difficilement avant le tems du Fontana, puisque Marlien qui écrivoit avant la naissance du Fontana, les a copiées & rapportées, & qu'un Anonyme qui vivoit il y a plus de cinq cens ans, les a lûes de même, comme on voit dans son livre des Merveilles de Rome, imprimé en notre Journal d'Italie p. 289.

III. Une autre preuve que les images de ces grands hommes ou du moins les inscriptions qui les indiquent, n'ont été faites que dans des tems fort posterieurs, est que les epsilons & les sigma y sont assez souvent ronds en cette forme ϵ C, qui n'a été introduite dans l'écriture greque qu'au tems des Empereurs Romains, comme nous avons fait voir dans la Paleographie Greque ; quoique souvent les bustes & les statues soient de gens qui vivoient vers le tems de la guerre du Peloponnese, ou devant ce tems-là même, c'est-à-dire plus de quatre cens ans avant ces Empereurs.

IV. La coëffure des femmes a été de tout tems sujette à bien des changemens tant chez les Grecs que chez les Romains & les autres nations. Donner le nom de tous ces differens ornemens que le sexe a emploiez, c'est ce

posterioribus sæculis sit additum, ne in decursu temporis, quos vere repræsentarent ignoraretur. Alterutrius generis esse inscriptiones illas existimo. Cicero in Verrinis protomas plurimas statuasque commemorat, tam deorum quam virorum insignium, quarum nomen tam exhibitarum personarum quam sculptorum successione quadam ad posteros transierat. Ut igitur vel repræsentatæ personæ vel sculptoris vel utriusque nomen servaretur, nec diuturnitate in oblivionem veniret, illud solebat apponi. Quod quidem factum est in illo Hercule Romæ de quo in Diario nostro Italico verba fecimus p. 180. cujus inscriptio Opvs Lysippi, diu postquam Lysippus hanc statuam sculpserat fuit. Idem accidit & duobus equis duobusque Heroibus, qui in Montecaballo sunt, quorum inscriptiones Opvs Phidiæ, Opvs Praxitelis, antiquæ quidem sunt ; sed ævo longe posteriores Phidia atque Praxitele. Cum dicimus has inscriptiones esse antiquas, non negamus equitem Fontanam, qui tempore Sixti V. florebat, cum videret eas jam labefactatas quotidie pessum ire, illas renovasse, ut posteris servarentur ; at non negandum etiam eas multis ante Fontanam sæculis ibidem exstitisse, ac legi potuisse etsi difficile, quandoquidem Bartholomæus Marlianus, qui ante Fontanæ natales librum suum edidit, easdem scripsit ac retulit ; quandoquidem etiam Anonymus *de mirabilibus Romæ*, qui ab annis plus quingentis scripsit, easdem legit, ut videas in Diario nostro Italico p. 289.

III. Alio etiam argumento probatur imagines plurimas insignium virorum, aut saltem inscriptiones, quæ nomina ipsorum indicant, ævo longe posteriori factas esse ; literæ scilicet ϵ & Σ sæpe rotundæ in hujusmodi nominibus sunt, hac forma ϵ & C, quæ forma in litteras græcas inducta fuit tempore Romanorum Imperatorum, ut probavimus in Palæographia Græca p. 152. etsi protomæ illæ atque statuæ viros sæpe repræsentent qui tempore circiter belli Peloponnesiaci florebant, vel etiam ante illud tempus ; scilicet annis plus quadringentis ante primos Imperatores Romanos.

IV. Ornatus capitis mulierum semper fuit variis mutationibus obnoxius tum apud Græcos tum apud Romanos. Ornatuum porro variorum nomina effere

qu'on ne peut faire. Nous avons déja vu une grande diversité dans la coëffure des femmes & des Imperatrices ; c'est ce qu'on remarque encore sur les medailles. Les modes changeoient pour le moins aussi souvent en ces tems-là qu'aujourd'hui. Dans les dix-neuf ans de regne de Marc-Aurele, sa femme Faustine paroit avec trois ou quatre coëffures differentes, dont l'une approche assez de la fontange : chacune de ces modes avoit apparemment son nom ; comment trouver tous ces noms aujourd'hui, où nous aurions peutêtre bien de la peine à trouver ceux de toutes les parties qui composent présentement la coëffure d'une femme ? Il nous reste peu de noms pour marquer les coëffures anciennes, & nous sommes assez embarrassez sur leurs significations. Nous savons que ce qu'on appelloit *calantica* étoit un couvre-chef de femme ; *vous accommodiez la calantique à sa tête*, dit Ciceron parlant à Clodius : mais nous ne savons pas en quoi la *calantica* differoit de ce qu'on appelloit *calyptra*, nom qui selon l'étymologie marque aussi un couvre-chef. La mitre des femmes étoit, dit Servius, la même chose que la *calantique*, un couvre-chef de femme, qui plus anciennement chez les Grecs signifioit un ruban, une bandelete & une ceinture ; d'où vient le *mitram solvere*, qui metaphoriquement vouloit dire faire perdre la virginité à une fille. Un autre couvre-chef des femmes, qu'on appelloit *flammeum* ou *flammeolum*, servoit aux nouvelles mariées pour le jour des nôces : quelques-uns croient qu'il servoit aussi aux Flaminiques ou Prêtresses, & veulent que *flammeum* vienne de *Flaminica* : mais le double *m* de *flammeum* semble refuter cette etymologie. Selon Nonius les matrones se servoient du *flammeum* ; il paroit par ce qu'en dit Tertullien, que c'étoit un ornement ordinaire, dont les femmes chrétiennes se servoient aussi. Le *caliendrum* dont fait mention Horace, & dans les tems posterieurs Arnobe, étoit un tour de cheveux que les femmes ajoutoient à leur chevelure naturelle, apparemment pour faire de plus longues tresses.

P L. XXVI. 1

V. Avant que de sortir de ce traité des habits, j'ai cru pouvoir donner ici une image du grand Theodose tirée d'un manuscrit de la Bibliotheque du Roi, écrit du tems de l'Empereur Basile le Macedonien, qui regnoit avant la fin du neuviéme siécle. Ce n'est pas que je croie que cet habit soit de la forme de ceux que portoient Theodose & ses contemporains ; on l'aura apparemment habillé à la maniere des Empereurs du tems où le manuscrit a été écrit, ou à peu près de même. L'image ne peut servir ici qu'à faire remarquer le grand

---

non humanæ esset facultatis : eorum magnam diversitatem jam vidimus in statuis atque protomis Augustarum aliarumque mulierum. Id etiam in nummis observatur : sub Marco Aurelio qui novemdecim annis imperavit, ejus uxor Faustina in nummis comparet cum triplici quadruplicive eoque vario capitis cultu, quorum unus ad hodiernam accedit rationem. Quæque ratio suum habuit nomen : quomodo hæc omnia nomina hodie colligamus, quando partium omnium, quæ ad hodiernam muliebrem capitis cultum spectant, nomina dicere vix possimus ? Pauca supersunt nomina hujusmodi antiqua, quorum etiam significationem & usum proprium vix ac ne vix quidem assequimur. Scimus quidem id, quod calanticam vocabant, fuisse tegmen capitis muliebris, *cum calanticam capiti accommodares*, inquit Tullius in Clodium apud Nonium Marcellum : at nescimus in quo calantica differret a calyptra, quæ secundum etymologiam nominis tegmen capitis significat. Mitra mulierum, inquit Servius Æneid. 9. id ipsum erat quod calantica, tegmen scilicet capitis muliebris : sed antiquitus mitra apud Græcos significabat fasciam, aut tæniam, aut cingulum ; unde *mitram solvere*,

quod metaphorice significabat cum virgine concumbere. Aliud tegmen muliebre flammeum vocabatur, sive flammeolum, quo nuptiarum die mulieres contegebantur. Putant etiam quidam in usu fuisse Flaminicis seu Sacerdotibus feminis, nomenque ipsum derivant a Flaminica ; at duplex *m* in flammeo cum hac etymologia non consonat. Teste Nonio matronæ flammeo utebantur, exque Tertulliani *de vel. Virg.* dicto videtur ornamentum solitum fuisse, quo utebantur etiam mulieres Christianæ. Caliendrum quod memorat Horatius lib. 1. Sat. 6. & posteriori ævo Arnobius lib. 6. erat crinium additamentum, quod mulieres in capillitium suum inserebant, ut videlicet longiores cincinnos pararent.

V. Antequam rei vestiariæ vale dicamus, non abs re fore putavi, si [1] Theodosii magni imaginem ex manuscripto Regiæ Bibliothecæ eductam hic repræsentarem, qui codex tempore Basilii Macedonis, in fine scilicet noni sæculi scriptus est. Non quod putem vestem illa forma esse, qua utebantur Theodosius illiusque temporis principes : vestimentum enim, ut videatur, concinnatum fuit eo modo, quo Imperatores noni sæculi utebantur. Imago itaque hic apponi-

HABITS DES GRECS ET DES ROMAINS.

changement introduit dans l'habit Romain dans cette longue suite de siecles. Theodose porte une couronne ornée de perles: le reste se remarque assez à l'œil.

Dans le même manuscrit [2] se trouve l'Imperatrice Helene mere du grand Constantin; on la voit deux fois repetée dans la même histoire de l'Invention de la sainte Croix. Ce qu'on remarque ici sur les deux images, outre la forme de la couronne, est que la robe est ouverte de haut en bas sur les côtez.

Au bas [3] est un medaillon de Valentinien troisiéme, de ceux qu'on appelle Contourniates, faits dans des siecles posterieurs. Sa couronne est extraordinaire, & apparemment imaginée par celui qui a fait la medaille dans un plus bas tems. L'inscription *Placea S. Petri* pour *Platea S. Petri*, la place de S. Pierre, a si peu de rapport à la figure du milieu, qu'elle seroit capable d'embarrasser, si cela valoit la peine de s'y arrêter, & s'il n'y avoit pas lieu de croire que tout cela part d'une imagination creuse.

---

tur ut intelligatur quanta in vestes Romanorum Imperatorum invecta mutatio sit, longo illo annorum spatio, quod a quarto sæculo ad nonum effluxit. Theodosius coronam gestat margaritis ornatam & gemmis: reliqua candidus lector observabit.

In eodem codice depingitur Helena [2] Augusta mater Constantini magni, quæ hic bis repetitur in historia inventionis sanctæ Crucis. Præter coronam cujus forma observatu digna, hic vestis exterioris genus suspicitur, quæ utrinque a scapulis ad pedes usque aperta est.

In ima tabula est nummus maximi moduli [3] Valentiniani tertii Imperatoris, ex eorum genere quos *Contorniatos* vocant posterioribus sæculis factos: corona ejus insolitæ formæ est, eamque commentus esse videtur is, qui nummum sculpsit. *Placea S. Petri* in inscriptione legitur pro *Platea S. Petri*, quæ inscriptio cum ea quæ repræsentatur figura nullam habet affinitatem, negotiumque facesseret, nisi compertum haberemus figuram ex sola artificis imaginatione profectam esse.

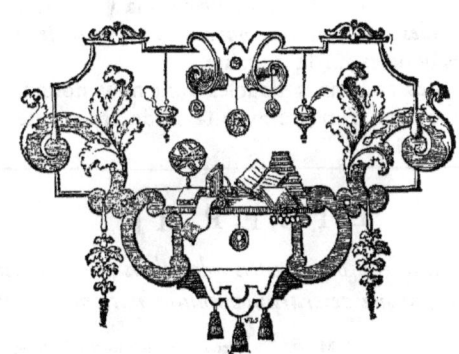

LIVRE II.

Qui comprend les boucles & d'autres ornemens, la chauſſure, l'habit des enfans, les bulles, & les habits de toutes les autres nations.

CHAPITRE PREMIER.

I. Differentes ſortes de boucles. II. La maniere dont on attachoit les habits avec les boucles. III. Grand nombre d'images de pluſieurs ſortes de boucles. IV. Le ſentiment de ceux qui ont pris ces boucles pour des ſtyles à écrire, n'eſt pas ſoutenable.

I. LA boucle s'appelloit en grec περόνη ou πόρπη, en latin *fibula*, mot deſtiné à toutes les eſpeces de boucles; il y avoit des *fibula* qui ſervoient à l'architecture, d'autres à la chirurgie, d'autres dont uſoient les Muſiciens & les Comediens pour conſerver leurs voix : d'autres enfin ſervoient à boucler les habits, c'eſt-à-dire à joindre une partie avec une autre, & à attacher une ceinture. Elles étoient également d'uſage aux hommes & aux femmes, aux Grecs, aux Romains & aux autres nations. Les hommes s'en ſervoient pour attacher les tuniques, les chlamydes, les lacernes & les penules, qu'ils boucloient quelquefois à l'épaule droite, d'autrefois à la gauche. Pour ce qui eſt des ſaies, il y en avoit qui s'attachoient avec des boucles : mais tous n'étoient pas de même, comme l'on peut voir dans la lettre de Claude le Gothique, que nous a conſervée Vopiſque dans la vie de Regillien ; *Envoiez-moi*, dit-il, *deux ſaies, mais de ceux qui s'attachent avec des boucles*. Les femmes portoient les boucles ſur la poitrine.

II. La forme des anciennes boucles dont nous donnons ici un grand nombre, approche aſſez d'un arc avec ſa corde, hors quelques-unes que

---

LIBER II.

In quo de fibulis aliiſque ornamentis, de calceis, de infantium puerorumque veſtibus, deque cæterarum omnium nationum veſtimentis.

CAPUT PRIMUM.

I. Fibularum diverſa genera. II. Qua ratione veſtes fibulis annecterentur. III. Fibularum variarum quamplurimæ imagines. IV. Non audiendi illi qui hujuſmodi fibulas ſtylos eſſe ad ſcribendum dicunt.

I. FIBULA græce vocata περόνη vel πόρπη, latine fibula, omnia fibularum genera comprehendebat. Fibulæ enim quædam inſtrumenta erant in Architectonice uſurpata, alia ejuſdem nominis a Chirurgis ; alia a Muſicis atque Comœdis ad conſervandam vocem ; demum fibulæ de quibus loquimur, illæ erant queis ad connectendas veſtes, alteramque alteri partem jungendam, ad zonam pariter infibulandam utebantur. Fibulæ viris pariter atque mulieribus, Græcis, Romanis, Barbariſque in uſu erant. Eas viri in tunicis adhibebant, in chlamydibus, lacernis atque penulis ; quas veſtes aliquando ad dextrum, aliquando ad ſiniſtrum humerum annectebant. Quod ad ſaga pertinet, quædam fibulis annectebantur, ſed non omnia, ut videre eſt in epiſtola Claudii Gothici Imperatoris apud Vopiſcum in vita Regilliani Tyranni : *duo ſaga*, inquit, *ad me velim mittas, ſed fibulatoria*, quibus ſignificatur alia non fibulatoria eſſe. Mulieres circa pectus fibulas ponebant.

II. Fibulæ quas hic magno numero damus, arcui cum nervo ſuo ſimiles ſunt, quibuſdam exceptis quæ

HABIT ROMAIN XXVI Pl. a la 46. pag. T. III

ΘΕΟΔΩΣΙΟΣ ΟΜΕΓΑΣ

Mr du Roi

ΕΥΡΕΣΙΣ ΤΟΥ ΤΙΜΙΟΥ ΣΤΑΥΡΟΥ

Mr du Roi

Baudelot

Tome III 26

LES BOUCLES.

nous mettrons après les autres. Ces boucles en forme d'arc ont pourtant quelques diversitez entre elles, comme il est aisé de remarquer sur les images: de l'une des extremitez de l'arc sort une aiguille retournée souvent du même côté à plusieurs tours; l'aiguillon s'avance de l'autre côté; on la met dans un petit tuiau. Cela se comprend mieux sur la figure même. Tout ce que nous représentons ici ne faisoit qu'une partie de la boucle: il y avoit à chaque côté de l'habit, à l'endroit où on l'attachoit, une piece de metal, d'or, d'argent ou de cuivre, de même matiere que la boucle: chacune des pieces qui s'enchassoient l'une dans l'autre, étoit percée en rond du haut en bas; en sorte que celle qui s'enchassoit dans l'autre n'avoit qu'un trou, au lieu que l'autre en avoit deux. L'aiguille venant à passer à travers des trois trous arrêtoit les deux pieces de metal, & attachoit en même tems ensemble les deux côtez de l'habit. Ces deux pieces attachées à l'étoffe avoient aussi leurs ornemens, ou du moins celle où l'autre s'enchassoit. Il est surprenant que se trouvant un si grand nombre de ces boucles, on ne trouve presque point de ces pieces de metal sans lesquelles elles ne pouvoient servir à attacher ensemble les deux côtez de l'habit. Je n'en ai encore vu qu'une, qui est dans le cabinet de cette Abbayie de S. Germain des prez; elle a pour ornement la figure d'un lion, & à une extremité deux tuiaux, entre lesquels s'enchassoit la partie de bronze qui étoit à l'autre côté de l'habit; en sorte que l'aiguille de la boucle passant à travers des trous de l'une & de l'autre arrêtoit les deux ensemble. Cette piece de bronze se trouve représentée dans une des planches suivantes. Ce qui est à remarquer dans cette premiere planche des boucles, c'est que la seconde se termine d'un côté en deux pointes qui font comme deux pincettes, en sorte que celle ci peut avoir servi à deux usages. Audessous de celle-là, une plus grande de que toutes les autres est bordée d'ornemens fort singuliers.

PL. XXVII

III. Dans la planche suivante presque toutes les boucles sont de même que dans la précedente, en forme d'arc; les petites differences se remarquent à l'œil.

PL. XXVIII.

La premiere boucle de la planche suivante est tirée du cabinet de M. Foucault; la seconde d'un manuscrit de M. de Peiresc; la troisiéme & les suivantes de cette planche sont tirées du Tresor de Brandebourg: cette troisiéme est d'argent; une autre toute ronde est d'or. Il y avoit des boucles d'or ornées de pierres précieuses; d'autres où la pierre précieuse même faisoit la boucle selon Virgile.

PL. XXIX.

---

posteriores ponentur. Fibulæ tamen illæ arcûs forma instructæ, aliquam inter se diversitatem præferunt, ut in ipsis imaginibus animadvertere licet. Ab altera arcus ora exit aculeus multis aliquando gyris contortus, qui ad aliam oram protenditur, ubi in quoddam foramen inducitur: ex conspectu res nullo negotio intelligitur. Illa autem omnia quæ hic repræsentantur pars fibulæ erant: in opposito enim utroque vestimenti latere pars quædam fibulæ perforata erat, aurea, vel argentea, vel ænea, ex eâ scilicet materia ex qua fibula: quæ perforatæ laminæ partes altera in alteram inserebantur; quæ in medio alterius inserebatur, foramen unicum habebat, altera vero foramina; duo aculeusque per media foramina transiens, duo latera simul infibulabat & annectebat. Duæ etiam illæ laminæ suis ornamentis non carebant, maximeque illa quæ oppositæ partem in se recipiebat. Mirum sane cum tanta fibularum copia in Musæis conspiciatur, vix aliquam ex aliis fibulæ partibus reperiri, sine quibus non poterat vestis infibulari: nullam hactenus vidi præter eam quæ in Museo hujus cœnobii servatur: quæ ad ornatum, leonis figuram repræsentat, & ad extremam partem habet duo foramina rotunda separata, inter quæ inserebatur alterius lateris perforata item æris particula; ita ut aculeus per hæc foramina transiens bina latera connecteret. Hæc fibulæ pars ænea in aliqua ex sequentibus tabulis repræsentatur. Quod in hac prima tabula animadvertendum occurrit, hoc est, secundam scilicet fibulam ab uno latere in volsellas terminari, ita ut duobus fortasse usibus deputata fibula fuerit: sub illa alia fibula ornamentis decoratur insolitis.

III. In tabula sequenti omnes ferme fibulæ eadem sunt forma qua in præcedenti: quæ parva intercedunt discrimina oculis facilius observantur, quam describantur.

Prior sequentis tabulæ fibula ex Museo Illustrissimi Domini Foucault educta est: secunda ex MS. D. Peirescii prodiit: tertia omnesque sequentes ex Thesauro Brandeburgico prodierunt: tertia argentea est; alia vero rotunda, est aurea. Fibulæ quædam aureæ erant, quæ gemmis ornatæ; aliæque ubi ipsa gemma fibula erat, ut ait Virgilius Æneid. 5. v. 312.

lato quam circumplectitur auro
Balteus & tereti subnectit fibula gemmâ.

Entre ces boucles que Beger nous donne, une de forme assez extraordinaire est polie & limée dans le dedans & dans le dehors; quelques autres le sont en quelques parties seulement; si pourtant il faut entendre ainsi le mot *interrasa fibula* dont il se sert: c'est la quatriéme de cette planche. Quelques-unes sont émaillées de verd, de blanc & de rouge, une de bleu, si ferme qu'on la prendroit, dit-il, pour *lapis lazuli*: hors une, elles sont toutes de forme singuliere.

Les six dernieres de cette planche tirées du même cabinet de Brandebourg sont encore plus extraordinaires; elles sont argentées, dit Beger. La premiere représente un cheval, la seconde & la troisiéme un cavalier, la quatriéme un oiseau, la cinquiéme un poisson, la sixiéme une hache double. Il n'est pas aisé de comprendre par quel endroit ces boucles-ci s'attachoient.

PL. XXX. La premiere de la planche suivante est de notre cabinet; la seconde a été donnée par M. de la Chausse; la troisiéme qui approche assez de la forme de nos boucles d'aujourd'hui, est toute ronde; elle est tirée du manuscrit de M. de Peiresc cité ci-dessus, aussi-bien que les cinq suivantes, dont trois sont d'une forme singuliere. La premiere a trois oiseaux de front; la seconde a la forme d'une abeille, & la troisiéme d'un oiseau. L'aiguille qui servoit à arrêter & à attacher ensemble les deux côtez de la chlamyde ou de la lacerne, se voit clairement dans plusieurs de ces boucles. Il y a apparence qu'on la faisoit quelquefois passer dans l'étoffe même, comme on fait aujourd'hui les épingles: mais dans la plupart des boucles l'aiguille paroit trop grosse pour cela, & disposée d'une maniere qui n'a jamais pu être à cet usage. On croit, comme nous avons déja dit, qu'aux deux côtez où la chlamyde s'attachoit il y avoit deux morceaux d'or, ou d'argent, ou de cuivre, selon la qualité des personnes; ils s'enchassoient l'un dans l'autre; l'aiguille qui passoit dans les deux les arrêtoit ensemble, & attachoit ainsi les deux côtez du manteau. Cela se comprendra mieux sur la figure d'une de ces pieces qui est de cuivre, & qu'on conserve dans le cabinet de cette Abbaye. La derniere boucle est de forme non ordinaire: on la représente ici des deux côtez.

IV. Je ne m'arrêterai pas ici à refuter le sentiment de ceux qui ont cru jusqu'à présent que ces boucles étoient des styles à écrire. Il y a eu même d'habiles gens qui l'ont cru; jusques-là que dans le cabinet imprimé de M. Petau

---

Inter fibulas illas Brandeburgicas quas Begerus protulit, quædam occurrit singularis formæ, intrinsecus & ubique polita limataque; si tamen sic explicandum sit illud, *interrasa fibula*, qua voce ille utitur; aliæ vero aliquot in partibus solum interrasæ sunt; aliquæ incrustatæ coloribus, viridi, albo, rubro, una cæruleo; hæc vero adeo dura incrustatione, inquit ille, ut incauti lapidem lazuli credere possint.

Sex postremæ fibulæ ex eodem Brandeburgico Museo eductæ magis singulares sunt, omnesque argento obductæ, inquit Begerus. Prima equum exhibet, secunda & tertia equitem, quarta avem, quinta piscem, sexta duplicem securim. Non facile est intelligere qua ratione hujusmodi fibulæ annectendis vestibus essent aptæ.

Sequentis tabulæ fibula prima est Musei nostri; secunda a Caucæo publicata fuit; tertia quæ ad hodiernarum fibularum formam accedit rotunda est, & ex MS. D. Peireskii educta, quemadmodum & quinque sequentes, ex quarum numero tres singulares sunt; prima tres aves exhibet ordine positas; secunda apem refert, tertia avem. Aculeus quo bina chlamydis seu lacernæ latera annectebantur, in aliquot fibulis perspicitur; is forsassis in ipsum pannum quandoque inducebatur, ut hodieque aciculæ. At in maxima fibularum parte densior aculeus est, quam ut sic induci potuerit, atque eo modo dispositus ut ad eam rem idoneus non fuisse videatur. Ut jam diximus, duo chlamydis latera duas habuisse putantur auri, argenti, aut æris pro gestantium conditione particulas, aliquando sculpturis ornatas, quæ alia in aliam inserebantur, & postea acu aut aculeo inserto jungebantur firmabanturque, sicque duo pallii latera simul annexa manebant. Hoc facilius intelligetur conspecta hujusmodi particula ad eam rem destinata, quæ ænea est & in Museo hujus cœnobii asservatur. Ultima fibula non vulgaris est formæ, hic secundum duos conspectus exhibetur.

IV. Non multis excutiam depellamque eorum opinionem, qui hactenus putaverunt, hujusmodi fibulas stylos esse ad scribendum: nec defuere inter viros doctos qui eam propugnarint sententiam: res autem eo usque processit, ut in Museo Petavii, quod publicatum fuit anno 1610. manus hominis repræsen-

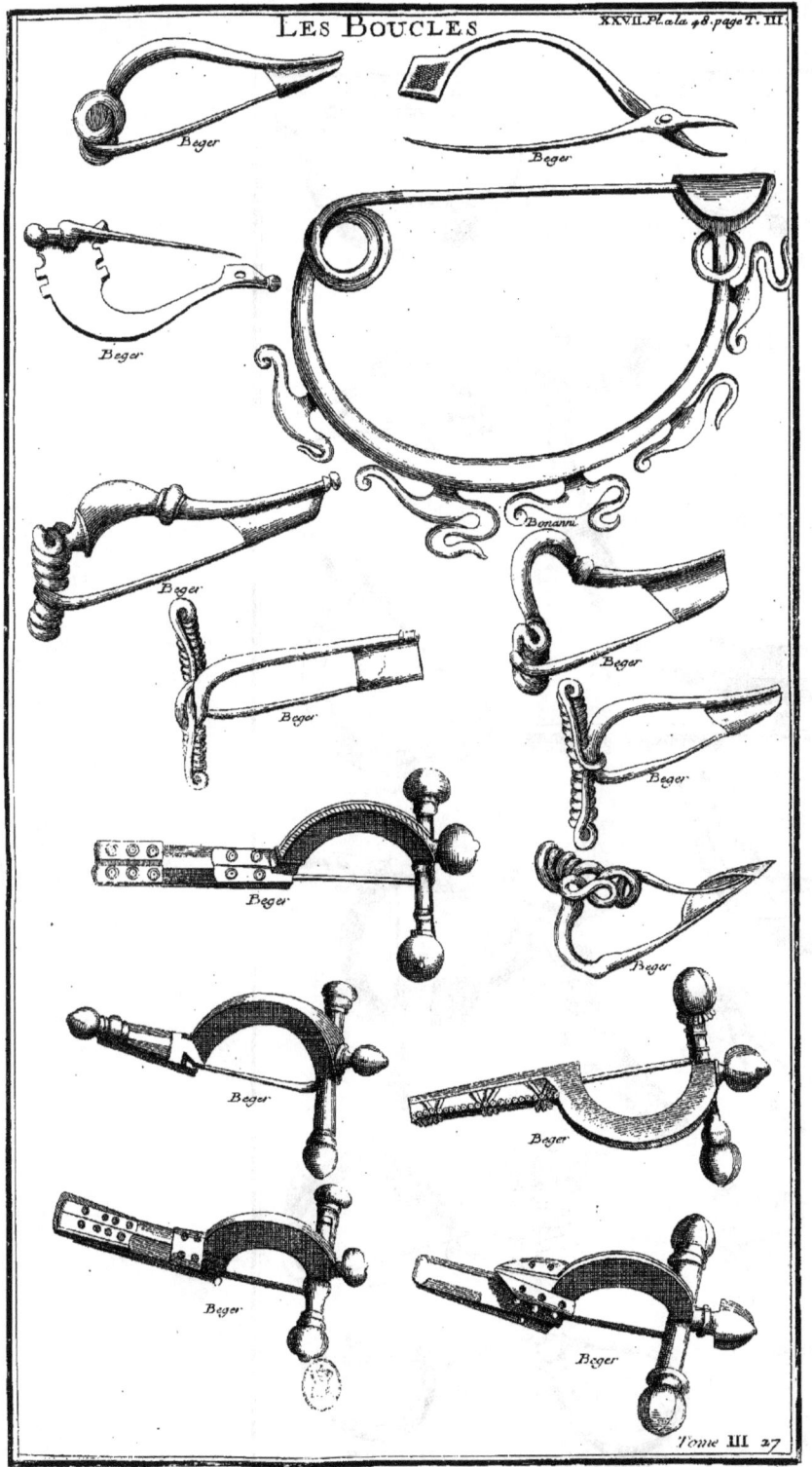

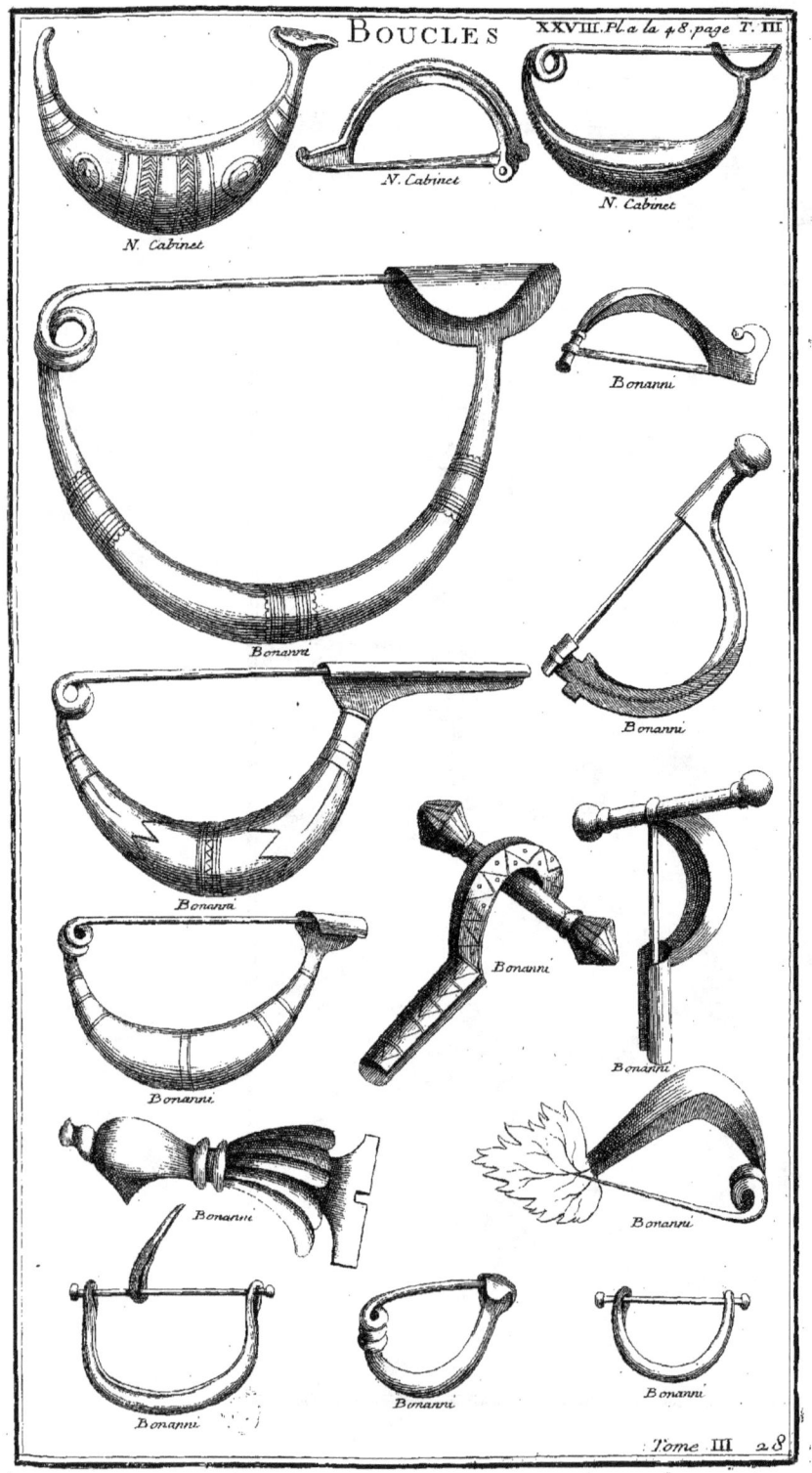

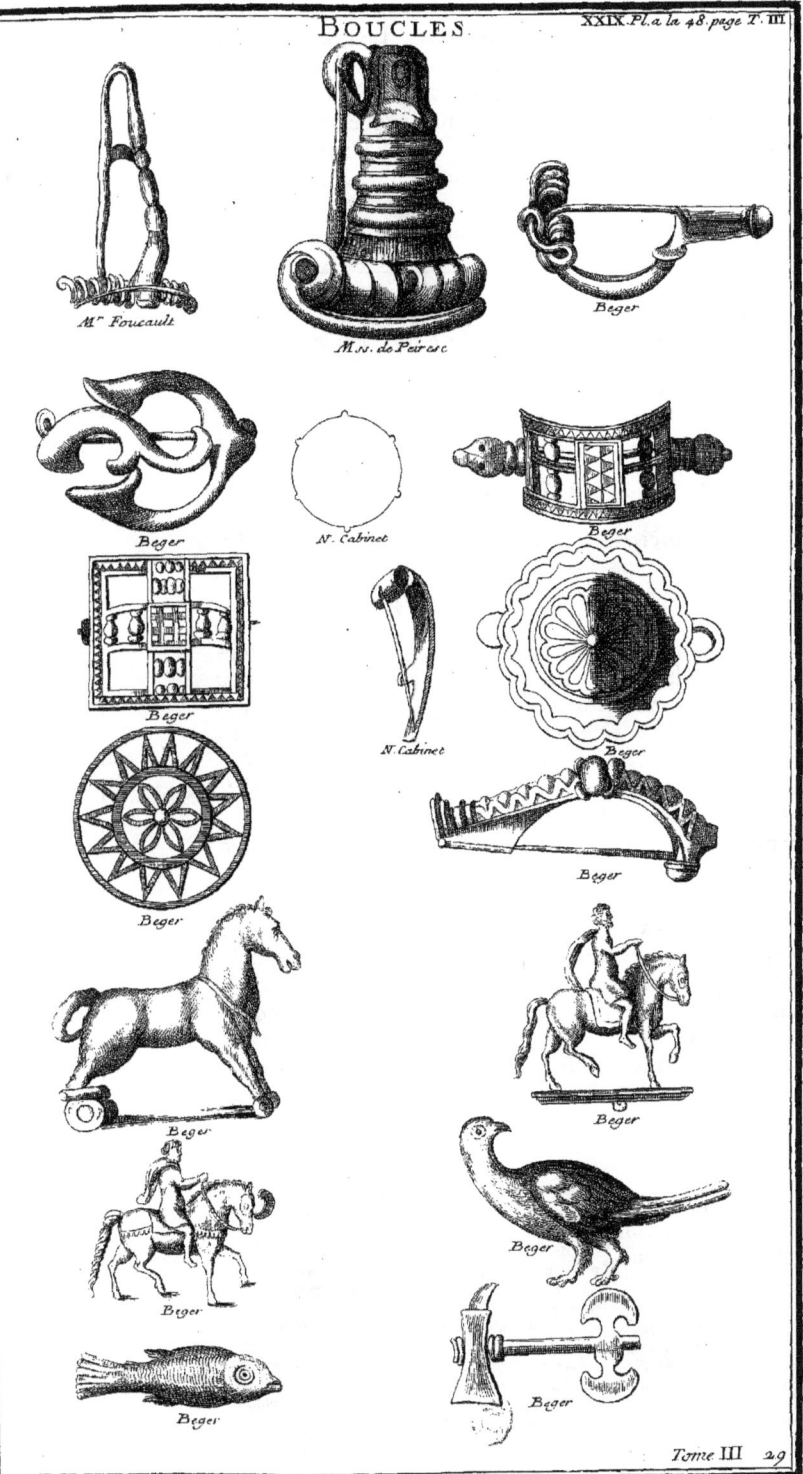

AIGUILLES, BRACELETS.

on a représenté une main qui écrit avec cet instrument. Le grand nombre de styles à écrire qu'on a découvert depuis ce tems-là, a enfin détrompé plusieurs des antiquaires; je crois qu'il y en a peu aujourd'hui qui soient dans cette erreur. Les styles à écrire étoient des pointes longues & bien plus fortes que les aiguilles des boucles. Jules-Cesar lorsqu'il fut assassiné se défendit avec son style à écrire, dont il perça le bras de Casca; & les disciples de saint Cassien le martyriserent à coup de styles: cela se pouvoit-il faire avec ces boucles que nous donnons toutes de leur propre grandeur?

---

tata fuerit cum hujusmodi fibula scribentis. Sed cum ab illo tempore magnus stylorum numerus ex tenebris emerserit, errore illo levati sunt ex antiquariæ rei studiosis multi. Puto paucos hodie esse, qui ita existiment. Styli quibus olim scribebant erant virgæ acutæ, multoque longiores fibularum aculeis. Julius Cæsar quando conjuratorum manibus periit, stylo sese defendit, quo Cascæ brachium trajecit: discipulique Cassiani Martyris stylis eum confoderunt: idne cum fibulis fieri potuit, quas omnes eadem qua sunt magnitudine damus?

CHAPITRE II.

I. Les aiguilles qu'on appelloit discriminales *&* crinales. *II. Les bracelets. III. Bracelet singulier orné de la medaille d'un Empereur. IV. Plusieurs remarques sur les bracelets. V. Chainetes d'or.*

I. LEs aiguilles qu'on appelloit *discriminales*, servoient aux femmes pour separer en deux leurs cheveux sur le devant: c'est en cela que l'on distinguoit les filles des femmes mariées: on reconnoissoit celles-ci à la raie que laissoient au devant de la tête ces cheveux ainsi separez. *Les femmes*, dit Tertullien, *tournent leurs cheveux à droite, & se servent pour cela d'une aiguille qu'elles manient delicatement pour agencer leurs cheveux: la raie qu'elles laissent sur le devant les fait reconnoître pour femmes mariées.* Les filles ne les separoient pas de même. On trouva à Rome dans le tombeau d'une femme une de ces aiguilles qui étoit d'ivoire avec des pointes d'or, dit Flaminius Vacca rapporté dans notre journal d'Italie p. 120. Celle qu'a donné le P. Bonanni, tirée du cabinet du P. Kirker, n'a qu'une pointe & un trou à l'autre bout, comme vous verrez dans la figure. La raie au milieu de la tête paroît sur la plûpart des figures de femmes que nous avons données ci-devant: il y en a pourtant quelques-unes où tout le devant est frisé sans aucune raie. Les modes en ce tems-là aussi-bien que de nos jours varioient souvent: & comme nous avons déja dit, les coeffures changeoient à Rome jusqu'à quatre fois dans moins de vingt ans.

CAPUT II.

I. Acus discriminales *&* crinales. *II. Armillæ. III. Armilla singularis nummo Imperatoris ornata. IV. Observationes variæ in armillas. V. Catenulæ aureæ.*

I. ACus discriminales mulieribus in usu erant: quæ iis crines duas in partes hinc & inde separabant, ita ut separationis linea conjugatæ virginibus distinguerentur: *Vertunt*, inquit Tertullianus, *de vel. Virg. mulieres capillum & acu lasciviore comam sibi inserunt, crinibus à fronte divisis, apertam professæ mulierutem.* Virgines non separabant crines. Romæ reperta fuit in sepulcro mulieris cujusdam acus discriminalis hujusmodi eburnea aureis acuminibus, inquit Flaminius Vacca, quem retulimus in Diario nostro Italico p. 120. Acus discriminalis a P. Bonanno ex Museo Kirkeri publicata, acumen tantum unum habet ab altera parte, ut in schemate conspicitur. Linea illa in medio sincipitis ubi crines hinc & inde separantur, in multis mulierum statuis, quarum exempla dedimus, observatur: quædam tamen sunt quæ cincinnos tantum exhibent sine linea hujusmodi. Usus quippe varii illis temporibus, ut hodieque inducebantur: jamque ut diximus, quatuor diversos caput exornandi modos minore quam viginti annorum spatio Romæ deprehendimus fuisse.

Outre ces aiguilles, il y en avoit d'autres qu'on appelloit *Crinales* de forme circulaire pour retenir les boucles des cheveux frisez. On les faisoit d'or, d'argent, de cuivre, d'yvoire & de cannes coupées.

II. Ce que les Grecs appelloient ψέλλιον χλιδών ou βραχιονιςήρ, & les Latins *armilla*, c'est-à-dire bracelet, étoit en usage chez ces deux nations & chez plusieurs autres. Nous avons vû un bracelet à trois tours sur une statue de Lucille femme de l'Empereur Lucius Verus. Les autres que nous donnons ici, sont tout d'une piece & la plûpart de fer; mais ils étoient autrefois ou argentez ou dorez, & quelquefois d'or pur selon Denys d'Halicarnasse. Trois de ceux-ci ont été donnez par Beger dans son tresor de Brandebourg. Celui du milieu, qui est de fer, étoit autrefois couvert d'une lame d'argent: il a à l'un des bouts une tête de belier. Les quatre bracelets qui viennent après, ont été publiez par le R. P. Bonanni dans son *Museum Kirkerianum*.

PL. XXXI

III. Le plus singulier de tous est celui que nous avons tiré de l'histoire d'Autun p. 58. livre tout-à-fait inconnu; parceque l'auteur qui s'appelloit Auberi étant venu à mourir pendant le tems de l'impression, les feuilles en furent dissipées: je n'en ai pu trouver qu'un exemplaire qui est à Autun entre les mains d'un particulier. Ce bracelet tout rond laisse un vuide pour y placer un anneau de grandeur ordinaire: dans cet anneau étoit une medaille d'argent de l'empereur Elagabale, avec cette inscription à la tête IMP. ANTONINVS PIVS AVG. au revers étoit un homme tenant une patere sur un autel : l'étoile, marque ordinaire de cet Empereur, s'y voioit aussi avec l'inscription, INVICTVS SACERDOS AVG. Ce bracelet avoit été fait sous Elagabale, n'y aiant nulle apparence que depuis sa mort on ait voulu rappeller la memoire d'un aussi mechant Empereur.

PL. XXXII

IV. Les bracelets étoient pour toute sorte de conditions: les hommes en portoient aussi-bien que les femmes. Les Sabins, dit Tite Live, en portoient au bras gauche qui étoient d'or & fort pesans. C'étoit une marque arbitraire d'honneur ou d'esclavage: on en donnoit aux gens de guerre en recompense de leur valeur. Une inscription ancienne dans Gruter p. 358. represente la figure de deux bracelets avec ces paroles : *Lucius Antonius Fabius Quadratus fils de Lucius, a été deux fois honoré par Tibere Cesar de colliers & de bracelets.* Quand l'Empereur faisoit ce present, il disoit: *L'Empereur te donne ces brace-*

Præter acus hujusmodi discriminales, aliæ crinales erant circulari forma, ideo adhibitæ ut capillitium cincinnatum continerent, quæ conficiebantur ex auro, argento, ære, ebore & ex sectis calamis.

II. Id quod Græci ψέλλιον, χλιδῶν, aut βραχιονιςῆρα vocabant, Latini armillam appellabant, quæ apud utramque nationem in usu erat, apudque alias multas. Jam vidimus triplicatam armillam in statua Lucillæ uxoris Lucii Veri Imperatoris. Aliæ quas hic proferimus, ex solida materia magnaque pars ferreæ sunt, sed quæ olim vel argento obductæ vel auro fuerant: aliquando etiam ex auro puro fiebant secundum Dionysium Halicarnasseum. Ex his quas damus, tres a Begero publicatæ sunt in thesauro Brandeburgico: quæ in medio jacet ferrea est, olimque lamina argentea obducta erat : ab una parte arietis capite terminatur : quatuor armillæ sequentes a P. Bonanno publicatæ sunt in Museo Kirkeriano.

III. Singularissima est armilla quam ex historia Augustodunensi eduximus p. 58. qui liber prorsus ignotus est, quoniam auctore qui Auberius vocabatur post cœptam editionem defuncto, folia dissipata sunt ; unum tantum exemplar Augustoduni repertum & ad me transmissum fuit. Hæc armilla prorsus rotunda, annulum in aliqua circuli parte exhibet, in quo annulo erat nummus argenteus Elagabali Imperatoris, cujus in antica parte inscriptio erat IMP. ANTONINVS PIVS AVG. in postica vero vir pateram tenens ante aram, cum inscriptione INVICTVS SACERDOS AVG. Armilla Elagabalo imperante facta fuerat, neque enim verisimile est illo defuncto quempiam impudissimi nequissimique principis memoriam recolere voluisse.

IV. Armillas cujusvis conditionis homines gestabant : eæ in usu erant viris perinde atque mulieribus. Sabini, secundum Livium, armillas in dextro brachio gestabant, easque aureas & gravissimas. Erat pro arbitrio vel honoris vel servitutis nota. Ex in fortitudinis præmium militibus dabantur: vetus inscriptio apud Gruterum p. 358. duas exhibet armillas, cum hisce verbis L. ANTONIVS L. F. FABIVS QVADRATVS DONATVS TORQVIBVS ARMILLIS AB TIBERIO CÆSARE BIS. Cum Imperator hoc munere donabat, dicebat : IMPERATOR HAS TIBI DAT AR-

BOUCLES

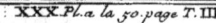

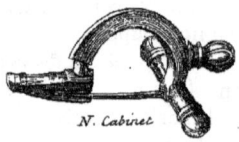
N. Cabinet

N. Cabinet

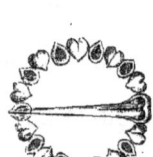
Beger

Mss. de Peiresc

Mss. de Peiresc

Mss. de Peiresc

Mss. de Peiresc

Mss. de Peiresc

N. Cabinet

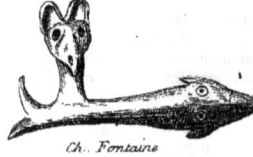
Ch. Fontaine

Ch. Fontaine

Bonanni

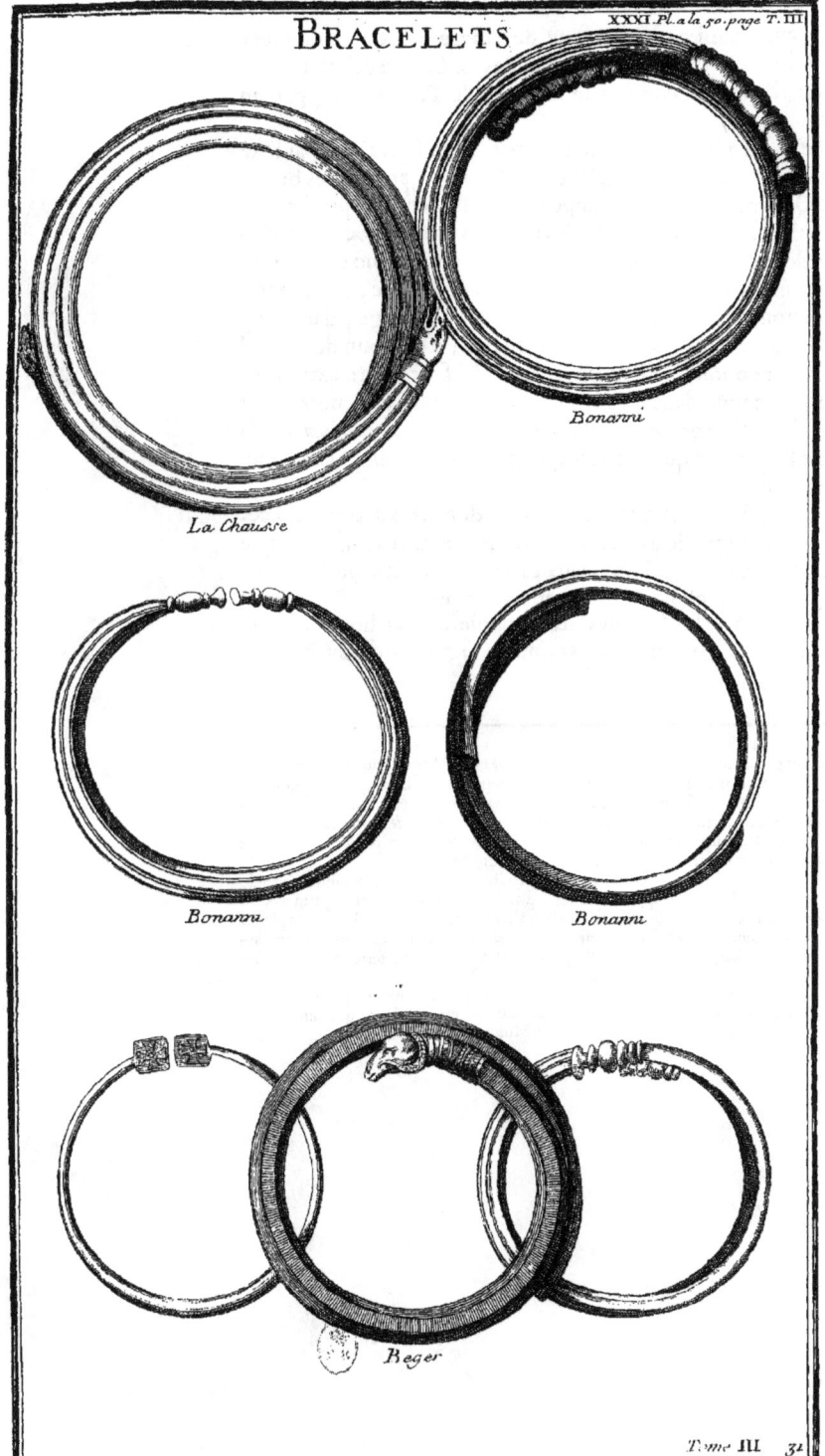

LES BRACELETS.

lets d'argent. Il y en avoit aussi d'ivoire : ceux de cuivre ou de fer semblent avoir servi aux gens de basse condition & aux esclaves. Les bracelets étoient aussi une marque de *servitude*, comme le fait voir le P. Bonanni, par un passage de Suetone.

Selon quelques-uns, le nom *armilla* vient d'*armus*, qui signifie l'épaule & la partie du bras qui y est jointe, parcequ'anciennement on portoit les bracelets au haut du bras. On trouve le bracelet appellé deux fois dans Capitolin *dextrocherium* : c'est dans la vie de Maximin qui succeda à Alexandre Severe ; où il rapporte une chose des plus singulieres. Cet Empereur étoit d'une taille monstrueuse de huit pieds un pouce ; sa force répondoit à cette taille, & ses membres y étoient proportionnez : il menoit lui seul un chariot chargé ; d'un coup de poing il faisoit sauter toutes les dents à un cheval ; d'un coup de pied il lui cassoit la jambe ; il donnoit d'autres preuves de sa force fort extraordinaires, que chacun peut voir dans Capitolin ; mais ce qui fait à nôtre sujet est, que son pouce étoit si gros, que le bracelet ou le *dextrocherium* de sa femme lui servoit de bague : ce qui fait voir qu'on portoit des bagues au pouce comme aux autres doigts.

Dans la grande inscription d'Isis que nous avons donnée au tome precedent, le bracelet se trouve appellé *Smialium*, mot que je n'ai jamais vu que là au pluriel *in Smialiis*, aux bracelets ; ceux-ci étoient ornez de plusieurs pierres précieuses, comme il est porté dans cette inscription.

V. Outre ces ornemens, les femmes, & quelquefois les hommes aussi portoient de petites chaines d'or ; nous en voions la figure tirée du cabinet de Brandebourg.

MILLAS ARGENTEAS. Erant etiam eburneæ armillæ. Ferreæ autem & æneæ infimæ plebi & servis in usu fuisse videntur : nam armillæ nota servitutis erant, ut probat P. Bonannus ex quodam Suetonii loco.

Sunt qui vocem armilla ex armo derivent, quæ vox humeros scapulasque significat atque eam partem brachii parte gestabantur armillæ. Armilla bis apud Capitolinum voce *dextrocherium* significatur ; videlicet in vita Maximini Imp. qui Alexandro Severo successit, de quo Capitolinus res narrat singularissimas : *magnitudine*, inquit cap. 6. *tanta erat, ut octo pedes digito videretur egressus, fortitudine tanta, ut hamaxas manibus attraheret, rhedam onustam solus moveret, equo si pugnum dedisset, dentes solveret; si calcem, crura frangeret*; aliaque immanis roboris signa dabat, quæ cuique videre licet apud Capitolium ; sed quod ad argumentum nostrum refertur, *pollice ita vasto erat, ut uxoris dextrocherio uteretur pro annulo*: unde eruitur annulos in pollice olim gestatos fuisse ut in aliis digitis.

In magna Isidis inscriptione, quam tomo secundo dedimus, armilla *smialium* vocatur, quam vocem me nusquam alias videre memini, istic vero in plurali profertur, *in smialiis*, id est in armillis : hæ vero armillæ gemmis ornatæ erant, ut fertur in hac inscriptione.

V. Præter hæc ornamenta, mulieres, imo aliquando viri, catenulas aureas gestabant, quarum formam videmus in Museo Brandeburgico.

CHAPITRE III.

I. Les pendants d'oreilles & la matiere dont on les faisoit. II. Depense extraordinaire des Romains en pendants d'oreilles. III. Superstition sur les pendants d'oreilles, selon S. Augustin. IV. Les colliers, autre ornement qu'on mettoit quelquefois au cou des déesses. V. On les donnoit aussi aux soldats en recompense de leur valeur.

I. Les pendants d'oreilles ont été toûjours en usage, & presque dans toutes les nations. Nous en avons vûs ci devant aux oreilles des femmes & des déesses. On les mettoit aussi aux oreilles des enfans & des esclaves; mais ceux-ci étoient moins précieux que les autres. Les pendants d'oreilles étoient d'or, ou de quelque pierre précieuse. Une statue de femme déterrée à Porto, où l'on fouilloit dans la terre par ordre du Cardinal de Bouillon, avoit des pendants d'oreilles d'or. Des deux que nous representons ici tirez du cabinet de Brandebourg; l'un est d'ambre jaune, & l'autre est de verre. Le pendant d'oreille qui vient ensuite est du cabinet de Sainte-Genevieve. Bartolin l'avoit déja donné. Il a la forme d'un anneau de même que les suivans tirez du cabinet du P. Kirker.

II. Le luxe des femmes tant Greques que Romaines, sur tout pour les pendants d'oreilles, étoit surprenant. A cette occasion Habinnas dit dans le festin de Trimalchion; *Si j'avois une fille, je lui couperois les oreilles. Si nous n'avions point de femmes, nous serions dans l'abondance de toutes choses.*

On va chercher, dit Pline, *la perle au fond de la mer rouge, & l'émeraude au plus profond de la terre, c'est pour cela qu'on se perce les oreilles.* Les jeunes garçons de qualité en portoient aussi, qui étoient d'or. *Autant d'or*, dit Apulée, *qu'il en pend à l'oreille d'un jeune garçon de qualité.* Dans l'Orient les hommes portoient des pendants d'oreilles aussi-bien que les femmes: mais les femmes faisoient en cela plus de dépense que les hommes. Ces pendants d'oreilles des femmes étoient quelquefois fort longs. Le prix d'une seule paire étoit si grand, qu'il consumoit le revenu d'une maison riche, dit Seneque. La folie des femmes en ce point étoit telle, qu'une seule portoit, dit le même, deux ou trois patrimoines pendus à ses oreilles.

CAPUT III.

I. Inaures ex qua materia fierent. II. Romanorum pro inauribus sumtus immanes. III. Inaures superstitioni deputatae secundum Augustinum. IV. Torques aliud ornamenti genus dearum etiam collo appositum. V. Torques dabantur etiam militibus in mercedem strenue gestae rei.

I. Inaures semper in usu fuere apud omnes fere nationes. Non paucas antehac vidimus auribus mulierum dearumque appensas. Auribus quoque puerorum servorumque appendebantur, sed minus preciosae quam caeterae. Inaures aliae erant vel aureae vel ex gemmis. Statua muliebris in Portu Romano effossa, dum terram excavarent jussu Cardinalis de Bouillon, inauribus ornabatur aureis. Ex duabus quas hic proferimus ex Musco Brandeburgico eductas, altera ex succino, altera ex vitro est: sequens prodit ex Museo S. Genovefae, quam Bartolinus jam dederat: est autem annuli forma, perinde atque sequentes ex Musco Kirkeriano eductae.

II. Luxus mulierum tum Graecarum tum Romanarum stupendus erat: hac occasione Habinnas in convivio Trimalchionis, *Plane*, inquit, *si filiam haberem, auriculas illi praeciderem: mulieres si non essent, omnia pro luto haberemus.*

Admirari subit... unionem, inquit Plinius 12. Praefat. *in rubri maris profundo, smaragdum in ima tellure quaeri. Ad hoc excogitata sunt aurium vulnera.* Pueri etiam nobilium inaures gestabant: *Auri tantum quantum puer nobilitatis insigne in auricula gestavit*, inquit Apuleius de dogmatibus Platonis. In oriente viri perinde atque mulieres inaures gestabant; sed impensa majore mulieres. Inaures autem mulierum longissimae aliquando erant, teste Aeliano var. hist. 1. 18. Tantum erat inaurium precium ut mulier una *locupletis domus censum auribus gereret*, inquit Seneca de vita beata cap. 17. *Non satis muliebris insania*, ait idem de Benef. 7. 9. *nisi bina ac terna patrimonia auribus pependissent.*

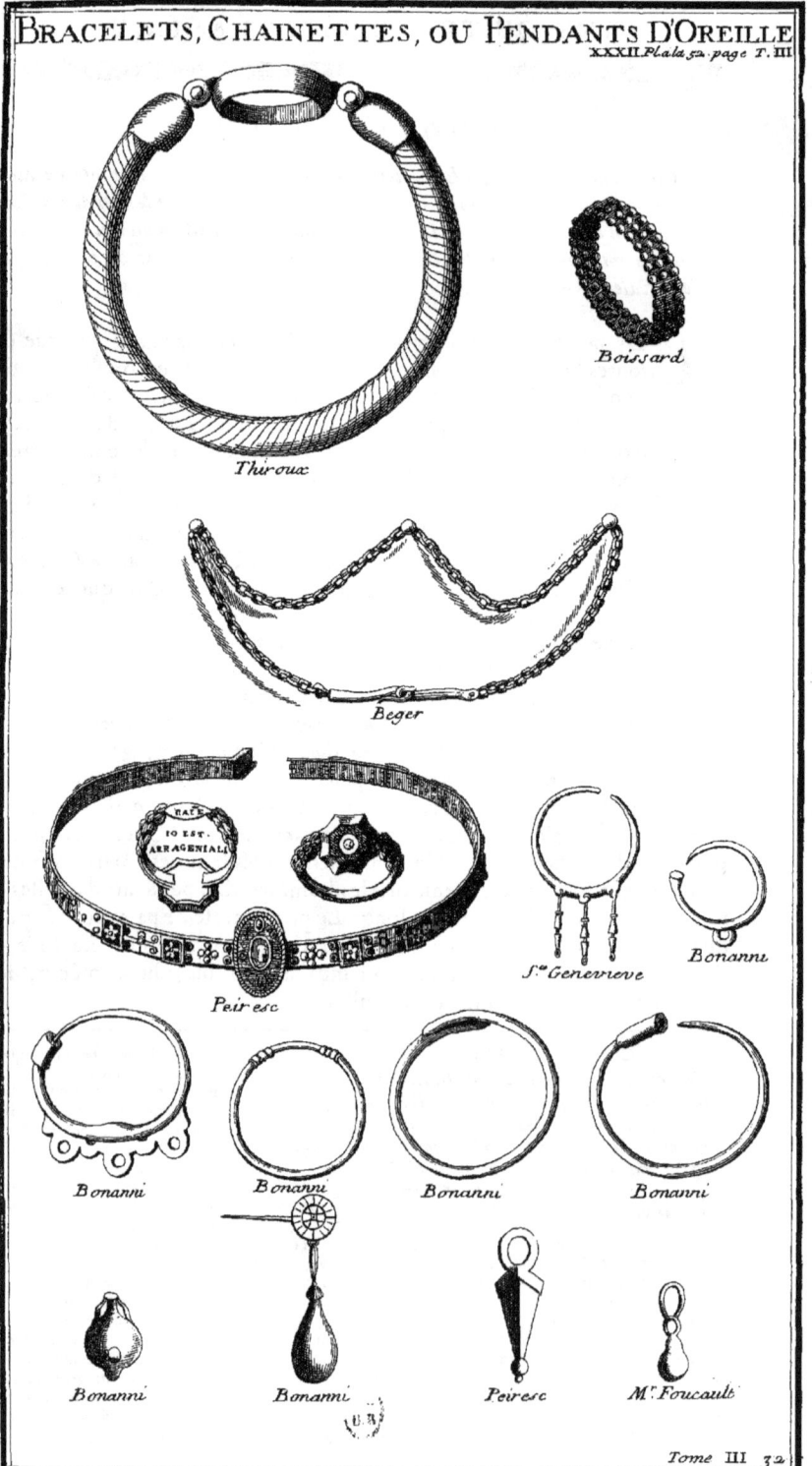

III. Selon S. Augustin, ces pendants d'oreilles n'étoient pas toûjours pour le seul ornement; il y en avoit qui les portoient par superstition, croiant qu'ils avoient quelque vertu: les hommes les portoient non en la maniere ordinaire, mais au plus haut des oreilles: execrable superstition, dit ce saint Docteur, de les porter, non pas pour plaire aux hommes, mais pour servir aux demons.

IV. Les colliers étoient encore en usage chez les Grecs, les Romains, & plusieurs autres nations. Cet usage étoit de la premiere antiquité: les femmes en portoient pour l'ornement; l'on en mettoit au cou des déesses: nous avons vu des colliers de perle au cou de Minerve & ailleurs. La déesse Isis, comme on lit dans un monument venu depuis peu d'Espagne, en avoit un orné de plusieurs pierres. Dans une inscription de Gruter nous lisons que Symphorus de Riez en Provence & sa femme Procris offrirent à Esculape entre autres choses un collier d'or composé de petits serpens. Celui que décrit Aristenete dans sa premiere épître est plus remarquable: il étoit orné de pierres précieuses, dont les plus petites étoient disposées de maniere qu'elles formoient le nom de la belle Laïs qui les portoit.

V. On en donnoit aux soldats comme une marque d'honneur & une recompense de leur valeur. Manlius Torquatus portoit ce nom pour avoir pris un collier à un Gaulois: de ce collier appellé *Torques*, il fut nommé *Torquatus*. On en donnoit encore selon Capitolin aux jeux militaires. Il y en avoit d'or simplement; d'autres d'or ornez de pierreries; quelques-uns d'argent selon Pline. Les peuples de la Grande-Bretagne en portoient d'ivoire. Nous voions assez souvent dans les inscriptions, des gens de guerre qui en recompense de leur valeur avoient été honorez de colliers & de bracelets.

III. Hæ inaures secundum Augustinum epist. 11. 73. non semper ad ornamentum appendebantur, erant qui ex superstitione illas gestarent: *Exsecranda autem*, ait, *superstitio ligaturarum, in quibus etiam inaures virorum in summis ex una parte auriculis suspensæ deputantur, non ad placendum hominibus, sed ad serviendum dæmonibus adhibetur.*

IV. Torques etiam apud Græcos atque Romanos ad ornamentum usurpabantur; necnon apud plerasque alias nationes, idque a priscis usque temporibus. Mulieres ad ornatum torques gestabant: in collo etiam dearum apponebantur: torques vidimus in collo Minervæ & alibi. Dea Isis, ut legimus in monumento ex Hispania allato, torque multis gemmis ornato decorabatur. In Gruteriana quadam inscriptione p. 70. n. 8. dicitur Symphorus Reggiensis in Gallo-provincia, & uxor ejus Proetis obtulisse Æsculapio torquem aureum ex dracunculis concinnatum. Ille quem describit Aristænetus epist. 1. nomen formosæ Laïdis præ se ferebat gemmarum ordine scriptum. πρίκειται μίμητα λιθοκόλλιον ον περιλήμμασιν, ἐν ᾧ τοῦνομα γέγραπται τῆς καλῆς.

V. Militibus etiam dabatur in signum honoris & mercedis pro rebus strenue gestis: at Manlius Torquatus hoc ornabatur nomine, quod torquem ab hoste cepisset: ex torque enim Torquatus est dictus. Torques etiam dabantur, Capitolino teste, in ludis militaribus. Alii ex auro erant, alii ex auro item sed ornati lapillis; alii ex argento, inquit Plinius. Britanni eburneos gestabant. In inscriptionibus sæpe videmus militaris ordinis viros in fortitudinis præmium torquibus & armillis donatos.

CHAPITRE IV.

I. Grand nombre de noms chez les Grecs & chez les Romains pour exprimer differentes chaussures. II. Chaussures singulieres de quelques Grecs. III. Les chaussures des Grecs & des Romains étoient à peu près les mêmes. IV. Division de la chaussure en deux especes, & ce que c'étoit que le calceus *& le* mulleus. *V. Grandes difficultez sur la chaussure des Senateurs Romains. VI. Et sur celle de Jules Cesar. VII. On croit que le* calceus *& le* mulleus *couvroient tout le pied.*

I. IL en est de la chaussure comme des autres parties des vêtemens des hommes ; on en voit differentes formes ; on trouve plusieurs noms qui les signifient, mais il est difficile d'appliquer le nom propre à chaque forme. Les Grecs exprimoient ordinairement la chaussure par ces mots, ὑποδήματα, πέδιλα ; ils appelloient κνημίς ce que les Romains nommoient *ocrea*, qui revient assez à nos bottes. Les Romains signifioient plusieurs sortes de chaussures par ces noms, *calceus*, qui se prend souvent pour un nom generique, *pero, mulleus, phæcasium, caliga, solea, crepida, sandalium, campagus, baxea, compes, gallica, sicyonia.* D'autres chaussures qui montoient jusqu'au milieu de la jambe, & même plus haut, étoient l'*ocrea* & le *cothurne*.

La chaussure des Grecs étoit à peu près la même que celle des Romains, si l'on s'en rapporte aux statues de Telamon, de Pyrrhus & des autres qui nous restent. Philostrate (epist. 21. p. 890.) donne quatre especes de chaussure greque, qu'il appelle, *lautia, sandalia, crepides & pedila*. On ne sait ce que c'étoit que *lautia*. Les suivans étoient communs aux Romains, & seront expliquez dans ce chapitre autant qu'on le pourra faire.

II. Pythagore, dit le même, commanda à ses disciples de se faire des chaussures d'écorce d'arbre, matiere trop fragile pour garantir les pieds ; celle d'Empedocle étoit bien plus solide : c'étoient des souliers de cuivre, s'il en faut croire quelques-uns rapportez par Strabon. Ceux de Phileras de l'isle de Cos, n'étoient pas moins extraordinaires ; c'étoit un homme si maigre & si foible, que la moindre chose l'auroit renversé : de peur donc que le vent

CAPUT IV.

I. Permulta nomina tum apud Græcos tum apud Romanos exprimendis variis calceamentorum generibus. II. Quorumdam Græcorum calcei singulares. III. Calceamenta Græcorum & Romanorum ferme eadem. IV. Divisio calceamentorum in duas species, & quid essent calceus *&* mulleus. *V. Difficultates circa calceamenta Senatorum Romanorum. VI. Et circa calceamentum Julii Cæsaris. VII.* Calceus *&* mulleus *totum pedem contexisse videntur.*

I. IDipsum de calceis dicendum quod de aliis omnibus vestimentorum operimentorumque generibus : variæ eorum visuntur formæ, nomina diversa pro diversis calceamentorum generibus ; sed nomen suum cuique imagini adscribere, id admodum difficile. Græci calceos exprimebant his vocibus, ὑποδήματα, πέδιλα ; sed apud eos appellabatur idipsum quod *ocrea* apud Romanos. Diversas calceamentorum species his vocibus exprimebant Romani ; *calceus*, quod etiam nomen pro omni calceamenti genere accipitur, *pero, mulleus, phæcasium, caliga, solea, crepida, sandalium, campagus, baxea, compes, gallica, sicyonia*. Alia calceamenta quæ ad usque mediam tibiam aut supra pertingebant, *Ocrea* erant & *Cothurnus*.

Calceamenta Græcorum eadem pene quæ Romanorum erant, si fides statuis Telamonis, Pyrrhi, & aliorum quæ supersunt. Calceamentorum quatuor genera commemorat Philostratus in epistola ad adolescentem ἐρωτικῶν τοι ea sunt, ναυτία ᾗ σανδάλια ᾗ κρηπίδες, ᾗ πέδιλα, *lautia, sandalia, crepides, & pedila*. Quid essent lautia ignoratur, reliqua Romanis communia cum aliis pro modulo explicabuntur.

II. Pythagoras, ait idem scriptor in vita Apollonii l. 8. p. 387. discipulis calceamenta ex arborum corticibus fieri mandavit : quæ sane materia fragilior esse videbatur, quam ut posset in talem usum assumi. Longe firmior calceorum Empedoclis materia, qui, si fides quibusdam a Strabone allatis lib. 6. p. 189. ænei toti erant. Non minus singulares erant calcei Philetæ Coi : is adeo macilentus gracilisque erat, ut a re perquam minima pulsus rueret : ne itaque a vento

ne le culbutât, il se fit faire des semelles de plomb : *mais*, remarque Elien qui rapporte cette histoire, *s'il étoit foible jusqu'au point de ne pouvoir se défendre contre le vent, comment pouvoit-il porter un si grand poids ? cela me paroît hors d'apparence : je ne fais que raconter ce que j'ai lu.* Athénée qui rapporte à peu près la même histoire de ce Philetas, dit qu'il étoit poëte, & que de peur que le vent ne le renversât, il portoit autour de ses pieds des globes de plomb. Alcibiade, selon le même, avoit des souliers d'une forme singuliere, plus beaux & plus délicatement faits que les autres. Comme cette forme de souliers plût, on ne manqua pas d'en faire de semblables, qu'on appelloit les souliers d'Alcibiade.

III. Voilà des manieres de chaussures extraordinaires : pour ce qui est des chaussures ordinaires de differente espece, il y a apparence que celles des Grecs étoient les mêmes que celles des Romains, comme nous venons de dire : s'il y a de la difference, nous ne la connoissons pas ; ainsi nous parlerons des deux ensemble.

IV. Les anciennes chaussures se peuvent diviser en deux especes : celles qui couvroient entierement le pied comme nos souliers ; tels étoient *calceus*, *mulleus*, *pero*, *phæcasium* ; & celles qui avoient une ou plusieurs semelles au dessous du pied & des bandes qui lioient le pied nu par dessus, en sorte qu'une partie restoit découverte ; de ce genre étoient *caliga*, *solea*, *crepida* ; *baxea*, *sandalium*. Le *calceus* & le *mulleus* differoient du *pero*, en ce que ce dernier étoit composé de peau de bête non tannée, & que le *calceus* & le *mulleus* étoient de peaux préparées avec de l'alun. On croit qu'au commencement de la Republique Romaine, la chaussure de cuir non préparé étoit generale pour toutes les conditions. Dans ces tems de simplicité, où le luxe étoit entierement banni de la ville, il n'y avoit que ceux qui avoient exercé la charge d'Ediles qui portoient une chaussure distinguée, qu'on appelloit *mulleus*, d'où est venu apparemment le nom de mules de chambre pour des pantoufles. Ces *mullei* étoient d'un cuir passé avec de l'alun, & de couleur rouge. Ils étoient anciennement en usage chez les Rois d'Albe, & ils passerent de-là aux Rois de Rome, & ensuite aux Ediles & aux principaux Magistrats. On croit même qu'ils ne s'en servoient qu'aux jours solennels, aux triomphes, & aux Jeux publics. Ces *mullei* étoient d'un rouge foncé. Les Antiquaires croient

---

prosterneretur, soleas sibi plumbeas apparari curavit; at observat Ælianus, qui hanc historiam retulit Var. hist. l. 9. c. 14. *Si tam debilis erat ut non se posset contra ventum tueri, quomodo tantum gestare pondus poterat ? Illud a verosimili abhorrere videtur: attamen quod legi & novi, id in medium attuli.* Athenæus qui eamdem refert historiam lib. 12. p. 552. ait Philetam poetam fuisse, & ne a vento abriperetur, circa pedes globos plumbeos gestasse. Alcibiades, ait idem scriptor p. 534. calceos singularis formæ gestabat, cæteris elegantiores pulcrioresque. Placuit multis illa calceamenti ratio, qui similes calceos apparari sibi curavere : illi calcei subinde Alcibiadei sunt appellati.

III. Hæ singulares sunt calceamentorum species variæ formæ : vulgares autem calcei Græcorum, iidem & eadem forma qua Romani fuisse videntur, ut modo dicebamus : si quid intersit discriminis non novimus : quamobrem de utrisque simul loquemur.

IV. Calcei veterum in duas possunt distingui species ; quarum prima est eorum calceamentorum, quæ totum operiebant pedem ut calcei nostri hodierni : hujusmodi erant calceus propriè dictus, *mulleus*, *pero*, & *phæcasium* ; secunda species eorum erat, quæ soleam unam aut plures pedibus suppositas habebant, corrigiasque pedem superne vincientes ; ita ut pars pedis nuda remaneret ; istiusmodi erant *caliga*, *solea*, *crepida*, *baxea*, *sandalium*. Calceus & mulleus in eo a perone differebant, quod pero ex crudo corio non subacto fieret ; calceus vero atque mulleus, ex pellibus subactis & aluminatis adornarentur. Initio Reipublicæ Romanæ omnium cujusvis conditionis calceamenta ex corio non subacto fuisse putantur. Eo scilicet tempore, quo sine luxu & ornatu omnes simpliciter agebant, ii soli qui ædilium officio functi erant, calceamento insigniori utebantur, cui nomen mulleus erat : unde fortasse *les mules* dictæ, quas alio nomine *pantoufles* vocamus. Mullei ex corio aluminato præparati erant & punicei. In usu olim erant apud Albanos Reges, hincque ad Romanos transiere, deinde ad Ædiles præcipuosque Magistratus. Creditur iis usos esse diebus solennibus, triumphis, ludisque publicis : erant illi, ut diximus, punicei coloris. Existi-

qu'ils sont indiquez par les *calcei punicei* de l'inscription de Caius Marius qui est telle : *Il fit bâtir des dépouilles des Cimbres & des Teutons le temple de l'Honneur, étant vêtu de la robe, & portant des souliers peints d'un rouge foncé.*

V. D'autres croient que les Senateurs ont porté même dans les premiers tems une chaussure distinguée de celle du peuple. Elle étoit de cuir préparé aussi-bien que celle dont les Magistrats se servoient aux jours solennels, mais differente de celle-ci en ce qu'elle étoit noire, au lieu que l'autre étoit rouge. Quoi qu'il en soit de l'antiquité de cette chaussure noire, il est certain que les Senateurs la portoient du tems de C. Marius, de Jules Cesar & dans les tems posterieurs; c'est pour cela qu'on trouvoit mauvais que Jules Cesar étant déja d'un âge avancé, portât souvent des habits pompeux en jeune homme, & une chaussure haute & rouge à la maniere des rois d'Albe, dont il prétendoit descendre. Suetone dit qu'il la portoit haute pour paroître d'une taille plus avantageuse.

Tout ceci est plein d'épines & de difficultez. On dispute sur la couleur & sur la forme : les uns prétendent que la chaussure des Senateurs étoit partie noire & partie rouge ; noire en tout ce qui couvroit la jambe, & rouge en tout ce qui couvroit le pied : les autres soutiennent qu'elle étoit toute noire.

VI. On n'est pas moins partagé sur cette chaussure de Cesar qui lui attiroit le blâme du public, parce qu'elle étoit semblable à celle des rois d'Albe. Rubenius veut que cette chaussure des rois d'Albe fût semblable au cothurne, qui sans couvrir le dessus du pied montoit jusqu'au gras de la jambe. Ferrarius au contraire soutient qu'elle ne differoit de celle dont les Magistrats Romains se servoient aux solennitez, qu'en ce qu'elle avoit la semelle & les talons plus hauts pour augmenter la taille, & qu'elle couvroit le pied comme nos souliers.

Le petit nombre de passages des auteurs qui parlent de la chaussure, ne suffit pas pour éclaircir la matiere. Que peut-on tirer de ce vers d'Horace qui dit que les fous embarrassent leurs jambes de peaux noires ; & de celui de Juvenal, où il dit que la *lune* ou la *lunule*, dont nous parlerons plus bas, se mettoit sur la peau noire. Le passage de Dion que nous venons de citer ne dit autre chose, sinon que la chaussure de Cesar étoit haute & rouge à la maniere

---

mant antiquariæ rei periti mulleos significari per calceos puniceos in Caii Marii inscriptione quæ talis est : DE MANUBIIS CIMBRICIS ET TEUTONICEIS ÆDEM HONORIS VICTOR FECIT VESTE TRIUMPHALI CALCEIS PUNICEIS.

V. Putant alii Senatores vel ipsis Reipublicæ primordiis calceis a popularibus distinctis usos esse : qui calcei perinde atque Magistratuum mullei ex corio subacto fuerint ; sed diverso colore, atro scilicet, non puniceo. Ut ut est de hujusmodi calceorum antiquitate, certum est Senatores iis usos esse tempore Caii Marii, Julii Cæsaris & insequenti ævo. Ideoque carpebatur Julius Cæsar, ut ait Dio l. 43. quod etsi provectæ jam ætatis, ceu juvenis magnifica uteretur veste calceisque præaltis atque puniceis more Albanorum Regum, quibus se progenitum putabat : at Suetonius id ut staturam augeret fecisse ait.

Hic plena difficultatum omnia, de colore pariter & de forma digladiantur scriptores ; alii arbitrantur Senatorum calceos partim nigros partim rubros fuisse ; nigros ea parte quæ tibiam, rubros ea quæ pedem operiebat ; alii nigros omnino dicunt.

VI. Neque minus disputatur de calceis Cæsaris quorum causa in invidiam vocabatur, quod ii similes essent Regum Albanorum calceis. Putat Rubenius calceos Regum Albanorum similes fuisse cothurno, qui supernam pedum faciem non tegebat, sed ad dimidiam usque tibiam porrigebatur. Ferrarius contra pugnat inter eos & Magistratuum Romanorum calceos, quibus in solennitatibus utebantur, illud tantum discriminis fuisse, quod Albani illi calcei soleas & talos altiores haberent ad augendam staturam ; cæterum pedes contexisse, ut hodierni calcei contegunt.

Parva lux ex scriptorum locis sane rarissimis oritur ad calceorum stabiliendam formam ; quid verbi causa ex hoc Horatii loco referas lib. 1. Sat. 6.

Nam ut quisque insanus nigris medium impediit crus Pellibus.

& ex hoc Juvenalis Sat. 7.

Adpositam nigra lunam subtexit aluta.

Locus vero Dionis de quo supra loquuti sumus, nihil aliud effert, quam quod Julius Cæsar calceamento uteretur alto & puniceo, more Regum Albano-

LA CHAUSSURE.

des rois d'Albe. Ces passages sont de foibles secours pour applanir des difficultez. Les marbres & les bronzes ne nous peuvent rien apprendre sur les couleurs, mais ils nous instruisent beaucoup sur la forme, comme nous verrons plus bas.

VII. La plûpart de nos critiques modernes conviennent que les *calcei* & les *mullei* étoient une chaussure qui couvroit tout le pied, & qui montoit jusqu'au milieu de la jambe. Nous en trouvons plusieurs de même sur les marbres, que nous représenterons ci-après en toutes les manieres differentes qui s'y trouvent.

---

rum, ad quod genus suum referebat ab Julo. ϰ τῇ ὑπελθύσῃ, ϰ ταυτῃ μὲν ἐποτε ϰ ὑ[...]ηφ ϰ ἐρυθρο,ϛοί κατὰ τοὺς βασιλέας τοὺς ἐν τῇ Ἄλϐῃ ποτὲ βασιλεύσας, εἰς ἐ πρεσβυτερον ὀψὶν διὰ τὸ [...] ἔχροντ : quæ certe loca obscuriora sunt, quam ut possint rem uti se habebat patefacere. Marmora cæteraque monumenta colorem non exprimunt ; sed de forma multa docent, ut infra videbitur.

VII. Criticorum pars magna in hac re consentiunt, quod calceos atque mulleos putent totum texisse pedem ; & ad mediam usque tibiam ascendisse. Multos hujusmodi in marmoribus observamus, quos infra secundum omnes quæ offeruntur formas exhibebimus.

CHAPITRE V.

I. Le luxe des Romains dans les chaussures du tems des Empereurs. II. Ce que c'étoit que perones. III. La lunule aux chaussures des Sénateurs. IV. Ce que c'étoit que le phæcasium. V. La calige chaussure des soldats. VI. Le campagus chaussure des Empereurs & des principaux officiers de l'armée. VII. Les chaussures qu'on voit sur les monumens peu conformes à ce que les auteurs en écrivent. VIII. Ce que c'étoit que solea, crepida, sandalium & gallica.

I. Le luxe des Romains, qui dans les siecles des Empereurs se montroit dans toutes les parties qui composent l'habit & la parure, se faisoit aussi remarquer dans les chaussures. La moindre dépense étoit de les peindre de differentes couleurs, de noir, de rouge, de blanc, de jaune & de verd ; cette bigarrure étoit en usage pour les hommes comme pour les femmes. L'Empereur Aurelien jugeant que cela marquoit trop de mollesse dans les hommes, leur défendit l'usage de ces souliers qu'on appelloit *mullei*, & de ceux qui étoient de couleur ou jaune ou blanche ou verte ; il exprime ces derniers par *calceos hederaceos*, c'est-à-dire ceux d'un verd foncé comme sont les feuilles de lierre. La grande dépense en souliers & en chaussures étoit lorsqu'on y mettoit de l'or ou des pierreries, ou l'un & l'autre ornement : cela étoit fort en usage parmi les femmes ; & comme apparemment celles de médiocre condition en portoient comme les autres, l'Empereur Heliogabale qui fit quelques ordonnances contre le luxe, ne permit l'usage de ces sortes de chaussures qu'aux femmes de

---

CAPUT V.

I. Romanorum luxus in calceis Imperatorum tempore. II. Quid essent perones. III. Lunula in calceis Senatorum. IV. Quid phæcasium. V. Caliga militum calceus. VI. Campagus calceamentum Imperatorum, Ducum & Tribunorum. VII. Calceamenta in monumentis cum scriptoribus non consonant. VIII. Quid essent solea, crepida, sandalium & gallica.

I. Romanorum luxus, qui sequentibus sæculis in vestimentis eorumque partibus omnibus sese efferebat, in calceis etiam observabatur. Minori quidem impendio variis depingebantur coloribus, nigro, rubro, albo, flavo, viridi, quod viris perinde atque mulieribus in usu. Imperator Aurelianus, quod eam mollitiem viros non decere putaret, calceos mulleos, & cereos, & albos, & hederaceos viris omnibus tulit, mulieribus reliquit, ut ait Vopiscus in fine Aureliani. Hederaceos dicit virides, colore foliorum hederaceorum. Sed ea maxima in calceis impensa erat, cum vel aurum vel gemmæ adhibebantur, vel cum uterque ornatus. Id in usu mulieribus erat : quoniam autem, ut videtur, quæ mediocris erant status ea in re nobiliores æmulabantur, Imperator Elagabalus declaravit, quænam mulieres aurum vel gemmas in calceamentis habere possent. Idem

Tom. III. H

qualité. Ce même Empereur, dont le moindre vice étoit le luxe, portoit lui-même des pierreries à ses souliers; & ce qui étoit encore plus risible, il y mettoit des pierres gravées par de grands maîtres, comme si la beauté des figures si petites avoit pu se remarquer sur des souliers. On mettoit quelquefois sur les statues des déesses des pierres précieuses à leurs souliers. Une belle inscription trouvée nouvellement en Espagne, marque qu'on avoit mis huit pierres précieuses aux souliers d'Isis. Elien remarque que les femmes Romaines portoient à peu près la même forme de chaussure que les hommes.

II. Ce qu'on appelloit *perones*, étoit une chaussure rustique de peaux de bête non préparées, qui approchoit assez de nos guêtres ou bottines: il s'en trouve peu dans les vieux monumens.

III. On mettoit aux souliers des Senateurs à l'endroit de la cheville audessus du talon une espece de boucle qu'on appelloit lune ou lunule, par cequ'elle avoit la forme d'un croissant, telle que nous la voions dans la figure ci-après publiée par le P. Bonanni, tirée du cabinet du P. Kirker. Rubenius contre le sentiment commun a cru qu'on la mettoit au bas de la jambe sur le devant; mais outre que c'est une opinion nouvelle, la forme de cette lunule qui convient parfaitement à sa dénomination, semble prouver qu'elle ne pouvoit pas se mettre sur le devant de la jambe près du pied, & qu'elle s'enchassoit facilement audessus du talon. En effet c'est audessus du talon que Braduas frere d'Herode Atticus mettoit cette lunule, comme dit Philostrate dans la vie du même Herode Atticus. Elle étoit d'ivoire, & se mettoit, dit-il, sur la cheville; sa forme étoit celle d'un croissant.

IV. Le *phæcasium* étoit une autre chaussure de cuir blanc, dit Appien Alexandrin, dont les prêtres Atheniens & Alexandrins se servoient aux sacrifices. Cette chaussure qui paroit avoir été legere, convenoit à des gens delicats, comme à cet efféminé de Petrone, qui portoit le *phæcasium*, & se disoit soldat: c'étoit pour cela qu'un legionaire lui disoit: Est-ce que dans vôtre armée les soldats marchent avec le *phæcasium*?

V. Ce qu'on appelloit *caliga* étoit la chaussure des gens de guerre: elle avoit une grosse semelle à laquelle étoient attachées des bandes de cuir pour l'arrêter au pied; ces bandes de cuir faisoient encore quelques tours audessus de la cheville du pied, en sorte que tout l'espace qui étoit entre les bandes de-

---

Imperator, cujus tolerabilius vitium luxus fuit, *habuit in calceamentis gemmas, & quidem sculptas, quod risum omnibus movit, quasi possent sculpturæ nobilium artificum videri in gemmis quæ pedibus adhærebant*, inquit Lampridius c. 23. Nonnunquam in statuis dearum gemmæ ad calceos apponebantur; quod in illa inscriptione eleganti, quæ nuper in Hispania eruta fuit, animadvertitur: in calceis enim Isidis gemmæ appositæ fuisse dicuntur. Ælianus Var. hist. 7. 11. ait Romanas mulieres eadem, qua viri utebantur, calceorum forma usas esse.

II. Qui perones vocabantur, rustica calceamenta erant ex pellibus non subactis, haud dissimilia iis, quæ nos hodie *guetres* vocamus: pauca hujusmodi occurrunt in veterum monumentis.

III. In Senatorum calceis circa malleolos apponebatur quædam fibulæ species, quæ luna vel lunula dicebatur, vereque bicornem lunam referebat, qualem videbimus infra a patre Bonanno publicatam haud ita pridem exque Kirkeriano Museo eductam. Rubenius vulgari rejectâ opinione putat eam in imæ tibiæ parte anteriori prope pedem positam fuisse; at præterquam quod opinio isthæc nova esse videtur, forma ipsa lunulæ quæ ejus denominationi congruit, arguere videtur non potuisse illam in parte anteriori tibiæ prope pedem apponi sed optime potuisse in posteriori parte prope malleolos. Et vere eo loco lunulam ponebat Braduas frater Herodis Attici, ut ait Philostratus in vita ejusdem Herodis p. 554. Eburnea, inquit, erat, supraque malleolos locabatur, ejus forma bicornem lunam referebat.

IV. Phæcasium genus calcei erat ex corio albo, inquit Appianus Alexandrinus, quo utebantur in sacrificiis Sacerdotes Athenienses & Alexandrini: hi calcei leves fuisse videntur, mollibusque viris convenisse, ut effeminato illi apud Petronium, qui phæcasiatus se militem esse mentiebatur, cui miles alius: *age vero*, inquit, *in exercitu vestro phæcasiati milites ambulant?*

V. Caliga calceamentum militantium erat, densam illa soleam habebat, cui annectebantur corrigiæ coriaceæque ligamina, ut ad pedem firmaretur solea. Hæc vero ligamina in tibia etiam aliquot gyris convolvebantur supra malleolos, ita ut quæ partes liga-

mouroit à nu. Tout cela se comprend aisément par les figures tirées de l'antique que nous donnons en bon nombre : quelquefois une des bandes passoit entre le grand orteil du pied & le suivant, pour retenir la chaussure plus ferme.

VI. La chaussure des principaux de l'armée & des Empereurs s'appelloit *campagus*, qui differoit peu de la *calige* des soldats. Capitolin parlant de la stature gigantesque de l'Empereur Maximin, fait mention du *campagus* : La taille de l'Empereur Maximin, dit-il, étoit de près de huit pieds & demi ; « quelques-uns mirent dans une forêt son *campagus* roial : on convient « que cette chaussure étoit plus grande d'un pied que celle d'un homme de « stature ordinaire. De là vint la coutume de dire à ceux qui étoient longs à « conter des sornetes, *caliga Maximini*, la chaussure de Maximin. « Il y avoit pourtant quelque différence entre la *caliga* & le *campagus*, comme le remarque fort bien Ferrarius sur ce passage de Trebellius Pollion, qui dit parlant de Gallien : *Il prit des caliges ornées de pierres précieuses, disant que les* campagues *n'étoient que des rets*. Il faisoit sans doute allusion aux bandes de cuir du *campagus*, qui remontoient en se croisant jusqu'au gras de la jambe.

VII. Voilà ce que nous trouvons de plus vraisemblable touchant les chaussures, tant celles qui couvroient tout-à-fait le pied, comme les *calceus*, *mulleus*, *pero*, *phæcasium* ; que celles qui par intervalles laissoient une partie du pied découvert, comme la calige & le *campagus*, qui n'étoient composez que de bandes & de courroies. Les antiquaires disent que les marbres ne s'accordent pas avec les passages des auteurs citez ci-devant ; qu'on voit à la verité sur les anciens monumens plusieurs Senateurs, Magistrats & Empereurs avec la chaussure fermée, comme nous venons de dire ; mais qu'on en trouve aussi fort souvent avec des sandales & des caliges, qui ne couvrent que la plante des pieds d'une semelle où sont attachées des bandes de cuir qui se croisent sur le pied, & laissent voir par intervalles la chair nue. Mais nous avons si peu de passages des anciens pour expliquer la chaussure, qu'il n'est pas possible de découvrir par leur moien les changemens survenus dans l'usage, dans la forme & dans la dénomination de chacune. Je remarque la même varieté dans la chaussure militaire ; nous voyons assez ordinairement des *campagi* qui par espaces laissent entrevoir la chair nue, & nous en voions aussi d'autres qui cou-

---

minibus illis non tegerentur, eæ nudæ manerent. Quæ res ipsis conspectis caligis in pedes inductis longe facilius intelligetur, quarum schemata multa ex veterum monumentis educta infra dabimus. Nonnunquam autem ex corrigiis una inter pedis pollicem alterumque digitum transiens soleæ annectebatur, ut solea firmius consisteret.

VI. Imperatorum, Ducum, Tribunorumque exercitus calceamentum campagus vocabatur, parumque a caligis militum differebat. Capitolinus de gigantea statura Maximini Imperatoris loquens campagum commemorat in Maximino Juniore cap. 2. *Nam cum esset Maximinus pedum, ut diximus, octo & prope semis, calceamentum ejus, id est campagum regium, quidam n luco qui est inter Aquileiam & Arziam posuerunt, quod constat pede majus fuisse hominis vestigio atque mensura ; unde etiam vulgo tractum est, cum de longis & ineptis hominibus diceretur* caliga Maximini. Aliquid tamen discriminis erat caligam inter & campagum, ut optime observat Ferrarius ad hunc locum Trebellii Pollionis qui de Gallieno loquens cap. 16. ait ; *Caligas gemmatas annexuit, cum campagos reticulos appellaret* : quibus subindicabat corrigias illas, quæ in campago ad mediam usque tibiam ascende-

bant.

VII. Hæc de calceamentis, ni fallor, verisimiliora dici posse videntur, tum de iis, quæ pedem prorsus contegebant, qualia erant calceus, mulleus, pero & phæcasium ; tum de iis quæ hinc inde partem pedis nudam offerebant, qualia caliga & campagus, ex corrigiis tantum & loris confecta. Queruntur antiquariæ rei studiosi marmora cum scriptorum locis aliquot non concordare : multos utique in veterum monumentis Senatores, Magistratus & Imperatores cum calceis videri pedem omnino contegentibus, ut supra dictum est. sed alios etiam sæpe reperiri cum sandaliis vel caligis, quæ plantam solum pedis contegentes solea, cui annexæ sunt corrigiæ & lora supra pedem sese decussantia, nudas pedum partes hinc & inde offerunt. Verum adeo pauca supersunt veterum scriptorum loca, quæ calceamenta explicent, ut non possimus eorum adminiculo mutationes omnes in usum, in formam & in denominationem calceamentorum invectas deprehendere. Eamdem observo varietatem in calceo militari. Non infrequenter campagos videmus qui per intervalla quædam, nudam carnem ostendunt, & aliquando etiam calceamentorum genera videmus quæ & pe-

vrent entierement le pied & la jambe comme des bottines : peutêtre que ceux-ci avoient des noms particuliers que nous ne savons pas. Du tems de Theodose la chaussure militaire montoit plus haut que le gras de la jambe.

VIII. On convient que les chaussures qui s'appelloient *solea*, *crepida*, *sandalium*, *gallica*, étoient assez semblables les unes aux autres ; que ce n'étoient que des semelles qui couvroient la plante des pieds attachées avec des cordons ou des bandes de cuir : mais on ne sait pas bien en quoi elles differoient entre elles. Les *soleæ* & *gallicæ* ne pouvoient se porter avec la toge ; les Senateurs s'en servoient pourtant à la campagne ; ils les pouvoient porter avec la *penule* ou avec la tunique. Les femmes les portoient aussi-bien que les *crepidæ* à la ville comme à la campagne. Ces chaussures, comme nous avons dit, ne couvroient le dessus du pied que par intervalles. Ce n'étoient point les seules chaussures des femmes ; elles en avoient aussi de fermées comme les *calcei* & comme nos souliers d'aujourd'hui : nous en avons observé sur les marbres un assez grand nombre, dont nous donnons la figure. Il paroit par ce que dit Ciceron en deux endroits, qu'on faisoit quelquefois ces *soleæ* de bois, & qu'on les mettoit aux pieds des criminels justiciables, lorsqu'on les mettoit en prison. Ce qu'on appelloit *gallicæ* étoient peutêtre des *galloches*, qui pourroient bien avoir pris leur nom du mot latin *gallicæ*.

La *crepida* étoit à peu près semblable à la *solea*, & ne couvroit le dessus du pied que par intervalles, les ligatures en laissoient toujours à nu la plus grande partie ; avec differens tours de bandes de cuir elles montoient jusqu'au dessus de la cheville du pied, & quelquefois jusqu'au gras de la jambe. Je ne vois pas bien en quoi elles differoient des *caligæ* des gens de guerre. Les sandales étoient à peu près la même chose que les *crepidæ*.

Parmi les *crepidæ* ou *caligæ* des gens de guerre dont nous donnons la figure, on en remarque qui ont des clous à l'endroit où les bandes de cuir se croisent. Ces bandes étoient disposées differemment, comme on peut voir dans les planches suivantes. Outre ces clous qu'ils mettoient pardessus, ils en mettoient aussi audessous, qui étoient en grand nombre & fort aigus, dit Isidore ; Festus dit aussi la même chose : on appelloit cette chaussure *clavata calceamenta*.

dem & totum crus operiant : his forte nomina dabantur quæ nos ignoramus. Theodosii Imperatoris tempore militaria calceamenta ad summam pene tibiam ascendebant.

VIII. Quæ calceamenta, *solea*, *crepida*, *sandalium* & *gallica* vocabantur, admodum inter se similia fuisse vulgo creditur ; erant scilicet soleæ ad plantam pedis inductæ, corrigiis & loris constrictæ ; in qua vero re inter se differrent, vix intelligatur. Solea & gallica non poterant cum toga gestari. Senatores tamen his calceamentis utebantur cum ruri agerent, poterantque soleam cum penula habere aut cum tunica. Mulieres solea & in urbe & ruri utebantur, quemadmodum & crepida, quæ calceamentorum genera, ut diximus, supernam pedis partem per intervalla solum operiebant. Neque tamen hæc sola mulierum calceamenta erant, alia quippe adhibebantur quæ totum contegerent pedem ut calcei hodierni : multa hujusmodi in marmoribus deprehendimus, quorum figura dabitur : ex iis quæ Cicero bis ait de inventione l. 2. liquet soleas illas ligneas aliquando fuisse, cujusmodi soleæ reorum pedibus admovebantur : *Quidam*, inquit, *judicatus est parentem occidisse*, & *statim, quod effugiendi potestas non fuit, lignea solea in pedes inductæ sunt... deinde est in carcerem deductus*. Quæ gallicæ vocabantur, eæ fortasse erant, quas *galloches* vocamus, quod postremum nomen ex gallicis ortum ducere potuit.

Crepida soleæ fere similis fuisse videtur, pedisque partem supernam per intervalla solum operiebat ; ligamina maximam semper partem nudam relinquebant ; quæ ligamina supra malleolos aliquot gyris convolvebantur, & nonnunquam ad suram usque pertingebant. In quo autem a caligis militaribus differrent non satis perspicio. Sandalia idipsum fere fuisse videntur quod crepidæ.

Inter crepidas aut caligas militares quarum schemata proferimus, nonnullæ sunt in quibus quædam ceu clavorum capita exhibentur, quo loco corrigiæ decussantur ; quæ corrigiæ diverso modo concinnabantur, ut videre est in imaginibus. Præter hosce clavos alii quoque clavi subtus in soleaque ponebantur, & quidem frequentes & acuti, inquit Isidorus Orig. 19. cap. ult. Idipsum quoque Festus ait. Hæc porro vocabantur *clavata calceamenta*.

LA CHAUSSURE.

CHAPITRE VI.

I. Ce que c'étoit que la chaussure qu'on appelloit baxea. *II. Et celle qu'on nommoit Sicyonienne. III. Le* soccus *semble se devoir entendre en differens sens. IV. Ce que c'étoit que l'*ocrea.

I. ON croit que la *baxea* dont parle Plaute, étoit aussi une espece de sandale; c'étoit une chaussure de philosophe selon Tertullien & Arnobe. Ce dernier parle aussi de *baxées* faites de feuilles de palmier ; seroit-ce la chaussure de Diogene le Cynique que nous avons donnée ci-devant avec la figure de ce philosophe ?

II. La chaussure nommée Sicyonienne dans Ciceron, est encore moins connue que la *baxea*. On s'en servoit à la course, dit l'auteur *ad Herennium* ; ce qui fait juger que c'étoit une chaussure legere, & peutêtre semblable aux sandales. Lucien parle de la Sicyonienne qui étoit ornée de chaussons blancs ; c'est ainsi qu'on explique πίλοις τοῖς λευκοῖς ἐπιπρέπουσα.

III. Ce qu'on appelloit *soccus*, étoit selon quelques-uns une chaussure toute simple qui s'inseroit dans le *calceus*, dans la *crepida*, & dans les autres chaussures : c'est ainsi que l'entend Baudouin. On le trouve dans les auteurs pour une chaussure de femme, ou pour une chaussure effeminée. Cet endroit de Terence dans l'*Heautontimorumenon*, semble exiger un autre sens : *Je reviens des champs tout troublé, accablé de tristesse, & incertain sur ce que j'ai à faire ; je m'assieds ; mes esclaves viennent d'abord m'ôter les socques.* Il paroit ici que les *focci* sont une chaussure tout-à-fait exterieure, comme les galloches des Franciscains : il y a encore des payis où l'on appelle ces galloches des socques. Je n'oserois rien prononcer là-dessus ; mais il me semble que cela merite quelque reflexion. Ciceron prend le socque pour une chaussure greque ; Pline l'appelle le *socque comique* ; on le portoit effectivement dans les comedies : Horace en parle quelquefois, & autorise le sens de Pline. Comme c'étoit la chaussure des acteurs comiques, on trouve quelquefois la comedie appellée

---

CAPUT VI.

I. Quid illud calceamenti genus, cui nomen baxea. *II. Quid* Sicyonia. *III.* Soccus *variis modis intelligendus videtur. IV. Quid esset* ocrea.

I. BAxea de qua Plautus, sandaliorum species erat. Ea philosophorum calceamentum exstitit, ut dicunt Tertullianus de pallio c. 4. atque Arnobius, qui postremus etiam baxeas commemorat ex palmarum foliis adornatas. Num baxea fuerit Diogenis calceus, quem cum imagine philosophi istius protulimus supra ?

II. Quæ Sicyonia apud Ciceronem vocatur, de Orat. 1. qua forma fuerit intelligere difficillimum est: ea in cursu utebantur, ait scriptor ad Herennium : unde conjectandum relinquitur fuisse calceamentum leve forteque simile sandaliis. Lucianus Sicyoniam commemorat *socculis albis decoratam* : sic explicant illud πίλοις τοῖς λευκοῖς ἐπιπρέπουσα, de Rhetorum præceptis p. 451.

III. Id quod soccus vocabatur, in calceo aut crepida inserebatur, vulgo *chausson* vocamus. Sic Balduinus explicat. Apud scriptores etiam pro calceo muliebri accipitur, vel pro calceo effeminato. Hic locus apud Terentium in Heautontimorumeno alio sensu videtur accipiendus ;

Domum revertor mœstus, atque animo fere
Perturbato, atque incerto præ ægritudine ;
Adsido: accurrunt servi, soccos detrahunt.

Hic socci videntur esse calceamentum omnino exterius, ut gallicæ Franciscanorum. In quibusdam etiam regionibus hodieque gallicæ vernacula lingua *socci* vocantur. Non ausim ea in re quidpiam asserere : res videtur examine digna. Cicero pro Rabirio Postumo pro calceamento græco soccum habere videtur. Plinius 7. 30. *soccum comicum* commemorat : vereque in comœdiis gestabatur. Horatius non semel socci meminit & Plinii dicto fidem facit : sic lib. 2. epist. 1. de Dorsenno poeta comico,

Quem non astricto percurrat pulpita socco.

Cum autem esset actorum comicorum calceus, sol

focque; de même que la tragédie est appellée *cothurne*, de la chaussure que portoient les acteurs tragiques.

IV. Les *ocreæ* qui étoient une espece de bottes, s'appelloient en grec κνημῖδες. Selon Homere elles étoient déja en usage du tems de la guerre de Troie: il y en avoit d'étain, dit le même poete. Elles couvroient une bonne partie de la jambe. Les Romains s'en servoient; Volcatius Gallicanus parlant d'Avidius Cassius distingue ces bottes de la chaussure du pied, lorsqu'il dit : *Il visitoit de sept jours en sept jours les armes des soldats, leurs vêtemens, leurs chaussures de pieds & leurs bottes: calceamenta*, dit-il, *& ocreas*. Il paroit par là que l'un étoit different de l'autre. Il y avoit encore selon Homere des *ocreæ* de cuivre, d'autres d'oripeau; telles étoient celles d'Hercule selon le même poëte. Les Romains, dit Vegece, en avoient de fer. On croit que pour éviter un plus grand poids on ne mettoit à ces *ocreæ* que des lames de fer d'espace en espace. Dans les monumens qui nous restent on voit des *ocreæ* ou des bottes; les unes avec un soulier tout fermé comme les nôtres, telles sont celles de Telamon; les autres avec des caliges & des sandales, dont les bandes ne couvroient qu'une partie du pied: on en voit de semblables dans le combat des Amazones, au tome suivant.

---

mœdia soccus quandoque vocatur; ut tragœdia cothurnus, quia cothurnum gestabant Actores tragici.

IV. Ocreæ græce κνημῖδες vocabantur, atque secundum Homerum jam belli Trojani tempore in usu erant : quædam ex stanno factæ, inquit idem poeta. Magnam cruris partem operiebant : Romani etiam illis utebantur. Volcatius Gallicanus de Avidio Cassio loquens cap. 6. ocreas distinguit a calceamentis : *Arma militum*, inquit, *septima die semper respexit*, *vestimenta etiam & calceamenta & ocreas*: hic videtur alterum ab altero distingui. Aliæ secundum Homerum 7. 41. ocreæ ex ære erant, aliæ ex aurichalco, quales Herculis erant, ait idem poëta. Romani, inquit Vegetius, ferreas habuere. Ne nimii forent ponderis, putatur octeas hujusmodi ferreis laminis tantum hinc & inde opertas fuisse. In monumentis quæ supersunt ocreæ habentur, aliæ calceo undique clauso, ut nostræ quas *bottes* vocamus; hujusmodi sunt Telamonis supra exhibiti ocreæ; aliæ in caligas vel sandalia desinunt, quibus caligis pedis solum partes quædam operiebantur, hujusmodi ocreæ visuntur in Amazonum pugna tomo sequenti.

CHAPITRE VII.

I. Trente chaussures de la planche suivante expliquées. II. Ce que c'étoit que le cothurne.

I. Nous donnons ici en quatre rangs trente chaussures: les trois premiers rangs en contiennent huit chacun, & le quatriéme six. Les deux premiers rangs représentent des chaussures ouvertes, qui laissent voir les orteils des pieds: toutes ces chaussures des deux premiers rangs montent jusqu'au milieu de la jambe, & quelques-unes plus haut. Il semble qu'elles doivent être mises au nombre de celles qu'on désignoit par *caliga*, *campagus* & *ocrea*: on n'oseroit donner à aucune un de ces noms à l'exclusion des autres. Il semble pourtant que la sixiéme du second rang, qui est celle de Pyrrhus en habit de heros, est indubitablement celle qu'on appelloit en grec κνημίς, & en latin *ocrea*, qui approchoit de nos bottes. On doit dire la même chose de la septiéme qui est tout auprès de celle-là.

Pl. XXXIV.

La premiere du second rang, tirée de la Colonne Trajane, est la calige des soldats & des legionnaires Romains. Celle d'après, & la derniere de la premiere bande étoient la chaussure des soldats du tems de Theodose, le bas de la jambe & le pied paroissent nuds: mais il est à remarquer qu'en ce tems-là on faisoit selon toutes les apparences des chaussures de pieds où tous les orteils du pied paroissoient, en sorte que les pieds étoient couverts, comme une main est couverte d'un gand sous lequel tous les doits se voient. Cela s'observe dans la Colonne de Theodose, où cet Empereur & Gratien tous deux à cheval ont des chaussures où tous les orteils se voient. La derniere chaussure du second rang est d'un danseur, qui sera donné tout entier dans les jeux. Je n'oserois donner un nom à une chaussure si bizarre; elle semble approcher du cothurne.

Dans les deux derniers rangs les chaussures sont toutes fermées. Les deux premieres pourroient être ce qu'on appelloit *phæcasium*; la premiere ressemble à un long bas. Les femmes se voient souvent chaussées ainsi; elles portent aussi quelquefois des chaussures où les orteils paroissent. Je crois qu'on peut appeller *ocreæ* ou bottes presque toutes les chaussures suivantes: il semble qu'on

---

CAPUT VII.

I. Calcei triginta in sequenti tabula positi explicantur. II. Quid fuerit cothurnus.

I. Hic quatuor ordinibus calceamenta triginta proferimus: tres primi ordines octo singuli calceamenta habent; quartus, sex. Duo priores ordines aperta calceamenta exhibent ubi pedum digiti conspiciuntur. Hæc omnia priorum duorum ordinum calceamenta ad usque suram pertingunt, quædam etiam suram prætergrediuntur. Ex genere eorum videntur esse quæ aut caliga aut campagus aut ocrea vocabantur: neque tamen ausim cuipiam eorum suum nomen assignare exclusis aliis nominibus. Sextum tamen secundi ordinis, quod est Pyrrhi regis militari & heroïca veste induti illud certissime esse videtur quod græce κνημίς, latine ocream vocabant, quod cum iis quas hodie *bottes* vocamus aliquid habet affinitatis; id ipsum dixeris de septimo huic vicino.

Primum secundi ordinis est militum Romanorum legionariorum: quod sequitur, similiterque postremum primi ordinis, in usu erant militibus tempore Theodosii Imperatoris, pars inferior cruris & pes nuda esse videntur. Sed observandum est illo tempore calceos & tibialia sic concinnata fuisse, ut omnes digiti pedum conspicerentur licet operti, quemadmodum manus, licet manica seu chirotheca opertæ, digiti omnes conspiciuntur. Id deprehenditur in columna Theodosiana, ubi Imperatores Theodosius & Gratianus equites ambo calceamentis utuntur omnium digitorum formam referentibus. Ultimum secundi ordinis calceamentum est saltatoris, qui cum tota forma sua in Ludis comparebit: quo nomine sit appellandum proferre non ausim: ad cothurnum accedere videtur.

In duobus ultimis ordinibus calcei omnes clausi undique sunt: duo primi phæcasia esse possunt; prior oblongo tibiali similis. Mulieres sæpe hoc modo calceatæ occurrunt, etsi sæpe etiam calceos habeant in queis pedum digiti compareant. Ocreas dici posse puto reliqua omnia quæ sequuntur calceamenta: quod

puisse le dire bien positivement de quelques-unes. La quatriéme du dernier rang montre les extrémitez des orteils ; ce qui n'empêche pas qu'ils ne fussent couverts, comme nous disions ci-devant.

II. Le cothurne étoit une espece de chaussure qui servoit à l'un & à l'autre sexe. Il étoit composé de maniere qu'il pouvoit servir indifferemment à chaque pied ; par allusion à cela dans les differens qui arrivoient on appelloit cothurnes ceux qui nageoient entre deux eaux, & faisoient semblant de favoriser les deux partis. Cette chaussure devint fort célebre, lorsque Sophocle en introduisit l'usage dans les Tragédies ; ce qu'il fit parceque le cothurne aiant la semelle fort haute, il donnoit une taille avantageuse aux acteurs qui représentoient les Heros. Il étoit selon quelques-uns de couleur rouge : on n'en peut douter de celui que portoient les filles Tyriennes selon Virgile.

Personne n'a mieux décrit le cothurne que Sidonius Apollinaris, qui dit que le cothurne avoit une ligature attachée à la semelle qui passoit entre les premiers orteils du pied, & se divisoit ensuite en deux bandes qui serroient l'escarpin. Cela se voit dans les chaussures que nous avons déja données, & encore mieux dans celles que nous donnerons plus bas. Ces ligatures qui se croisoient & se joignoient sur les jambes, approchoient assez du *campagus* dont nous avons parlé ci-devant: & comme Sophocle donna sans doute à ses acteurs une chaussure qui convenoit aux Heros qu'ils représentoient, on ne peut douter que ce ne fût anciennement une chaussure des Rois, des Princes & des Magistrats de la Grece. Quoiqu'il approchât du *campagus*, chaussure des chefs des Romains, comme c'étoient certainement deux chaussures distinctes, il falloit qu'elles differassent en quelque chose.

In quibusdam saltem certum videtur esse. Quarta ultimi ordinis ocrea digitorum extrema exhibet ; quod tamen, ut putatur, non impediebat, quominus operta essent, ut modo dicebamus.

II. Cothurnus calceamenti genus erat utrique sexui proprium : ita vero concinnatum, ut utrique pedi adaptari posset ; cujus rei occasione in disceptationibus litibusque Cothurni vocabantur illi, qui in utramque partem propendere videbantur. Cothurnus celeberrimus evasit cum Sophocles ejus usum in tragœdias invexit : quod ideo fecit ille quoniam cum cothurnus solea esset præalta, magnam Actoribus heroas referentibus staturam indebat. Aiunt quidam fuisse rubri vel punicei coloris. De cothurnis quibus virgines Tyriæ utebantur, id in dubium vocari nequit ; nam Virgilius Æneid. 1.

Virginibus Tyriis mos est gestare pharetram
Purpureoque alte suras vincire cothurno.

Cothurnum nemo melius descripsit Sidonio Apollinari Carm. 11. 400.

Perpetuo stat planta solo, sed fascia primos
Sistitur ad digitos, retinacula bina cothurnis
Mittit in adversum vincto de fumite pollex
Qua stringant crepidas, & concurrentibus ansis
Vinclorum pandas texant per crura catenas.

Quod dicit cothurnum fasciam seu corrigiam habuisse soleæ annexam, quæ inter primos pedis digitos transiret ac deinde in duo retinacula divideretur, quæ crepidas stringerent ; hoc, inquam, in præmissis calceamentis observatur, atque in subsequentibus tabulis clarius. Hæc ligamina quæ sese decussabant, ad campagi de quo superius formam accedebant. Cumque Sophocles Actoribus suis illud calceamenti genus dederit, quod Heroibus suis competeret, nihil dubium est calceamentum illud fuisse Regum, Principum, atque Magistratuum. Licet autem ad campagi formam accederet, quia tamen calcei genus a campago distinctum erat, aliquod haud dubie inter utrumque discrimen intercedebat.

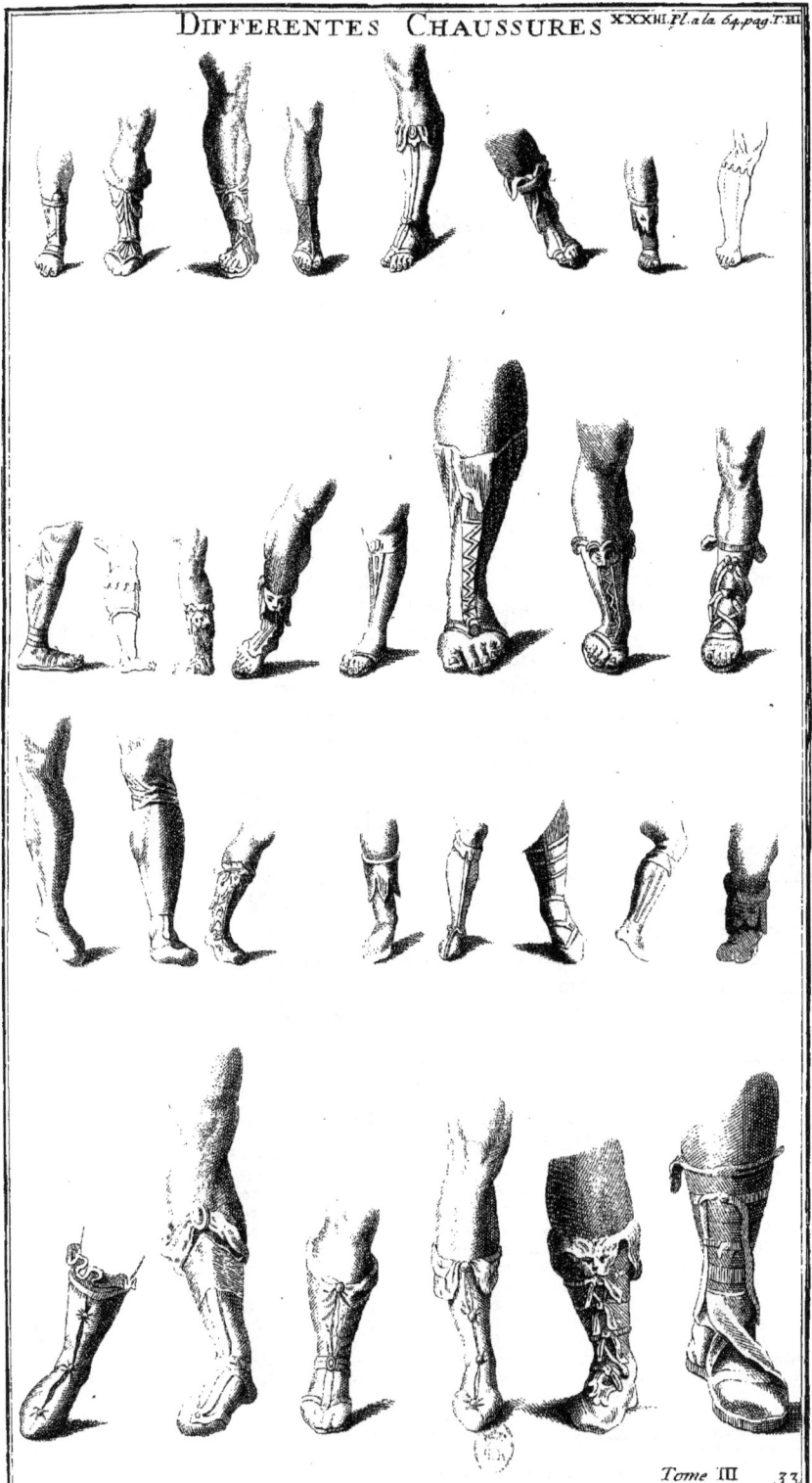

LA CHAUSSURE.

CHAPITRE VIII.

I. Grand nombre de chaussures de la planche suivante expliquées. II. Les chaussures des barbares & autres. III. Chaussures données par le P. Bonanni.

I. LEs cinq premieres chaussures de la planche suivante sont, à ce que je croi, des *soleæ*, especes de sandales dont le dessous étoit de bois; les deux autres du même rang sont des *caliges*; les quatorze chaussures comprises dans les rangs suivans sont toutes fermées, & doivent être rangées dans la classe de celles qu'on appelloit *calceus* ou *mulleus* ou *phæcasium*. Dans le second rang la premiere & la seconde chaussures sont semblables à celles qui se voient souvent dans les anciens monumens; elles servoient aux hommes & aux femmes; on en trouve un grand nombre de même forme dans tout le cours de cet ouvrage : c'est la chaussure ordinaire des femmes; on voit quelquefois des images de femmes, même de celles de la premiere qualité, portant des sandales qui laissent à nud une bonne partie du pied. Les deux dernieres chaussures du second rang approchent assez de la forme de nos souliers.

PL. XXXIV.

II. Je passe au quatriéme rang des chaussures, dont la premiere & la troisiéme sont celles des Armeniens, des Parthes, des Daces, des Germains, & apparemment aussi des Gaulois; en un mot de presque toutes les nations que les Grecs & les Romains appelloient Barbares; cela se prouve par les monumens anciens, les arcs, les colonnes, les bas reliefs, l'apotheose d'Auguste. Cette chaussure étant commune à presque toutes les nations barbares; quand les Romains vouloient peindre un esclave, ils le chaussoient ainsi, ce qui se remarque en mille endroits. La seconde chaussure du même rang est tirée de la Colonne de Theodose; tous les Scythes qui paroissent menez en triomphe sur cette Colonne en ont une semblable. La quatriéme chaussure du même rang est celle d'un Roi des Daces captif. La suivante est d'un Archer Gaulois donné au chap. de la guerre. La derniere de ce rang est celle que portent dans les monumens que nous donnons, presque tous les Gaulois : ces monumens ne regardent que des tems où les Gaules faisoient partie de l'Empire Romain. Au bas de cette planche est une chaussure copiée d'après un pied de marbre de M. le Marquis de

---

CAPUT VIII.

I. Multa calceamentorum genera sequentis tabulæ explicata. II. Calceamenta Barbarorum & alia. III. Calceamenta a R. P. Bonanno prolata.

1. QUINQUE priores sequentis tabellæ calcei, soleæ esse videntur, nempe species quædam sandaliorum, quorum quæ sub pede erat solea, lignea erat : duo in eodem ordine sequentes calcei, caligæ militares sunt. Quatuordecim calcei in duobus sequentibus ordinibus comprehensi, undique clausi, istius erant speciei, quæ vel calcei vel mullei vel phæcasii nomine significaretur. Primus atque secundus calceus secundi ordinis persæpe in veterum monumentis occurrunt, ac viris mulieribusque in usu erant, hujusmodi innumeri occurrunt calcei in toto hujus operis decursu : sunt que ut plurimum mulierum calcei. Mulieres tamen etiam primariæ sandaliis utentes non rato reperiuntur. Duo ultimi secundi ordinis calcei hodiernis non absimiles sunt.

II. Ad quartum jam hujus tabellæ ordinem transeo, ubi primum tertiumque calceamentum, Armenorum erant, Parthorum, Dacorum, Germanorum, atque ut videtur etiam Gallorum; uno verbo omnium, quos Græci Romanique Barbaros nominabant; id vero probatur ex veterum monumentis, ex arcubus, columnis, anaglyphis exque apotheosi Augusti. Cum autem hoc calceamenti genus omnibus ferme barbaris nationibus in usu esset, quando Romani servum aut captivum depingebant, hoc illi calceamentorum genus tribuere solebant. Secundus quarti ordinis calceus ex columna Theodosii prodiit; ubi Scythæ omnes qui in triumphum ducuntur sic calceati comparent. Quartus calceus est Regis Dacorum captivi; sequens est sagittarii Galli, qui quarto tomo dabitur. Ultimum in hoc ordine calceamentum, est Gallorum fere omnium, quos postea Romani depingebant, qui omnes Galli sub Imperio Romano vixerunt. In ima tabella calceus est, pedi marmoreo D. Marchionis de Montauban inditus, qui

Montauban; il eſt plus grand qu'un pied naturel: il a été fait pour un pied ſeulement, & n'a pas été tiré d'une ſtatue: il faut qu'il ait été fait pour un modele de chauſſure, ou que ce ſoit un vœu tel que pluſieurs que nous avons vus dans le ſecond tome. Je ne ſai quel nom donner à une chauſſure ſemblable.

Pl. XXXV.
III. Les chauſſures qui occupent toute la planche ſuivante, ont été données par le P. Bonanni. Elles ſont preſque toutes du nombre de celles qu'on appelloit *crepidæ* ou *ſoleæ* ou *caligæ*, qui laiſſoient une partie du pied decouverte. On y voit pluſieurs differentes diſpoſitions des courroies qui compoſoient la chauſſure, & qui tenoient à la ſemele, laquelle étoit ordinairement de bois: on y voit quelquefois ces ſemeles arrêtées par de gros clous à l'endroit où elles ſe croiſent: d'autres fois une courroie paſſée entre le gros orteil du pied & l'orteil ſuivant, eſt attachée à cet endroit à la ſemele pour tenir la chauſſure plus ferme. Une de ces chauſſures a ſur les bords de la ſemele des pointes de fer pour marcher ſur la glace ou ſur des chemins gliſſans. Les autres differences ſe remarqueront à l'œil. On voit encore ici une lunule dont nous parlions ci-devant, qu'on mettoit au deſſus du talon à la hauteur des chevilles du pied.

---

pes magnitudinem excedit naturalem. Hic non ex ſtatua quapiam fuit eductus; ſed vel pro exemplari calceorum factus eſt, vel votum fuit, cujuſmodi vota non pauca vidimus tomo præcedenti: vix dixerim in qua calceorum claſſe ſit locandus.

III. Qui ſequentem tabellam occupant calcei caligæque a P. Bonanno publicati ſunt: ex numero eorum omnes ſunt quos vocabant crepidas aut ſoleas aut caligas, quæ partem pedis contegebant, partem nudam relinquebant. Variæ hic obſervantur corrigiarum diſpoſitiones, quæ corrigiæ erant ſoleæ annexæ: ſolea vero ut plurimum lignea erat; in quibuſdam corrigiæ quo loco junguntur, denſis clavis, quorum capita rotunda, firmantur: Aliquando corrigia inter pollicem pedis & proximum digitum inſerta, ibi ſoleæ jungitur ut calceum contineat. Caliga hic obſervatur ferreis aculeis in ſoleæ ambitu munita, ut in glacie aut in lubricis itineribus tuto incederetur. Alia diſcrimina oculis explorabuntur. Hic etiam lunula viſitur, de qua paulo ante loquebamur; hæc pone malleolos pedis poni ſolebat.

DIFFERENTES CHAUSSURES

Tome III 34

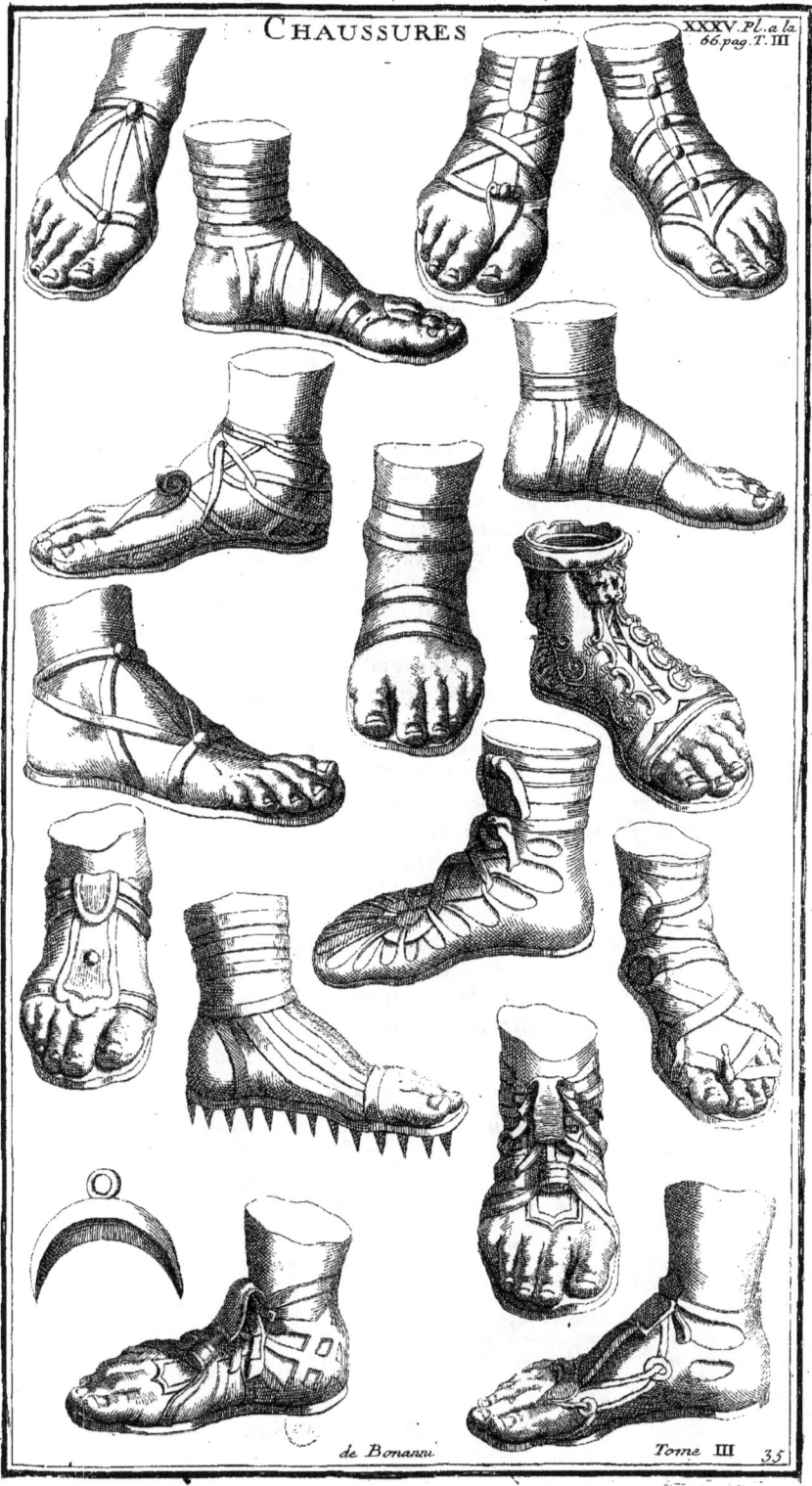

HABITS DES ENFANS. 67

CHAPITRE IX.

I. Le berceau. II. les maillots. III. Enfant emmailloté. IV. Les habits des enfans.

I. LEs Grecs appelloient le berceau *cœtis*, qui veut dire un petit lit, ou *scaphé*, qui signifie une petite barque, parceque le berceau en avoit la forme. Les maillots chez eux se nommoient *spargana*; *cunæ* & *cunabula* étoient les termes dont les Latins se servoient pour exprimer le berceau & les maillots. Bartholin dit que le berceau avoit differentes formes, tantôt d'un bouclier; il entend apparemment celui d'un pieton legionnaire Romain: tantôt d'un crible, tantôt d'une petite barque.

II. On appelloit *fasciæ* & *cunabula* ou *incunabula* les bandes dont on emmaillotoit les enfans : *Fasciis opus est*, dit Plaute, *pulvinis*, *cunis*, *incunabulis*. Les *fasciæ* sont distinguées des *incunabula* ; je crois que les *fasciæ* se prennent là pour les bandeletes dont on emmaillotoit l'enfant ; & les *incunabula* pour des pieces d'étoffe ou des draps qu'on mettoit dans le berceau, afin que l'enfant fût plus proprement.

III. Nous donnons ici un enfant emmailloté [1] tiré d'un sepulcre ; l'enfant nommé Julius Diadumenus, fils de Julius Coruncanius, ne vécut que quatre heures, comme porte l'inscription. Le buste [2] qui est auprès est d'un enfant nu, qui a la tête rase & des pendans d'oreilles. Le suivant [3] est du cabinet de cette Abbayie.

Pl. XXXVI. 1 2 3

IV. Le monument suivant est [4] remarquable; il représente le mari, la femme & trois enfans, avec cette inscription : *Aux dieux Manes. C'est le tombeau d'Aurelius Mucianus Missicius Préteur de la sixième cohorte, qui a vécu trenteneuf ans, sept mois, neuf jours & neuf heures: Elia Lucia l'a fait faire pour son mari, qui l'avoit épousée vierge, & qui l'avoit toujours traitée avec honneur.* Spon qui a donné ce monument, a mal expliqué ces mots COJUGI VIRGINIO SUO; cela signifie peutêtre, dit-il, que son mari n'avoit jamais violé la foi conjugale: c'est certainement toute autre chose ; cela veut dire qu'il l'a épousée lorsqu'elle étoit encore vierge. La coutume de marquer non seulement les années, mais aussi les mois, les jours & les heures des morts, se prouve par plusieurs épitaphes que nous donnerons au cinquiéme tome. Les trois enfans venus de

4

CAPUT IX.

I. Cunæ seu incunabula. II. Fasciæ quibus parvuli vinciebantur. III. Puerulus fasciis involutus. IV. Vestes parvulorum.

I. GRæci cunas appellabant κοιτίδα, quæ vox parvum lectum significat, aut σκάφην scapham, quia cunæ scaphæ formam referebant : cunabula apud eos σπάργανα vocabantur : ait Bartholinus cunas forma diversas fuisse ; alias nempe clipeo vel scuto similes, ubi scutum Romani militis legionarii intelligit; alias cribro, vel scaphæ.

II. Fasciæ etiam vocabantur cunabula aut incunabula ; unde Plautus in Truc. *fasciis opus est*, inquit, *pulvinis*, *cunis*, *incunabulis*. Puto fascias hic vocari quibus infans vinciebatur, & incunabula pannos puero in cunis posito substratos ad munditiam.

III. Hic puerum [1] fasciis involutum damus, ex sepulcro erutum, cui nomen Julius Diadumenus, filius Julii Coruncanii, qui quatuor tantum horis vixit ut inscriptione fertur. Sequens protome [2] est pueruli abraso capite inaures gestantis : alius [3] ex Museo hujus cœnobii prodiit.

IV. Monumentum [4] sequens observatu dignum est: in eo ambo conjuges cum tribus filiis repræsentantur cum hac inscriptione : *Diis Manibus Aurelius Mucianus Missicius, cohortis sextæ prætor qui vixit annis triginta novem, Meses* (sic) *septem, dies novem, oras* (sic) *novem. Fecit Elia Lucia cojugi* (sic) *virginio suo benemerenti fecit,* Sponius qui hoc monumentum dedit hæc verba *cojugi virginio suo*, perperam sic interpretatus est, *quod existimaret eum fidem erga se maritalem nunquam violasse* : longe aliud certe hic indicatur ; nempe illum Eliam Luciam adhuc virginem duxisse. Mos annotandi non solum annos, sed etiam menses, dies & horas defunctorum, multis epitaphiis, quæ quinto tomo proferentur, commonstratur,

Tom. III. I ij

ce mariage paroissent être des garçons. Ils portent une tunique, & pardessus un autre habit, qui pourroit être la Prétexte du moins dans le plus grand. Nous ajoutons à ceux-ci cinq autres jeunes garçons tirez de bas reliefs Romains. Quelques-uns ne portent qu'une tunique ; un d'entre eux a pardessus la tunique une petite *chlamyde* ou *lacerne*. On en peut encore remarquer d'autres dans le cours de cet ouvrage.

Tres ex matrimonio orti liberi videntur pueri esse : ii tunicam gestant, & super tunica aliud vestimentum, quod fortasse prætexta fuerit saltem in majore. His adjicimus alios quinque pueros ex anaglyphis Romanis eductos ; ex quibus alii tunicam tantum gestant : ex iis unus supra tunicam chlamydulam vel parvam lacernam habet. Alii quoque pueri observari possunt in toto operis hujus decursu.

CHAPITRE X.

I. Origine des Bulles à Rome ; les Bulles données aux jeunes garçons nobles. II. La forme des Bulles. III. Bulles qui représentent le cœur humain & d'autres choses. IV. Autres sortes de Bulles. V. Quand a-t-on commencé de mettre des Bulles au bas des diplomes ou des actes des Empereurs ? Bulle de Marc-Aurele & de Lucius Verus. VI. Autres préservatifs que l'on pendoit au cou des enfans.

I. LEs bulles étoient un ornement qu'on ne donnoit anciennement qu'aux enfans de qualité, mais dont l'usage devint plus commun dans la suite. L'origine de ces bulles est ainsi rapportée par Macrobe. » Tullus Hostilius »aiant vaincu les Hetrusques, établit à Rome la chaise Curule, ses licteurs, la »toge peinte & la prétexte : c'étoient les marques de la magistrature Hetrusque; »car en ce siecle la prétexte n'étoit point encore donnée aux jeunes garçons ; »c'étoit une marque d'honneur, comme toutes les autres choses que nous »venons de nommer. Mais depuis ce tems-là Tarquin premier, fils de Dema- »rate banni de Corinthe, appellé par quelques-uns Lucumon, triompha des »Sabins ; en cette guerre haranguant l'armée, il fit l'éloge de son fils âgé de »quatorze ans, qui avoit tué un des ennemis dans le combat, & lui donna la »bulle d'or avec la prétexte, pour témoigner par cette marque d'honneur que »sa valeur surpassoit son âge : car la prétexte étoit une marque de magistrature, »tout de même que la bulle l'étoit du triomphe. On mettoit dans cette bulle »des préservatifs contre l'envie. De là est venue la coutume de donner la pré- »texte & la bulle aux jeunes garçons nobles ; « ou comme dit Pline, de là est

CAPUT X.

I. Origo Bullarum Romæ : bullæ nobilium filiis datæ. II. Bullarum forma. III. Bullæ quæ cor humanum & alia repræsentant. IV. Alia Bullarum genera. V. Quandonam cœptum sit Bullas Diplomatibus Imperatorum appendi ? Bulla Marci Aurelii, & Lucii Veri. VI. Amuleta alia quæ puerorum collo appendebantur.

I. BUllæ ornamentum erant quod initio filiis nobilium dabatur, deindeque usus fuit vulgarioris. Bullarum origo sic a Macrobio narratur. Saturn. l. 1. c. 6. *Tullus Hostilius . . . debellatis Etruscis sellam curulem lictoresque, & togam pictam atque prætextam*, quæ insignia Magistratuum Etruscorum erant, primus ut Romæ haberentur instituit. Sed prætextam illo sæculo puerilis non usurpabat ætas : erat enim ut cætera quæ enumeravi, honoris habitus ; sed postea Tarquinius Demarati Exsulis Corinthii filius Priscus, quem quidem Lucumonem vocitatum ferunt, rex tertius ab Hostilio, quintus a Romulo, de Sabinis egit triumphum : quo bello filium suum annos quatuordecim natum, quod hostem manu percusserat, & pro concione laudavit, & bulla aurea prætextaque donavit, insignibus puerum ultra annos fortem præmiis virilitatis & honoris ; nam sicut prætexta magistratuum, ita bulla gestamen erat triumphantium, quam in triumpho præ gerebant, inclusis intra eam remediis, quæ crederent adversus invidiam valentissima. Hinc deductus mos ut prætexta & bulla in usum puerorum nobilium usurparentur. Plinius vero 33. 1. allata Tarquinii Prisci historia, addit: *Unde mos bul-*

ENFANS ROMAINS XXXVI.Pl a la 68.pag.T.III.

Boissard

Mr. Foucault

Notre Cabinet

Spon

Tome III   36

LES BULLES.

venue la coutume de donner la bulle d'or aux fils de ceux qui avoient combatu vaillamment à cheval.

II. Macrobe rapporte ensuite differens sentimens sur l'origine des bulles, & ajoute que pour certaines raisons on permit aux enfans des Affranchis de porter la prétexte, & une courroie au col au lieu de bulle : Quelques-uns « croient, poursuit-il, qu'on donna aux jeunes garçons la forme du cœur à « porter dans la bulle, afin que la regardant souvent ils se missent dans l'esprit « qu'ils ne seroient véritablement hommes que par les bonnes qualitez du « cœur ; & qu'on y ajouta la prétexte, afin que la rougeur de la pourpre leur « persuadât de vivre toujours avec pudeur. « Sertorius, dit Plutarque, donnoit des bulles d'or aux jeunes garçons de la ville d'Osca en Espagne, promettant à leurs peres de les faire citoiens Romains.

Ces bulles étoient creuses pardedans, pour y mettre des préservatifs selon Macrobe. Il s'en trouve en forme de cœur quantité, & d'autres rondes ; telles sont les quatre premieres données par M. Spon, l'une desquelles est sur la poitrine d'un [1] jeune garçon d'ordre Senatorial représenté avec la prétexte ; deux autres [2] sont sur deux bustes de garçons de même ordre, dont l'un [3] n'avoit que quatre ans & deux mois, comme porte l'inscription. Nous donnerons plus bas la figure d'un petit garçon Hetrusque publiée par M. l'Abbé Fontanini treshabile Prélat de la Cour de Rome, dans sa description de la ville d'Horta. Ce garçon nu assis a une bulle pendue au cou : il porte des bracelets & de grands anneaux à ses jambes. Il tient de la main droite un oiseau, & a sur la cuisse une inscription Hetrusque qu'on ne peut entendre ni même lire. Cette image vient ici fort à propos, & semble appuier ce que dit Macrobe, que la bulle est d'origine Hetrusque.

PL. XXXVII.
1
2
3

III. Nous trouvons plusieurs bulles, ou qui portent la forme du cœur gravée, ou dont la circonference approche de la figure du cœur humain : deux tirées du cabinet de M. Foucault sont de la premiere espece ; cinq autres dont le circuit fait à peu près la forme du cœur, sont de differens cabinets. Les deux dernieres représentent des Ithyphalles, dont parle S. Gregoire de Nazianze : ce qui revient fort bien à ce que dit Pline, » que l'Ithyphalle étoit un préserva- « tif pour les enfans & pour les Empereurs mêmes ; que les Vestales le met- « toient au nombre des choses sacrées, & l'adoroient comme dieu ; qu'on le « suspendoit audessous des chariots de ceux qui triomphoient, & qu'il les dé- «

---

la duravit, ut eorum qui equo meruissent filii insigne id haberent.

II. Refert deinde Macrobius multorum opiniones circa originem bullarum, adjicitque postea libertinorum filiis aliqua de causa prætextam fuisse concessam, concessum item lorum in collo pro bullæ decore : multisque interpositis adjicit : *Nonnulli credunt ingenuis pueris attributum ut cordis figuram in bulla ante pectus annecterent ; quam inspicientes ita demum se homines cogitarent, si corda præstarent, togamque prætextam additam, ut ex purpura rubore ingenuitatis pudore tegerentur.* Sertorius, inquit Plutarchus in Sertorio, bullas aureas Oscæ in Hispania civium pueris dedit, patribusque eorum jus civitatis Romæ pollicitus est.

Bullæ intus vacuæ erant, ut in eis remedia includerentur, inquit Macrobius. Plurimæ cordis formam habent, aliæ rotundæ sunt, ut quatuor primæ a Jacobo Sponio allatæ, quarum una [1] in pectore gestatur a puero senatorii ordinis prætexta induto ; duæ [2] aliæ sunt in protomis puerorum ejusdem ordinis, quorum alter [3] quatuor tantum annorum duorumque mensium erat, ut inscriptione fertur. Pueri Hetrusci imaginem infra dabimus ab eruditissimo Fontanino publicatam in descriptione Hortæ Hetruriæ urbis : qui puer nudus sedensque bullam a collo suspensam habet, armillas ille gestat, inque tibiis annulos, manu dextera avem tenet ; & in femore hetruscam inscriptionem habet, quæ nec intelligitur, nec quidem legitur ; quæ imago hic commemoranda fuit, videturque Macrobii sententiam bullæ originem hetruscam dantis confirmare.

III. Bullas plurimas repetimus vel figuram cordis insculptam præferentes, vel quæ & ipsæ cordis formam circuitu suo referant. Duæ ex Museo illustrissimi Domini Foucault eductæ primi generis sunt : quinque aliæ quæ cordis pene ambitum exhibent variis in museis prodiere : ex istis duæ ithyphallos, de quibus Gregorius Nazianzenus, repræsentant : quod ad hæc Plinii dicta referri potest l. 28. c. 5. *Illos infantes religione tutatur & fascinus : Imperatorum quoque non solum infantium custos, qui deus inter sacra Romana à Vestalibus colitur, & currus triumphantium subtus pendens defendit, medicus invidiæ.* In museis ity-

fendoit contre l'envie. « On trouve dans les cabinets un grand nombre de ces Ithyphalles de differente forme, qui fervoient apparemment aux ufages dont Varron fait mention fur la fin de fon livre 6. de la Langue Latine, où il parle en ces termes de ces images qu'on mettoit au cou des enfans : *On pend au cou des jeunes garçons quelque chofe qui ne paroît pas fort honnête, afin que cela les préferve de tout mal.*

IV. Outre ces bulles, nous en donnons deux autres rondes, l'une du cabinet de Brandebourg, l'autre de celui du P. Kirker : cette derniere eft environnée de pointes fort aigües, & contre lefquelles l'enfant devoit être en garde, de peur de fe bleffer. Deux autres bulles ont une tête de Pallas ; le cafque de l'une a pour ornement deux têtes de Socrate : on en peut voir de femblables aux images de Pallas du premier volume. La derniere & la plus grande des bulles de la maifon de Chiggi, eft toute d'or, & paroit être de ces bulles triomphales dont parloit ci-devant Macrobe : elle eft trop grande pour avoir été pendue au cou d'un enfant. On y lit le nom CATVLVS. M. de la Chauffe qui l'a donnée croit que ce Catulus pourroit être Q. Luctatius Catulus collegue de C. Marius en fon quatriéme confulat l'an de Rome 652. en laquelle année ils défirent les Cimbres, & triompherent tous deux.

On les appelloit bulles, dit Papias, parcequ'elles font femblables à ces bulles qui fe forment fur l'eau agitée. Il ne faut pas oublier de dire que quand le jeune garçon avoit atteint l'âge de quinze ans, il pendoit fa bulle au cou des dieux Lares.

V. On en mettoit, dit Papias, non feulement au cou des jeunes garçons de qualité, mais auffi à celui des chevaux. Depuis ces tems-là on fe fervit des bulles à d'autres ufages. Celui de les pendre aux diplomes Roiaux ou Imperiaux eft plus ancien qu'on n'avoit penfé jufqu'à prefent ; nous avons parlé dans notre Journal d'Italie d'une bulle de plomb qui a été certainement pendue à un diplome, puifqu'il y a un trou qui la perce du haut en bas, par lequel on paffoit la cordelete : elle réprefente d'un côté Marc-Aurele, & de l'autre Lucius Verus. Elle me paroit antique, & a paru telle à tous les habiles gens qui l'ont vue depuis.

Heineccius dans fon livre *de Sigillis*, en a donné une de Galla Placidia, qui a la forme d'une medaille. Perfonne n'ignore que le nom de bulle, qui fe prenoit anciennement pour cette piece ronde pendue d'abord au cou des

---

phalli hujufmodi magno numero reperiuntur variæque formæ, qui iis ufibus, ut videtur, deftinabantur, de quibus Varro in fine libri 6. de lingua latina, ubi de bullis in collo puerorum fufpenfis fic verba facit : *pueris turpicula res in collo quædam fufpenditur, ne quid obfit bonæ fcævæ caufæ.*

IV. Præter bullas iftas, duas alias rotundas proferimus, alteram ex Mufeo Brandeburgico, alteram ex Kirkeriano : hæc poftrema acuminibus cingitur, a quibus oporteret cavere puerum ne fibi vulnera infligeret. Duæ aliæ bullæ Palladis caput præ fe ferunt, unius caffis pro ornamento habet capita Socratis & Platonis : fimiles vidimus ubi de Pallade primo tomo. Ultima omniumque maxima tota aurea eft, ex Chiggianoque thefauro prodiit, videtur effe aliqua ex bullis triumphalibus, de quibus paulo ante Macrobius ; grandior quippe eft quam ut a pueri collo fufpenfa fuerit. In ea legitur CATVLVS. Qui hanc bullam publicavit eruditus Cauceus putat hunc Catulum effe fortaffe Q. Luctatium Catulum Caii Marii in quarto confulatu collegam anno urbis conditæ 652. quo anno ambo Cimbros vicerunt, amboque triumpharunt.

Bullæ vocabantur, inquit Papias, quia fimiles funt bullis in aqua commota exfurgentibus. Neque omittendum eft nobilem puerum, poftquam quintum decimum attigerat annum, bullam fufpendiffe in collo deorum Larium. Perfius, Sat. 5.

Bullaque fuccinctis Laribus donata pependit.

V. Non modo nobilium pueris bullæ in collo fufpendebantur, verum etiam equis. Ab hinc vero ad alios ufus adhibitæ bullæ fuerunt. Mos eas diplomatibus Imperatorum fufpendendi antiquior eft quam hactenus exiftimatum fuerat. In Diario noftro Italico de bulla plumbea egimus, quæ olim diplomati cuipiam appenfa haud dubie fuit, nam foramen a fummo ad imum adhuc adeft inferendo funiculo a quo bulla pendebat : in altera bullæ parte repræfentatur M. Aurelius Imperator, in altera Lucius Verus. Mihi vero antiqua vifa eft, talifque habetur apud omnes harumce rerum peritos, qui illam infpexere.

Heineccius in libro fuo de figillis bullam dedit Gallæ Placidiæ, quæ nummi formam habet. Ignorat nemo bullæ nomen, quod olim pro globulis ad collum

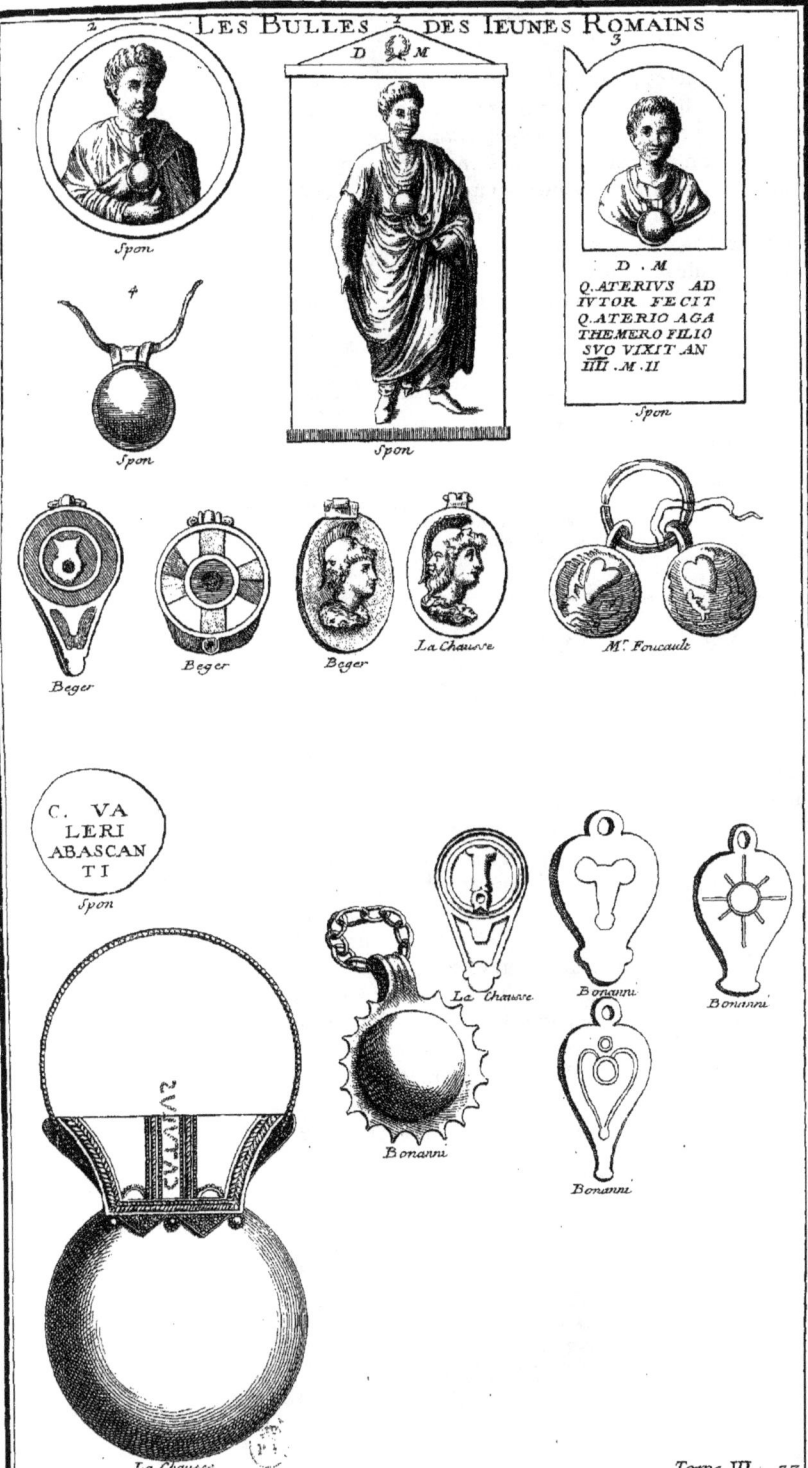

LES BULLES.

enfans, & depuis aux diplomes ou actes publics des Empereurs, se prend aujourd'hui pour l'acte même, & n'est plus guere en usage que pour les Papes, & pour quelques actes des Empereurs, qu'on appelle *Bulles d'or*.

VI. Outre ces bulles creuses qu'on pendoit au cou des enfans, il y avoit d'autres préservatifs qu'on appelloit *amuleta*, destinez au même usage. Leur forme étoit arbitraire, & dépendoit apparemment de la fantaisie ou de la superstition de ceux qui les mettoient au cou de leurs enfans. Le premier amulette qui représente une tête d'Hercule revêtuë de la peau du lion, est de l'Abbayie de S. Germain : le second & le troisiéme du cabinet de M. Foucault, ont deux têtes, apparemment de quelques divinitez. Les autres ont des figures de singe, de cheval, de chien, de rat, d'oiseau, de poisson &c.

PL. xxxviii.

---

puerorum appensis accipiebatur, deindeque pro appensis illis ad diplomata bullis, jam ipsa diplomata significare, & pro literis Summi Pontificis accipi, ac nonnunquam pro actis quibusdam imperatoriis, quæ bullæ aureæ vocantur.

VI. Præter bullas illas intus vacuas, quæ collo puerorum appendebantur ; alia item περιφυλακτήρια erant, quæ vocabantur amuleta eidem usui destinata.

Eorum forma ex arbitrio pendebat exque superstitione fortasse eorum, qui hoc gestamen filiis suis appenderent. Primum amuletum Herculis caput leonis pelle opertum repræsentans ex Museo hujus monasterii S. Germani a Pratis eductum est ; secundum & tertium ex Museo illustrissimi humanissimique D. Foucault duo capita exhibent numinum, ut videtur. Alia sunt schemata simiæ, equi, canis, muris, avis, piscis, &c.

CHAPITRE XI.

I. Habit Hetrusque des hommes. II. Des femmes. III. Des enfans.

I. A L'habit des Romains nous joignons celui des Hetrusques ou Toscans leurs voisins, assez different du premier. La plus grande figure, qui est du grand Duc de Toscane, nous représente un homme qui a la tête rase ; sa tunique ressemble à la Romaine ; il a sur cette tunique une autre robe beaucoup moins ample & plus courte que la toge Romaine : celle-ci paroit être fermée ; elle a au haut un grand trou pour y passer la tête & le bras droit qui a tout le mouvement libre ; du bras gauche cet homme Hetrusque releve sa robe. Au bas de cette robe est une inscription Hetrusque ; les Toscans mettoient volontiers de l'écriture sur les habits de leurs statues, comme nous l'allons voir sur la figure d'une femme. Quand les statues étoient nuës, ils mettoient l'inscription sur la cuisse ; nous en verrons tout à l'heure un exemple sur le petit garçon qui porte la bulle, & encore d'autres dans la suite.

PL. xxxix.

La chaussure de cet homme Hetrusque est assez bien exprimée par ce que dit Virgile de la chaussure Tyrrhenienne ou Toscane, où l'on voioit des liens. Servius expliquant ce passage rapporte deux sentimens : les uns disoient que ces

---

CAPUT XI.

I. Vestis hetrusca virorum. II. Mulierum. III. Parvulorum.

I. ROMANORUM vestitui atque cultui, Hetruscorum vicinorum vestimenta subjungimus, quæ à Romanis aliquantum differunt : omnium maximum schema magni Hetruriæ ducis virum abraso capite repræsentat, cujus tunica Romanæ similis est : tunicam operit aliud vestimentum Romana toga & brevius & strictius. Hæc vero toga, si togam vocare licet, clausa utique esse magnumque foramen superne habere videtur per quod caput brachiumque dextrum transeant, ita ut brachium dextrum sit rebus agendis omnino liberum ; is sinistro brachio in illo latere defluentem vestem erigit. In ima vestis ora inscriptio Hetrusca habetur. Hetrusci libenter in statuarum suarum vestibus literas sculpebant, ut infra etiam videbitur in vestimento mulieris cujusdam. Cum statuæ nudæ erant in crure vel femore inscriptiones apponebant, cujus rei exemplum mox comparebit in puero parem in crure inscriptionem præferente, aliaque alibi prodibunt exempla hujusmodi.

Hetrusci hujus calceamentum illo Virgilii lib. 8. Æneidos versu indicari videtur,

Et Tyrrhena pedum circumdat vincula plantis.

Servius hunc locum explicans hæc habet : *Tyrrhena*

liens étoient ce qu'on appelloit *crepidæ*, qui furent anciennement la chauſſure des Senateurs, enſuite des Chevaliers Romains, & enfin des ſoldats ; les autres croioient que cette chauſſure Hetruſque étoit la même que la Senatoriale de ces tems-là. Quoi qu'il en ſoit, on voit évidemment ſur cette chauſſure Hetruſque les liens Hetruſques dont parle Virgile.

P L. X L.
L'autre homme Hetruſque qui eſt auſſi du Grand Duc, leve la main droite comme le précedent; il y a quelque difference dans l'habit & dans la chauſſure.

I I. La femme Hetruſque ſans tête eſt à Volterre dans la maiſon du feu Cavalier Paolo Aleſſandro Maffei habile antiquaire, qui a enrichi la republique des Lettres de pluſieurs beaux ouvrages. Cette femme qui tient un petit enfant, a autour de ſes bras une inſcription Hetruſque dont nous donnons la figure ; la tunique va juſqu'aux talons : ſur la tunique eſt une eſpece de manteau de femme qu'on appelloit *palla*. Les femmes Hetruſques étoient coëffées à longues treſſes, comme l'on remarque dans pluſieurs ſepulcres trouvez à Peruſe ou dans d'autres lieux de l'ancienne Toſcane : on les verra au cinquiéme tome de cet ouvrage. Dans le bas relief d'Horta, qui étoit de l'ancienne Toſcane, donné par l'illuſtre M. l'Abbé Fontanini, on voit trois Baccantes qui ſuivent un Faune, & qui ont des treſſes juſqu'à la ceinture : ce bas relief eſt au tome premier au chapitre des Baccantes.

I I I. Le petit garçon nu Hetruſque qui eſt audeſſous, & dont nous parlions ci-devant, eſt remarquable par la grande bulle pendue à ſon cou : ce qui ſemble confirmer ce que dit Macrobe, que l'uſage des bulles eſt venu de la Toſcane. Cet enfant qui porte des bracelets tient de la main droite un oiſeau. Outre ces bracelets il a aux pieds des ornemens de même forme ; & ſur la cuiſſe une inſcription Hetruſque, écriture que perſonne ne lit ni n'entend aujourd'hui.

vincula Tuſca calciamenta. Et dicit crepidas, quas primo habuere ſenatores, poſt equites Romani, nunc milites. Alii calceos ſenatorios volunt, quia hoc genus calciamenti a Tuſcis ſemtum eſt : ut ut eſt, in hoc Hetruſco calceamento Tyrrhena vincula, de quibus Virgilius, clare conſpiciuntur.

Alius vir Hetruſcus, qui eſt etiam magni Hetruriæ ducis, manum dexteram erigit ut prior : in veſtimento autem & in calceamento aliquantum differt ab illo.

II. Mulier Hetruſca quæ capite caret, Volaterris eſt in domo equitis Pauli Alexandri Maffei, non ita pridem defuncti, qui multa ad antiquitatem ſpectantia erudita opera dedit. Mulier illa quæ infantem geſtat, circum brachia inſcriptionem Hetruſcam habet, quam ſeparatim proferimus ; tunica ejus talaris eſt : ſupra tunicam eſt pallium muliebre, quod pallam vocabant. Mulieres Hetruſcæ longos capillorum cincinnos geſtabant, ut in aliquot Hetruſcis ſepulcris obſervatur Peruſiæ repertis, ſive etiam in aliis locis veteris Hetruriæ, ut in quinto hujus operis tomo videbitur. In anaglypho Hortæ, quæ urbs in Hetruria veteri erat, ab illuſtriſſimo D. Fontanino publicato, tres occurrunt Bacchantes Faunum ſequentes, quarum cincinni ad zonam uſque perringunt. Hoc anaglyphum exſtat tomo primo in capite de Bacchantibus.

I I I. Puerulus nudus Hetruſcus, de quo ſupra, bulla maxima de collo pendente ſpectabilis eſt, quo confirmatur, ut diximus, id quod Macrobius narrat, nempe bullarum uſum ex Hetruria veniſſe Romam : is armillas brachiis geſtat, & ad imas tibias armillis ſimiles annulos, in femore inſcriptionem Hetruſcam habet, quam ſcripturam nemo hodie legit vel intelligit.

CHAP.

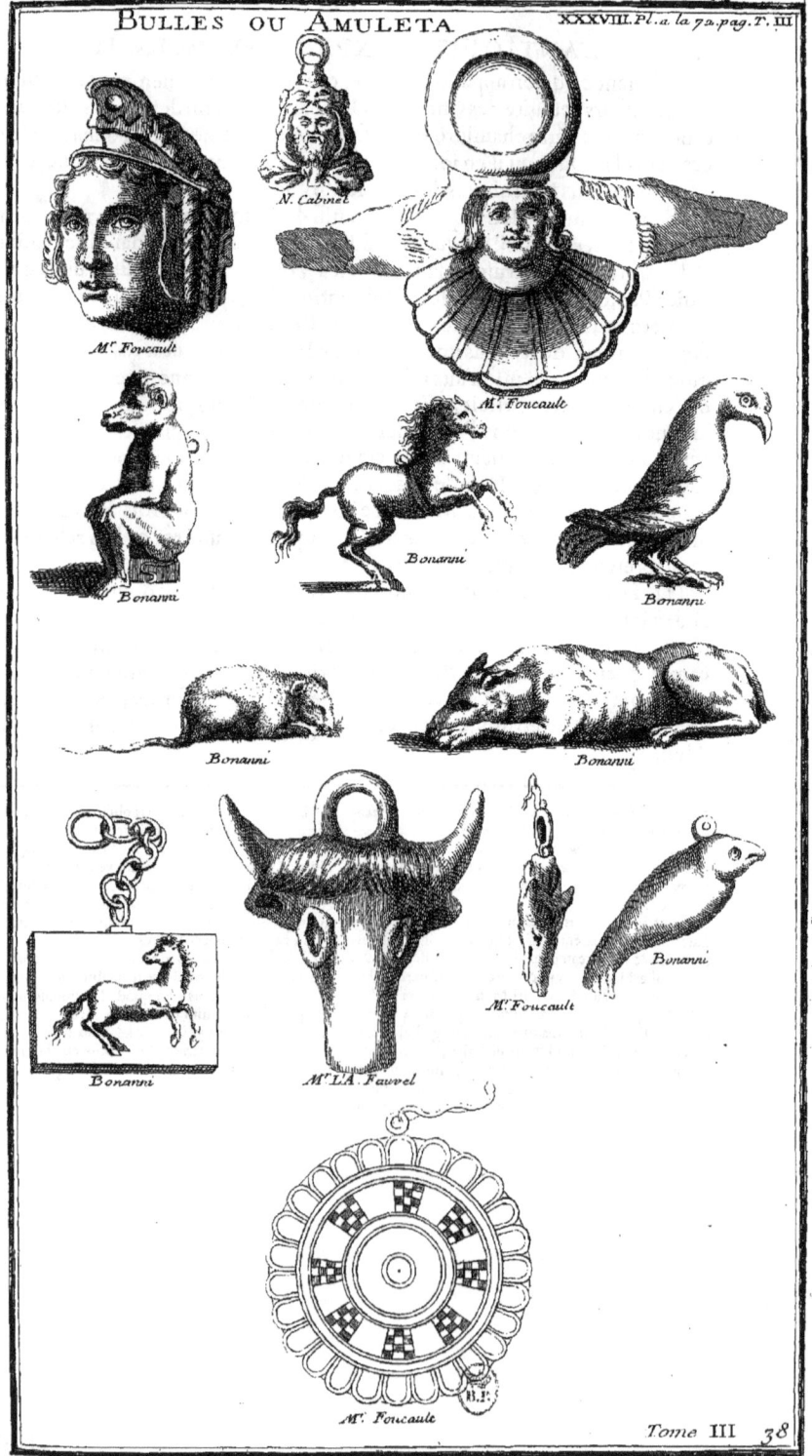

CHAPITRE XII.

I. Deux têtes qui ont été prises pour Battus roi de Cyrene, & pour Pheretime sa femme. II. Têtes d'Odenat & de Zenobie. III. Six têtes des Rois & Tyrans de Sicile. IV. Têtes des Rois de Mauritanie.

PL.
XLI.

I. Les deux têtes suivantes ornées d'une maniere assez extraordinaire, nous représentent selon Beger Battus [1] roi de Cyrene, & Pheretime sa femme[2]. Le Bellori avoit pris cette femme pour la déesse Isis ; mais Beger qui prend l'homme pour Battus, croit avoir raison de dire que sur la même pierre est représentée Pheretime sa femme. Il se fonde pour croire que l'homme est Battus sur une medaille du cabinet de Brandebourg, où Battus est représenté avec une couronne à peu près semblable. Nous la [3] donnons ici. Beger avoue que Pheretime est coëffée presque comme une Isis, & prouve par un passage d'Herodote, que les femmes de Cyrene adoroient Isis, jeunoient & célébroient des fêtes en son honneur : & tient que Pheretime se conformoit à Isis dans la coëffure ; tout de même que nous voyons plusieurs autres Reines & Imperatrices qui empruntoient leurs ornemens des déesses. Je ne trouve pas cette grande conformité de coëffure de cette femme avec celle d'Isis, quoiqu'elle ressemble à celle de quelques femmes Egyptiennes. Mais ce qui affoiblit la conjecture de Beger, est que cette medaille qu'il croit être de Cyrene, pourroit bien être de quelque autre ville. M. de Boze qui en a une de même & bien conservée, ne la croit pas de Cyrene. Ainsi ces ornemens de tête que nous voyons ici appartiendront à quelque Roi que nous ne connoissons pas.

II. Beger prend pour Odenat [4] & Zenobie les deux têtes tirées d'une pierre gravée, dont nous donnons ici la figure : mais c'est sur des conjectures fort legeres. Il y auroit peutêtre plus de raison de prendre pour Zenobie [5] une pierre gravée[5] de notre cabinet, qu'une inscription Palmyrienne borde de tous les côtez. Elle a le visage &, à ce qu'il semble, le sein d'une femme ; le *sagum* Imperial sur les épaules, une couronne radiale. Cela revient assez à ce que dit Trebellius Pollion, qu'après la mort de son mari Odenat, elle prit le *sa-*

CAPUT XII.

I. Duo capita quæ pro Batto Rege Cyrenes, & pro Pheretima ejus uxore habita sunt. II. Capita Odenati & Zenobiæ. III. Sex capita Regum & Tyrannorum Siciliæ. IV. Capita Regum Mauritaniæ.

I. Duo [*] capita sequentia modo quopiam singulari ornata, Battum Regem Cyrenes & Pheretimam [*] ejus uxorem repræsentant, ut quidem existimat Begerus. Bellorius mulierem illam esse Isidem putaverat : at Begerus, qui virum putat esse Battum, consequenter Pheretimam uxorem ad ejus latus positam arbitratur. Battum vero hic repræsentari putat, quia in nummo Brandeburgici Musei, [*] qui infra ponitur, Battus similem gestat coronam, ut quisque videat in schemate. Fatetur tamen Begerus Pheretimam cultu capitis Isidem referre, sed Herodoti loco probat mulieres Cyrenenses Isidem coluisse, jejunasse, festaque in ejus honorem celebrasse, putarque Pheretimam Isidis ornatum capitis affectasse ut reginas alias Augustasque videmus, quæ dearum cultum ornamentaque assumebant. Sed non tantam hic video affinitatem cum Isidis ornatu, etsi cultus ille aliquid Ægyptiacum oleat;quod vero Begeri conjecturam infirmat, hic nummus, quem Cyrenes esse putat, ad alteram certe urbem pertinere potest. V. Cl. Bozius,qui similem nummum optimæ conditionis habet, alterius cujuspiam urbis esse existimat. Atque ita hæc corona ornatusque capitis, quem in hoc viro suspicimus, ad alium quam Battum spectabit.

II. Idem Begerus duo capita ex gemma quadam educta pro Odenato [4] & Zenobia habet ; sed id conjectura levi. Forte melius pro Zenobia accipiatur [5] caput illud in jaspide sculptum Musei nostri, quod inscriptione Palmyrenia circumcingitur. Vultum ea exhibet, atque, ut videtur, sinum muliebrem, sagum imperiale humeris impositum habet, coronamque radiatam : illud vero consonat cum iis quæ Trebellius Pollio de Zenobia dixit : *post Odenatum ma-*

74 L'ANTIQUITÉ EXPLIQUÉE, &c. Liv. II.

gum Imperial qu'elle faisoit monter sur ses épaules, & qu'elle orna sa tête d'un diademe. Je laisse aux connoisseurs à juger si ma conjecture est veritable.

III. Nous ajoutons ici six medailles de quelques Rois de Sicile, dont les trois du premier angle d'en bas sont de ⁶Gelon, de ⁷Denys le Tyran & ⁸ d'Agathocle ; les trois de l'autre côté sont de la reine ⁹ Philistis, d' ¹⁰ Hieron & d' ¹¹ Hieronymus.

IV. Les têtes des deux Juba rois de Mauritanie paroissent ici : ¹² le pere est barbu, & le ¹³ fils sans barbe ; l'un & l'autre ont les cheveux bouclez. Ciceron dit d'un roi Juba, qu'il étoit aussi-bien fourni d'argent que de cheveux.

ritum imperiali sagulo, perfuso per humeros habitu, donis ornata diademate etiam accepto &c. Rem doctis examinandam permitto.

III. Hic sex nummos apponimus quorumdam Siciliæ Regum Tyrannorumve : in angulo primo tres sunt ⁶ Gelonis, ⁷ Dionysii Tyranni & ⁸ Agathoclis, tres alii in angulo opposito sunt ⁹ Philistidis reginæ,¹⁰ Hieronis & ¹¹ Hieronymi.

IV. Duo capita Regum Mauritaniæ, quibus Juba nomen, hic repræsentantur, ex quibus ¹² pater barbatus, filius ¹³ imberbis ; uterque vero capillos habet cincinnatos. Cicero contra Rullum de quodam Juba Mauritaniæ Rege sic loquitur : *Adolescens non minus bene nummatus, quam bene capillatus.*

✿✿✿✿✿✿✿✿✿✿✿✿✿✿✿✿✿✿✿✿✿✿✿✿✿✿✿✿✿✿✿✿✿

CHAPITRE XIII.

I. Habit des anciens Egyptiens. II. Des Ethiopiens. III. Habit des anciens Perses. IV. Les braies de l'Abgare d'Edesse.

I. Nous avons peu de choses sur l'habit Egyptien. Je ne mets pas ici pour Egyptiens les Ptolemées, qui transplantez en Egypte y vivoient & s'y habilloient à la greque : je parle des Egyptiens originaires. Ceux-ci, dit Herodote, portoient des tuniques de lin frangées par le bas, qu'ils appelloient *calasiris*, sur lesquelles ils portoient d'autres vêtemens de laine, qu'ils étoient obligez d'ôter quand ils entroient dans les temples ; c'auroit été un crime d'y entrer avec un habit de laine. Nous donnons ici ¹ un homme & une femme au milieu d'un grand nombre de lettres hieroglyphiques : leurs habits & l'ornement de leurs têtes sont si singuliers, qu'on ne peut bien les comprendre qu'en les voiant. Vis-à-vis ² est une femme qui tend la main gauche, & qu'on prend pour une Egyptienne. La tête ³ Egyptienne qui est au-dessous, est de pierre noire d'Egypte, qu'on appelle *basalte* ; elle est de bon goût, & la disposition de ses cheveux est fort singuliere. Une autre femme ⁴ Egyptienne est revêtue, à ce qu'il paroit, d'une tunique de lin frangée par le bas ; c'est apparemment cette tunique qu'Herodote appelle calasiris. Ses cheveux & sa coëffure sont d'une maniere fort extraordinaire, aussi-bien que la coëffure de la suivante, ⁵ qui est de notre cabinet.

Pl. XLII.

CAPUT XIII.

I. Vestis veterum Ægyptiorum. II. Æthiopum. III. Veterum Persarum vestis. IV. Braccæ Abgari Edesseni.

I. Pauca supersunt nobis circa Ægyptiacas vestes : non Ægyptios hic voco Ptolemæos, qui ex Græcia in Ægyptum translati græco more vivebant ac vestiebantur : de Ægyptiis indigenis hic loquor. Hi, inquit Herodotus 2. 81. tunicas lineas fimbriatas gestabant, quas vocabant Calasiris, quibus alias superponebant vestes laneas, quas deponebant cum in templa ingrederentur ; nefarium fuisset cum indumento laneo istuc ingredi. Virum mulieremque Ægyptios ¹ inter hieroglypha videmus : quorum ornatus capitis atque vestes ita singulares sunt, ut ex conspectu solo possint intelligi. E regione ² alia mulier manum extendens, Ægyptia esse putatur. Ex Museo nostro caput ³ Ægyptiacum muliebre proferimus ex lapide nigro Ægyptio, quem Basalten vocant, eleganter concinnatum est & capillorum cultus est singularis. Alia mulier⁴ Ægyptia linea, ut videtur, tunica induta est ; quæ tunica inferne fimbriata, ut supra dicebat Herodotus, Calasiris vocabatur : cultus capitis & capillitii singularis est, ut in sequenti ⁵ etiam imagine.

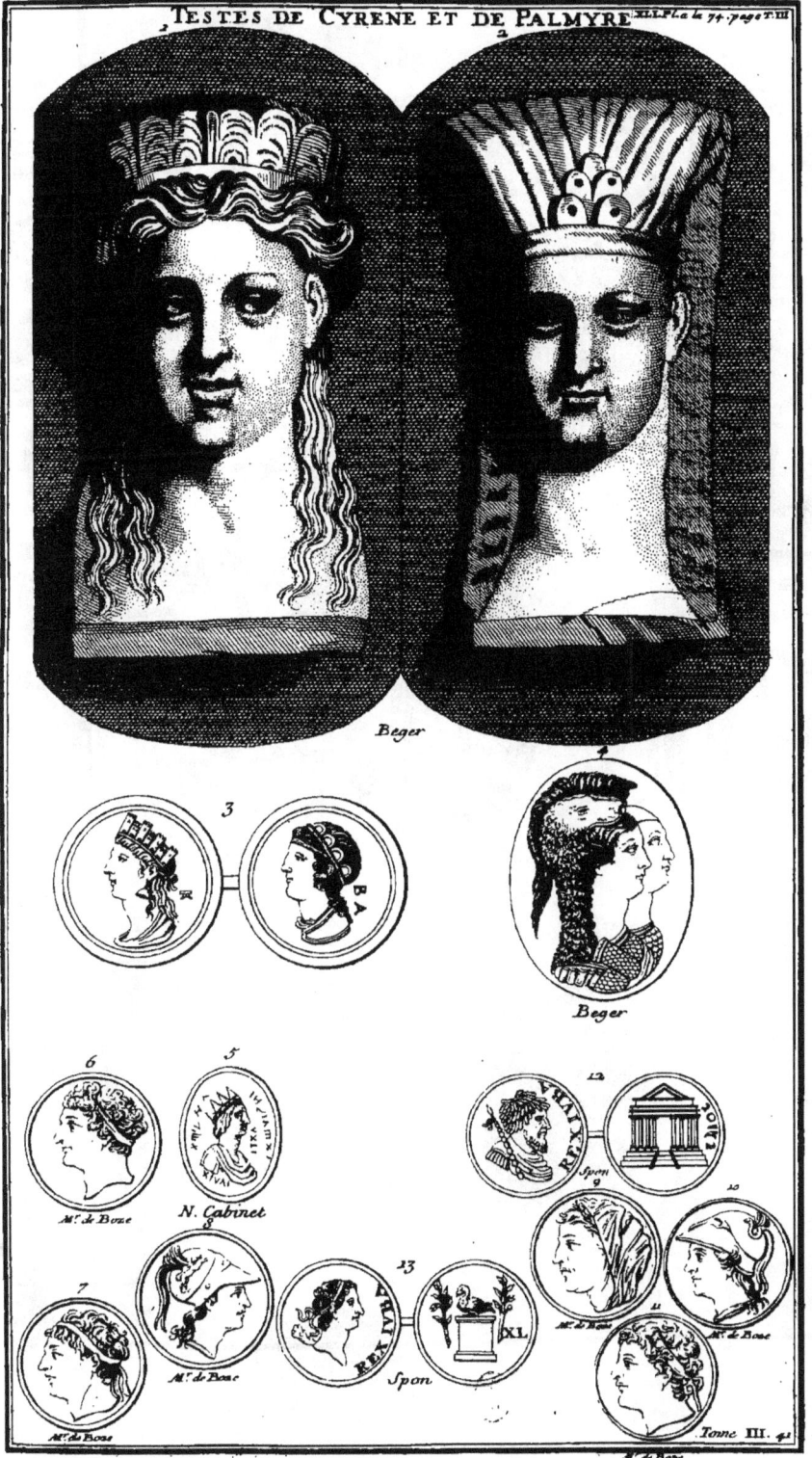

HABITS DES EGYPTIENS

l'A. Fauvel

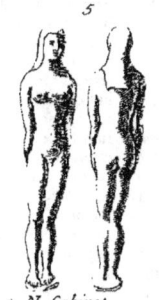

N. Cabinet

HABITS DES ETHIOPIENS, DES PERSES.

II. Nous n'avons autre chose de l'habit Ethiopien que ce que Cosmas l'Egyptien nous représente dans sa topographie faite du tems de l'Empereur Justinien. Il y peint un Ethiopien qui va à Adule ville des Abyssins. La peinture est tirée d'un manuscrit du Vatican, qui a près de mille ans d'antiquité, & d'un autre un peu plus recent de la Bibliotheque du Grand Duc de Toscane. Comme cet Ethiopien est armé, nous le représenterons au quatriéme tome, qui regarde la guerre. Le même Cosmas nous donne la figure de l'habit Indien, qui ne differoit guere en ces tems là de celui d'aujourd'hui.

III. Sur l'habit des anciens Perses, les auteurs nous fournissent quelques noms; mais comme il ne nous reste point de monumens surs des tems si anciens, ce n'est presqu'en devinant que nous en parlons. Ils portoient des tuniques, & ils avoient d'autres vêtemens qu'ils appelloient *candys*, comme le témoignent Xenophon, Dion & Hesychius. Ces *candys* étoient l'habit exterieur, semblables aux manteaux ou aux chlamydes dont nous avons parlé ci-devant. Les soldats l'attachoient avec une boucle : leur candys selon Pollux étoit d'une pourpre particuliere, au lieu que celui des autres étoit de pourpre ordinaire.

Les Perses, dit Strabon, avoient pris leur habit des Medes; la forme même en est une preuve; car la tiare, la cidaris, le *pileus*, les tuniques à manches, les anaxyrides, c'est-à-dire les braies, sont des habits propres pour les payis froids & septentrionaux, comme est la Medie. En un autre endroit il décrit l'habit des Perses en cette maniere : Les vêtemens des chefs sont des braies triples ou à deux doublures, une tunique à manches doublée, qui va jusqu'au genou; l'hypendyte espece de chemisete, est blanche en dedans, & à fleurs en dehors. Leur manteau d'été est de pourpre ou violet; celui d'hiver est à fleurs; leurs tiares sont semblables à celles des Mages : leur chaussure est toute fermée & double. Voila l'habit des anciens Perses selon Strabon. Lucien parle du candys de pourpre : il dit ailleurs que cet habit étoit à l'usage des Assyriens. Xenophon dit plus d'une fois qu'il étoit à l'usage des Perses. Lucien en un autre endroit nous donne moien de connoître la forme du candys & de la tiare, lorsqu'il dit que le dieu Mithras porte le candys & la tiare. Nous avons vu au premier tome plusieurs images de Mithras, où il porte un manteau court, qui est le candys, & la tiare, espece de bonnet dont la pointe recourbée revient sur

II. Circa Æthiopum vestimenta nihil aliud habemus, quam Æthiopem illum quem Cosmas Ægyptius depingit in Topographia Christiana quam Justiniani Imperatoris tempore conscripsit : Æthiops ille Adulin Abyssiniæ urbem concedit. Pictura ex Vaticano codice mille circiter annorum educta est, nec non ex alio recentiori qui in Bibliotheca magni Heturiæ ducis asservatur. Cum autem Æthiops ille sit armatus, in quarto tomo repræsentabitur ubi de armis & de bello. Idem Cosmas Indorum vestem exhibet, quæ ab hodierna non multum differt.

III. De Persarum veterum vestibus pauca tenemus : quædam earum nomina scriptores commemorant; sed quia tantæ antiquitatis monumenta non suppetunt, nonnisi hariolando de iis rebus loqui possumus. Tunicas illi gestabant, aliaque vestimenta, quibus nomen Candys, ut testificantur Xenophon, Dio, & Hesychius. Candys autem vestis erat exterior, sereque similis pallio aut chlamydi, de quibus vestibus jam supra egimus. Milites candyn fibula annectebant, eorum candys ex Polluce, ex purpuræ quadam specie erat, quæ ἀλιπόρφυρος vocabatur, cum contra aliorum candys ex purpura vulgari esset.

Persæ, inquit Strabo p. 362. vestimentorum formam ex Medis mutuati erant : cujus rei argumentum, inquit, vel ipsa forma; nam tiara, cidaris, pileus, tunicæ manicatæ, anaxyrides, vestes sunt propriæ frigidis septentrionalibusque regionibus, qualis erat Media. Alio autem loco p. 505. Persarum vestitum hac ratione describit : Ducum vestimenta anaxyrides triplicatæ aut duplicatæ, tunica manicata duplicataque ad genua usque defluens, Hypendytes tunicæ interioris species, quæ interius alba, exteriusque floribus distincta erat. Pallium æstivum purpureum erat, aut violaceum; hibernum floribus distinctum : eorum tiaræ Magorum tiaris similes : calceus undique clausus & duplex. Hæc veterum Persarum vestis secundum Strabonem. Lucianus in libro cui titulus, *Quomodo hist. conscribenda est*, Candyn purpureum commemorat : alibique dicit in libr. cui tit. *Lucianus bis accusatus*, vestimentum illud Assyriis in usu fuisse. Xenophon p. 214. & alibi ait Persis familiare fuisse. Lucianus vero alio in loco qua forma essent candys & tiara docet, cum de Mithra deo loquens ait ipsum candyn & tiaram gestare. Mithræ imagines bene multas primo tomo vidimus, ubi ille pallium seu chlamydem brevem, quam esse Candyn putamus, gestans repræsentatur, cum tiara quæ pilei genus est cujus acumen

devant ; c'eſt ce qu'on appelle proprement le bonnet Phrygien, qui étoit à l'uſage de la plûpart des nations orientales, quoiqu'avec quelque petite difference. Les anciens rois des Medes portoient des perruques ſelon Xenophon ; c'eſt ainſi qu'il faut entendre le κόμαι πρόσθετοι, la chevelure ajoûtée, dont il parle. Ils ſe peignoient auſſi les ſourcils. Il y a apparence que ces perruques n'étoient que des cheveux ajoutez aux cheveux naturels, de même que les perruques des Rois des Parthes, dont nous allons parler.

IV. Les Perſes portoient des anaxyrides, qui veulent dire des braies ſelon Strabon même, qui lorſqu'il parle des braies des Gaulois les appelle anaxyrides. On ne trouve point, que je ſache, d'anciens Perſes dans les monumens ; mais nous voions la forme des braies aſſez bien exprimée au revers d'une medaille d'un Abgare d'Edeſſe, ville aſſez voiſine de la Perſe, au ſecond tome de Triſtan p. 519. qui approchent aſſez du haut-de-chauſſe qu'on portoit en France il y a cinquante ans.

antrorſum reflectitur ; id vero proprie tiara Phrygia dicitur, quæ apud pleraſque Orientales nationes in uſu erat, cum aliqua tamen differentia. Veteres Medorum Reges, inquit Xenophon Cyrop. 1. adſcititiam comam geſtabant ; ſic intelligatur oportet illud κόμαι πρόσθετοι : ſupercilia etiam pingere ſolebant. Veriſimile autem eſt illas adſcititias comas capillos fuiſſe ad genuinam comam adjectos, ut de comis Regum Parthorum infra dicetur.

IV. Perſæ anaxyridas geſtabant, id eſt braccas, ſic enim Strabo ipſe explicat, qui Gallorum braccas commemorans anaxyridas item appellat. In monumentis, ni fallor, veteres illi Perſæ nuſquam comparent ; ſed braccas non ineleganter expreſſas videmus in nummo Abgati Edeſſæ, quæ urbs vicina Perſis erat : idque in ſecundo Triſtani tomo p. 519. quæ non abſimiles ſunt braccis illis quæ annis ab hinc quinquaginta in Gallia geſtabantur.

CHAPITRE XIV.

I. Habits des Parthes semblables à ceux des Daces. II. Belle tête d'un Roi Parthe. III. Differences dans les têtes des Rois Parthes. IV. Tiares des Rois d'Armenie; les Rois Parthes en ont porté de semblables. V. Roi d'Orient inconnu.

I. L'HABIT des Parthes nous est bien plus connu que celui des Perses. Nous le voions souvent repeté sur l'arc de Severe. Ils portoient une tunique qui leur descendoit jusqu'aux genoux, & dont les manches venoient presque jusqu'aux mains. Ils étoient ceints sur les hanches, & portoient par dessus la tunique un manteau ou une chlamyde attachée à l'épaule, qui descendoit à peu près aussi bas que la tunique. Cette chlamyde étoit attachée à l'épaule par une boucle; c'étoit apparemment le candys dont nous venons de parler. Leur bonnet recourbé sur le devant étoit semblable au bonnet Phrygien; leurs souliers étoient fermez de tous côtez, & leurs bas fort larges attachez à l'extrémité de la jambe près des souliers, & semblables à des guêtres de toile. Il n'y a presque point de difference entre leur habit & celui des Daces, des Marcomans, des autres nations Germaniques, & des Gaulois. C'est apparemment cette conformité d'habit qui a fait croire au Serlio fameux architecte Italien, que l'arc de Severe avoit été fait des dépouilles d'autres édifices, ne pouvant s'imaginer que les habits de nations si éloignées fussent tout-à-fait semblables. Je remarque que la forme des bas étoit presque la même dans toutes les nations barbares. De là vient sans doute, comme nous avons déja dit, que quand les marbres représentent un esclave ou un captif, on le voit toujours avec cette espece de chaussure.

Les Rois des Parthes selon Plutarque imitoient les modes des anciens rois des Medes: *Il étoit*, dit-il parlant de Surena, *orné à la façon des Medes, de peintures au visage, d'une fort belle perruque; bien different en cela des autres Parthes, qui portoient les cheveux à la mode des Scythes, & épars, négligez, qui rendoient leur aspect horrible.* Quoiqu'il ne parle pas là du Roi, mais de celui qui étoit après le Roi le premier dans l'Empire; il ne faut pas douter que les Rois des Parthes ne fussent ornez de même. L'ornement de tête des Rois des Parthes n'est pas

---

CAPUT XIV.

I. Vestes Parthorum Dacicis vestibus similes. II. Elegans Regis Parthorum caput. III. Discrimina quædam in ornatu capitis Regum Parthorum. IV. Tiara Regum Armeniæ: Reges Parthorum similes aliquando tiaras gestarunt. V. Rex quispiam Orientalis ignotus.

I. PARTHORUM vestis notior nobis quam Persarum: in Septimii namque Severi arcu multos cum vestimentis suis Parthos videmus. Tunicam illi gestabant ad genua usque defluentem, cujus manicæ ad manum usque protendebantur; cingulo lumbos stringebant, & supra tunicam chlamydem vel candyn fibula nexum habebant eadem qua tunica longitudine: candyn utique putamus esse de quo modo loquebamur. Tiara antrorsum reflexa Phrygiam cidarin referebat: calcei undique clausi, tibialia latissima, prope calceos subligata, & peronibus fere similia. Nihil pene differunt Parthorum vestes a vestibus Dacorum Marcomannorum, aliarumque nationum Germanicarum, atque, ut putamus, Gallorum veterum: quæ res Serlium Architectum celeberrimum eo induxit, ut putamus, ut crederet Arcum Severi ex aliorum ædificiorum reliquiis constructum fuisse, quod non probabile esse putaret nationes tanto terrarum spatio disjunctas iisdem usas vestibus fuisse. Tibialium porro formam eandem fere observo apud omnes barbaras nationes: indeque est, ut jam diximus, ut cum in anaglyphis servus aut captivus quispiam repræsentatur, cum hujusmodi semper tibialibus compareat.

Reges Parthorum secundum Plutarchum, veterum Medorum Regum morem imitabantur. *Erat*, inquit de Surena loquens in Crasso, *Medorum more ornatus picturis in vultu, coma adscititia eleganti, longe diverso a ceteris Parthis more, qui comam more Scytharum passis sordidisque capillis gestabant, qua aspectu terribiles evadebant.* Etsi hic non de Rege, sed de primo post Regem loquatur: nihil dubium est Parthorum Reges eodem fuisse cultu. Ornatus autem capitis Re-

toujours le même sur les anciens monumens & sur les medailles ; il paroit avoir été sujet à bien des changemens. Le Roi est quelquefois avec un simple diademe sans aucun autre ornement que celui de la chevelure.

PL. XLIII. 1

II. Nous prenons pour un Roi Parthe cette belle tête du cabinet de M. l'Abbé Fauvel [1], dont l'original est plus grand que nature. Il ne porte que le diademe ; car ces Rois ne portoient pas toujours une couronne, & n'avoient quelquefois d'autre marque de roiauté qu'un diademe simple. Ses cheveux fort épais & bouclez sur le devant, & separez en un grand nombre de boucles entassées avec ordre les unes sur les autres, marquent sans doute une chevelure empruntée & inserée parmi les cheveux naturels, tant dans cette tête que dans plusieurs autres des Rois des Parthes. Sa barbe tres-longue, épaisse, frisée, qui se termine par le bas en plusieurs boucles bien agencées, doit être empruntée de même, du moins pour la plus grande partie. Les Rois des Parthes sont toujours fort barbus ; mais comme nous ne trouvons guere leurs têtes que sur des medailles assez petites, le peu d'espace qu'il y a ne laisse aucun lieu de bien distinguer la forme des cheveux & de la barbe. Les [2] deux medailles qui sont audessous de cette grande tête [3] confirment que les Rois des Parthes ne portoient quelquefois que le diademe pour seule marque de roiauté.

III. La tête du Roi Parthe suivant, bien differente des précedentes, porte une [4] couronne fermée, ornée de perles & de pierreries. Celle d'après [5] porte le diademe, audessus duquel est une espece de calote, ou peutêtre ce sont les cheveux mêmes, lesquels applanis sur la tête, & serrez audessous par le diademe, font une espece de calote.

PL. XLIV. 1

Nous donnons ici la figure [1] d'un Roi Parthe tirée d'une belle cornaline de notre cabinet ; les cheveux y ont assez l'air d'une chevelure étrangere à longues boucles. La tiare y est assez differente des autres tiares des Rois Parthes, tant des précedentes que de celles qui se voient sur cette planche ; elle est recourbée par le haut à la maniere du bonnet Phrygien. Il a des pendans d'oreilles comme le suivant. La pierre représente un buste, & on y voit le commencement du candys ou du manteau roial attaché sur l'épaule avec une boucle : il y a tout autour une inscription Parthe qu'on ne peut lire. La tête [2] suivante est aussi d'un Roi des Parthes, mais fort differente de toutes les autres, comme chacun peut voir sur l'image ; elle porte une couronne qui a assez de rapport aux tiares des Rois d'Armenie. Une autre tête [3] a une couronne murale, &

---

gum Parthorum non semper idem est in veterum monumentis, multisque obnoxius mutationibus fuisse videtur. Rex aliquando cum diademate solo comparet, non alio quam capillorum ornatu.

II. Regis Parthorum putamus esse [1] caput illud elegans marmoreum in Museo V. Cl. Abbatis Fauvelii, naturali mole majus. Solum ille diadema gestat : Reges enim Parthorum non semper coronam seu tiaram regiam gestabant, & solum sæpe diadematis insigne habebant. Capilli densi sunt cincinnis ornati & in tot cirros supra frontem ordine quodam distributi, ut adscititii omnino crines esse videantur, tam in hoc, quam in aliis Parthorum Regum schematibus. Barba prælonga, densa, atque ut videtur calamistrata eleganterque composita, alienos etiam admisisse crines videtur. Reges Parthorum admodum semper barbati sunt ; sed cum eorum capita vix alibi quam in nummis reperiantur, ubi parvæ sunt molis, spatii brevitas a coma barbaque subtiliter exploranda arcet. Nummi [2] duo infra positi confirmant, ut diximus, Reges Parthorum [3] nonnunquam solum diadema pro insigni imperii gestavisse.

III. Caput Regis [4] Parthorum sequens a præcedentibus longe diversum coronam gestat clausam, ornatam margaritis & gemmis. Aliud Regis [5] Parthorum caput diadema gestat, supra quod quasi pileus parvus, vel forte ipsi capilli sunt qui a diademate compressi, pilei cujuspiam formam exhibent.

Schema sequens [1] elegantem corneolam exhibet Musei nostri : capilli adscititiam comam præ se ferunt longis decoratam cincinnis. Tiara a cæteris Parthorum Regum tiaris aliquantum differt, tum a præcedentibus, tum ab iis etiam quæ in hac tabula visuntur : ea antrorsum reflectitur, quasi Phrygia tiara : in auribus ornatur ut & sequens. Lapis protomen exhibet, quamobrem summa pars chlamydis regiæ fibula annexæ, illius quæ candys vocabatur, hic conspicitur. Caput etiam [2] sequens est Regis Parthorum, & admodum discrepat ab aliis omnibus ut in imagine statim deprehenditur ; coronam gestat tiaris regum Armeniæ similem. Caput sequens [3] coronam muralem gestat, & in altera facie caput exhibet, cum inscri-

ROYS PARTHES

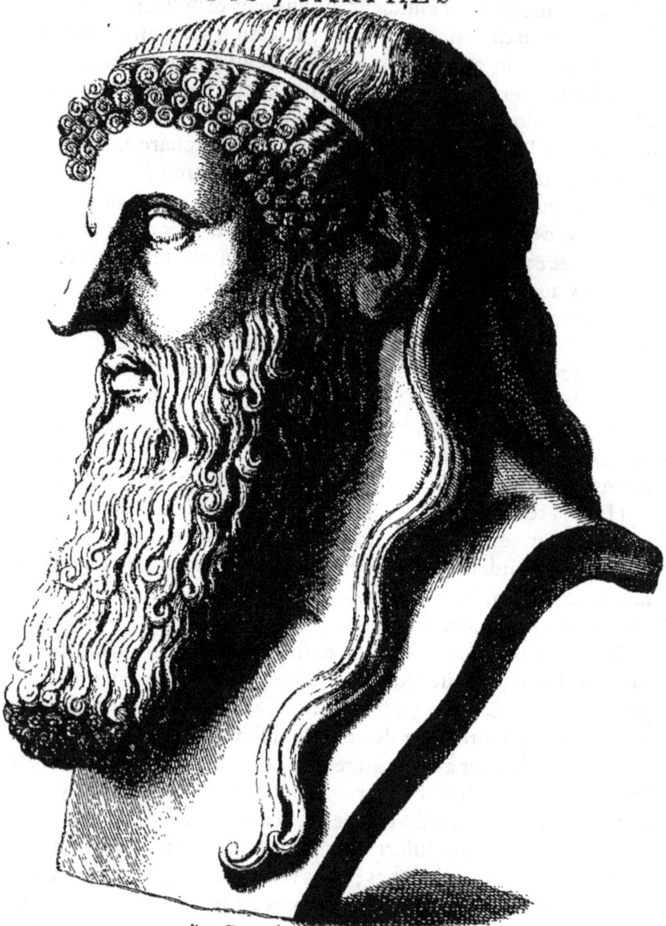

XLIII Pl. a la 78. page T. III

l'A. Fauvel

2 3

Spanheim Spanheim

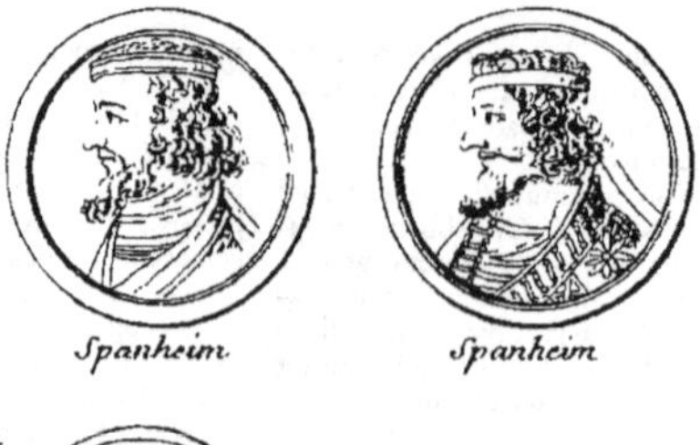

4

Spanheim

5

Spanheim

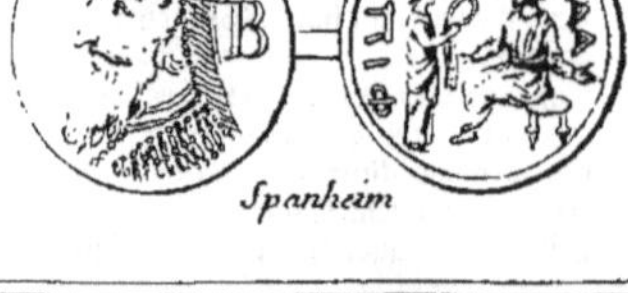

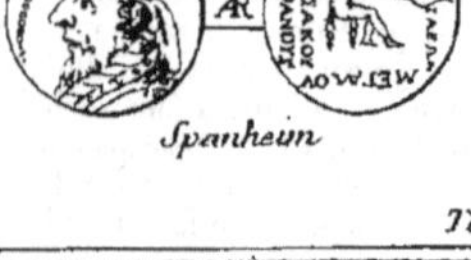

de l'autre côté une tête avec une inscription Parthe. Les trois têtes d'après ressemblent [4] à celle de l'Abgare d'Edesse, que nous donnons plus bas. Deux de celles-là ont au revers un sagittaire ou un archer, qui [6] se mettoit aux anciennes monnoies de Perse.

IV. Les deux [7] medailles suivantes sont des Rois d'Armenie ; ces Rois qui n'ont point de [8] barbe, ont des couronnes presque comme une tour crenelée avec de larges bandes qui pendent à droite & à gauche.

Une autre sorte [9] de tiare des Rois Parthes que nous voions sur trois medailles, approche de la tiare des Rois [10] d'Armenie ; elle ne se termine pas en rond comme les précedentes, mais elle est fort longue, [11] enrichie de divers ornemens, elle se termine en haut en petites pointes comme les couronnes radiales. On voit auprès de ces tiares des arcs & des fleches, armes ordinaires des Parthes.

Les Rois Parthes paroissent quelquefois sans tiare, comme est celui de l'arc de Constantin, représenté sur un bas relief tiré de quelque édifice de Trajan. Sur le même arc on voit Parthamasiris qui vient demander à Trajan d'être rétabli sur le thrône : ils paroissent là sans la tiare par respect pour Trajan.

V. Je n'oserois mettre au nombre des Rois Parthes celui qui vient ensuite, [12] tiré du cabinet de M. Foucault : son bonnet roial ou sa tiare, si l'on veut, est fort élevée ; elle a tout autour des pointes ou des raions qui font la couronne roiale : ces pointes sont semblables à celles des tiares voisines. Ce Roi a une longue barbe à la maniere des Rois Parthes : il porte une chaine apparemment d'or, qui descend sur la poitrine ; à la chaine est attachée une bulle en forme de cœur, comme étoient les bulles Romaines. La tiare des Rois Parthes a si souvent changé de forme, que cela pourroit faire conjecturer que celle-ci en étoit une. Nous en découvrons tous les jours de nouvelle maniere. Mais enfin si ce n'est pas un Roi Parthe, nous pouvons dire vraisemblablement que c'est un Roi d'Orient.

---

ptione Parthica : quæ [4] sequuntur tria capita regum Parthorum eamdem fere tiaram gestant, atque Abgari Edesseni ; horumce [5] duo in postica facie exhibent sagittarium, qui in nummis [6] veterum Persarum apponebatur.

IV. Duo [7] nummi sequentes regum Armeniæ sunt, qui reges imberbes coronam gestabant murali aut turritæ similem, [8] cum vittis latioribus hinc & inde dependentibus.

Aliud tiaræ [9] regum Parthorum genus, quod in tribus nummis conspicimus, ad [10] Armenicæ tiaræ formam accedit, non in rotundam [11] figuram desinit ut tiaræ præcedentes, sed oblonga est, multisque ornamentis decorata : suprema pars in aculeos desinit sicut coronæ radiatæ. Eæ vero cum arcubus & sagittis sunt, quæ erant arma Parthorum consueta.

Reges Parthorum aliquando sine tiara conspiciuntur, ut ille in arcu Constantini in anaglypho, quod ex alio ædificio ad Trajanum pertinente eductum fuerat. In eodem arcu Parthamasiris agnoscitur, qui supplex Trajanum adit, ut sibi regnum restitui curet : ideoque ob Trajani reverentiam hic sine tiara comparet.

V. Non ausim regibus Parthis annumerare eum qui in [12] ima tabula ponitur ex Museo V. Cl. D. Foucault eductus : regius pileus aut tiara, si sic vocanda est, sublimis erigitur, circumque radios habet, qui coronam constituunt : hi radii sive aculei vicinarum tiararum radiis sunt similes. Rex egregie barbatus est, more regum Parthorum : catenam ille auream gestat, quæ ad pectus usque descendit. Catenæ annexa est bulla, cujus forma cor humanum refert, quales erant bullæ Romanorum. Tiara regum Parthorum tot mutationibus obnoxia fuit, ut hinc conjicere liceat hanc ex earum esse numero, cum quotidie novas tiararum formas eruamus. Si regis Parthorum tiara non fuerit, verisimiliter dicere possumus fuisse regis cujuspiam orientalis.

CHAPITRE XV.

I. Tête, à ce qu'on croit, de Tomyris reine de Scythie. II. Habit des Babyloniens. III. Des Tapyriens. IV. Tête de l'Abgare d'Edesse. V. Habit des Scythes. VI. Des Phrygiens.

I. LA tête de femme qui porte une autre tête coupée, a été donnée par Beger pour la tête de 13 Tomyris reine des Massagetes, qui après la défaite de son fils par Cyrus, eut sa revanche, défit l'armée du vainqueur, & lui fit couper la tête, qu'elle mit dans un tonneau pour le rassasier de sang, dont il avoit été si avide toute sa vie. Beger croit que c'est ce que le graveur a voulu exprimer dans cette pierre : il remarque sur le visage de cette femme un caractere de ferocité qui convient fort bien à une Reine de Scythie : derriere la chevelure paroit un casque, marque de l'humeur martiale de Tomyris. Le Lecteur habile jugera de la solidité de cette conjecture.

II. Les Babyloniens selon Herodote portoient deux tuniques, dont l'une qui étoit de lin leur descendoit jusqu'aux pieds : sur cette tunique ils en portoient une autre de laine, & pardessus tout cela un *chlanidion*, qui étoit une espece de petit manteau. Leurs souliers étoient semblables à ceux des Thebains; nous ne connoissons guere ni les uns ni les autres. Ils portoient des cheveux liez avec des mitres ou des rubans : ils avoient tous une bague à cacheter. Chacun d'eux portoit un sceptre surmonté d'une pomme, ou d'une rose, ou d'un lis, ou d'une aigle, ou de quelqu'autre chose ; il ne leur étoit pas permis d'en porter sans quelque marque semblable.

III. Les Tapyriens étoient une nation Orientale, où selon Strabon les hommes étoient vêtus de noir, & portoient les cheveux fort longs ; & au contraire les femmes étoient vêtues de blanc, & portoient les cheveux courts.

IV. Les Abgares 14 d'Edesse étoient de petits Rois qui se voient souvent sur les medailles, remarquables par leur tiares qui reviennent assez à la forme de certaines des Rois Parthes, que nous avons données ci-devant. Nous voyons sur un des revers 15 l'habit de l'Abgare tout entier, & nous y observons les braies assez bien formées. Les braies, comme nous avons dit ci-devant, étoient

---

CAPUT XV.

I. Caput, ut putatur, Tomyridis Scytharum reginæ. II. Vestes Babyloniorum. III. Tapyriorum. IV. Caput Abgari Edesseni. V. Vestis Scytharum. VI. Phrygum.

I. CAPUT singulare mulieris, quæ caput aliud viri sustinet, a Begero quasi caput 13 Tomyridis Massagetarum reginæ publicatum fuit, quæ post devictum a Cyro filium suum, ejus cladem ulta est, fusoque victoris exercitu caput Cyro præcidi jussit, inque utrem sanguine plenum immergi, ut eo satiaretur, cujus tantopere avidus in vita fuerat. Putat Begerus id in hoc lapide repræsentari ; inque vultu reginæ nescio quid ferocitatis animadvertit, quæ Scytharum Massagetarumve reginæ competat. Pone capillos cassis esse videtur, quæ martialem Tomyridis animum exprimat. An hæc admittenda conjectura sit judicet eruditus lector.

II. Babylonii, ait Herodotus 1. 95. duas gestabant tunicas, quarum altera linea ad pedes usque defluebat, huic tunicæ altera lanea superponebatur, & insuper χλανίδιον adjiciebatur, quod erat genus quoddam pallii : calceamenta Thebanorum calceis similia erant : neutros certe calceos novimus. Capillitium fasciis alligatum gestabant : singuli annulum signatorium & sceptrum gerebant, in cujus vertice pomum aut rosa, aut lilium, aut aquila, sive aliud quidpiam ; neque licebat sine insigni quopiam hujusmodi, sceptra gestare.

III. Tapyrii Orientalis natio erant teste Strabone p. 358. in qua viri atro colore vestiebantur, comamque gestabant longam : contra vero mulieres candida utebantur veste, brevique capillitio.

IV. Abgari 14 Edesseni reguli erant, qui sæpe in nummis visuntur, tiara insignes, quæ ad quamdam regum Parthorum tiaræ formam accedit qualem supra dedimus. In postica 15 cujusdam nummi facie Abgari vestitum integrum observamus & braccas distincte sculptas. Braccæ, uti jam diximus, in usu erant apud

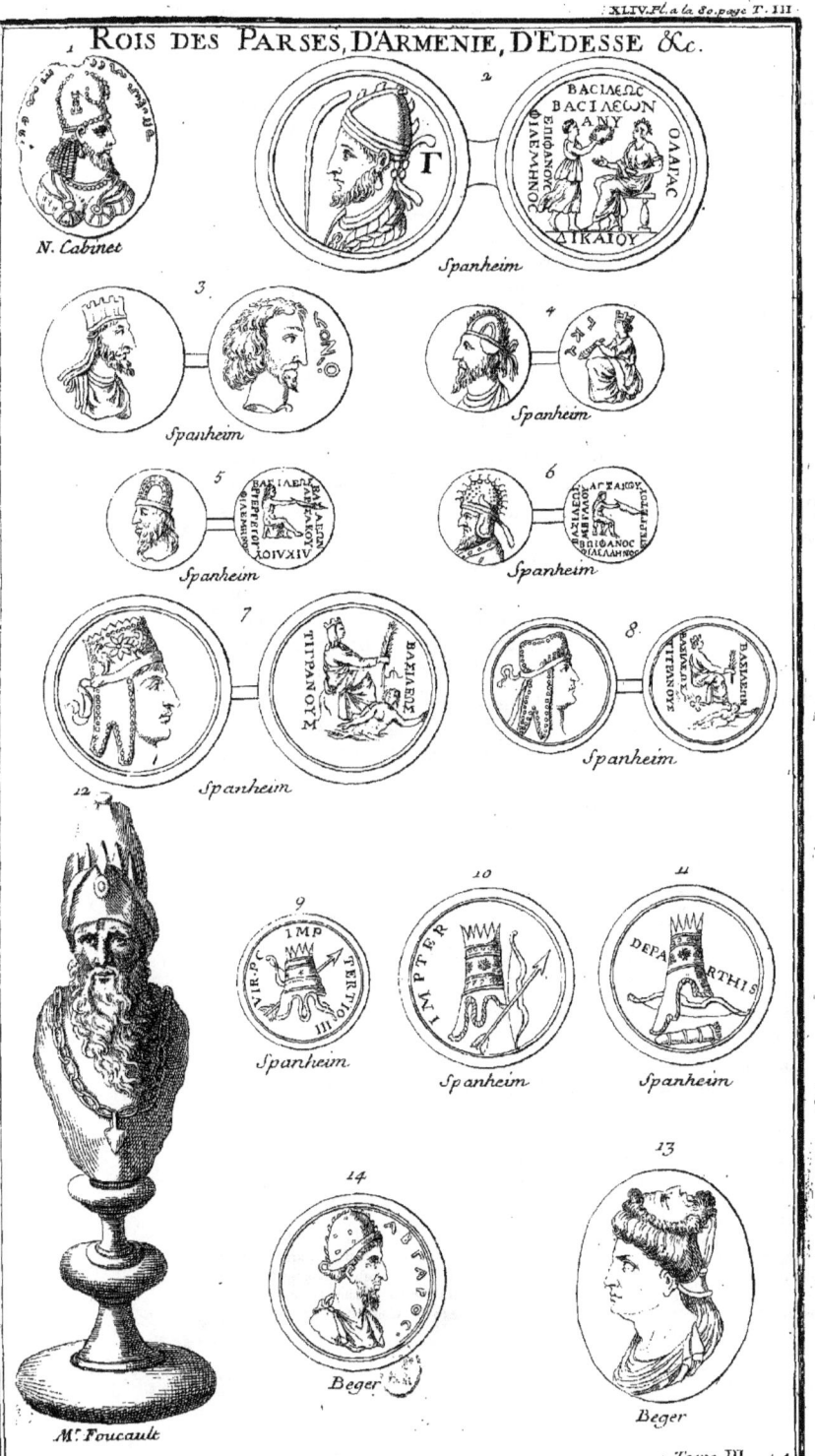

HABITS DES SCYTHES, HABIT PHRYGIEN.

en usage chez les Perses aussi-bien que chez les Gaulois ; elles auront passé fort aisément de Perse en Mesopotamie, où étoit Edesse.

V. Les Scythes & ceux de la Thrace étoient assez conformes en leur habit aux Perses. Ils portoient comme eux des braies & des tiares. Il ne reste point de monument où l'habit des Scythes soit représenté, plus ancien que la colonne Theodosienne à Constantinople ; où l'on voit des captifs, que les savans croient être Scythes. Ils portent des tuniques, dont quelques-unes ont des manches qui vont jusqu'au poignet. Leurs braies descendent jusqu'à la cheville du pied ; elles sont relevées par une ligature audessus du gras de jambe, en sorte qu'elles servent en même tems de haut-de-chausse & de bas. Ils portent un manteau ou une *chlamyde*, que quelques-uns font monter sur la tête pour la couvrir. Les Senateurs Romains se servoient de même de la toge. Les gens de quelque distinction y paroissent avec une tunique qui va jusqu'à la cheville du pied ; dans une des figures que nous donnerons en son lieu, la tunique est frangée par le bas : ils ont un long manteau frangé de même. Tou ces Scythes de differente qualité ont la tête & les pieds nus, hors un qui releve son manteau pour en couvrir sa tête. On trouvera plusieurs de ces Scythes tirez de la colonne Theodosienne, à la fin de ce tome, & dans le tome quatriéme.

VI. L'habit Phrygien se voit sur plusieurs monumens. Toutes les images Pl. que nous en avons se ressemblent par le bonnet, qui est toujours recourbé XLV. sur le devant : il n'en est pas de même du reste de l'habit. Le premier 1 Phry- 1 gien que nous donnons, porte deux tuniques l'une sur l'autre ; dont la plus longue ne descend pas jusqu'au genou. Toute la chaussure ressemble à un bas long, où l'on ne voit point la distinction du soulier. L'autre Phrygien 2 assis a 2 la tête appuiée sur la main, ferme les yeux, & semble dormir ou mediter quelque chose. Le troisiéme 3 dont on ne voit que le buste, n'offre rien de particu- 3 lier à observer. La medaille 4 du roi Midas le représente aussi portant le bon- 4 net Phrygien : plusieurs ont douté de son antiquité, d'autres la croient vraie ; je la donne après Spon, ne l'aiant jamais vue en original. La plus belle figure en habit Phrygien 5 est celle de Paris assis ; il porte le bonnet Phrygien à l'or- 5 dinaire, & tient à la main droite la pomme de discorde ; par dessus la tunique il a une chlamyde attachée à l'épaule droite avec une boucle ronde. Sa chaussure approche assez de celle des Parthes.

Persas perinde atque apud Gallos, ex Perside vero in Mesopotamiam facile transierunt, ubi sita Edessa erat.

V. Scythæ atque Thraces vestibus utebantur, quæ Persicis sat similes erant : braccas nempe gestabant atque tiaras. Vestes Scytharum nonnisi in columna Theodosii Constantinopoli videmus, ubi captivi comparent, quos viri docti Scythas esse putant. Tunicas gestant manicatas, quarum quædam manicas habent ad manum usque pertingentes. Braccæ ad malleolos usque pedis protenduntur, ex supra suras alligantur, ita ut simul braccarum tibialiumque loco sint. Pallium seu chlamydem gestant, quam quidam capiti imponunt ut sic operiant : eodem modo toga utebantur Senatores Romani. Viri primarii cum tunica talari exhibentur ; in aliquo ex schematibus quæ suo loco dabuntur tunicæ infima ora fimbriata est : longo item pallio fimbriis ornato utuntur. Scythæ omnes cujusvis conditionis nudo capite sunt illo excepto qui chlamyde caput operit. Multi hujusmodi Scythæ ex columna Theodosii educti in fine hujusce tomi & in quarto comparebunt.

VI. Phrygia vestis in plurimis monumentis conspicitur. Omnes quas proferimus imagines simili tiara ornatæ, quæ tiara semper antrorsum reflexa est; vestes autem reliquæ non ita inter se similes sunt. Primus quem 1 proferimus Phryx duplici induitur tunica, quarum ea quæ longior ne ad usque genua quidem descendit. Eo calceatur modo ut tibiale tantum oblongum videatur, in quo nulla soleæ aut calcei distinctio. Alius 2 Phryx sedens caput in brachium sinistrum reclinat, oculis est clausis, ac vel dormiens vel aliquid meditans conspicitur. Tertii 3 protome sola repræsentatur, nihilque singulare præfert. Regis 4 Midæ nummus ipsum cum tiara Phrygia repræsentat. De hujusce nummi sinceritate non pauci dubitarunt, ex Sponio illum eduxi neque unquam inspexi. Elegantissimum 5 omnium schema in quo Phrygia vestis conspicitur, est Paridis sedentis : tiaram ille de more Phrygiam gestat, manuque dextera discordiæ pomum tenet : supra tunicam chlamys humero dextro fibula rotunda annexa est. Calceamenti genus ad Parthicum accedit.

Tom. III.   L

CHAPITRE XVI.

I. Habit des Daces. II. Et d'autres nations voisines. III. Habits des Germains.

I. LA colonne de Trajan nous fournit les habits des Daces & de plusieurs autres nations septentrionales, qu'il est assez mal aisé de distinguer les unes des autres, hors les Daces, contre lesquels Trajan eut une guerre longue & difficile, qui fut suivie du triomphe. Les Daces y paroissent en cent endroits vêtus presqu'entierement comme les Parthes. Ils ont des tuniques qui leur descendent jusqu'au genou, de longues braies qui leur servent en même tems de haut & de bas de chausses & qui sont liées quelquefois un peu au dessus de la cheville ; des souliers à peu près comme les nôtres, une *chlamyde* ou un manteau assez court. Leurs bonnets recourbez comme le bonnet Phrygien, sont tout semblables à ceux des Parthes. Il y en a souvent qui vont la tête nue. Nous en donnons au tome suivant plusieurs images de differente attitude, pour faire mieux distinguer toutes les parties de l'habit. On voit ici la figure d'un Roi [1] Dace captif, indubitablement antique, dont le manteau est orné tout autour d'une longue frange. Spon en a [2] donné trois à peu près de même ; où il faut remarquer [3] que quoique ce soit certainement l'habit des Daces [4], plusieurs nations Germaniques & d'autres Barbares s'habilloient de même, comme nous verrons plus bas : ainsi ces Rois captifs vêtus à la maniere des Daces pourroient être d'autres nations.

PL.
XLVI.
1
2
3
4

II. Outre les habits des Daces nous en voions sur la colonne Trajane de plusieurs nations voisines, qui paroissent des troupes auxiliaires des Romains. Les uns ont une tunique qui descend jusqu'au dessous du genou, & un bonnet semblable au *pileus* des Romains ; d'autres qui ont le même bonnet, portent une *chlamyde* frangée, & des braies à la maniere des Parthes, de quelques nations Germaniques, & des Gaulois. On en voit autre part sur la colonne qui ont des braies, & qui sont nus de la ceinture en haut. D'autres ont des cottes qui leur vont jusqu'à la cheville ; on les prendroit pour des femmes, si la barbe ne les faisoit reconnoître pour hommes. Il faut pourtant remarquer que selon M. Fabreti ce sont veritablement des femmes qui alloient à la guerre, & qui n'avoient point de barbe ; mais le marbre gâté en cet endroit

---

CAPUT XVI.

I. Vestes Dacorum. II. Aliarumque finitimarum nationum. III. Vestes Germanorum.

I. COLUMNA Trajani Dacorum vestes exhibet plurimarumque nationum septentrionalium quas nationes internoscere non ita facile est, præter ipsos Dacos quibus Trajanus longum difficilemque bellum intulit, quibus devictis Trajanus triumphavit. Ibi sexcenties Daci comparent, eodem ferme habitu atque vestitu quo Parthi. Tunicis induuntur ad genua usque defluentibus, braccisque oblongis, quæ etiam tibialium loco sunt ; & circa malleolos nonnumquam alligantur : calceis utuntur, qui hodiernis non absimiles sunt, chlamyde brevi, tiaris antrorsum reflexis Parthicisque similibus : multi etiam capite nudo incedunt. Plurimas in tomo sequenti eorum imagines proferimus vario situ atque modo repræsentatas, ut omnes vestium partes facilius distinguantur : hic apponimus regis [1] Daci captivi schema non dubiæ antiquitatis, cujus chlamys circumquaque oblonga fimbria ornatur : tres [2] alii supra positi ab Sponio dati sunt. [3] Ubi observandum, etsi vestis Dacorum sit, plurimos [4] tamen iis vicinos Germanos aliosque barbaros eadem veste fuisse usos : quamobrem hi reges captivi Dacico more induti possent vicinarum esse nationum.

II. Præter Dacorum vestes in columna Trajana aliarum quoque nationum vicinarum diversa videmus vestimenta, quæ nationes auxiliariæ Romanorum copiæ esse videntur. Alii tunicam gestant ultra genua defluentem, pileum Romano similem ; alii eodem tectæ pileo chlamydem gestant fimbriatam, braccas Parthicis similes, necnon Germanicis, Gallicisque. Alii etiam visuntur braccati, a zona ad verticem usque capitis nudi. Alii tunicas muliebres gestant ad usque malleolos defluentes, mulieres esse crederes nisi barba viros proderet. Ubi tamen notes Fabretum in columna Trajana vere mulieres esse militantes existimare, barbam enim, inquit, principio in marmore non habuere, sed detritum eo loci marmor barbam

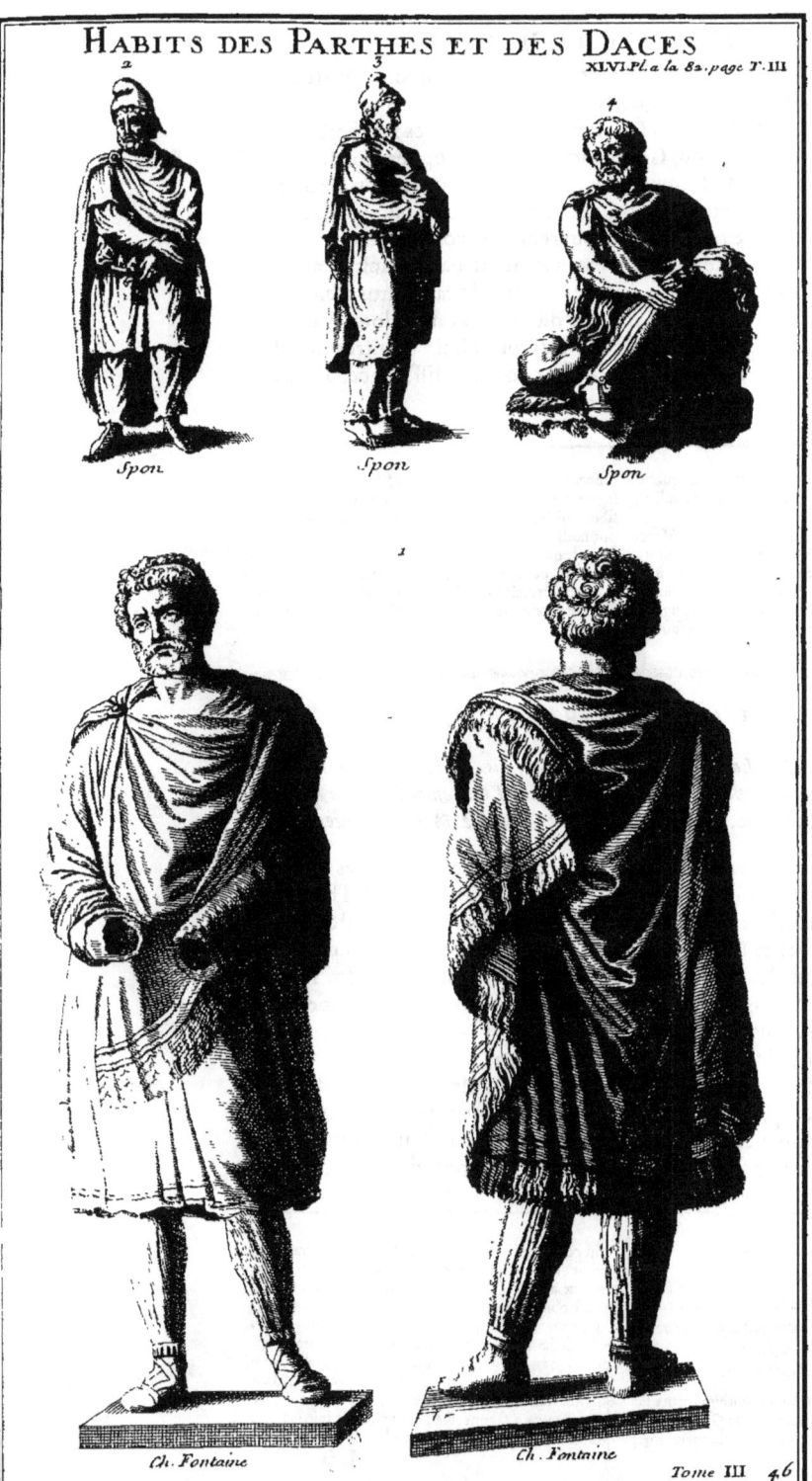

les fait paroître barbues. Toutes ces images se trouveront au tome quatriéme, où nous repréſenterons les gens de guerre de toutes les nations.

III. A la colonne Antonine, où ſont décrites les victoires remportées par Marc-Aurele ſur pluſieurs nations Germaniques, ſavoir ſur les Quades & les peuples de l'Autriche & de la Moravie, on voit ces peuples qui ſe battent à coup de frondes contre l'armée Romaine. Ils ont des braies comme les Daces, & ſans autre habit de la ceinture en haut, ils couvrent leur corps nu d'une eſpece de manteau; c'eſt peutêtre le *ſagum Germanicum* dont parle Tacite, attaché à l'épaule avec une boucle. Il y en a d'autres qui nus de la ceinture en haut, n'ont que des braies, qui comme nous avons dit, ſervent de culotte & de bas, avec des ſouliers à peu près comme ceux d'aujourd'hui. D'autres en aſſez grand nombre ſont vêtus comme les Daces ſans aucune difference. Tous ces habits ſe repréſenteront au tome de la guerre.

---

exhibere videtur. Hæ omnes imagines tomo quarto dabuntur, ubi nationum omnium cognitarum militatia veſtimenta comparebunt.

III. In columna Antoniniana ubi victoriæ Marci Aurelii Antonini de Germanis reportatæ exhibentur; de Quadis nempe deque Auſtriæ & Moraviæ populis; qui fundis aliiſque armis utuntur; hi populi conſpiciuntur fundis contra Romanum exercitum pugnantes: braccas ut Daci geſtant, atque a zona uſque ad humeros nudi, corpus pallio tegunt; quod pallium ſagum illud Germanicum videtur eſſe, de quo Tacitus, fibula ad humerum annexum. Alii vero a zona ad caput nudi, ſolas habent braccas quæ femora ſimul & tibias contegunt; calcei vero noſtris pene ſunt ſimiles. Alii demum non parvo numero, veſtimentis utuntur Dacicis ſine ullo diſcrimine. Quæ omnia veſtimenta tomo quarto ubi de bello repræſentabuntur.

CHAPITRE XVII.

I. Habit des Gaulois. II. La forme du ſaie des Gaulois. III. Autres images des Gaulois, dont quelques-uns tiennent des marteaux. IV. Commiſſaire de quartier de l'ancienne ville de Mets. V. Image d'une fille Gauloiſe & de quelques autres.

I. LEs Gaulois & les Germains convenoient en bien des choſes quant à la maniere de s'habiller. Nous n'avons aucun monument de l'habit des Gaulois avant qu'ils fuſſent ſubjuguez par les Romains. Il nous en reſte en aſſez bon nombre des premiers ſiecles des Empereurs, que l'on reconnoit d'abord fort differens de celui des Romains; mais qui avoient ſans doute été ſujets à divers changemens depuis Jules-Ceſar. Un des plus anciens monumens où nous voyons des Gaulois repréſentez, eſt celui qui fut déterré en creuſant dans le chœur de l'Egliſe Cathedrale de Paris en 1711. Six Gaulois y paroiſſent avec des bonnets aſſez ſemblables à ceux des Parthes, des Daces, & de quelques nations Germaniques, dont nous venons de parler. Ils ont des tuniques à longues manches qui viennent juſqu'au poignet, & par deſſus la tunique le *ſagum Gallicum*, ou le ſaie à manches, en quoi il differoit du ſaie Romain,

---

CAPUT XVII.

I. Veſtes Gallorum. II. Sagi Gallici forma ſchematibus exhibita. III. Aliæ Gallorum imagines, ex quibus quidam malleum tenent. IV. Magiſter vici Metenſis. V. Puellæ Gallicæ imago cum quibuſdam aliis.

I. GALLI atque Germani in veſtium forma ſat inter ſe conſenſiſſe putantur: de Gallorum vero indumentis antequam ii a Romanis ſubigerentur, nihil comparet in monumentis. Non pauca tamen ſuppetunt, quæ ad Imperatorum priora ſæcula pertinent; ſed quæ a Julii Cæſaris tempore mutationibus non paucis obnoxia haud dubie fuerant. Inter antiquiſſima Gallorum ſchemata numeranda ea quæ anno 1711. in Eccleſiæ Cathedralis Pariſienſis choro effoſſa viſuntur. Sex ibi Galli comparent recti galeris, qui tiaris Parthicis non abſimiles ſunt: tunicas illi geſtant quarum manicæ ad manum uſque pertingunt, & ſupra tunicam ſagum Gallicum manicis inſtructum, qua in re a ſago Romano differebat. Cum autem hæc

qui n'en avoit point. Ces bas reliefs sont si gâtez par le tems, qu'on n'y voit pas les choses bien distinctement. Nous avons déja donné ces figures au livre de la Religion des Gaulois, & nous donnerons encore ce qui peut regarder l'habit militaire au tome suivant, qui est celui de la guerre.

II. Le saie des Gaulois étoit orné de bandes de pourpre étroites comme des verges, c'est pour cela qu'on l'appelloit *virgatum*. Les figures que nous donnons de l'habit Gaulois aux premiers siecles de l'Empire, ne sont point conformes entre elles. Il y en a quelques unes où le saie paroit audessus de la tunique, & où les manches de la tunique sont fort étroites, & celles du saie fort larges. Tel est ce jeune homme 1 qui tient un petit chien sur le bras; cet autre qui d'une main 2 tient un oiseau, & de l'autre un gobelet, a des manches fort larges. Celui 3 qui a un petit chien sous le bras, & qui tient de l'autre main une espece de coffret, les a fort étroites. Le suivant tient 4 un gobelet; son saie est découpé par le bas en pointes: cela n'est pas si aisé à distinguer dans les figures suivantes. Ce saie qui étoit fermé de tous côtez se mettoit en passant la tête dans le grand trou d'enhaut.

PL. XLVII
1
2
3
4

III. Dans plusieurs figures suivantes le saie n'est point fermé, & quand il est fermé il n'a point de manches: je ne sai si l'on peut l'appeller saie quand il est d'une forme si differente des autres. Dans la planche d'après on voit dans un édifice voûté quatre personnes. Ici est representé un mariage; l'époux met la bague au doit de 1 son épouse; il tient à la main un instrument qui n'est pas reconnoissable. On ne peut pas distinguer si les deux autres jeunes personnes sont ou garçons ou filles: ce qu'on remarque ici est qu'elles portent chacune un marteau: ce qu'on voit aussi dans d'autres figures Gauloises. L'une porte aussi une espece de coffret qui a une anse pardessus: on en voit de même dans quelques figures suivantes, & dans un grand nombre d'autres trouvées à Mets, & recueillies par Meurisse dans la préface à l'histoire de Mets. Il est à remarquer que ces figures en quatre planches ne se trouvent pas dans tous les exemplaires de Meurisse. Ces quatre personnes & toutes celles de la planche précedente ont des chaussures semblables, tout-à-fait fermées, où l'on ne distingue point le soulier du bas de chausse. Toutes les images données jusqu'ici ont été trouvées en Bourgogne. Les suivantes ont été tirées partie de la Bourgogne, & partie de la ville de Mets ou des environs.

PL. XLVIII
1

---

anaglypha non parum deformata tempore situque fuerint, hæc non ita clare percipi possunt. Has imagines superius habes depictas in religione Gallorum, iterumque eædem proferentur tomo sequenti, ubi de veste militari diversarum nationum.

II. Sagum Gallorum clavis seu pannis angustis purpureis ornabatur, qui virgas referebant, ideoque virgatum sagum appellabatur. Schemata vestium Gallicarum, quæ prioribus Imperatorum sæculis in usu erant, non inter se similia sunt. In quibusdam imaginibus sagum supra tunicam conspicitur, manicæque in tunica angustæ, in sago latissimæ: sic vestitus est ille juvenis, qui catellum tenet. Alter vero qui 2 alia manu avem, alia cucullum gestat, latas habet manicas; strictas & angustas alius, qui 3 catellum altera, arculamque altera tenet manu: sequens cucullum 4 tenet, sagumque habet incisuris seu fimbriis ornatum. In sequentibus schematibus sagi forma non ita facile internoscitur. Sagum autem undique clausum capite per foramen immisso inserebatur.

III. In schematibus plurimis sagum clausum non est, & aliquando ubi sagum clausum est manicis caret. Nescio utrum sagum sit appellandum, cum usque adeo differt ab aliis. Tabula sequenti in ædificio fornicato 1 quatuor viri mulieresve visuntur. Hic nuptiæ repræsentantur, sponsus sponsæ digito annulum inserit manuque nescio quid tenet: duo alii an adolescentes an puellæ sunt non facile percipitur: malleum vero singuli tenent, quod in aliis etiam Gallicis schematibus observatur; ex iis alter arculam tenet, quod in sequentibus etiam imaginibus conspicitur; necnon in plerisque aliis, quas Meurissius in historia Merensis præfatione publicavit, ubi observandum hæc schemata non in omnibus hujusce libri in fol. exemplaribus reperiri. Hi quatuor viri mulieresve eodem calcei genere utuntur, quemadmodum & omnes qui in tabula huic præmissa repræsentantur, quorum calcei clausi sunt, atque ita compositi ut à tibialibus non distinguantur. Eæ quotquot hactenus dedimus imagines in Burgundia omnes repertæ sunt. Quæ sequuntur autem partim ex Burgundia, partim ex Metensi vel agro vel urbe sunt eductæ.

HABITS DES GAULOIS.

La figure de dessous représente aussi un mariage. L'homme met une bague au doit de la fille; il est revêtu d'une tunique, & porte un manteau. A côté de cette image Ælius Zozimus Abascantus se voit avec une tunique & un manteau ou un saie fermé de tous côtez, qu'il releve de ses deux mains; il tient de la main gauche un seau. A l'autre côté Lucius Astochus est habillé tout-à-fait de même, & tient un seau comme le précedent; à son côté est sa femme Satrica, dont l'habit ne differe de celui du mari qu'en ce que sa tunique traine jusqu'à terre.

Dans la planche suivante paroit d'abord l'image de Casatus Caratius Fictiliarius; ce dernier mot veut dire un potier. En effet il tient un pot de terre, marque du métier qu'il a exercé pendant sa vie; il est habillé comme les précedents. Le buste suivant trouvé en Bourgogne est remarquable par le marteau que l'homme représenté tient à la main. Nous avons déja vu dans la planche précedente deux personnes qui tiennent des marteaux de même; ce qui fait voir que cette maniere de représenter étoit assez ordinaire.

IV. L'image suivante est singuliere: nous y voions un homme habillé comme les précedens, qui sacrifie sur un autel triangulaire; il porte un coffret comme plusieurs des figures précedentes. Il seroit difficile d'en deviner la cause. L'épitaphe nous apprend son nom, qui étoit Afranius Heliodorus; il est qualifié *magister vici sandaliaris*, maître de la rue qu'on appelloit *sandaliaris*, parcequ'on y faisoit des sandales & des chaussures; c'étoit la rue des Cordoniers de Mets, ville fort considerable dans les Gaules. Il y avoit de même à Rome une rue appellée *vicus sandaliarius*, la rue des Cordoniers, d'où prenoit son nom l'Apollon surnommé *Sandaliarius*. *Magister vici* étoit comme le *Commissaire du quartier*. Le suivant tient un gobelet: l'image d'après représente un jeune garçon assis auprès d'une jeune fille, à laquelle il met la main sur l'épaule; la fille tient un gobelet. Voila déja quatre gobelets que nous voions entre les mains de ces images venues de Bourgogne: ce qui pourroit marquer que c'étoit un payis où l'on faisoit comme aujourd'hui des vins excellens.

V. La planche suivante montre d'abord une fille qui porte un seau à puiser de l'eau: elle se voit à Langres dans un bas relief; sa coëffure approche assez de celle de plusieurs femmes de nos campagnes: sa tunique qui ne descend que jusqu'à mi-jambe, est découpée en pointes par le bas en maniere de

PL. XLIX.

PL. L.

Quæ huic subjicitur imago nuptias item exhibet: vir sponsæ digito annulum inserit, is tunica induitur & pallio. E regione hujus Ælius Zosimus Abascantus comparet cum tunica & pallio vel sago undique clauso, cujus ipse oras brachiis erigit: sinistra vero manu situlam tenet. In opposito latere Lucius Astochus eodem prorsus vestis genere tectus, situlam ut Zosimus tenet, ac ejus latus uxor Satrica a conjuge in vestimenti forma ea re tantum differt, quod tunica sit talaris.

In tabula sequenti statim comparet Casatus Caratius Fictiliacius, quæ postrema vox figulum significat; artis illæ signum gestat vas fictile: a præcedentibus autem in vestitu nihil differt: sequens protome in Burgundia reperta, est viri malleum manu tenentis: jam duos vidimus malleum similiter tenentes, quo innuitur hunc repræsentandi modum tunc in usu fuisse.

IV. Sequens imago spectabilis est: vir eodem quo præcedentes quidam vestium genere indutus ad triangularem aram sacrificat. Arculam ut alii, quos

supra vidimus, manu gestat: quid autem hac re significetur quis divinaverit? Nomen viri inscriptio docet, is erat Afranius Heliodorus magister vici sandaliaris, quia ibi sandalia & calcei conficiebantur. Is erat igitur vicus sutorum Metensium: nam Metæ seu Divodurum oppidum grande in Galliis erat. Romæ etiam vicus erat nomine Sandaliarius, sutorum scilicet vicus, ex quo nomen mutuabatur Apollo Sandaliarius. Magister vici illud ipsum officium fuisse videtur, quod hodie dicimus, *Le Commissaire du quartier*. Qui sequitur cululum tenet: alius infra positus juvenis puellæ a latere stantis humero manum imponit: puella cululum tenet. Jam quatuor cululos vidimus manu gestatos in monumentis in Burgundia repertis: quo forte significetur eam regionem ut hodie fuisse optimi vini feracem.

V. In sequenti tabula statim conspicitur puella situlam hauriendæ aquæ tenens, quæ Lingonibus in anaglypho habetur: cultus capitis apud rusticanas quasdam hodieque in usu est: tunica ad mediam usque tibiam defluens incisuris quasi fimbriis ornatur: quod-

frange. Elle porte un tablier, ce qui est fort rare dans les anciens monumens.
2 Sa figure est fort approchante de celle de nos villageoises. Celle qui est auprès, tirée du cabinet de M. Foucault, n'est pas moins remarquable : elle est assise, sa tunique va jusqu'aux pieds ; elle a un collet assez large qui semble tenir à la tunique ; ses manches qui vont jusqu'au poignet, sont de forme singuliere : sa ceinture est attachée à une boucle ronde si grande qu'elle occupe presque toute la largeur de la poitrine. Ce qui pourroit faire croire que c'est une Gauloise, c'est qu'elle porte un coffret ou une laiete, comme plusieurs Gaulois & Gauloises que nous avons donnez. Il s'en trouve encore un plus grand nombre tout-à-fait semblable dans les monumens de Mets donnez par Meurisse.
3 La figure suivante d'une femme sur une base ronde est toute extraordinaire : elle a sur sa tête rase un ornement qu'on n'a jamais vu ailleurs ; sa ceinture laisse pendre des bouts flotans dont l'un va jusqu'à mi-jambe ; les manches de sa robe sont extraordinairement larges : ce pourroit bien être quelque divinité, quoiqu'on n'ose l'assurer.

que in veterum monimentis perquam raro observatur, ventrale illa gestat sive pannum, quem vulgo *tablier* vocant. Quæ e regione est mulier non minus spectabilis, ex Museo illustrissimi D. Foucault educta est ; tunica talaris est, collare satis latum tunicæ hærere videtur : manicæ ad usque manum protensæ singulare quidpiam præ se ferunt. Zona fibula rotunda stringitur, quæ fibula totam pene pectoris latitudinem occupat. Gallam esse probare videtur arcula quam illa gestat, quemadmodum Galli non pauci, quos dedimus ; pluresque hujusmodi reperiuntur in monumentis a Meurissio publicatis, de quibus supra. Schema sequens mulieris basi insistentis, insolentis omnino formæ est ; abraso capiti imminet ornatus, qualis nunquam visus, ni fallor, est : ex alligata zona vittæ dependent quarum altera ad mediam usque tibiam defluit : vestis manicæ latissimæ sunt ; est fortasse numen quodpiam, etsi id affirmare non ausim.

HABITS DES GAULOIS.

CHAPITRE XVIII.

I. Etrange figure d'un Barbare trouvée en France. II. Trois têtes & autres figures. III. Pantomime de Nîmes. IV. Monnoies Gauloises divisées en trois classes. V. Habit Consulaire dans les Gaules. VI. Le cucullus.

I. Nous plaçons ici une étrange figure du cabinet de M. l'Abbé de Fontenu, n'aiant point de lieu plus propre à la mettre. C'est un homme barbare revêtu de peaux de bête à poils fort longs & disposez avec quelque symmetrie : ces peaux sont cousues fort proprement, en sorte qu'il n'y paroit ni couture ni jointure ; elles font un habit si juste au corps de l'homme, qu'on y voit toute la forme & tout le mouvement du corps humain : tout le corps est couvert de cette peau jusqu'aux mains, & jusqu'au bas des talons. Sa barbe est composée avec artifice, & d'une maniere qui se comprendra mieux à l'œil, que par une description. Sa chevelure est coupée en rond par le bas ; plusieurs croient qu'elle est empruntée, & que c'est une peau de bête en forme de chevelure ; ce qui est assez vraisemblable, le poil y étant disposé en la même maniere que sur tout l'habit. On ne sait de quelle nation est cet homme : comme dans l'antiquité la plus reculée les hommes s'habilloient de peaux de bêtes, il pourroit bien se faire que ce seroit un Gaulois des plus anciens tems, desquels les histoires ne font point mention. Il paroit que cet homme a eu à la poitrine une ouverture qui passoit d'outre en outre : cette ouverture étoit quarrée longue ; elle a été remplie d'une piece qui la ferme entierement devant & derriere, sur laquelle piece on a continué les traces du poil qui se voient sur tout l'habit.   Pl. LI.

II. Les trois têtes suivantes trouvées auprès de Tulle en Limosin, sont d'une femme & de deux hommes couronnez de laurier. La femme dont on voit ici les épaules, paroit avoir un collet approchant de ceux de ces derniers tems. L'homme qui vient ensuite, tiré du cabinet de M. le Président Boisot de Besançon, a assez l'air des anciens Gaulois : son habit est à la verité different des autres : mais qui peut douter que dans un aussi grand payis que les Gaules, il n'y ait eu en divers tems & en divers lieux des modes

---

CAPUT XVIII.

I. Immane barbari cujuspiam schema in Gallia repertum. II. Tria capita aliæque figuræ. III. Pantomimus Nemausensis. IV. Nummi veteres Gallici tres in classes distributi. V. Vestis consularis in Gallia. VI. De cucullo.

I. Hic locamus immane quodpiam schema ex Museo Cl. V. Abbatis de Fontenu eductum, quia nullus opportunior locus sese offert. Est barbarus quispiam pelliceis iisque pilosis indutus vestibus ; ita ut pili ordine quopiam concinnati sint. Pelles vero ita diligenter assutæ sunt, ut suturæ ne vestigium quidem ullum appareat. Ea vero diligentia vestis aptata est, ut tota corporis forma, quasi nudus vir esset, compareat : ad usque manus & ad usque imos talos vestis pertingit. Barba artificio quodam adornata est, quod oculis melius quam descriptione percipias. Coma ejus ab ima parte in circulum detonsa est. Non desunt qui credant esse comam adscititiam ex animalis cujuspiam pelle confectam, quod ego libenter credam, in ea enim eadem pilorum dispositio, quæ in tota veste observatur. Cujus nationis hic vir fuerit ignoratur : cum autem priscis temporibus pelliceis vestibus homines induti fuerint, possit fortasse Gallus esse prisci ævi, de quo tempore scriptores nihil tradiderunt. In pectore hujus barbari videtur olim foramen fuisse totum pectus trajiciens, quod foramen quadratum oblongumque fuit : deindeque oppletum ita ut & ante & retro tenue vestigium foraminis appareat : in superficie obstruentis particulæ utrinque vestigia pilorum delineantur, qualia in toto corpore.

II. Tria capita sequentia prope Tutelam Lemovicum effossa mulieris sunt, duorumque virorum lauro coronatorum. Mulier cujus hic humeri comparent collare habet posteriorum horumce temporum collaribus non absimile. Vir sequens ex Museo illustrissimi D. Boisot in suprema Vesontionis curia præsidis eductus, videtur esse Gallus : etsi enim vestis a cæterorum quos supra vidimus Gallorum vestibus longe differat, quis dubitare possit quin in tam vastis, quam Galliæ erant, regionibus, diversæ diversis temporibus atque locis vestimentorum formæ fuerint. Manum

différentes. Il tient la main droite élevée en haut, & soutient sur la gauche je ne sai quel vase. Quelques-uns ont cru que c'est un Druide ; cela pourroit bien être : car quoique l'habit des Druides que nous avons donné dans la religion des Gaulois, soit fort different de celui-ci, il faut considerer que ces Druides-là sont en habit de ceremonie pour le plus grand acte de religion qui fût parmi eux.

I I I. Nous ajoutons à ces figures celle d'un Pantomime ou d'un Baladin, trouvée à Nîmes, & donnée par Poldo d'Albenas dans ses Antiquitez de Nîmes ; nous laissons au lecteur habile à faire ses reflexions sur son habit ; sa chaussure est aussi fort remarquable.

PL LII. I V. On trouve en France un grand nombre de medailles ou monnoies Gauloises, qui ont été fort négligées jusqu'à present ; elles sont d'un si mauvais goût, que la plûpart les rejettent, & ne veulent pas leur donner place dans leurs cabinets. On en trouve quelques unes dans le Cabinet de Petau livre rare, & quelques unes aussi en petit nombre dans Bouteroue. Comme j'en ai ramassé une assez grande quantité, j'ai cru qu'il ne seroit pas inutile de les mettre ici. Elles ont toutes été trouvées en France, la plûpart à Breteuil entre Beauvais & Amiens. M. le Mellier General des finances à Nantes m'en a envoié quatre. Je divise ces medailles en trois classes ; la premiere comprend les plus anciennes medailles Gauloises, qui sont d'un goût si barbare, que je ne sai si l'on a jamais rien vu de pareil : elles sont d'un fort mauvais metal, qui paroit composé de cuivre, d'étain & de plomb. La seconde classe est de celles qui quoiqu'encore barbares & d'un goût grossier, sont pourtant plus supportables que les précedentes : de celles-ci on en trouve quelques-unes d'argent, les autres sont d'un metal bien meilleur que les précedentes. La troisiéme classe est de celles qui approchent le plus des anciennes monnoies Romaines : celles-là se voient dans les deux derniers rangs. Il y a apparence que ces dernieres ont été faites peu avant la guerre de Cesar dans les Gaules, & que les autres sont faites dans des tems plus anciens, plus ou moins mauvaises, à mesure qu'elles s'en éloignent en remontant. Cette gradation se trouve dans la planche qui suit, où l'on commence par les plus barbares, & l'on descend à d'autres moins grossieres, & l'on vient enfin à celles qui sont presque d'un goût Romain, la plûpart desquelles sont d'argent. La penultiéme a une tête qui porte un casque, & l'inscription SECVSIA,

ille dexteram erigit, sinistra vero vas nescio quod tenet. Putavere nonnulli esse Druida : quod a verisimili non abhorret : licet enim ubi de religione Gallorum, Druidas protulerimus longe diversa ornatos veste ; adverrendum certe est illos habitu peculiari atque sacro ad maximum omnium religionis actum indutos esse.

I I I. His schematibus adjungimus Pantomimum vel histrionem quem Poldo d'Albenas in antiquitatibus Nemausensibus protulit : cujus vestem habitumque lectori explorandum relinquimus : calcei sunt observatu digni.

I V. In Gallia nummi veteres Gallici magno numero in dies eruuntur, qui hactenus admodum neglecti fuere. Formam quippe ita barbaram præ se ferunt, ut plerique ipsos rejiciant, neque in Museis locum ipsis præbere dignentur. Aliquot hujusmodi occurrunt in Museo Petavii, qui liber admodum rarus est : aliquot etiam, sed parvo numero protulit Buteroüus. Cum autem multos hujusmodi collegerim, non abs re putavi fore, si illos hic repræsentarem. In Gallia omnes reperti fuere : maxima vero pars Britolii Bellovacum inter & Ambianum. Quatuor mihi transmissi sunt a D. le Mellier rei ærariæ Nannetensi præposito. Hæc porro omnia numismata tres in classes distribuo ; prima classis antiquissimos omnium nummos gallicos complectitur, tam rudi barbaroque more confectos, ut nesciam utrum quid unquam sic impolitum emerserit : hi metallo admodum crasso constant, quod videtur ex ære, plumbo & stanno commixtis coaluisse. Secunda classis eorum est, qui etsi adhuc rudis sint formæ atque conditionis, a prisca tamen barbarie aliquantum deflectunt ; exque metallo meliore solidioreque confecti sunt. Tertia classis eorum est, qui ad Romanorum priscæ monetæ formam accedunt : hi vero in duobus infimis postremisque ordinibus locantur. Verisimile est hos postremos cusos fuisse paulo ante bellum Cæsaris Gallicum, alios vero remotioris esse vetustatis, ita ut, quo antiquiores nummi, eo rudioris sint formæ. Illum porro vetustatis ordinem in tabula sequenti servamus, a rudioribus nempe ac vetustioribus incipitur : hineque pergitur ad minus barbaros, donec amissa paulatim barbarie ad Romanorum nummorum formam accedant. Hi posteriores plerique ex argento sunt. Penulrimus caput galeatum exhibet cum inscriptione, S E C V S I A, quæ perqui

MEDAILLES GAULOISES

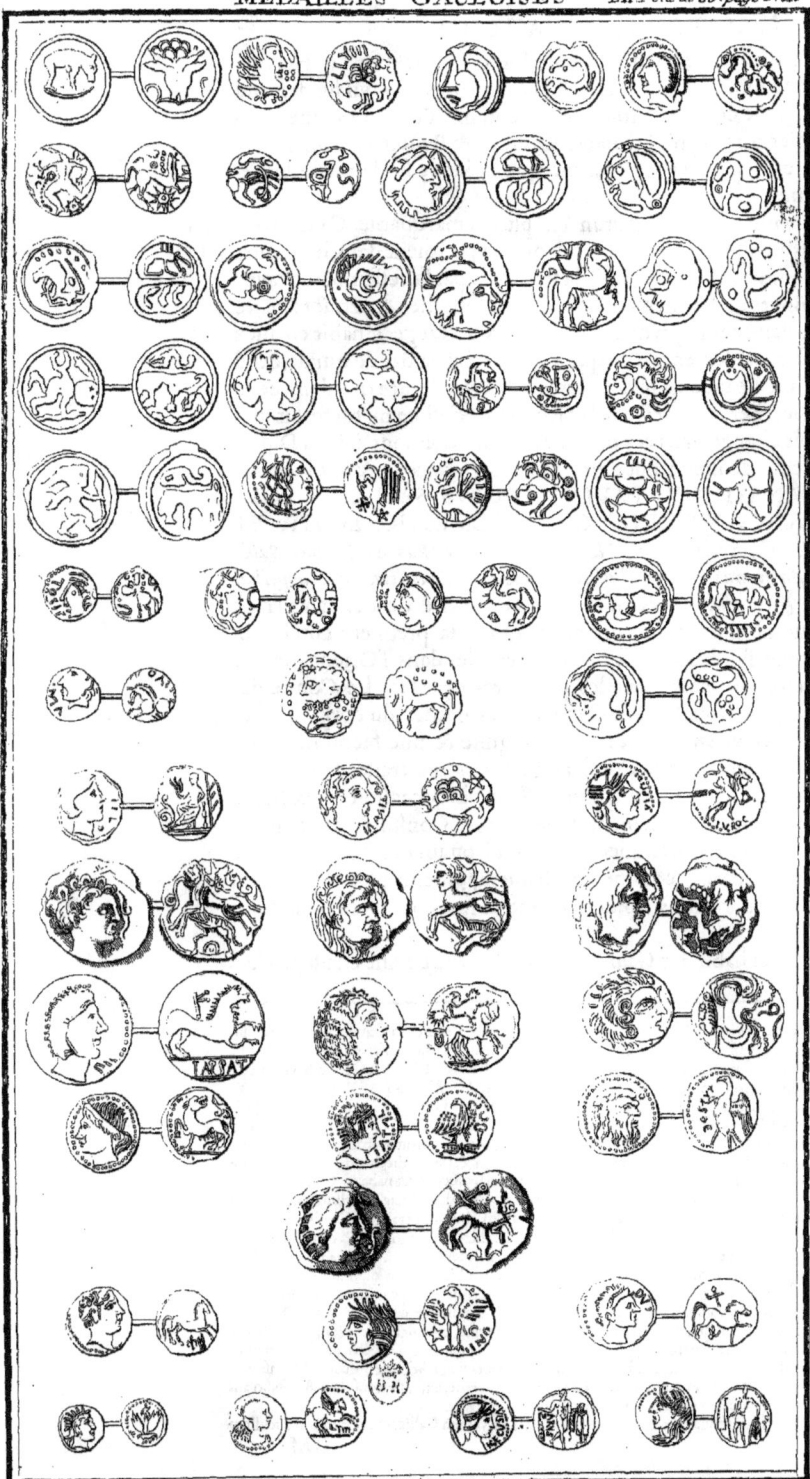

HABITS DES GAULOIS.

qui marque les Segufiens peuples d'auprès de Lion. Le revers a un Hercule avec une autre petite figure, qui est envelopée d'un manteau qui lui descend jusqu'à mi-jambe, & le couvre de tous côtez, comme Telesphore que nous avons vu au premier tome après Esculape. Camden & Bouteroue croient que l'inscription ARVS est là pour ARAR, qui marque la Saone sur laquelle les Segusiens étoient situez.

V. La figure suivante trouvée à Autun est plus remarquable. C'est l'habit Consulaire des bas siecles de l'Empire, tel que le portoient dans les Gaules les Prefets & les hommes Consulaires. Cela se prouve par sa ressemblance avec les Diptyques de Bourges. L'ornement de tête fort singulier & extraordinaire se trouve le même dans ces Diptyques & dans ceux de Liege. L'habit est assez semblable, & differe seulement en ce que l'*orarium* ou la bande qui descend de l'épaule en bas est beaucoup plus courte dans cette figure que dans celle des Diptyques. Chercher ici l'ancien habit Romain, c'est ce qu'on feroit inutilement; tout étoit changé dans ces tems bas. Nous donnons ici les Diptyques de Bourges; ceux de Liege sont tout semblables à ceux-là, & ont la même inscription : FL. ANASTASIVS PAVLVS PROBVS SABINIAN. POMPEIVS ANASTASIVS VIR INL. COM. DOMESTIC. EQVIT. ET CONS. ORDIN. Cela veut dire, *Flavius Anastasius Paulus Probus Sabinianus Pompeius Anastasius, homme illustre, Comte de la Cavalerie qu'on appelloit des Domestiques, & Consul ordinaire.* C'étoit l'ordinaire de ces tems-là de donner ce grand nombre de noms aux personnes de la premiere condition. La qualité d'homme illustre étoit fort considerable dans l'Orient; on ne la donnoit qu'à ceux qui occupoient les premieres charges. Le Comte des Cavaliers domestiques étoit le Commandant des gardes du corps à cheval des Empereurs. *Consul ordinaire* étoit une dignité & une façon de parler commune en ces derniers tems du Consulat. Plusieurs ont traité de ces charges à fond, nous n'en parlons ici qu'en passant, à l'occasion de la statue d'Autun, qui a tout le même ornement de tête que le Consul Anastase porte dans ces diptyques. C'est apparemment un Consul ou un homme Consulaire que cette statue represente; comme son habit approche plus de l'ancien que celui d'Anastase, je croirois volontiers que ce seroit un Consul des tems precedens.

PL. LIII.

VI. Pour revenir à l'habit des Gaulois, le *cucullus* qui devint en usage chez

---

tinet ad Segusios gentem Gallicam prope Lugdunum: in postica parte Herculos exhibetur cum alia exigua figura quæ puerum videtur referre pallio amictum & undique tectum : pallium ad mediam usque tibiam defluit ; Telesphorum diceres esse de quo post Æsculapium & Hygieam egimus primo Tomo. Camdenus & Buteruius putant inscriptionem ARVS, quæ in hac postica parte legitur, significare Ararim fluvium, ad cujus oras Segusii sedes habebant.

V. Sequens schema statuæ Augustoduni repertæ observatu dignius est. Ea enim est consularis vestis, qualis postremis imperii sæculis in gallia saltem gestabatur : quod arguitur ex similitudine cum Diptychis Bituricensibus. Nihil singularius ornatu capitis, qui pariter in Diptychis Bituricensibus reperitur, atque etiam in Leodiensibus, quæ Bituricensibus sunt prorsus similia. Vestis quoque non ita dissimilis est, in eaque tamen re differt, quod orarium seu pannus ille angustus ab humero dependens in statua nostra sit brevior. Vetus illud indumentum Romanum hic frustra quæras ; hoc infimo ævo omnia pene mutata erant. Hic subjungimus Diptycha Bituricensia, quibus similia prorsus sunt Leodiensia, quæ eadem etiam inscriptione exornantur : quæ inscriptio sic legenda FL. ANASTASIVS PAVLVS PROBVS SABINIANVS POMPEIVS ANASTASIVS VIR INLVSTRIS COMES DOMESTICORVM EQVITVM ET CONSVL ORDINARIVS. Mos erat illo tempore nomina plurima viris primariis indere. Viri inlustres in Oriente dicebantur ii solum, qui præcipua imperii officia occupabant. Comes domesticorum erat is, qui domesticis equitibus corporis, ut dicitur, custodibus imperabat. Consul ordinarius dignitas erat : hic modus loquendi communis erat, infimis consulatus temporibus. Alii rem pluribus pertractaverunt, nos hic carptim loquimur occasione statuæ Augustodunensis, quæ capitis ornamentum idem habet, quod Anastasius consul in hisce Diptychis gestat. Vir itaque consularis aut consul hac statua repræsentatur : cumque ejus vestis ad Romanorum vetera indumenta magis accedat ; quam Anastasii vestes, libenter crederem esse consulem Anastasio antiquiorem.

VI. Ut ad vestem Gallicam redeamus ; cucullum

les Romains, étoit venu des Gaules; on croit même que ce mot étoit originairement Gaulois. C'étoit une espece de cape qui avoit un capuchon commode pour ceux qui ne vouloient pas être connus en allant par la ville.

On convient que le *bardocucullus* & le *cucullus* étoient la même chose, & que Juvenal quand il parle du *cucullus* de Saintonge, veut dire la même chose que Martial qui parle aussi du *cucullus* & du *bardocucullus*. C'étoit une espece de capuchon fait selon Martial comme un cornet d'épices. Il y en a qui croient & non sans fondement, que ce capuchon tenoit à quelque chose, comme à une espece de cape ou à la *penula*.

---

qui in usu fuit apud Romanos ex Gallia illi mutuati fuerant, putaturque nomen esse Gallicum. Erat cucullus pallii species cui annexum erat *caputium*, iis commodum, qui nollent per urbem ambulantes agnosci.

Hæc fere omnium opinio est bardocucullum idipsum fuisse quod cucullum, Juvenalemque, cum ait Sat. vii.

Tempora Santonico velat adoperta cucullo,
Idem ipsum vestimentum significare, quod Martialis cum dicit lib. 4. Epig. 128.

Gallia Santonico vestit te bardocucullo.
Et lib. 1. Epigr. 54.
Sic interpositus vitio contaminat uncto
Urbica Lingonicus Tyrianthina bardocucullus.
Formam cuculli per cucullum thuris piperisque exprimit Martialis, qui librum suum alloquens 3. 2. ait.
Vel thuris piperisque sis cucullus.
Sunt qui putent, nec abs re, ut videtur, cucullum assutum fuisse alicui amiculo, ut exempli causa, penulæ vel lacernæ.

CHAPITRE XIX.

I. Habits des Espagnols & des Lusitaniens. II. Habits des Maures & des Numides. III. des Carthaginois.

I. NOus savons que les Espagnols & les Lusitaniens portoient le saie attaché avec une boucle, dit Appien, σεσαγοφορημένοι ; mais nous ignorons la forme de ce saie: nous n'avons point vû jusqu'à present de monument qui nous puisse instruire là-dessus. Strabon fait mention des saies des Lusitaniens, & décrit leur habit militaire, dont nous parlerons au tome de la guerre.

II. Les Maures peuples d'Afrique portoient les cheveux frisez selon Strabon: » Ils frisent & bouclent leurs cheveux, *dit-il*, & peignent leur barbe; »ils portent de l'or, se curent les dents, rognent leurs ongles, & se donnent »garde lorsqu'ils se promenent ensemble, de s'entretoucher, de peur de gâter »la frisure de leurs cheveux. « Nous avons vu ces cheveux frisez & bouclez dans la medaille de Juba roi de Mauritanie: on les voit aussi dans le jeune roi Juba, mais un peu pressez par le diademe qui les lie. L'habit des Maures paroit tout entier dans la colonne Trajane. Lusius Quietus Maurus lui amena

---

CAPUT XIX.

I. Vestes Hispanorum & Lusitanorum. II. Vestes Maurorum & Numidarum. III. Vestes Carthaginensium.

I. HIspanos Lusitanosque scimus gestasse sagum fibula nexum, ut ait Appianus; σεσαγοφορημένοι; sed ejus formam ignoramus. Nullum hactenus monumentum vidimus, ex quo aliquid notitiæ accedat. Strabo Lusitanorum militarem vestem &

sagum describit lib. 3. p. 107. de quo tomo quarto loquemur.

II. Mauri Africæ populi, *comas cincinnis exornant*, inquit Strabo lib. 17. p. 569. & *barbam comunt, aurumque gestant, dentes tergent, unguium incrementa resecant: cumque plures simul deambulant, raro sese contingunt, ne ornatum capillorum labefactent.* Hujusmodi cirros vidimus supra in nummo Jubæ Mauritaniæ regis: itemque in nummo Jubæ junioris regis, sed hîc a diademate paulum occultantur & citri comprimuntur. Maurorum vestis integra visitur in columna Trajana tab. 43. num. 199. Lusius Quietus

HABIT CONSULAIRE

Thiroux

FL·ANASTASIVS·PAVLVS·PROBVS
SABINIAN·POMPEIVS·ANASTASIVS

Dyptique de Bourges

VIR·INL·COM·DOMESTIC·EQVIT·
ET·CONS·ORDIN·

selon Dion de la cavalerie Maure pour servir à la guerre contre les Daces. On les reconnoît facilement sur la colonne, non seulement à la frisure de leurs cheveux, mais aussi à leur habit propre pour les payis chauds, & en ce que leurs chevaux n'ont ni frein ni selle, à la maniere des Maures & des Afriquains. Ils n'ont pour tout habit qu'une simple chlamyde qui ne les couvre qu'à demi, en sorte qu'ils paroissent à cheval les jambes, les cuisses & les pieds nus. Nous en donnerons l'image au tome de la guerre, qui est le quatriéme de cet ouvrage.

Les Numides étoient encore plus legerement vêtus & presque nus à cheval: nous en avons la figure sur une pierre donnée par le Cavalier Maffei, que nous représenterons au tome suivant au chapitre de la cavalerie.

III. Nous savons peu de choses de l'habit des Carthaginois. Plaute nous apprend qu'ils portoient des tuniques avec des manches si longues, qu'elles couvroient leurs mains & leurs doits. Ces manches étoient fort larges; & c'est pour cela, à ce qu'on croit, que Milphion dans Plaute appelle un Carthaginois *avis*, un oiseau, à cause de la largeur de ses manches qui paroissoient des ailes. Ils ne portoient point de ceintures, en sorte que leur tunique alloit, même vers le milieu du corps, au gré du vent. Tertullien dit aussi qu'ils n'avoient point de ceinture: qu'ils portoient un manteau quarré, attaché d'une boucle à l'épaule. Il est assez difficile d'expliquer ce que veulent dire Tertullien & plusieurs autres anciens, quand ils parlent d'un manteau quarré: est-ce par rapport à la figure du manteau quand il est sur un homme, qui en seroit revêtu? ou est-ce par rapport au manteau même, qui étendu à terre étoit quarré dans ses dimensions? L'une & l'autre explication auroit ses difficultez.

La couleur rouge & la pourpre étoit chez eux la plus usitée, comme l'on voit par cent passages des auteurs. Ceux mêmes qui se revêtoient de peaux de chevres, tant Carthaginois qu'autres peuples des cottes d'Afrique, les teignoient en rouge. Ils portoient aux oreilles ou des anneaux ou des pendants d'oreilles d'or. Ils marchent, dit Plaute, avec des anneaux aux oreilles. *O le mechant homme*, dit Lucilius, *qui a ses oreilles toutes entourées d'or*. Ils avoient aussi le saie selon Valere Maxime; on n'en sait pas bien la forme.

Maurus teste Dione equitatum ipsi Maurum adduxit ad Dacicum bellum. Ii in columna facile internoscuntur non solum a cincinnis, sed etiam a veste calidis æstuosisque regionibus, qualis Mauritania erat, propria; multoque magis, quod equi nec stratum nec frenum habeant; secundum Maurorum usum, quem ibidem Strabo describit. Chlamyde una tecti seminudi pene sunt, ita ut equitantes magnam femorum partem, tibias pedesque detectos exhibeant: eorum formam dabimus tomo sequenti ubi de bello.

Numidæ leviori adhuc vestitu utebantur, peneque nudi equitabant; unius schema protulit eques Maffeius, quod tomo sequenti in capite de equitatu proferemus.

III. De Carthaginensium veste pauca traduntur. Docet Plautus in pœnulo eos tunicas gestasse manicis adeo longis, ut manus digitosque contegerent.

Atque, ut opinor, digitos in manibus non habet.

Erantque manicæ illæ admodum latæ; ideoque, ut putatur, Milphio in Plauto Carthaginensem avem vocat, ob manicarum latitudinem, quæ alæ esse videbantur. Nulla cingebantur zona, ita ut tunica etiam versus medium corporis vento agitata volitaret. Ait quoque Tertullianus ipsos nullam habuisse zonam, quadratoque pallio usos esse, *quadrangulus*, inquit, *pallii habitus*, fibula ad humerum nexus. Intellectu sane difficile est, quid sibi velit Tertullianus, quid alii quidam veteres cum quadratum pallium commemorant. An id accipiendum de pallio virum amiciente & quadrati tamen formam servante, an de pallio humi extenso, quod quadratam exhiberet figuram? Utrovis modo intelligas res non difficultate vacabit.

Color ruber & purpura apud Carthaginenses admodum in usu erat, ut apud scriptores frequentissime dicitur. Ii etiam qui pellibus caprinis pro veste utebantur, tum Carthaginenses, tum alii oræ Africanæ populi, rubro eas tingebant colore. In auribus aut annulos aureos, aut inaures aureas gestabant: *incedunt*, inquit Plautus, *cum annulatis auribus*. Hinc etiam Lucilius: *nequam est*, ait, *aurium aures ejus vehementius ambit*. Sago etiam, ut ait Valerius Maximus, utebantur: sed ejus formam ignoramus.

LIVRE III.

Qui comprend les maisons, les appartemens, les meubles, la table, la cuisine & les maisons de campagne.

CHAPITRE PREMIER.

I. Les maisons des anciens. II. Distinction entre les îles & les maisons. III. Beaux Palais de Rome. IV. La maison d'or ou dorée de Neron.

I. **P**RESQUE toutes les parties de l'antiquité sont obscures & difficiles; nous avons trouvé bien de l'embarras à décrire les habits; nous n'en trouvons pas moins à donner une connoissance exacte des maisons, mais beaucoup plus de l'interieur, que de la face exterieure. Il paroit que les maisons des Grecs étoient assez conformes à celles des Romains; ou pour mieux dire, c'étoit des Grecs que les Romains avoient appris à bâtir des maisons, comme aussi beaucoup d'autres choses pour les usages de la vie. Cette conformité n'étoit pas generale; & la forme des maisons n'étoit pas toujours la même chez les Romains.

On ne sait touchant la forme des maisons & des appartemens des anciens Grecs, que des noms simples. La maison s'appelloit chez eux οἶκος; la chambre à coucher κοιτών; la salle à manger ἑστιατόριον ou τρικλίνιον, &c.

II. Il y avoit à Rome deux sortes de maisons, celles du bas peuple, des marchans & des artisans, qui dans les descriptions anciennes de Rome sont ordinairement comprises sous ce mot *insulæ*: c'étoient plusieurs maisons jointes ensemble, dont le circuit étoit isolé, & ne tenoit à rien. Cela n'empêchoit pas qu'on n'appellât aussi îles celles qui dans leur contour comprenoient des maisons des gens de qualité, qui tenoient aux autres. Cela paroit

---

LIBER III.

Complectens domos variasque earum partes, supellectilem ædium, triclinia, & mensam atque villas.

CAPUT I.

I. Veterum ædes. II. Distinctio inter insulas & domos Romæ. III. Eximiæ ædes Romanæ. IV. Domus aurea Neronis.

I. **O**MNIA ferme antiquitatem spectantia obscura difficiliaque sunt: in descriptione vestimentorum non parum desudavimus; neque minus laborabitur in describenda ædium forma; multoque minus interiorem figuram quam exteriorem novimus. Videntur Græci atque Romani eadem ferme ædium construendarum norma usi: imo, ut verius dicatur, a Græcis illa ad Romanos, quemadmodum & alia multa, manaverat: neque tamen in omnibus semper consentiebant, neque una erat apud Romanos ædes domosque construendi forma.

Circa græcarum ædium exteriorem interioremve formam mera nomina scimus. Domus apud ipsos erat οἶκος, cubiculum κοιτών; cœnaculum ἑστιατόριον aut τρικλίνιον &c.

II. Duo domorum genera Romæ erant, plebis videlicet mercatorum & artificum, quæ in veteribus Romæ descriptionibus insulæ nomine comprehenduntur. Erantque multæ una serie conjunctæ ædes, quarum ambitus liber. Insulæ etiam vocabantur etiamsi in ambitu domus quædam magnificæ primariorumque virorum cum aliis conjunctæ occurrerent. Illud au-

dans le plan de Rome fait du tems de Severe, dont les fragmens restent encore. Les maisons des gens de qualité dans ces mêmes descriptions s'appellent *domus*; elles étoient fort belles, & souvent de grands palais qui pour la magnificence & l'ornement ne cedoient point aux palais des Rois & des Princes.

Nous voyons dans les marbres la figure de fort peu de maisons de structure Romaine, qu'on peut remarquer dans quelques planches de cet ouvrage. Nous avons lieu de croire que c'étoient les maisons ordinaires, qui ne different guere de nos maisons d'aujourd'hui. Il ne faut pas oublier de dire que selon S. Jerôme il y avoit dans les maisons de Rome des entresols qu'on appelloit *Mediana*, & que les Italiens d'aujourd'hui appellent *Mezanine*. Il y a apparence que le nom qui dans la signification est tout le même, s'est conservé successivement pour marquer des étages plus bas que les autres, au dessous des grands appartemens.

III. Rien n'a surpassé la magnificence des grandes maisons de Rome, qu'on appelloit *domus* par excellence. Les plus beaux marbres n'y étoient pas épargnez; l'or, l'argent & l'ivoire y brilloient de toutes parts. Le premier qui commença à employer des marbres pour orner sa maison, fut L. Crassus, qui fut Censeur avec Domitius Ænobarbus l'an 662. de la fondation de Rome. Il mit au frontispice douze colonnes de marbre tirées du mont Hymette auprès d'Athenes. Mais c'étoit bien peu de chose en comparaison de ce qui se fit depuis du tems de Sylla. Son beau-fils Scaurus qui bâtit un amphitheatre le plus superbe qu'on eut encore vu, fit une maison si magnifique, que Pline la compare à celles que Caius & Neron Empereurs firent depuis bâtir. Mamurra & Lucullus se distinguerent par la quantité de marbres & d'autres ornemens qu'ils mirent en leurs maisons; le premier les fit venir de la Numidie, & le second de l'Egypte. Mais ces palais qui faisoient l'admiration de Rome, furent de beaucoup surpassez par ceux qu'on bâtit du tems d'Auguste, où toute la ville de Rome changea de face par la grande quantité de basiliques, de temples, de maisons, d'amphitheatres qui furent ou bâtis ou renouvellez, où les differens marbres furent employez en si grande quantité, qu'on disoit qu'Auguste avoit trouvé la ville bâtie de briques, & l'avoit laissée bâtie de marbre.

IV. Les Empereurs suivans surpasserent ceux qui les avoient précedez:

tem observatur in veteris Romæ ichnographia Septimii Severi tempore facta, cujus fragmenta adhuc supersunt. In descriptionibus autem Romanis nobilium primariorumque virorum ædes, domus vocantur: erantque ut plurimum magnificæ ædes, quæ sumtu & ornamento principum regumque palatiis nihil concedebant.

In marmoribus paucæ Romanæ ædes visuntur, quæ in decursu operis hujus observari possunt: quas ædes putamus vulgares fuisse: hæ ab hodiernis secundum exteriorem faciem parum differunt: neque prætermittendum est secundum Hieronymum, in ædibus olim Romanis fuisse contignationes demissiores, quas vocabant *mediana* quasque Itali hodierni *mezzanine*, nos *entresols* appellamus: verisimileque est nomen & rem significatam apud Italos successione quadam continuata ad postrum usque ævum fuisse.

III. Nihil domorum olim Romæ præcipuarum magnificentiam superavit: domus autem vox in descriptionibus Romanis ad eas præcipuas significandas ædes usurpatur. Hic exquisitissima marmora abunde in opus admovebantur: fulgebant omnia auro, argento, atque ebore. Qui primus marmora exornandæ domui adhibuit, Lucius Crassus fuit qui cum Domitio Ænobarbo anno urbis conditæ 662. censor fuit. In frontispicio autem duodecim columnas posuit ex monte Hymetto prope Athenas eductas. Verum ea domus quasi parvi precii computari poterat, cum iis ædificiis comparata quæ sub Sylla postea structa sunt: gener ejus Scaurus, qui amphitheatrum struxit, omnium quæ hactenus visa fuerant superbissimum; domum etiam adeo magnificam exædificavit, ut ea a Plinio conferatur cum iis quæ postea a Caio Caligula & a Nerone Imperatoribus constructæ sunt. Mamurra atque Lucullus ex marmorum copia aliisque ornamentis queis suas decoravere domos celebres fuere; Mamurra ex Numidia, Lucullus ex Ægypto ea marmora advehi curavit. Verum hæ magnificæ ædes, quæ in sui admirationem omnes rapiebant, ab iis quæ Augusti tempore excitatæ fuerunt, longe superabantur; quo tempore urbs pene tota aliam in faciem mutata est, structis videlicet, aut renovatis decoratisque innumeris basilicis, templis, domibus, amphitheatris: ubi tanta fuit marmorum adhibita copia, ut dictum fuerit Augustum qui luteam urbem repererat, marmoream reliquisse.

IV. Imperatores etiam sequentes pulcherrima reli-

Caligula bâtit un palais le plus grand qu'on eut encore vu; mais qui en grandeur & en magnificence cedoit beaucoup à celui que bâtit depuis Neron, qu'il appella d'abord la maison du passage, *domum transitoriam*, & depuis la maison d'or ou la maison dorée, *domum auream*. » Dans son vestibule, dit »Suetone, étoit un colosse haut de six vingts pieds, qui représentoit Neron. »Ce vestibule étoit si vaste, qu'il y avoit trois portiques d'un mille cha-»cun de longueur. Dans l'enceinte de ce grand palais il y avoit un étang ou »un bassin d'eau qui paroissoit une mer. « Ce fut le lieu où Vespasien bâtit depuis ce bel amphitheatre qu'on appella dans la suite des tems le Colisée.

» Cet étang, poursuit Suetone, étoit entouré de maisons qui avoient l'ap-»parence d'une ville. La grande enceinte de ce palais renfermoit des champs, »des vignes, des forets remplies de bestiaux de differente espece; on y trou-»voit aussi des bêtes fauves. Toutes les parties du bâtiment étoient brillantes »d'or, de pierreries & de perles. Les salles à manger étoient lambrissées de »tables d'ivoire mobiles & versatiles, afin que par les intervalles on pût faire »pleuvoir des fleurs & des parfums. La plus grande des salles étoit ronde, & »tournoit perpetuellement tant le jour que la nuit à la maniere de cet uni-»vers. Les bains étoient mêlez de l'eau de mer & de la riviere Albula. Quand »la maison fut achevée, & lorsqu'on en faisoit la dedicace, Neron content de »sa forme & de sa structure, dit qu'il pouvoit enfin se loger en homme.

Une particularité fort remarquable de ce grand palais, est qu'il y avoit un temple dedié à la Fortune appellée *Seia*, à l'endroit où Servius Tullius l'avoit fait bâtir la premiere fois, que Neron fit rebâtir d'une pierre apportée de Cappadoce, si transparente, que sans aucune fenêtre, & la porte étant fermée, ceux qui étoient dedans voioient fort clair en plein jour. La pierre dont étoit bâti ce temple s'appelloit phengite.

Sous les Empereurs suivans on fit aussi de fort beaux palais. Les Gordiens en bâtirent un tres-magnifique dans la ville: mais leur maison de campagne en la voie appellée Prenestine, étoit comparable à tout ce qu'on avoit vu de plus grand. Elle renfermoit un tetrastyle ou un grand quarré renfermé de colonnes au nombre de deux cens, toutes d'une égale hauteur; cinquante desquelles étoient Carystiennes, cinquante Claudiennes, cinquante de Synnade, & cinquante de Numidie. Il y avoit dans cette maison de campagne trois basiliques de cent pieds de long, & des thermes si grandes, qu'on n'en voioit qu'à Rome qui pussent leur être comparées.

quere monumenta. Caligula palatium struxit magnificentissimum omnium quæ hactenus visa fuerant, sed quod & amplitudine & elegantia longe retro relinquebatur ab ea domo quam Nero excitavit, *quam primo transitoriam,* inquit Suetonius cap. 31. *mox incendio absumtam restitutamque, auream nominavit ... Vestibulum ejus fuit, in quo colossus centum viginti pedum staret ipsius effigie: tanta laxitas, ut porticus triplices milliarias haberet: item stagnum maris instar:* hic locus fuit, in quo Vespasianus pulcherrimum illud amphitheatrum struxit, quod deinceps Coliseum vocatum fuit.

Illud stagnum maris erat, pergit Suetonius, *circumseptum ædificiis ad urbium speciem. Rura insuper arvis atque vinetis & pascuis silvisque, varia cum multitudine omnis generis pecudum ac ferarum. In cæteris partibus cuncta auro lita, distincta gemmis unionumque conchis erant. Cænationes laqueata tabulis eburneis versatilibus, ut flores fistulis, ut unguenta desuper spargerentur. Præcipua cænationum rotunda, quæ perpetuo diebus ac noctibus vice mundi circumageretur: balineæ marinis & Albulis fluentes aquis. Ejusmodi domum cum absolutam dedicarent, hactenus comprobavit, ut se diceret quasi hominem tandem habitare cœpisse.*

Quod in his ædibus admodum spectabile, templum erat Fortunæ Seiæ de quo Plinius 36. 22. quo loco Servius Tullius illud construxerat: quod a Nerone a fundamentis iterum exædificatum est ex lapide in Cappadocia reperto, *qui lapis erat duritia marmoris, candidus atque translucens; quare etiam foribus non apertis interdiu claritas ibi diurna erat, haud alio quam specularium modo, tamquam inclusa luce non transmissa.* Lapidi huic nomen erat phengites.

Sub Augustis sequentibus pulcherrimæ ædes a variis structæ sunt. Gordiani pulcherrimam domum Romæ struxerunt, inquit Capitolinus in Gordianis c. 32. sed incomparabilis esse videbatur *villa eorum via Prænestina ducentas columnas in tetrastylo habens, quarum quinquaginta Carystea, quinquaginta Claudiana, quinquaginta Synnades, quinquaginta Numidica pari mensura. In qua villa Basilicæ centenariæ tres: cætera huic operi convenientia, & thermæ quales præter urbem, ut tunc, nusquam in orbe terrarum.*

CHAPITRE II.

I. Les parties des maisons & premierement le vestibule. II. En quoi differoit le vestibule de ce qu'on appelloit atrium. *III. Ce que c'étoit que l'*atrium.
IV. Les salles à manger & leurs noms.

I. IL n'est pas possible de bien connoître la structure de ces superbes palais, la disposition des salles, des cours, des appartemens : ce que les auteurs en disent est trop peu détaillé pour s'en former une image distincte. Nous rapporterons seulement ce que nous avons recueilli de chacune de ces parties en commençant par le vestibule, qui étoit la premiere chose qu'on trouvoit en venant à la maison. Il étoit devant la grande porte, tous les auteurs en conviennent : Cæcilius Gallus dans Aulugelle explique plus au long que les autres ce que c'étoit. « Le vestibule, dit-il, n'est point dans la maison, « & n'en fait point partie, mais c'est une place vuide devant la porte ; & une « avenue pour y entrer. Ceux qui bâtissoient autrefois de grandes maisons, « laissoient un lieu vuide devant la porte entre la rue & la maison : c'étoit là où « ceux qui venoient voir le maître de la maison s'arrêtoient avant que d'être « admis à l'audience. Je ne m'arrêterai point à discuter si le vestibule faisoit « partie de la maison ou non, on trouve des autoritez de part & d'autre, & cela pourroit bien être une question de nom.

Il semble que Martial ait confondu le vestibule avec *l'atrium*, lorsqu'il dit, que le lieu où étoit de son tems le grand colosse, & ce qu'on appelloit *pegmata*, qui étoient des machines de theatre & d'amphitheatre ; que ce lieu-là, dis-je, étoit autrefois *l'atrium* de la maison dorée de Neron. Les *atria regis*, c'est le terme dont il se sert, semblent marquer évidemment ce que Suetone appelle vestibule, voici ses paroles : *Dans son vestibule étoit un colosse haut de six vingt piés, qui representoit Neron : ce vestibule étoit si vaste, qu'il y avoit trois portiques d'un mille chacun de longueur.* C'étoit sans doute ces trois portiques avec la face de devant du palais, qui enfermoient cet énorme vestibule de quatre mille de circuit, au milieu duquel étoit ce grand colosse qui restoit en la même place du tems de Martial ; qui lorsqu'il dit que les *atria*, ou la grande cour de Neron, étoient en la même place où étoit le colosse, semble confondre les

---

CAPUT II.

I. Partes ædium, ac primo de vestibulo. II. Quid discriminis interesset vestibulum inter & atrium. III. Quid esset atrium. IV. Triclinia, cœnationes, cœnacula.

I. SUMTUOSARUM hujusmodi ædium structuram & formam capere nequimus, non tricliniorum situm, non atriorum cubiculorum conclavium : hæc brevius a veteribus descripta sunt, quam ut accuratam rerum imaginem percipere possimus. Ea tantum proferemus quæ de singulis ædium partibus excerpere potuimus, a vestibulo incipientes, quod primum ingredientibus occurrebat. Vestibulum ante majus ostium erat, ea de re scriptores consentiunt : Cæcilius Gallus apud Aulum Gellium quid illud esset pluribus explicat : *Vestibulum esse dicit non in ipsis ædibus, neque partem ædium, sed locum ante januam domus vacuum; per quem a via aditus accessusque ad ædes est, cum dextra sinistraque januam tecta sunt viæ juncta: atque ipsa janua procul via est area vacanti interfita.* Non animus est disputare utrum vestibulum pars domus esset necne ; ad utramvis partem auctoritas scriptorum accedit, & fere quæstio unius nominis videtur esse.

II. Videtur Martialis vestibulum atriumque pro una eademque re habuisse cum ait :

Hic ubi sidereus propius videt astra colossus,
Et crescunt media pegmata celsa via,
Invidiosa feri radiabant atria regis.

Hæc atria idipsum omnino denotare videntur quod Suetonius vestibulum vocat : en iterum verba illius : *Vestibulum ejus fuit in quo colossus centum viginti pedum staret ipsius effigie, tanta laxitas ut porticus triplices milliarias haberet.* Hæ tres itaque porticus cum exteriori domus facie, immanis magnitudinis vestibulum illud efficiebant, cujus circuitus quatuor millium erat ; in cujus medio colossus, qui adhuc Martialis tempore eodem stabat loco : qui cum dicit atria Neronis eodem loco fuisse quo colossus stabat, atria id-

atria avec ce que Suetone appelle veſtibule : mais c'eſt apparemment une licence poëtique, n'y aiant aucun lieu de douter que le veſtibule ne fut devant la maiſon, au lieu que l'*atrium* étoit dedans. D'autres que Martial ont cru que l'*atrium* étoit le même que le veſtibule ; mais Aulugelle les refute.

III. Il y a de la difficulté à ſavoir ce que c'étoit préciſément que l'*atrium* & en quoi il differoit de l'*impluvium* ou de la cour dans laquelle ſe déchargeoient les goutieres. Nous venons de voir que des anciens ont confondu l'*atrium* avec le veſtibule : d'autres l'ont pris pour l'*impluvium* ou la cour de dedans ; mais nous avons des preuves manifeſtes que l'*atrium* faiſoit partie de la maiſon, en quoi il differoit du veſtibule ; & qu'il étoit couvert, en quoi il étoit diſtingué de l'*impluvium*. L'un & l'autre ſe prouve par des vers de Virgile, qui décrivant des *atria* où l'on faiſoit un repas, dit que l'on y vuidoit des bouteilles, & que des luſtres attachez au plancher doré éclairoient la compagnie. Sur ce paſſage l'interprete Servius dit que Virgile *parle ici de la coutume des Romains : car comme Caton le rapporte, les anciens mangeoient à deux ſervices dans l'atrium*. C'eſt en ce ſens que Juvenal a dit : *Qui d'entre vos ayeux a pris ſes repas en ſecret à ſept ſervices ?* Servius avoue pourtant au même endroit que le mot *atrium* a été pris diverſement. Auſone dit clairement que l'*atrium* étoit couvert. Et Pline l. 2. chapitre 35. aſſure que c'étoit dans l'*atrium* que l'on gardoit les images de cire qui repreſentoient les ancêtres. C'étoit dans l'*atrium* de Catilina, dit Suetone dans ſon livre des Grammairiens, que Verrius Flaccus enſeignoit la grammaire aux petits enfans. On a encore d'autres autoritez pour prouver que l'*atrium* étoit couvert & faiſoit partie de la maiſon, & que par conſequent il étoit different de l'*impluvium*, où, comme le nom le porte, la pluie tomboit & où les goutieres ſe déchargeoient.

IV. L'*atrium*, comme nous venons de voir, ſervoit quelquefois de ſalle à manger : il y avoit pourtant d'autres lieux deſtinez pour la table, qu'on appelloit *cœnatio, cœnaculum, triclinium*. Ce qu'on appelloit *cœnationes*, étoient de grandes ſalles, quelquefois au bas de la maiſon, & ſouvent au plus haut étage. Telle étoit la grande ſalle à manger dont parle Pline le jeune dans la deſcription de ſa maiſon de campagne, que nous donnerons plus bas. *Ici s'éleve une tour*, dit-il, *au pied de laquelle ſont deux petites ſalles, & deux autres dans la tour même, & au-deſſus de ces deux là une grande ſalle à manger, d'où la vûë s'étend*

---

ipſum vocare viderur quod Suetonius veſtibulum appellat : ſed id puto ex licentia poëtica dixit, quandoquidem veſtibulum ante domum haud dubie erat, atriumque in ipſa domo. Præter Martialem alii atrium atque veſtibulum idipſum eſſe putarunt ; ſed ii ab Aulo Gellio confutantur.

III. Quid verò atrium eſſet conſtituere non ita facile eſt, & qua in re ab impluvio differret, vel a cavædio, in quod aqua pluvia defluebat non intelligitur : jam vidimus ſcriptores atrium & veſtibulum idipſum eſſe dicentes ; alii vero impluvium & atrium pro re unica habuere : verum clare comprobari poteſt atrium domus partem fuiſſe, qua in re a veſtibulo differebat ; itemque opertum tectumque fuiſſe, qua re ab impluvio diſtinguebatur : utrumque ex hiſce Virgilii verſibus liquidum eſt, Æneid. 1.

Crateras magnos ſtatuunt & vina coronant.
Fit ſtrepitus tectis, vocemque per ampla volutant
Atria : dependent lychni laquearibus aureis.

Ubi interpres Servius : *tangitque*, inquit, *morem Romanorum. Nam, ut ait Cato, & in atrio & duobus*

ferculis epulabantur antiqui. Unde ait Juvenalis : *Quis fercula ſeptem, ſecreto cœnavit avus ?* Fatetur tamen ibidem Servius, atrium vario ſenſu acceptum fuiſſe. Auſonius clare dicit atrium opertum fuiſſe.

Tendens marmoreum laqueata per atria campum.

Pliniuſque 2. 35. dicit in atrio ſervatas fuiſſe cereas majorum imagines. In atrio Catilinæ, inquit Suetonius libro de Grammaticis, Verrius Flaccus pueros Grammaticen docebat. Aliæ ſuppetunt auctoritates quibus comprobetur atrium & opertum & partem domus fuiſſe, ideoque etiam aliud fuiſſe ab impluvio, in quod, ut nomen ſonat, aqua pluvia defluebat.

IV. Atrium, ut modo vidimus, cœnaculi nonnumquam vicem implebat : erant tamen alia loca cibo ſumendo deſtinata, quorum nomina erant, *cœnatio, cœnaculum, triclinium*. Cœnationes ſeu aulæ quædam magnæ erant, aliquando in ima domus parte, ſepeque in ſuprema domus contignatione. Talis cœnatio de qua Plinius junior in deſcriptione villæ ſuæ, quam infra integram proferemus : *Hic turris erigitur*, inquit, *ſub qua diætæ duæ, totidem in ipſa. Præterea cœnatio, quæ latiſſimum mare, longiſſimum littus, ama-*

foit

LES SALLES A MANGER.

fort loin sur la mer, sur les côtes, & sur de belles maisons de campagne voisines. Il distingue ici la grande salle à manger qu'il appelle *cœnatio*, de deux *dietes* qui étoient sous la tour, & de deux autres qui étoient dans la tour même, sous la grande salle à manger. Cette grande salle à manger destinée aux grands repas, occupoit tout le haut de la tour, & avoit la vue de la mer & de la campagne; aussi bien que la salle d'une autre maison de campagne dont nous donnerons l'image. Les quatres *dietes*, dont deux étoient au dedans & deux au dehors de la tour, étoient de petites salles à manger selon Sidonius qui s'accorde fort bien avec Pline. *Ex hoc triclinio*, dit-il, *fit in diætam, sive in cœnatiunculam transitus*. Du *triclinium* on passoit à une salle à manger.

Je ne sçai si ce qu'on appelloit *cœnaculum* le cenacle, n'étoit pas quelquefois la même chose que *cœnatio*. Ce qui est certain c'est que ceux qui parlent du *cœnaculum*, le mettent au plus haut étage de la maison. Il ne se trouve guere en usage que pour les gens de mediocre ou de basse qualité. Il y avoit aux cirques des cenacles situez au-dessus des officines. Bulenger croit qu'il y en avoit de même aux theatres & aux amphitheatres.

---

nissimas villas prospicit. Hic majus cœnaculum, quod cœnationem vocat, a duabus diætis distinguit, quæ sub turri erant, & a duabus aliis, quæ in ipsa turri, sed sub majori illa cœnatione. Hæc major cœnatio, majoribus adhibita conviviis, supremam totam turris amplitudinem occupabat, marisque simul atque agri prospectu gaudebat ut & cœnatio alterius villæ, cujus schema dabimus. Quatuor autem illæ diætæ cœnatiunculæ erant, ut ait Sidonius Apollinaris, qui cum Plinio consentit: *Ex hoc triclinio*, inquit, *fit in diætam, sive in cœnatiunculam transitus.*

Nescio utrum id quod cœnaculum vocabant, idipsum esset atque cœnatio : illud vero certum est, quotquot de cœnaculo loquuntur ipsum in suprema domus parte locare : hæc vox ut plurimum de tricliniis quæ in mediocris vel infimæ conditionis ædibus erant, usurpatur. Cœnacula erant in Circo, ubi sub officinis locabantur. Putat Bulengerus in theatris & amphitheatris cœnacula similiter fuisse.

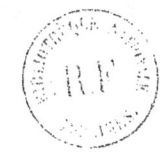

CHAPITRE III.

I. Le triclinium *se prend pour les lits de table & pour la salle à manger: difficulté sur ce sujet. II. Histoire de Lucullus. III. Les appartemens des femmes dans la Grece étoient separez de ceux des hommes, elles ne se trouvoient point aux festins. IV. Histoire à ce sujet. V. Coutume contraire des Lacedemoniens. VI. Autres remarques sur les maisons.*

I. L E *triclinium* vient du Grec τρικλίνιον, qui veut dire une salle ou un lieu où il y avoit trois lits étendus: l'usage en passa aux Romains chez qui il signifie la même chose que *cœnatio*, ou la salle à manger. Le triclinium donc étoit proprement les trois lits, où l'on se mettoit à demi couché: c'est en ce sens que Ciceron le prend, quand il dit: *Il commandoit qu'on mit dans le marché des triclinium, ou des lits pour les convives*. Le nom de ces lits passa à la salle où on les mettoit. Servius qui interprete ce passage de Ciceron en tire une consequence, qui, à ce qu'on prétend, n'est pas juste. *Ce passage fait voir*, dit-il, *que ceux qui prennent le triclinium pour une basilique, ou pour une salle à manger, se trompent*. Mais, dit-on, il se trompe lui-même. De ce que Ciceron appelle triclinium les lits préparez pour les convives, il ne s'ensuit pas que ce nom ne fut pas aussi donné aux salles des festins. Les exemples sont trop frequens chez les auteurs pour en douter: Ciceron lui même dans une lettre à Atticus, dit que Cesar étant venu le soir du second jour des Saturnales voir Philippe, la maison de campagne de celui-ci fut si remplie de soldats, qu'à peine le triclinium où Cesar devoit souper se trouva-t-il libre. On apporte ce passage pour refuter Servius, mais je ne vois pas qu'il soit fort concluant; quand Ciceron dit que le triclinium où Cesar devoit souper se trouva à peine libre, cela ne doit pas necessairement s'entendre de la salle où il devoit manger, on peut fort bien l'expliquer des trois lits & de la table qui composoient le triclinium. Un autre endroit de Ciceron paroit plus fort que celui-ci: il est pris du second livre de l'Orateur, où Libon dit à Galba: *Quand sortirez vous de vôtre triclinium? quand vous sortirez*, lui repond-il, *de la chambre à coucher des autres*. Je ne sai même s'il ne se trouvera pas des gens qui feront encore des difficultez sur ce

---

CAPUT III.

I. Triclinium accipitur pro lectis recumbentium & pro cœnatione: difficultas ea in re. II. Historia quædam Luculli. III. In Græcia mulieres in separatis conclavibus degebant; nec conviviis intererant. IV. Circa illam rem historia. V. Mos contrarius Lacedæmonum. VI. Observationes aliæ circa ædes.

I. T RICLINIUM fit ex Græco τρικλίνιον, quo significatur locus aut conclave ubi tres extensi lecti erant. Usus ejus ad Romanos transiit, & apud eos idipsum esse videtur quod cœnatio. Triclinia igitur tres lecti erant in queis cœnaturi recumbebant, quo sensu intelligendus hic Ciceronis locus: *Sterni triclinia in foro jubebat*. Lectorum nomen ad cœnationem ipsam transiit. Servius ad Æneid. 1. hunc Ciceronis locum affert & explicat, hinc argumentum ducit non ita firmum ut putant nonnulli: *unde apparet*, inquit, *errare eos, qui triclinium dicunt ipsam* basilicam vel cœnationem. At, inquiunt, ipse Servius errat. Ex eo quod Cicero triclinium vocet lectos ipsos ad cœnam paratos, non sequitur idipsum nomen ad cœnationes etiam indicandas usurpatum non fuisse. Exempla frequentiora sunt apud scriptores, quam ut hac de re dubitari possit. Cicero ipse ad Atticum 13. 50. ait: *Cum secundis Saturnalibus ad Philippum vesperi venisset, villa ita completa militibus est, ut vix triclinium, ubi cœnaturus ipse Cæsar esset, vacaret*. Hic locus ad Servium refellendum affertur; at non videtur certe rem conficere, nec falsum Servium comprobare. Cum ait Cicero triclinium ubi Cæsar cœnaturus esset vix vacasse; id certe non necessario intelligendum videtur de conclavi vel de cœnatione; nam explicari potest de triclinio vel de triplici lecto, & de mensa. Alius Ciceronis locus videtur ad rem probandam opportunior; libro nempe secundo de Oratore, ubi Libonem inducit Galbam sic alloquentem: *Quando tandem Galba de triclinio tuo exibis? cum tu*, inquit, *de cubiculo alieno*: quamquam nescio utrum hic etiam locus omnis controversiæ expers futurus sit. Illud porro certissimum est Ciceronem nem-

LES SALLES ET LES CHAMBRES.

passage : ce qui est certain, c'est que Ciceron prend bien plus souvent le triclinium pour les lits où s'asseyoient les convives que pour une salle à manger. Les autres auteurs prennent de même les triclinions dans l'un & l'autre sens. Athenée appelle ces salles à manger des salles à trois lits οἶκοι τρίκλινοι & dit aussi qu'il y en avoit à quatre, à sept & à neufs lits. Nous en verrons plus bas où il y en avoit bien davantage; nous ajoûterons seulement ici que les dimensions que Vitruve donne pour la salle à manger, sont, qu'elle doit être une fois plus longue que large.

II. Dans les grandes maisons il y avoit plusieurs salles à manger; sur quoi Plutarque rapporte dans la vie de Lucullus une chose memorable. Ce Capitaine Romain enrichi des dépouilles de plusieurs Rois Orientaux, vivoit avec une magnificence surprenante: la dépense de sa table étoit exorbitante: il avoit plusieurs salles à manger, dont chacune avoit son nom particulier: il avoit donné le mot à ses officiers de table & de cuisine, que quand il voudroit manger à telle salle, la dépense devoit monter à tant, & à telle à tant. Un jour Ciceron & Pompée le rencontrerent au marché, & lui dirent qu'ils iroient souper chez lui ce soir, mais qu'ils vouloient qu'il ne fît rien preparer au-delà de l'ordinaire. Luculle faisant semblant d'être embarrassé, les pria de differer la partie au lendemain, ils n'en voulurent rien faire, & l'empêcherent même de donner des ordres à ses serviteurs: il les pria de lui permettre au moins d'envoier dire qu'on les fît souper à l'Apollon; c'étoit le nom d'une des salles à manger. Ils crurent lui pouvoir permettre cela sans consequence, en quoi ils se tromperent; car la dépense de l'Apollon montoit à cinquante mille pieces d'argent. Ils y souperent donc, & ne furent pas moins surpris de la sumptuosité du festin, que de la diligence dont on avoit usé à le preparer. Comme Triclinium se prend pour la table à trois lits, Biclinium dans Plaute se doit prendre pour une table à deux lits, dont nous parlerons aussi à l'article de la table.

III. Les chambres à coucher s'appelloient *cubicula*: il n'y avoit point de cheminée; mais on y apportoit du charbon & de la cendre chaude pour les chauffer quand il faisoit froid. Les maisons honorables avoient des chambres particulieres dans les endroits les plus reculez; on les appelloit *Gynecéa* mot pris de γυνὴ femme, parce que c'étoient les femmes qui y habitoient loin de la vue des hommes. Elles y travailloient à la laine & à d'autres ouvrages propres au sexe. Les Grecs avoient bien plus de soin que les Romains de

pe triclinium sæpius pro ipsis lectis, quam pro cœnatione ipsa accipere. Scriptores alii triclinium utroque sensu usurpant. Apud Athenæum lib. 2. c. 47. hujusmodi cœnationes εἶεν τρίκλινοι, domus trium lectorum appellantur, adjicitque Athenæus cœnationes esse in quibus aut quatuor, aut septem, aut novem lecti erant: longe majorem lectorum numerum infra memoratum reperiemus: illud solum hic adjiciemus hanc triclinio dimensionem a Vitruvio 6. 5. dari, ut longitudo duplo sit latitudine major.

II. In nobilium primariorumque virorum domibus plurima erant triclinia, qua de re hoc memoratu dignissimum refert Plutarchus in vita Luculli: Hic plurimorum orientalium regum spoliis admodum locuples ex sumtu & magnificentia celebratur, apparatus mensæ illi supra modum splendidus. Huic multa erant triclinia suis quæque nominibus insignia: ministris autem suis servisque edixerat, ut cum in triclinio tali cœnaturus esset, tantum ad cœnam pecuniæ impenderetur, cum in alio tantum. Aliquando Cicero atque Pompeius ipsum in foro ambulantem otiosumque adeunt, seque cœnatum apud eum ituros dixerunt, sed solita sua cœna. Tum Lucullus se subitanea re perplexum turbatumque simulans rogabat in diem posterum differrent: negaverunt illi neque potestatem servos alloquendi dederunt; id modo largiti sunt petenti, ut uni servo palam diceret, hodie ipsum in Apolline cœnaturum esse, quod nomen erat uni ex splendidis tricliniis, illo autem commento decepti sunt: nam cœnare in Apolline solebat quinquaginta millibus denariorum. Illo itaque in triclinio cœnaverunt, neque minus sumtum & lautitiam, quam apparatus celeritatem mirati sunt. Ut triclinium tres lectos mensæ circumpositos, sic biclinium duos lectos significat, biclinium videbimus ubi de mensa.

III. Conclave illud ubi cubilia erant, cubiculum vocabatur; ibi nullus caminus erat; sed frigore ingruente prunas eo cinerefque calidos deferebant calefaciendi causa. In nobilium domibus conclavia erant in remotioribus secretioribusque partibus quæ Gynæcea vocabantur; vox ex γυνὴ *mulier* desumta, quia ibi mulieres degebant procul a virorum conspectu: ibique lanificium aliaque muliebria opera exercebant. Longe diligentius Græci veteres, quam Romani mu-

tenir leurs femmes loin de la vue des hommes. Les appartemens des hommes s'appelloient chez eux *Andron* & *Andronitis* ; ceux des femmes *Gynæceon* & *Gynæconitis* ; & comme remarque fort bien l'illustre M. Potter, les filles étoient gardées bien plus étroitement : elles avoient des chambres séparées & fermées à clef, d'où il ne leur étoit pas permis de sortir, pour aller dans d'autres appartemens : on gardoit avec la même sévérité les nouvelles mariées. Quand ils faisoient des festins où ils invitoient des gens de dehors, les femmes n'y paroissoient jamais, mais elles demeuroient toûjours renfermées dans leurs appartemens.

IV. Lorsque les Perses faisoient leur premiere tentative pour subjuguer la Grece, Megabyze qui commandoit pour le Roi Darius, envoia sept Perses des principaux de son armée pour demander à Amyntas Roi de Macedoine de la part de Darius la terre & l'eau ; c'étoient les termes dont les Perses se servoient, quand leur Roi demandoit à quelque nation qu'elle se soûmit à son empire. Amyntas qui ne se sentoit pas assez fort pour resister à une si grande puissance, accorda ce qu'on lui demandoit, & fit un festin magnifique à ces Perses, qui sur la fin du repas demanderent qu'on fit venir les femmes & les filles de la maison ; Amyntas leur répondit que c'étoit contre la coutume du payis, où les femmes étoient toûjours séparées des hommes ; mais que les regardant comme ses maîtres & ses seigneurs, il les feroit venir, puisqu'ils le souhaitoient ainsi. Elles vinrent en effet, & les Perses demanderent qu'on les fit asseoir auprès d'eux, ce qui leur fut encore accordé. Alors ils commencerent à prendre avec ces femmes des libertez qui déplaisoient fort à Amyntas ; mais il n'osoit rien dire. Alexandre son fils moins patient, dit à son pere qu'il étoit d'un âge trop avancé pour continuer à veiller avec ces Perses, & à leur tenir tête dans la débauche, il le pria de se retirer & de lui laisser le soin de faire les honneurs de la maison. Le pere quoiqu'il se doutât bien que son fils avoit quelque mauvais dessein contre ces Perses, se retira pourtant, en lui recommandant de ne rien tenter qui pût lui attirer quelque mauvaise affaire. Alexandre, après que son pere se fut retiré, dit à ces Perses qu'il falloit envoier les femmes & les filles se laver, & qu'après qu'elles se seroient lavées elles reviendroient pour coucher avec eux. Les Perses y consentirent volontiers, & Alexandre renvoia les femmes dans le gynecée, & fit venir autant de jeunes garçons habillez en femmes, portant chacun un poignard sous leurs habits, avec ordre de tuer les

---

lieres a virorum conspectu removebant. Penes illos virorum cubicula atque conclavia ἀνδρῶν & ἀνδρωνίτις vocabantur ; mulierum vero γυναικεῖον & γυναικωνίτις, & ut optime observat illustrissimus doctissimusque Potterus, virgines longe severiore custodia asservabantur : iis cubicula remotiora & obserata deputabantur, ex quibus non licebat egredi, neque alia adire conclavia ; eademque accuratione servabantur eæ quæ non ita pridem nupserant. In conviviis quò contribules vicinique conveniebant, nunquam mulieres aderant, sed in conclavibus illæ suis manebant.

IV. Quando Persæ primum Græciam sibi subjicere tentaverunt, Megabyzus Darii regis dux, inquit Herodot. 5. 17. septem Persas in exercitu spectatissimos misit, qui ab Amynta Macedoniæ rege nomine Darii regis peterent terram & aquam ; hæc loquendi forma erat cum rex Persarum ab aliqua gente vel ab aliquo rege peteret, ut sese dederent. Amyntas, ut pote viribus impar, rem postulatam concessit ; homines in hospitium vocavit, eosque instructa splendide cœna comiter excepit. Sub cœnæ finem Persæ rogarunt, ut si quæ essent mulieres ac puellæ, ex advocarentur : respondit Amyntas non illam esse sibi consuetudinem, sed viros apud se a feminis semotos esse, sed dominis tamen suis ita cupientibus se accerciturum eas. Accesserunt, sicut rogaverant illi, mulieres : postulant iterum Persæ sibi mulieres assideant, quod item concessum fuit : tum mammas contrectare, atque etiam osculari tentaverunt, quam rem iniquo Amyntas ferebat animo, sed tamen metu Persici nominis tacebat. Tum Alexander Amyntæ filius impatiens ac dedecus non ferens, patrem rogat, secedat utpote jam senex, sibique hospitum curam relinquat, ut cum illis potu indulgeat. Secedit Amyntas, filium rogans ne quid sibi familiæque perniciosum molitur. Submoto Amynta Alexander Persas rogat, mulieres lavatum ire concedant, ut postea lotæ nitidæque redeant secum concubituræ. Id Persis gratum acceptumque est : recedunt mulieres in gynæceum ; accersitque Alexander totidem juvenes imberbes, quos muliebri veste indutos, pugionemque sub vestibus habentes, ad Persas immittit, admonitos ut si manum

Perses dès qu'ils voudroient mettre la main sur eux. Ses ordres furent executez, les sept Perses furent tuez & on fit aussi main basse sur toute leur suite. C'étoit une affaire à perdre le Roi Amyntas & toute sa famille ; mais Alexandre eut l'adresse de gagner ceux d'entre les Perses qui furent envoiez pour la recherche de ces meurtres, en leur faisant de riches presens, & donnant sa sœur Gygée en mariage à Bubarés l'un des principaux d'entre eux.

V. On sait que les Lacedemoniens, selon les loix de Licurgue, avoient touchant les femmes des coutumes toutes differentes de celles des autres Grecs : les filles alloient le visage découvert, s'exerçoient publiquement à la course, à la lutte, au palet, à lancer des javelots ; & cela afin que leurs corps s'étant fortifiez par ces sortes d'exercices, les enfans qu'elles auroient, participans au temperament de leurs meres, fussent robustes & vigoureux. Les femmes mariées alloient voilées par la ville, & ne se montroient point aux hommes. Les Lacedemoniens disoient qu'ils en usoient ainsi, parceque les filles cherchoient des maris, & que les femmes mariées ne pensoient qu'à se conserver les leurs.

VI. Ce qu'on appelloit *conclave* étoit encore un lieu secret & qu'on fermoit à clef selon Donat : ce nom se prenoit aussi pour un quartier de maison divisé en plusieurs chambres fermées à clef, qui répondoient à la sale à manger : *conclave* se prend aussi dans une signification plus generale, pour un lieu renfermé. C'est ainsi que l'a pris Ciceron quand il dit que le *conclave* où Scopas donnoit à souper tomba sur les convives : Quintilien & Valere Maxime qui rapportent la même histoire, au lieu de *conclave*, se servent du mot de Triclinium.

Donner le plan & la forme d'une maison & de tous les appartemens, c'est ce qu'on ne peut faire sans risque de se tromper. Il paroit même certain, que tout de même qu'aujourd'hui les dispositions des maisons étoient differentes : chacun les faisoit à sa fantaisie.

in se immittere Persæ tentarent, statim illos confoderent. Rem ut jussi fuerunt illi exsequuti, necati Persæ, servique illorum pariter omnes concisi sunt. Hinc certe regis Amyntæ ejusque familiæ pernicies consequutura erat. Sed Alexander eos qui de nece Persarum perquisitum venerant arte ad suas partes deduxit, tum multa oblata pecunia, tum etiam sorore sua Gygæa Bubari uni ex inquisitoribus in conjugem data.

V. Lacedæmonii, secundum Lycurgi leges, contrariam cæteris Græcis circa mulieres consuetudinem servabant. Virgines detecta facie ibant, atque in cursu, lucta, disco, telorum jactu publice exercebantur; ut fortiora his exercitiis facta corpora, filios parerent robustiores. Mulieres tamen nuptæ velatæ incedebant, nec virorum conspectui patebant. Se vero ita agere Lacedæmonii dicebant, quia virgines viros quærebant; conjugatæ vero id unum curabant, ut suos servarent conjuges.

VI. Quod conclave vocabatur erat etiam locus secretior obseratusque. Hoc nomen secundum Donatum partem quamdam domus significabat, quæ multis cubiculis obseratis constabat, unde erat in triclinium transitus. Conclave etiam generatim accipitur pro clausa quapiam cella vel loco : atque hoc sensu Cicero hac voce utitur cum dicit lib. 2. de oratore: *Conclave illud ubi epulabatur Scopas, concidit.* Quintilianus & Valerius Maximus qui eamdem historiam referunt, non conclave, sed triclinium vocant.

Domus cujuspiam veteris ichnographiam aut conclavium omnium situm formamque delineare admodum difficile est, nec sine manifesto erroris periculo tentari potest. Certum quoque videtur illis temporibus perinde atque hodierno die non unam sed multum diversas fuisse conclavium domorumque ædiumque formas: quisque arbitratu suo hæc construebat disponebatque.

CHAPITRE IV.

I. Question si les anciens avoient des cheminées. II. Passage de Suetone qui semble prouver qu'ils en avoient. III. S'il y a eu des cheminées, elles étoient fort rares. IV. Autre question, si les anciens avoient des vitres aux fenêtres.

I. C'EST une grande question, si les anciens avoient des cheminées. Vitruve ne donne point de regles pour en faire, & n'en parle en aucune maniere; on n'en a point trouvé de trace dans les anciens monumens: de là plusieurs ont conclu qu'il n'y en avoit point du tout: & comme on ne peut nier que les anciens n'eussent des foiers où l'on brûloit du bois; ils disent que pour éviter la fumée, ou ils se servoient d'un certain bois dont parle Caton, qui étoit froté du marc d'huile, & qui ne fumoit point; ou s'ils étoient pauvres, ils laissoient les fenêtres ouvertes pour que la fumée s'en allât. Quelques-uns ajoutent qu'ils n'avoient que des foiers portatifs, tels qu'on en voit encore aujourd'hui, & que l'usage des cheminées n'est venu que dans les tems bas. Plusieurs passages des anciens semblent persuader le contraire. Ulysse enfermé dans l'antre de Calypso souhaittoit de voir au moins sortir la fumée d'Itaque: cela se pouvoit difficilement voir, s'il n'y avoit point de cheminée. Ciceron conseille à Trebatius d'entretenir un bon feu dans son *caminus*. Pour chasser le froid, dit Horace, il faut mettre beaucoup de bois sur le foier: cela se peut-il, s'il n'y avoit point de cheminée?

II. Quand Vitellius fut élu Empereur, le feu aiant pris d'abord à la cheminée, gagna la salle à manger ou le Triclinium. *Nec ante in prætorium rediit, quam flagrante Triclinio ex conceptu camini.* Le dernier passage semble persuader qu'il y avoit des cheminées; car ce feu conçu dans la cheminée semble marquer absolument un tuiau de cheminée, comme ceux d'aujourd'hui: ce feu, dit-il, fut conçu dans la cheminée & passa de là au triclinium. On en peut encore tirer une preuve du mot de cheminée, du *chiminea* des Espagnols, & du *camino* des Italiens. Ces mots viennent tres-assurement de *caminus*, & il

---

CAPUT IV.

I. Utrum veteres caminis sint usi. II. Locus Suetonii, quo fuisse caminos argui videtur. III. Camini si fuerint apud veteres, ii admodum rari erant. IV. An veteres vitro fenestras clauderent.

I. MAGNA hodie quæstio agitatur, num apud veteres camini fuerint necne: Vitruvius nec struendi camini normam tradit, nec caminum uspiam commemorat; in veterum monumentis nulla caminorum vestigia relicta sunt. Hinc plurimi concludunt nullum olim caminum fuisse eodem modo quo hodierni camini construuntur. Cum autem negari nequeat apud Veteres focos fuisse in quibus ligna ponebantur comburenda; ad fumum vitandum, inquiunt, vel ligno quopiam utebantur, de quo Cato loquitur, amurca videlicet illito, quod fumum non emitteret; vel si pauperes ii essent, fenestras relinquebant apertas ut inde fumus exiret. Addunt aliqui nonnisi mobiles focos habuisse seu vasa igni imponendo, qualia hodieque usurpantur, caminos autem hodiernorum similes habuisse nullos. Sed aliquot veterum loca contrarium suadere videntur. Ulysses in Calypsûs antro conclusus fumum ex Ithaca egressum videre cupiebat; quod sane difficile intelligatur, si nulli essent camini hodiernis similes, qui supra tectum fumum emitterent. Cicero Trebatium hortatur 7. 10. his verbis, *luculento camino utendum censeo.* Ut depellatur frigus, inquit Horatius, multum ligni adhibendum 1. Carm. 9.

*Dissolve frigus, ligna super foco
large reponens.*

Quæ sane non videntur fieri posse nisi adsit caminus longo tubo & canali instructus, qui fumum emittat.

II. Quando Vitellius imperator fuit inauguratus, inquit Suetonius cap. 8. cum ignis statim caminum incendisset, triclinium deinde absumsit: *Nec ante in præ‌torium rediit, quam flagrante triclinio ex conceptu camini.* Hoc certe loco suaderi videtur fuisse caminum illum camino hodierno similem, ex conceptu namque camini dicitur conflagrasse triclinium; quo innuitur, ni fallor, in camini tubo conceptum ignem fuisse, inde in triclinium pertransiisse. Posset fortasse aliud argumentum educi ex eo quod in tribus vernaculis linguis quæ ex latino derivantur, camini hodierni vetus nomen latinum retinuerint; Itali namque *camino*; Galli *cheminée*, Hispani *chiminea* vo-

semble qu'on ne puiſſe pas douter que le nom avec la choſe ſignifiée n'ait paſſé des anciens juſqu'à nous. On n'en trouve point de trace à la verité, & cela pourroit au moins faire douter ſi les anciens avoient des tuiaux de pierre ou de brique; mais ne pouvoient-ils pas avoir des tuiaux de fer ou de quelqu'autre matiere? D'ailleurs on a vu fort peu de maiſons des anciens Romains; ou pour mieux dire, on n'en a vu juſqu'à preſent que des mazures en petit nombre, où il étoit malaiſé à découvrir s'il y avoit eu des cheminées ou non. Il s'eſt conſervé juſqu'à nos jours des temples, des theatres, des amphitheatres, des thermes & d'autres grands bâtimens, quoique avec de la peine, & en bien petit nombre; mais les maiſons des particuliers, à quelques peu de mazures près, ont été détruites pour en bâtir d'autres. Il y a eu des auteurs qui ont cru que les cheminées des anciens étoient au milieu ou des chambres ou des lieux où on faiſoit du feu; fondez ſur un paſſage de Caton, qui dit qu'avant que de s'aller coucher il faut ramaſſer les charbons de tous côtez; ſi toutefois il faut entendre ainſi le mot *circumverſum* qui eſt dans le latin. Mais qui ne voit que *focus* ne ſe prend pas là pour la cheminée, mais pour le foier, dont Caton conſeille de couvrir le feu de tous côtez avant que de s'aller coucher? C'eſt ce que nous faiſons encore aujourd'hui. Un autre paſſage de Columella qu'on rapporte, eſt encore moins fort que celui de Caton; nous pouvons nous diſpenſer de le produire ici, tant il eſt foible.

III. Il ſemble pourtant qu'on ne puiſſe pas nier que les cheminées étoient rares du tems des anciens Romains. Seneque dit que de ſon tems on inventa de certains tuiaux qu'on mettoit dans les murailles, afin que la fumée du feu qu'on allumoit au bas des maiſons, paſſant par ces tuiaux, échauffât également les chambres juſqu'au plus haut étage.

IV. Les anciens avoient auſſi des fenêtres; il falloit pour les fermer des tablettes de quelque matiere tranſparente, qui les laiſſant jouir de la clarté du jour & des benignes influences du ſoleil, les garantiſſent en même tems des injures de l'air: l'invention n'en fut trouvée que bien tard; Seneque dit que ce fut de ſon tems qu'on inventa la maniere de fermer les fenêtres avec des tablettes d'une pierre qu'on appelloit *ſpeculare*. Pline le jeune ſe ſervoit de ces tablettes de pierre pour le même uſage, comme nous verrons plus bas dans la deſcription de ſa maiſon de campagne. Le

---

cant : ut retinuere nomen, formam etiam retinuiſſe videntur. Fatendum tamen nullum hactenus camini hujuſmodi repertum veſtigium fuiſſe, unde dubium ſaltem relinquatur, utrum apud veteres camini fuerint cum tubis aut ex latere aut ex lapide ſtructis : at potuere fortaſſis tubos aut ferreos aut alterius cujuſpiam materiæ adhibere. Ad hæc autem pauciſſimæ hactenus veterum ædes viſæ fuere ; ſeu ut melius dicatur, rudera pauca tantum earum viſa ſunt, ubi vix poterat deprehendi utrum camini in iis fuiſſent necne. Templa quidem, theatra, amphitheatra, thermæ aliaque magna ædificia, etſi vix & parvo numero, ad noſtrum uſque ævum ſervata ſunt : domus vero privatorum ad novas ædificandas ſunt dirutæ. Scriptores quidam exiſtimarunt caminos veterum in medio cubiculorum, ſive conclavium fuiſſe, hoc nixi Catonis de re ruſtica teſtimonio : *Focum purum circumverſum antequam cubitum eat, habeat.* At quis non videat hic focum pro camino ad hodiernum morem concinnato nullo modo accipi ; ſed pro ipſo foco, ut verba efferunt, cujus ignem circumquaque colligendum dicit Cato & fortaſſe operiendum, ſi vocem illam *circumverſum* ſic intelligi oporteat : quod etiam hodie in uſu eſt. Alius ex Columella locus ad eam rem comprobandam affertur, qui ſane Caronis loco longe minoris eſt momenti, ideoque nullo diſpendio prætermittitur.

III. Negari tamen non poſſe videtur caminos, ſi tamen quipiam cum tubo fuerint, admodum raros olim fuiſſe veterum Romanorum tempore. Ait Seneca epiſt. 90. memoria ſua inventum prodiiſſe, nempe *impreſſos parietibus tubos, per quos circumfunderetur calor, qui ima ſimul & ſumma foveret æqualiter.*

IV. Feneſtræ apud veteres erant, quamobrem neceſſe erat ut ex aliqua materia pellucida tabellas pararent, quæ luci ſoliſque radiis meatum relinquentes, ab aeris injuria tutos præſtarent. At hoc inventum non priſci ævi fuit. Ait Seneca epiſt. 90. ſuo tantum tempore inventum fuiſſe modum feneſtras claudendi cum tabellis cujuſdam lapidis cui nomen ſpeculare : quibus tabellis lapideis Plinius junior in villa ſua uſus eſt, ut infra videbitur in iſtius villæ deſcriptione : vi-

verre étoit en usage depuis longtems, on en faisoit des vases, des tasses & des gobelets; quoi de plus facile que d'en faire des vitres? Cependant l'usage des vitres n'a jamais été dans tout le tems de la belle antiquité: ç'a été jusqu'à present le sentiment des plus habiles Antiquaires; neanmoins j'apprens que M. le Senateur Buonaroti de Florence vient de faire un livre où il prouve que l'usage des vitres est des anciens tems. C'est un tres-habile Antiquaire, qui n'aura pas avancé cela sans preuves. Ce livre me doit être envoié de Rome; je trouverai sans doute quelque occasion d'en parler dans la suite de cet ouvrage.

Ce ne fut, comme nous venons de dire, que du tems de Seneque qu'on commença à mettre aux fenêtres de certaines tablettes de pierre transparente qui s'écailloit aisément & qui se fendoit en pieces larges & minces. On les prenoit d'abord dans l'Espagne citerieure du côté de Segobrige, dit Pline. On en trouva depuis en Cypre, dans la Cappadoce, dans la Sicile, & encore depuis dans l'Afrique. On voit encore aujourd'hui dans l'Eglise de S. Miniat auprès de Florence, de grandes tables d'une pierre transparente; il n'y en a qu'une à chaque fenêtre, qui la ferme entierement. On ne la voit pas d'assez près pour juger si elle est d'albâtre; je suis persuadé que si on tailloit en tables minces la colonne d'albâtre qui est dans la Bibliotheque Vaticane, ces tables seroient presque transparentes comme le verre. C'est de ces sortes de pierres de Cappadoce dont Neron bâtit un temple dans sa maison dorée, où l'on voioit fort clair en plein jour sans qu'il y eut aucune fenêtre. Outre ces tablettes de pierre transparente, les anciens se servoient au lieu de vitres, de voiles ou de pieces de toiles, comme plusieurs font encore aujourd'hui. Les anciens separoient quelquefois leurs fenêtres en deux.

trum tamen a multis jam sæculis tunc in usu erat, ex eo conficiebantur calices, pocula & vasa: quid facilius esse videbatur quam vitreas parare fenestras? attamen vitrum ad eam rem non fuit usurpatum toto elegantis illius antiquitatis tempore. Hæc fuit hactenus opinio eruditorum omnium, qui de re antiquaria scripserunt. Sed nuper audivi V. Cl. Bonarotam Senatorem Florentinum librum edidisse, in quo probat vitreas fenestras antiqui fuisse usus. Qui vir inter eruditissimos computandus, id non sine auctoritate & exemplis affirmaverit. Eum librum in dies exspecto Roma transmittendum: quem ubi nactus fuero, aliquam ejus commemorandi occasionem in operis hujus decursu reperiam.

Senecæ tantum ut diximus tempore, fenestris aptatæ sunt tabellæ ex lapide quodam pellucido, qui facile secabatur in tabulas tenues simulque latas. Primo hi lapides in Hispania citeriori prope Segobrigam accipiebantur, inquit Plinius cap. 33. lib. 22. deindeque alii reperti fuere in Cypro, in Cappadocia, in Sicilia, & sub hæc etiam in Africa. Florentiæ in ecclesia sancti Miniatis fenestræ sunt, in quibus vitri loco tabulæ ex alabastrite, aut ex lapide pellucido, quarum singulæ singulas fenestras occupant; si in tabulas secta esset columna illa ex alabastrite, quæ in bibliotheca Vaticana visitur, ea vitri instar pellucida foret. Ex hujusmodi pellucidis lapidibus Nero templum in domo sua aurea struxit, in quo interdiu nullæ licet fenestræ essent luce fruebantur, qui intus inclusi erant. Præter tabulas illas lapideas, veteres telis fenestras claudebant, ut hodieque fit quibusdam in locis. Veteres fenestras suas separabant in duas saltem portas, hinc bifores fenestræ apud Ovidium.

LES PORTES, LES LITS.

CHAPITRE V.

I. Les portes des anciens. II. Les clochettes qu'on mettoit aux portes. III. Les lits.

I. LEs portes font fans doute auſſi anciennes que les maiſons : il ſeroit donc inutile de rechercher leur origine, les maiſons étant apparemment auſſi anciennes que le monde. Nous ne nous arrêterons pas non plus à chercher l'étymologie de θύρα & de πύλη ; ni celle de *porta* & de *janua*, mots dont les Grecs & les Latins ſe ſervent pour ſignifier une porte. Ces étymologies ſont la plûpart incertaines, & ne ſervent qu'à groſſir inutilement un diſcours. Selon Iſidore, quand les portes ſe plioient en deux, on les appelloit *valvæ*. Il y avoit des portes de devant & des portes de derriere : ces portes de derriere ſont appellées par Ciceron *pſeudothyra* des fauſſes portes. Ces portes étoient ordinairement ſoûtenues ſur des jambages de bois, qu'on appelloit en grec παραςάδες, & en latin *poſtes* : la porte étoit attachée par les gonds à l'un de ces jambages ; à l'autre étoit la gâche où entroit le pêne. On croit qu'il y avoit ſouvent pluſieurs pênes dans une même ſerrure. Cette ſerrure étoit ordinairement amovible comme nos cadenas : il y avoit des chaînes qui ſervoient à la ſerrure tout de même qu'il y en a qui tiennent à certains cadenas qui ont pris de là leur nom. Il nous reſte aujourd'hui tres-peu de ſerrures anciennes ; je n'en ai point encore vu d'antiques, hors celles que nous avons remarquées ci-devant ſur les ſcrinions qui n'aident qu'à en connoître un peu la forme exterieure ; mais il nous reſte un grand nombre de clefs, la plûpart de bronze, ſur les dens deſquelles on peut juger à peu près de la forme interieure des ſerrures.

Pl. LIV.

Parmi les clefs que nous donnons, on en remarque pluſieurs qui ont l'anneau fait comme pour le mettre au doigt. De-là Lipſe & d'autres ont inferé, que ces clefs ſervoient d'anneaux à ſeeller, ou de cachets ; mais Beger a prétendu que de toutes ces clefs il n'y en a pas une qui ait pu ſervir de bague, comme il eſt aiſé de voir par leur forme : cependant une clef de nôtre cabinet, qui m'a été donnée depuis peu, a certainement pu ſervir à l'un & à l'autre uſage, au jugement de tous ceux qui la voient : nous en donnons ici la forme. Il y a deux de ces clefs qui ont la forme des paſſepartout. Dans une de celles qu'a

CAPUT V.

I. Januæ veterum. II. Tintinnabula januis appenſa. III. Lecti.

I. JAnuæ ejuſdem haud dubie vetuſtatis ſunt atque domus ipſæ : inutile igitur foret eorum originem perquirere, quando ædes & domus ab initio mundi inventæ ſunt. Etymologiam vocum θύρα & πύλη, vel porta atque janua, inveſtigare non licet : hæ quippe etymologiæ, magna parte incertæ ſunt, ſæpeque nihil aliud præſtant, quam quod verba nullo frutu multiplicentur. Secundum Iſidorum quando portæ plicabantur, eæ tunc valvæ nominabantur. Erant vero fores ſeu portæ anteriores & portæ poſteriores : poſteriores portæ a Cicerone vocantur pſeudothyra *falſæ portæ* : illæ vero portæ vulgo poſtibus hærebant, quos Græci παραςάδας vocant. Alteri ex poſtibus per cardines hærebat janua ; alteri vero lamina illa perforata in qua ſeræ peſſulus inſerebatur : plures aliquando cadem in ſera peſſulos fuiſſe creditur. Sera ut plurimum mobilis erat, & amovebatur ut eæ ſeræ quas vocamus *cadenas*. Catenæ quædam ſeris hærebant, quemadmodum hodieque in nonnullis hujuſmodi ſeris, quas *cadenas* appellamus, quæ ex catenis nomen ſumſiſſe videntur. Paucæ admodum ſeræ veteres hodie ſuperſunt : nullas vidi hactenus antiquas ſeras præter eas quas in ſcriniis ſupra obſervavimus, quæ formam tantum exteriorem ſerarum exhibent. At claves ingenti numero ſuperſunt veteres omnes æneæ ſunt, ex quarum forma dentibuſque, ut vocant, interior ſerarum forma deprehendi poteſt.

Inter eas quas hic proferimus claves aliquot annulum habent quaſi inſerendum digito : unde Lipſius aliique eo inducti ſunt ut putarent claves illas annulorum obſignatoriorum loco fuiſſe ; at Begerus exiſtimat nullam ex hujuſmodi clavibus ad eam rem uſurpari potuiſſe, ut vel ex earumdem forma liquet. Attamen clavis nuper mihi dono oblata, & annuli & clavis vicem impleviſſe videtur, ut exiſtimant quotquot eam conſpiciunt : ejus hic imaginem proferimus. Ex hiſce clavibus duæ formam habent earum clavium quas vocamus *paſſe-*

Pl. LV. données le P. Bonanni, il y a non seulement un trou où entroit la broche de la serrure, mais encore une autre broche, en sorte que celle de la serrure devoit être creuse comme un tuiau, pour recevoir la broche de la clef. Outre les serrures & les clefs, les anciens avoient pour les grandes portes de ces barres qu'on mettoit derriere pour plus grande sureté, qu'ils appelloient *repagula*.

Dans la Grece les portes qui donnoient sur la rue, s'ouvroient anciennement en dehors; c'est pour cela que dans les auteurs comiques tant Grecs que Latins, ceux qui sortent de la maison, frappent avant que de sortir, de peur que la porte en tournant dans la rue ne heurte contre quelqu'un. Mais à Rome les portes s'ouvroient en dedans; ce qui s'observoit aussi en Grece dans des tems plus bas.

II. Il y avoit quelquefois aux portes des Sonnetes *tintinnabula*. Ces clochetes servoient aussi à plusieurs autres usages: on les pendoit au cou des chevaux, des bœufs & des moutons. On s'en servoit encore dans les maisons pour éveiller le matin selon Lucien. Ceux qui faisoient la ronde dans les villes fortifiées, en portoient de même. On en mettoit aux portes des temples. Il s'en trouve encore à d'autres usages chez les auteurs. Le P. Bonanni a donné quelques clochetes que nous representons ici. La plus remarquable est celle qui a cette inscription en mots grecs écrits en lettres latines: CHOVS ARTEMIS EPHISTION AIR MENI, qui se doivent lire en Grec de cette maniere: χοῦς, Ἄρτεμις, ἡφαίςιον, ἀὴρ μένει.

Humus, diana, ignis, aer manet.

Le P. Bonanni croit que cela marque les quatre élemens; il y a grande apparence que c'est cela qu'on a voulu signifier, quoiqu'il paroisse assez difficile de donner raison pourquoi on a mis Diane pour l'eau.

III. Le lit à coucher étoit ce que Ciceron appelle *lectus cubicularis*, pour le distinguer de *lectus tricliniaris* & de plusieurs autres sortes de lits. Les Grecs l'appelloient κλίνη, κοίτη; c'étoient les noms les plus communs; ils en avoient encore d'autres moins usitez. Les lits des anciens étoient simples; mais dans la suite des tems, le luxe & la magnificence se montrerent dans les lits comme dans tout le reste. On en faisoit dont toute la structure étoit d'argent; tels étoient ceux d'Heliogabale. Les Perses, dit Xenophon, avoient des lits

---

partout. In aliqua earum, quas post P. Bonannum damus, non modo foramen, in quod seræ veru intrabat; sed etiam aliud veru, quod in eo ipso seræ veru quasi in tubo inserebatur. Præter seras & claves, in usum adhibebant veteres vectes seu repagula quæ portam interius firmarent.

In Græcia priscis temporibus portæ & fores ædium exteriores, non introrsum trahendo, sed in viam publicam pellendo aperiebantur; ideoque apud Poëtas comicos tum Græcos, tum Latinos, quoniam aliquo ex ædibus egrediente periculum erat, ne quispiam qui aut præteriret, aut pro foribus staret, ab impulsa janua pelleretur; qui domo exibant solebant intrinsecus fores percutere, ne ii qui foris erant læderentur. Romæ tamen fores introrsum aperiebantur, atque etiam in Græcia posterioribus sæculis.

II. Januis aliquando appensa erant tintinnabula, quæ aliis multiplicibusque usibus erant: collo quippe equorum, boum, oviumque appendebantur. In ædibus etiam iis veteres utebantur ut a somno excitarent, ut ait Lucianus. Qui in oppidis præsidio munitis vigilias lustrarent, tintinnabula gestabant: in templorum quoque ostiis tintinnabula ponebantur, eaque ipsa aliis quoque usibus deputabantur. P. Bonannus aliquot tintinnabula dedit ex Museo Kirkeri educta, quæ nos hic apponimus: quod aliis spectabilius observatur tintinnabulum, hanc inscriptionem præfert vocibus græcis literisque latinis: CHOVS ARTEMIS EPHISTION AIP MENI, quæ græce sic legi debent, χοῦς, Ἄρτεμις, ἡφαίςιον, ἀὴρ μένει.

Humus, Diana, ignis, aer manet.

Putat Bonannus his significari quatuor elementa: idque omnino verisimile est, etsi non satis intelligatur cur Diana pro aqua posita sit.

III. Lectus cubicularis, sic enim cubile vocat Cicero, distinguebatur a lecto tricliniari, & ab aliis lectorum generibus. A Græcis lectus κλίνη & κοίτη vocabatur; hæc erant vulgaria nomina: alia quoque erant minus usitata. Priscorum lecti simplices erant: insequenti tempore in lectis sicut in cæteris omnibus sumtus & magnificentia ostentabantur. Lecti adornabantur ex argento toti: tales Heliogabali Imperatoris erant. Persæ, inquit Xenophon p. 319. lectos habebant

CLEFS

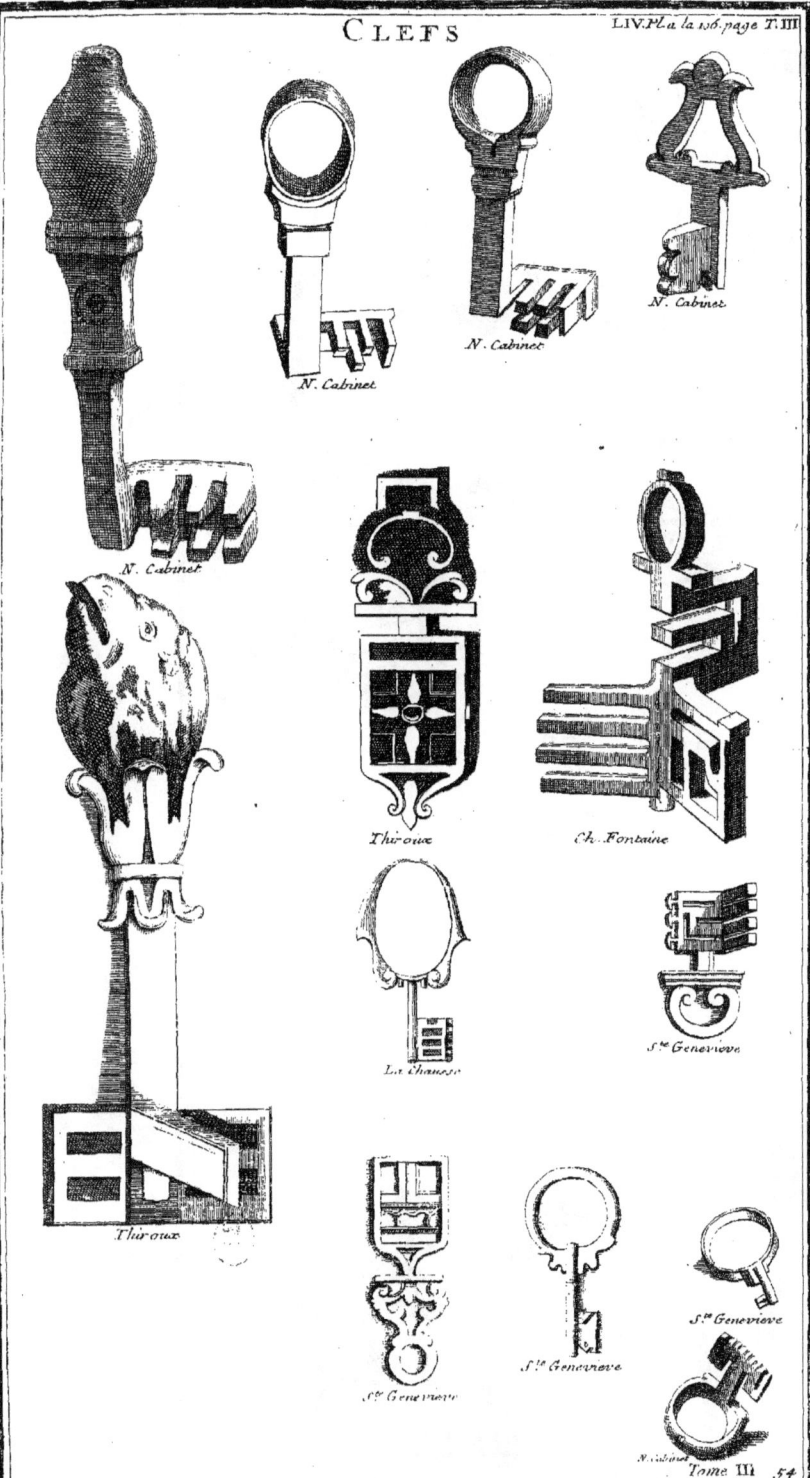

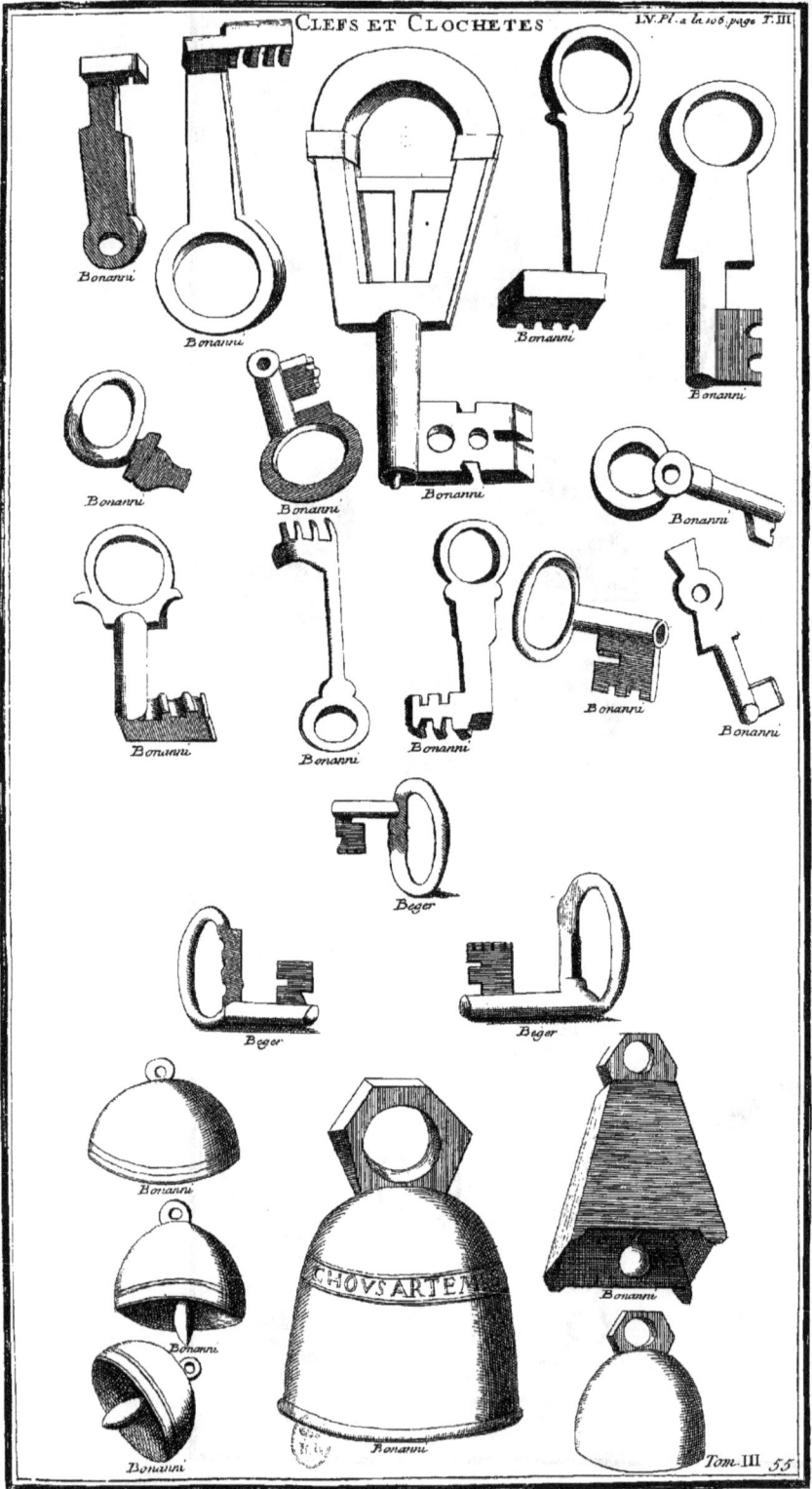

dont les pieds étoient d'argent; d'autres étoient ornez de pierreries, d'ivoire, d'or & d'argent, comme ceux dont parle S. Jean Chryfoftome : leurs matelats étoient bourrez de laine, ou de plume, d'herbes feches & de paille ; ils mettoient auffi dans leurs lits des fourrures venues des Gaules, qu'on appelloit *Cadurcum*, nom pris du Querci où on les faifoit : ces fourrures étoient de lin blanc comme la laine, dit Pline. Les lits étoient ordinairement élevez, en forte qu'on n'y montoit qu'à l'aide de quelque efcabelle, ou banc, ou gradin. Dans les monumens qui nous reftent, on ne voit point de rideau, & je ne trouve pas de paffage bien clair dans les auteurs qui marque qu'il y en eut. Nous verrons plus bas des lits tels qu'ils fe trouvent dans les anciens monumens.

---

argenteis pedibus. Alii erant gemmis, ebore, auro & argento exornati, ut illi de quibus Chryfoftomus in quadam homilia ; culcitæ tomento fartæ erant, lana videlicet, aut plumis, aut herbis aridis, aut palea. In lectis etiam ponebant veftem quamdam ftragulam ex Gallia eductam, quam Cadurcum vocabant, nomine regionis illius, ubi hæc apparabatur ex lino inftar lanæ candido, inquit Plinius l. 20. lecti fublimes altique erant, ita ut nonnifi fcamni aut fcabelli ope confcendi poffent. In iis quæ fuperfunt monumentis nullum comparet velum cubile contegens, nullumque apud fcriptores adhuc locum animadverti ubi vela hujufmodi commemorentur. Lectos prout in monumentis habentur infra videbimus.

CHAPITRE VI.

I. Les chaizes de differente forte. II. Images des chaizes. III. Les Coffres. IV. Les anciennes lampes renvoiées à la fin de cet ouvrage.

I. ON trouve dans les vieux monumens des chaizes de differente forte : on en voit à bras à peu près femblables à celles d'aujourd'hui. Outre ces chaizes à bras, il y avoit de grands tabourets ou efcabelles, de forme affez differente. Tels les voit-on dans le tombeau de Ceftius & dans un autre. Il y avoit felon Lampride des chaizes à porteur pour les femmes, dont les unes étoient de cuir, les autres ornées d'ivoire, & les autres argentées. Il y en avoit qui étoient toutes d'ivoire, dit Polybe, & celles-ci étoient fort eftimées à Rome. Nous voyons dans l'arc de Conftantin, Trajan fur une efpece de maffif qu'on nommoit *fuggeftus*, affis fur un pliant fur lequel eft un couffin, qui a à chaque coin la tête d'un lion reprefentée. Une chaize affez extraordinaire fe trouve au *Triclinion* de S. Jean de Latran : elle eft de nattes entretiffues, & a un grand doffier qui eft vouté par le haut pour mettre la perfonne affife entierement à couvert.

Voilà les fiéges que je crois qui étoient en ufage dans les maifons. Perfonne n'ignore qu'il n'y avoit point ordinairement de fiége pour s'affeoir à

CAPUT VI.

I. Sellæ feu cathedræ variæ formæ. II. Sellarum imagines. III. Arcæ. IV. Lucernæ ad operis calcem remiffæ.

I. SEllæ feu cathedræ diverfæ formæ occurrunt in marmoribus, aliquando eæ brachia, ut vocant, habent, ut hodiernæ fere cathedræ. Præter illas cathedras, aliæ fedeculæ funt fine dorfo & brachiis, variæque formæ. Tales in maufoleo Ceftii, in alioque fepulcro vifuntur. Sellæ erant vehendis mulieribus ex Lampridio in Heliogabalo c. 4. quarum aliæ pelliceæ, aliæ offeæ, aliæ eburnatæ vel argentatæ erant. Nonnullæ etiam eburneæ totæ erant, inquit Polybius in excerpt. 121. & hæ Romæ magno in pretio habebantur. In arcu Conftantini Trajanum videmus in fuggeftu pofitum, fedentemque in fella curuli, cui fuperponitur pulvinus leonino capite in angulis fingulis ornatus : in triclinio S. Joannis Lateranenfis infra proferendo fella eft fingularis formæ ex tegete facta : magnum imminet dorfum a parte fuperiori apfidulæ more ftructum ; in ea fedens mulier undique pene tegitur.

En fellarum genera, quæ in ufu fuiffe puto in ædibus. Ignorat nemo fellas five cathedras menfis ut plurimum adhibitas non fuiffe, convivafque in lectis

table, & que les convives étoient à demi couchez sur le lit ; coûtume qui s'étoit introduite dans les tems posterieurs ; car du tems d'Homere & des siécles suivans, on s'asseioit sur des siéges autour de la table comme aujourd'hui. Il y avoit encore d'autres especes de siéges, comme le *seliquastrum*, qui étoit, à ce que l'on croit, un siége pour les femmes, fort simple dans sa figure.

Il y avoit encore des siéges pour les bains, dont nous parlerons à l'article des Thermes, des siéges curules pour la magistrature & pour les Ediles, dont on voit souvent la forme sur les medailles ; mais rien de cela n'entre dans l'ameublement.

PL. LVI. II. La planche suivante contient un tabouret, une petite chaize, un pliant de la forme des chaizes curules qu'on voit souvent sur les medailles ; quatre grandes chaizes dont quelques-unes approchent assez de la forme des chaizes d'aujourd'hui, à cela près qu'elles n'ont point de bras ; deux tables dont l'une est à trois pieds, & l'autre à quatre. Tout cela est ramassé de differentes planches de cet ouvrage, aussi-bien que le lit suivant, qui est un lit à coucher, de même que les deux premiers de la planche suivante : on en verra encore d'autres en plusieurs endroits de cet ouvrage, sur tout aux funerailles qui font le cinquiéme tome.

III. Les coffres nommez en latin *arcæ*, & en grec θήκαι, entroient encore dans l'ameublement : nous en verrons la figure dans un sepulcre. Les armoires étoient encore en usage, quoiqu'on en trouve peu dans les anciens monumens.

IV. Nous voici arrivez aux anciennes lampes, dont on trouve une grande quantité qui font un des principaux ornemens de presque tous les cabinets de l'Europe. On a fait de gros livres sur les lampes. En prenant les lampes en elles-mêmes, sans aucun rapport aux histoires qui y sont représentées, il n'y auroit pas grand' chose à dire sur leur sujet. Comment peut-on s'étendre sur un vase de terre ou de bronze, qui a un ou plusieurs trous pour autant de meches ou lumignons, dont le feu s'entretenoit par l'huile que l'on mettoit dedans ? Qu'a-t-on à dire davantage, à moins qu'on ne veuille raisonner sur la nature du feu & de l'huile, sur l'operation du feu sur l'huile, & sur la vertu que l'huile a pour entretenir longtems le feu, comme ont fait quelques-uns, qui parlent plûtôt en Physiciens qu'en Antiquaires ? On peut distinguer ces lampes en lampes d'usage ordinaire dans les maisons ou

---

tricliniaribus recubuisse : qui mos priscorum temporum non erat : Homeri namque ævo sæculisque aliquot sequentibus circum mensas sedebatur ut hodie. Aliæ quoque erant sellarum species ut seliquastrum, sedeculæ genus admodum simplici forma, quod mulieribus in usu erat.

De sedibus sellisque marmoreis balneorum agemus ubi de thermis ; de sella curuli quæ magistratibus & ædilibus in usu fuit, alius erit fortassè dicendi locus : ejus forma sæpe innummis occurrit ; sed hæc in ædibus in usu fuisse non videtur.

II. In tabula sequenti sedecula statim offertur, aliaque parva cathedra, moxque alia plicatilis, similis sellæ curuli quæ sæpe in nummis comparet ; item quatuor majores cathedræ hodiernis pene similes, quæ tamen brachiis carent ; duæ mensæ quarum altera tribus, altera quatuor pedibus insistit ; hæc vero omnia ex plurimis operis hujusce tabulis desumta sunt, ut & sequens lectus, qui cubicularis est, quemadmodum & duo priores tabulæ sequentis. Multi alii etiam lecti in operis decursu conspiciuntur ; maximè vero tomo quinto de funere.

III. Arcæ quæ græce θήκαι vocabantur in veterum supellectile locum habebant, unius forma in quodam sepulcro infra observabitur : armaria quoque in usu erant, etsi rarissimè occurrant in monumentis.

IV. Jam de lucernis agendum, quarum ingens occurrit copia, quæque inter præcipua Museorum per Europam ornamenta censentur esse. Magnæ molis de lucernis libros habemus. Si lucernæ quatenus lucernæ simpliciter sunt considerentur, nulla habita ratione historiarum & schematum, quibus illæ exornantur, pauca de illis dicenda supeterent. Qui enim longum sermonem texueris de vasculo figlino, aut æneo, in quo unum plurave ellychnia, cujusque flamma infuso oleo alitur ? Quid tantum ultra dixeris, nisi de natura ignis & olei, deque operatione ignis in oleum, de virtute olei ad ignem diu alendum ratiocinati velis, ut quidam fecere, quos Physicos potius dixeris, quam antiquarios ? Lucernæ distingui possunt in eas quæ in domibus & in templis in usu erant, & in eas quæ in sepulcris condebantur ; quas

MEUBLES

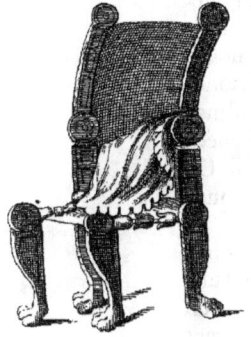 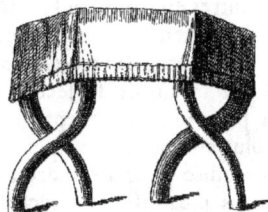

 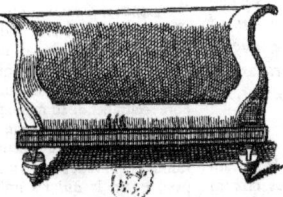

dans les temples, & en lampes sepulcrales. Il est assez souvent malaisé de distinguer les unes des autres. De ces lampes tant sepulcrales que d'usage ordinaire, il y en a de simples qui n'ont que peu ou point d'ornement; d'autres de pur caprice, dont quelques-unes sont extrémement bizarres; d'autres enfin historiées, où l'on voit des divinitez, des fables, & quelquefois des histoires veritables. Nous traiterons de toutes ces lampes dans un livre entier au cinquiéme tome de cet ouvrage, où nous agiterons de nouveau la question, s'il y a eu de lampes qui ne s'éteignissent jamais.

---

tamen internoscere, & cui ex iis usibus addictæ fuerint cognoscere difficillimum sæpe est. Sunt aliæ lucernæ simplices, quæ vel nullo vel modico ornamento decorantur; aliæ commenta sunt artificum, quæ insolitas & aliquando portentosas exhibent imagines; aliæ demum numina fabulasque exhibent, & nonnunquam, sed rarius, historias veras. Hæc omnia lucernarum genera simul afferemus, libroque integro explicabimus tomo quinto, ubi denuo quæstionem illam agitabimus, utrum lucernæ unquam inextinguibiles fuerint.

CHAPITRE VII.

I. La table; on s'asseioit anciennement à table comme aujourd'hui. II. Pourquoi les anciens introduisirent-ils la coutume de se coucher pour manger; magnificence des lits de table. III. Images des anciens triclinions avec des tables. IV. Le nombre des convives. V. Les servietes.

I. DAns les plus anciens tems on s'asseioit à table comme aujourd'hui; chacun avoit son siege separé. Homere nous dépeint toujours les gens assis autour d'une table. Quand Ulysse arrive au palais d'Alcinoüs, ce Prince lui fait donner une chaise magnifique, & oblige son fils Laodamas à lui faire place: dans les autres endroits où Homere parle de festins, il fait asseoir les convives. Les Egyptiens, dit Apollodore dans Athenée, s'asseioient à table dans les anciens tems, & vivoient fort frugalement. On s'asseioit de même à Rome jusqu'à la fin de la seconde guerre Punique, qu'on commença à se coucher pour prendre le repas.

II. Comme on mange bien plus aisément assis que couché, & qu'on a sur une chaise bien plus de commodité pour atteindre à tous les côtez d'une table, les bras plus libres, le corps plus disposé à recevoir les alimens: on cherche une raison pourquoi les Romains & les autres nations changerent cette ancienne maniere de prendre leur repas en une autre bien plus incommode & plus gênante; & cela dans un tems où Rome degenerant de son

---

CAPUT VII.

I. De mensa: ad mensam olim sedebatur ut hodieque. II. Cur veteres recumbendi morem ad cibum sumendum invexerint: lectorum magnificentia. III. Veterum tricliniorum cum mensis imagines. IV. Convivarum numerus. V. Mantilia.

I. PRiscis temporibus ad mensam sedebatur ut hodierno tempore: suam singuli separatam sedem habebant. Homerus semper convivas circum mensam sedentes exhibet. Cum Ulysses in Alcinoi ædes advenit, sellam ipsi magnificam admoveri, & Laodamantem locum ipsi dare jubet Alcinoüs: in aliis quoque locis omnibus ubi de convivio agitur, sedentes semper convivæ fuisse dicuntur.

Ἑξείης ἕζοντο κατὰ κλισμούς τε θρόνους τε.

Deinceps sederunt in sellis & soliis.

Ægyptii, inquit Apollodorus apud Athenæum lib. 5. priscis temporibus ad mensam sedebant, frugaliterque vivebant. Eodem quoque modo Romæ sedebatur usque in finem secundi belli Punici, quo tempore recumbendi ad mensam usus invectus est.

II. Cum autem longe facilius commodiusque sit sedentem edere quam recumbentem, cumque opportunius is qui sedet quæ vult in mensa contingat & carpat, quam is qui recumbit, brachiis liberioribus corpore quoque ad recipiendum cibum melius composito; quæritur cur Romani priscum cibi capiendi modum in alium minus commodum commutaverint; idque eo tempore quo Roma a prisca frugalitate deflectens,

ancienne simplicité, commençoit à s'adonner au luxe & à la volupté; en quoi elle surpassa bientôt toutes les autres nations, même les plus molles & les plus effeminées. Je ne voi point de raison plus plausible de ce changement, que celle qu'apporte Mercurialis, qui est que les anciens commencerent à manger couchez lorsque l'usage des bains devint plus frequent. Ils s'accoutumerent donc à se baigner devant le souper; du bain ils alloient au lit, où ils se faisoient apporter à manger: insensiblement cette coutume de manger sur des lits s'établit à Rome & dans tout l'Empire Romain: elle étoit pourtant déja ancienne dans la Grece. Dans la suite du tems le luxe des Romains se montra non seulement dans la somptuosité des festins, mais aussi dans la magnificence des lits: Heliogabale en avoit d'argent massif tant pour la chambre à coucher que pour la table. Nous verrons plus bas des descriptions de ces lits superbes.

III. Il ne nous reste guere de monumens de festins où les gens mangent assis; tous presque y paroissent couchez: on en voit quelquefois où l'homme est couché, & la femme assise au bout du lit les pieds sur terre: mais l'ordinaire est que tous, tant hommes que femmes, sont sur le lit à demi couchez. On trouve un grand nombre d'images où il n'y a que le mari & la femme couchez; cela représente un repas ordinaire de famille; & dans les sepulcres cela représente les *cœnæ ferales* ou les repas des funerailles. Dans le monument de l'Hôpital de S. Jean de Latran, quoiqu'il n'ait que l'homme & la femme, le repas se passe en grande ceremonie: il y a quatre servantes, dont l'une porte un plat, l'autre une bouteille & une tasse; une troisiéme couronnée de fleurs porte deux grands vases. Il y en a encore une autre assise dans une grande chaise composée de nattes entretissues, dont le dossier se termine en coquille; elle joue de la guitarre pendant le repas. On y voit encore quatre petits enfans pour le service, dont deux sont nus. Dans ces lits à deux personnes l'homme qui est du côté du chevet est ordinairement accoudé sur l'oreiller. Au lit qui est à côté de cette image on voit un homme à demi couché, & une femme assise; la table ronde a trois pieds; il y a deux femmes pour le service.

PL. LVII.

IV. La veritable maniere des festins, dit Varron dans Aulugelle, est que les convives ne soient jamais moins de trois, & qu'ils n'excedent pas le nombre de neuf. Capitolin rapporte de l'Empereur Lucius Verus, qu'il fut

luxui voluptatique se dedere incipiebat, qua in re cito nationes omnes superavit, etiam eas quæ aliis delicatiores mollioresque censebantur. Illius mutationis verisimiliorem causam non video ea, quam attulit Hieronymus Mercurialis; nempe tum veteres decumbere ad cibum sumendum cœpisse, cum balneorum usus frequentior evasit; ante cœnam igitur balneum adire soliti, ex balneo in lectum concedebant, illoque cibum afferri curabant; mos ille sensim Romam & in Romanum imperium inductus est: qui mos tamen in Græciam diu antea invectus fuerat. Insequenti tempore non conviviorum modo lautitia ingentibusque sumtibus, sed etiam lectorum magnificentia Romani insignes fuerunt: Heliogabalus lectos ex argento solido habuit, non cubiculares modo, sed etiam tricliniares: hujusmodi lectorum descriptionem mox videbimus.

III. Pauca supersunt schemata ubi convivæ sedeant, in omnibus ferme iidem decumbunt: aliquando tamen vir recumbens conspicitur uxorque ad lecti pedes sedens, ita ut pedes ejus terram contingant: sed ut plurimum tam vir quam uxor ejus aliique con-

vivæ recumbunt. Multæ occurrunt imagines ubi ambo conjuges recumbunt ad solitam cœnam. In sepulcris hæc cœnas ferales repræsentant: quod monumentum ex nosocomio S. Joannis Lateranensis prodiit, etsi virum tantum mulieremque exhibeat, magnum habet famulatum: quatuor hic ancillæ comparent, altera discum tenet, altera scyphum & cratera, tertia floribus coronata duo vasa grandia: quarta in magna sedet cathedra ex tegete structa, cujus dorsum in cochleam desinit: ea citharam pulsat Adstant etiam quatuor pueri famulantes, quorum duo nudi. In hisce tricliniaribus lectis ubi duo tantum, vir nempe mulierque recumbunt, vir ut plurimum cervicali innititur. In alio tricliniari lecto e regione hujus posito vir in lecto recumbit, mulier vero sedet. Mensa rotunda tribus nititur pedibus; adstant mulieres duæ ministrantes.

IV. Verus aprusque conviviorum modus est, teste Varrone apud Aulum Gellium 13. 11. ut convivæ nunquam pauciores sint tribus & nunquam plures novem. De Lucio Vero ait Capitolinus ipsum primum duodecim convivarum cœnam fecisse. In marmoribus

le premier qui fit un festin à douze personnes. Nous trouvons dans les marbres beaucoup de repas à deux, peu à trois. Il y en a un à Padoue, qui est fort gâté; on ne laisse pas de voir qu'il y avoit onze personnes. C'est dans celui-là que paroît bien clairement la forme du triclinion; c'étoient trois lits joints, dont l'un étoit comme la base, & les deux autres se joignans à celui-là faisoient deux angles droits, & laissoient un espace entre ces lits, où l'on mettoit la table; l'entrée en étoit libre aux serviteurs, parceque cet espace n'étoit point fermé d'un côté. La table est ici entierement gâtée; un des serviteurs tient une corne de bœuf, vaisseau à boire fort en usage dans ces anciens tems. Dans ces grands triclinions le côté qui regardoit la table étoit relevé par des coussins ou autrement, afin que les convives pussent s'y appuier.

V. En certains repas chacun apportoit sa serviete. De ces servietes il y en avoit qui étoient de toile d'or, comme celles dont se servoit Heliogabale: mais Alexandre Severe son successeur, prince moderé, n'en avoit que de toile simple, ou tout au plus de toile raiée de jaune. Ils avoient aussi des essuimains de toile, & quelquefois de laine, comme Trimalchion, qui ne s'essuioit point avec du linge, mais avec des manteaux d'une laine fort douce. Leurs nappes étoient de toile; Heliogabale en avoit de toile peinte, & Gallien se servoit toujours de nappes d'or, dit Trebellius Pollion, c'est-à-dire de drap d'or. Des tables que nous voyons sur les vieux marbres, il y en a de rondes, d'autres quarrées, quelques-unes triangulaires; celle du Virgile du Vatican est en lozange.

duorum convivarum multa convivia, trium pauca reperimus. Est Patavii marmor admodum labefactatum, ubi tamen undecim convivæ numerari possunt. Hic autem vera triclinii forma deprehenditur: tres erant lecti juncti, quorum unus quasi basis erat, duoque alii huic admoti duos angulos rectos efficiebant, spatiumque inter lectos relinquebant, ubi mensa apponebatur. Istuc famuli ingredi libere poterant, quia spatium illud ab uno latere apertum erat. Mensa prorsus labefactata est: ex famulis unus cornu bubulum tenet, quod poculi genus frequentis tunc usus erat. In majoribus illis tricliniis pars illa lectorum quæ mensam respiciebat, pulvinis aliisve adminiculis instructa paulo altior erat, ut possent convivæ cubito inniti.

V. In conviviis quibusdam quisque mantile suum afferebat: mantilia aliquando aureis filis contexta erant ut Heliogabali mantilia. Verum Alexander Severus ejus successor, princeps temperans ac modestus, lintea simpliciaque mantilia habuit, cocco clavata: ad manus etiam abstergendas lineis sæpe mantilibus utebantur, aliquando etiam laneis ut Trimalchio qui *non lineis tergebatur sed palliis ex mollissima lana factis.* Mappæ etiam linteæ erant: Heliogabalus ex depicta tela habuit, Gallienus aureas id est auro textas mappas usurpabat, inquit Trebellius Pollio. Ex iis mensis quas in marmoribus conspicimus, aliæ rotundæ, aliæ quadratæ sunt, aliæ triangulares: ea quæ ex Virgilio Vaticano educta est, rhombi formam habere videtur.

CHAPITRE VIII.

I. Triclinions en forme de croissant ; II. Appellez Sigma, & pourquoi. III. Triclinion de l'Empereur Maxime. IV. Triclinion de l'Empereur Majorien. V. Autres images de triclinions.

I. IL y avoit aussi des triclinions ou des lits pour le repas, en demi cercle & en forme de lune, c'est-à-dire d'un croissant. Tel est celui du roi Pharaon, tiré d'un manuscrit de la Bibliotheque de l'Empereur, du quatriéme ou cinquiéme siecle. Nous le représentons ici, quoique d'un dessein fort grossier. Le copiste a sans doute fait un triclinion à la maniere de son tems. Le triclinion en forme de croissant est couvert d'une espece de matelas ou d'estrade & orné de certains floccons de distance en distance. Il y a trois convives ; le Roi qui fait le quatriéme, occupe la droite. Le triclinion du côté de la table est relevé, afin que les convives puissent s'y appuier. La table longue & étroite est assez éloignée du triclinion. Une cuisiniere paroit distribuer dans quatre plats les portions pour les quatre convives : deux échansons donnent à boire ; un autre paroit derriere les convives le pot à la main. Toute la symphonie consiste en une joueuse des deux flutes.

II. Cette maniere de triclinion est appellée *Sigma* dans Martial, qui dit que le Sigma n'admet que sept personnes, & dans Spartien, qui raconte qu'Heliogabale invitoit huit personnes à manger, afin que ne se trouvant place que pour sept, cela apprêtât à rire à la compagnie. Varron dit dans Au-lugelle, que le nombre des convives doit commencer par trois, qui est le nombre des Graces, & finir par neuf, qui est celui des Muses. S. Paulin l. 3. de la vie de S. Martin, dit que le triclinion s'appelle *Sigma*, parcequ'il a la forme de la lettre greque sigma, qui est la même que le grand C latin.

III. Les auteurs de la vie de S. Martin décrivent l'ordre du festin que l'Empereur Maxime lui donna. A la corne droite du C étoit couché l'Empereur Maxime, à la corne gauche le Consul Evodius, & entre eux étoient placez les plus grands de la Cour, au milieu desquels étoit un prêtre de la

---

CAPUT VIII.

I. Triclinium lunæ crescentis more. II. Sigma vocatum, quare. III. Triclinium imperatoris Maximi. IV. Triclinium imperatoris Majoriani. V. Aliæ tricliniorum imagines.

I. TRICLINIA etiam sive lecti tricliniares semicirculares erant, vel qui bicornem lunam referrent. Talis est tricliniaris lectus Pharaonis regis ex manuscripto bibliothecæ Cæsareæ eductus, & quarto quintove sæculo scriptus. Hoc schema in tabula repræsentamus, etsi barbarum oleat sæculum : triclinium Librarius depinxit quale suo tempore in usu erat : bicornem illud refert lunam, & opertum est strato quopiam seu matta : flocculis hinc & inde exornatum. Tres sunt convivæ : quartus ipse rex est, dextetumque tenet cornu ; latus illud quod mensam respicit altius est ut possint convivæ cubito inniti : mensa vero oblonga & angustissima a triclinio sat remota est. Coqua in quatuor lances quatuor convivis edulia distribuere videtur : pocillatores duo potum ministrant ; alius a tergo convivarum lagenam tenet. Hic mulier duplici ludens tibia conspicitur.

II. Hic triclinii modus sigma vocatur apud Martialem, qui ait sigma septem tantum convivas admittere. 10. 48.

Septem sigma capit : sex sumus, adde Lupum.

Et apud Spartianum in Heliogabalo cap. 29. ubi narratur ipsum sæpe octo convivas ad cœnam rogasse, ut cum capi non possent uno sigmate, de his omnibus risum moveret. Varro apud Aulum Gellium 13. 11. ait numerum convivarum a tribus incipere debere, qui Gratiarum est numerus, & in novem desinere, qui numerus est Musarum. S. Paulinus in vita S. Martini lib. 3. triclinium sigma vocari ait, quia formâ refert sigma græcam literam C latino similimam.

III. Vitæ S. Martini scriptores imperatoris Maximi convivium ad quod vocatus S. Martinus fuit describunt. In dextero cornu sigmatis recumbebat imperator Maximus, in sinistro Evodius Consul, inter quos erant aulæ imperatoriæ optimates, in eorumque

compagnie

Boissard

Mercurialis

TABLES A MANGER

D.   M.
L. STATILIO TENESIMO
TERENTIA SVCCESSA
PATRONO BENEMERENTI
F.   F.

Boissard

Lambec

Tome III 57

LES TRICLINIONS.

compagnie de S. Martin. S. Martin n'étoit pas couché comme les autres, mais aſſis à la droite de l'Empereur.

IV. Cela ſe confirme encore par le récit que Sidonius Apollinaris fait du repas de l'Empereur Majorien ; où le même Sidonius, qui n'étoit pas encore Evêque, mais Comte Palatin, ſe trouva. Ce feſtin ſe fit au jour des jeux du Cirque : Severin Conſul ordinaire occupoit la corne gauche du triclinion ou *ſtibadion* ; auprès de lui étoit Magnus Exprefet & Exconſul ; le ſuivant étoit Camillus ſon neveu ; le quatriéme Pœonius ; le cinquiéme Athenius ; le ſixiéme Gratianenſis ; le ſeptiéme étoit Sidonius Apollinaris, qui ſe trouvoit ainſi à la gauche de l'Empereur Majorien, lequel occupoit la corne droite du lit. Il paroit que dans ces feſtins du bas Empire la plus digne perſonne, ou l'Empereur s'il y étoit, occupoit la corne droite, qui étoit la place d'honneur, & que la corne gauche étoit pour le ſecond en dignité.

V. Aux deux lits ſuivans l'homme & la femme ſont à demi couchez. Au triclinion tiré de l'ancien Virgile du Vatican, il y a trois perſonnes à demi couchées, auxquelles le copiſte qui étoit apparemment Chrétien, a fait autour de la tête des cercles lumineux tels qu'on les fait autour de la tête de nos Saints. Deux des convives portent des bonnets Phrygiens. La table paroit être en lozange. L'image ſuivante repréſente deux hommes à demi couchez ſur un lit, & une femme aſſiſe ſur une eſcabelle. Il y a pour le ſervice quatre femmes, un homme nu, & un petit garçon auſſi nu. Ce qu'il y a de ſingulier, & dont il ſeroit difficile de donner raiſon, c'eſt qu'un cheval qui montre ſa tête à une fenêtre ſemble regarder les convives.

PL. LVIII.

---

medio presbyter ex ſociis S. Martini. Martinus non recumbebat ut alii, ſed a dextris imperatoris ſedebat.

IV. Hic ordo etiam confirmatur ex narratione Sidonii Apollinaris lib. 1. epiſt. 11. ubi convivium Majoriani imperatoris deſcribitur, cui adfuit ipſe Sidonius nondum epiſcopus, ſed comes Palatinus. Convivium ludis circenſibus celebratum eſt. Severinus conſul ordinarius cornu ſiniſtrum triclinii aut ſtibadii occupabat, prope illum Magnus expræfectus & exconſul : ſequens erat Camillus fratris Magni filius ; quartus Pœonius, quintus Athenius, ſextus Gratianenſis, ſeptimus Sidonius Apollinaris, qui ſic à ſiniſtris Imperatoris erat. In his, ut videtur, conviviis infimo imperii ævo qui cæteris dignitate præibat, ſive Imperator ipſe ſi adeſſet, cornu dextrum occupabat, qui locus honoris erat, cornuque ſiniſtrum illi dabatur qui ſecundas dignitate tenere cenſebatur.

V. In duobus ſequentibus lectis vir atque mulier conjuges, ut putatur, recumbunt in triclinio, quod ex veteri Virgilio Vaticano eductum eſt : tres accumbentes perſonæ viſuntur, quibus Librarius, qui ut videtur, Chriſtianus erat, circum capita nimbos delineavit ſeu luminoſos circulos, quales videmus capitibus ſanctorum appictos. Ex convivis duo tiaras habent Phrygias : menſa videtur eſſe rhombi formâ. Schema ſequens viros duos recumbantes repræſentat mulieremque in ſcabello præalto ſedentem. Ad miniſtrandum adſunt mulieres quatuor : vir nudus, puerulusque etiam nudus : quod hic ſingulare obſervatur, equus per feneſtram convivas reſpicere videtur.

CHAPITRE IX.

I. Grand festin décrit par Herodote. II. Les festins des Egyptiens selon Herodote. III. Les mêmes festins décrits par Athénée: festins singuliers des Gaulois. IV. Description de festins magnifiques par Philon. V. Les tables changées à chaque service.

I. CE que nous venons de dire ne regarde que l'ordre, la forme des lits & des tables; parlons présentement de la magnificence des grands festins, où se faisoient des dépenses extraordinaires. Les Grecs en faisoient de fort magnifiques, & où il y avoit un fort grand nombre de personnes. Un des plus memorables est celui que décrit Herodote, qui dit l'avoir appris de Thersandre l'un des convives. Ce repas fut donné par Attagine Thebain peu de jours avant la bataille de Platées: il y invita Mardonius & les principaux d'entre les Perses jusqu'au nombre de cinquante: il y avoit cinquante de ces lits de table; sur chacun des lits étoient couchez un Perse & un Grec; ce qui faisoit en tout le nombre de cent convives. Cela fait voir que l'usage de se coucher pour prendre le repas étoit bien plus ancien chez les Grecs que chez les Romains. Il falloit qu'une salle fût de grandeur énorme, pour contenir tant de lits, outre lesquels il falloit un grand espace pour les tables & pour les autres meubles, & pour laisser le mouvement libre à un grand nombre de gens necessaires pour le service.

II. Les Egyptiens, dit Herodote, ont du pain d'épautre, & du vin fait avec de l'orge; c'étoit une espece de biere: ils mangent les poissons crus ou sechez au soleil, ou marinez: ils mangent aussi les cailles, les canards & d'autres plus petits oiseaux tous crus, mais après les avoir salez. Il y a d'autres poissons & d'autres oiseaux qu'ils mangent cuits, ou rôtis ou bouillis. Chez les riches à la fin des grands repas, quelqu'un porte une biere d'une ou de deux coudées de long, dans laquelle est en bois la figure d'un corps mort; il passe devant tous les convives, & leur dit: Regardez celui-ci, mangez, réjouissez-vous, vous serez un jour comme lui. C'étoient là les plus anciennes coutumes, qui changerent bien depuis ce tems-là.

CAPUT IX.

I. Convivium magnum ab Herodoto descriptum. II. Convivia Ægyptiorum ex Herodoto. III. Eadem convivia ex Athenæo: convivia Gallorum singularia. IV. Descriptio convivii sumtuosi ex Philone. V. Fercula, mensæ mutatæ cum cibis.

I. QUæ hactenus diximus, convivii ordinem formamque lectorum respiciunt, jam de magnificis quibusdam conviviis agendum, ubi pecuniæ multum impendebatur. Lauta sumtuosaque Græci convivia parabant, magno convivarum numero. Inter memorabilia computandum illud quod Herodotus 9. 16. describit, aitque se rem a Thersandro Orchomenio, qui de convivarum numero fuerat, didicisse. Convivium ab Attagino Thebano datum paucis ante Plateensem pugnam diebus. Ad cœnam ille rogavit Mardonium, & Persarum præcipuos numero quinquaginta: totidem tricliniares lecti erant, & in quolibet bini accumbebant, Persa nempe atque Græcus, sicque numerus convivarum centum aderat: hinc videas usum accumbendi in conviviis & cœnis antiquiorem apud Græcos, quam apud Romanos fuisse. Immanis certe amplitudinis fuisse oportet triclinium, ubi quinquaginta tricliniares lecti: præter lectos enim maximum spatium requirebatur pro mensis aliisque convivialibus vasis atque instrumentis; magnum item spatium tanto famulatui atque ministris, ut transitus discursusque libertas ministrantibus daretur.

II. Ægyptii, inquit Herodotus 277. pane utuntur ex olyris, seu ex zea confecto, & vino hordeaceo, pisces crudos edunt, seu sole exsiccatos, seu salsugine conditos: coturnices item, anates, aliasque minores aves crudas comedunt, sed conditas sale: alias autem aves coctas comedunt, aut assas aut elixas. In divitum ædibus in fine convivorium, quispiam loculum affert cubitalem aut bicubitalem, in quo lignea mortui figura, & ante convivas omnes illum circumferens dicit: *In hunc intuens pota & oblectare, talis post mortem futurus.* Hæc antiquissima eorum consuetudo subinde mutata fuit.

TRICLINIA ET TABLES A MANGER

Spon

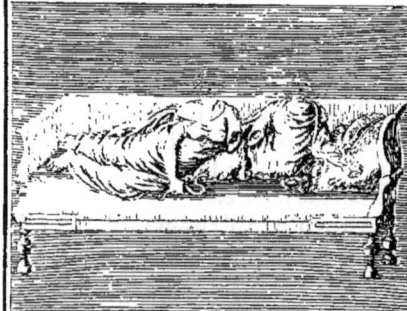
Spon

Spon

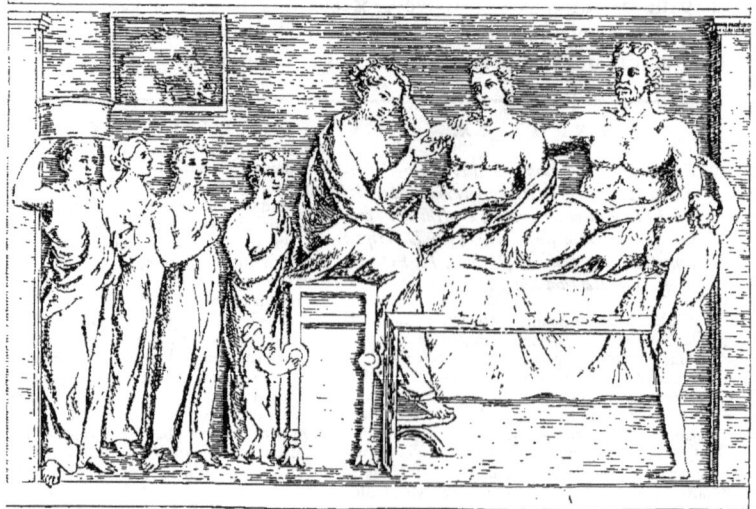
M. des Monceaux

LES FESTINS.

III. Les Egyptiens dans leurs grands repas, dit Athenée, n'apportoient point de tables, mais ils faisoient porter les plats succeſſivement devant les convives, afin que chacun prît ce qu'il voudroit; au lieu que chez les Grecs, chez les Romains & chez pluſieurs autres nations, on apportoit les tables chargées, & on les remportoit enſuite avec les plats, pour en ſubſtituer d'autres, comme nous dirons plus bas. Les Gaulois, dit-il au même endroit, quand ils mangeoient avec le Roi, ne touchoient ni au pain, ni à aucun des mets, qu'après que le Roi y avoit touché le premier. Il raconte enſuite qu'un Gaulois nommé Ariamnus traita durant une année entiere tous les autres Gaulois qui voulurent venir manger aux tables qu'il avoit préparées ſur les chemins; & cela avec une dépenſe & une profuſion extraordinaire. Les grands Seigneurs Gaulois, dit le même auteur en un autre endroit, quand ils alloient à la guerre, amenoient avec eux des paraſites, qui mangeant à leur table chantoient les louanges de leur bienfacteur; c'étoient des poëtes qu'on appelloit Bardes.

IV. Nous avons une belle deſcription des feſtins des Romains, des Grecs, & des Barbares faite par Philon dans ſon livre *de la vie contemplative*. Il fait comme une antitheſe de l'auſterité extraordinaire des Therapeutes & du luxe ſans bornes des gens du ſiecle dans leurs feſtins. Les Grecs & les Barbares, dit-il, imitent les Romains dans leur magnificence & dans leurs delices. Leurs lits deſtinez aux repas ſont ornez d'écailles de tortue, d'ivoire ou d'une matiere plus riche: les pierreries & les perles y brillent. Les matelas ſont de pourpre, brochez d'or, & ornez de fleurs & de feuillages de toutes couleurs: des coupes, des taſſes & des gobelets de toute eſpece s'y voient rangez par ordre; comme auſſi des verres, des phioles, des vaſes de Thericlès, & d'autres travaillez par les ouvriers les plus renommez. Les échanſons ou miniſtres de table ſont de jeunes garçons, qui ſont moins là pour ſervir que pour plaire aux convives. Les uns verſent du vin; les plus grands apportent de l'eau & des liqueurs; ils ont le viſage peint & fardé, les cheveux tondus en cercle. Leurs tuniques ſont extrêmement déliées; ceints au milieu du corps avec des rubans, ils relevent ces tuniques, & en laiſſent pendre les plis de tous côtez, en ſorte qu'elles ne leur vont que juſqu'au genou. En cet équipage ils ſont attentifs aux ordres des convives. Les mets, les ſauſſes, & les deſſerts, *pourſuit-il*, ſont préparez par des cuiſiniers & des pâtiſſiers, qui par l'apprêt & l'arrangement cherchent non

---

III. Ægyptii in majoribus conviviis, inquit Athenæus l. 4. menſas non afferebant; ſed lances & fercula circumferri curabant, ut quiſque quod liberet acciperet; cum contra apud Græcos & apud Romanos plurimaſque alias nationes, menſæ deferrentur onuſtæ, quas deinde ſubmovebant, ut alias ſubſtituerent, ut inferius dicetur. Galli, inquit ille ibidem, quando cum rege comedebant, nec panem nec ferculum quodpiam contingebant, niſi poſtquam rex inceperat; narrat deinde Gallum quempiam nomine Ariamnum per annum integrum cæteros omnes Gallos invitaviſſe, ut ad menſas in via publica poſitas cibum caperent, qua in re ingentem pecuniæ vim effudit. Nobiliores inter Gallos primariique viri, inquit idem auctor l. 6. cum ad bellum incederent Paraſitos ſecum ducebant, qui cum illis ad menſam accumbentes beneficorum laudes canebant: ii poetæ era[n]t quos Bardos vocabant.

IV. Elegantiſſimam convivii deſcriptionem apud Philonem legimus libro de vita contemplativa, ubi Therapeutarum frugalitatem cum ſæculatium luxu immenſiſque convivialibus ſumtibus comparat: *Græci*, inquit ille, *& Barbari Romanos imitantur quod ad lautitiam deliciaſque. Eorum tricliniares lecti teſtudinum cochleis ornantur, ebore, aut pretioſiore materia: fulgentque gemmis & margaritis, ſtragula purpurea ſunt auro intertexta, ornataque floribus atque foliis cujuſvis coloris. Crateres, pocula, cululli, ordine poſita cujuſlibet ſpeciei ſunt, vitrea vaſa, phialæ, thericlea vaſa, aliaque a celeberrimis artificibus elaborata. Pocillatores miniſtrique menſæ pueri ſunt, minus ad miniſterium quam ad ſpectaculum & oblectamentum convivarum. Alii vinum effundunt, grandiores aquam & muſſum afferunt, picto fucatoque vultu, capillis in circulum attonſis. Tunicæ eorum ſubtiliſſimæ ſunt: medio corpore ſuccincti faſciis tunicas attollunt atque ſinus undique dependere curant; ita ut extrema ora ad genua tantum pertingat. Hoc cultu convivarum juſſa exſpectant: fercula, embammata, bellariaque, pergit ille, a coquis & a dulciariis piſtoribus parata ſunt, qui per*

»seulement à satisfaire au goût, mais aussi à plaire à la vue. On appor-
»te jusqu'à sept tables, & quelquefois davantage, couvertes de tout ce que
»la terre, la mer, les rivieres & l'air peuvent fournir de plus delicieux.
»La diversité de l'apprêt ne flatte pas moins le goût, que la qualité des
»viandes. Après cela on apporte des fruits de toute espece.

V. Ces differentes sortes de services s'appelloient *fercula*. Le mot *ferculum* se prend plus ordinairement pour un service entier que pour un plat. On apportoit les plats sur une table, & l'on desservoit la table précedente avec les mets qui la couvroient: cela se pouvoit faire aisement sans déranger les convives, qui étoient couchez sur les triclinions. Cela se comprend facilement par les figures. Dans les plus anciens tems, où les convives s'asseioient comme aujourd'hui, chacun avoit sa petite table; il ne faut point douter que ces coutumes n'aient varié en differens tems & en differens payis.

---

condituram concinnamque ferculorum rationem, non gustui modo, sed etiam oculis placere nituntur. Mensæ septem ordine offeruntur & aliquando plures, iis omnibus operta, quæ suaviora terra, mare, flumina, aer que suppeditare possunt: salsamentorum diversitas, non minus palatum oblectat, quam ciborum ratio. Postea demum fructus cujuslibet speciei aff.ruuntur.

V. Hæ mensæ successione quadam admotæ fercula vocabantur: ferculum enim frequentius illud significat, quam lancem unam carne cibove plenam: lances igitur cum mensa afferebantur, & cum ipsa mensa removebantur, quod facile sineque ullo convivarum tædio vel incommodo fieri poterat; illud in schematibus facile intelligitur. Priscis autem illis temporibus, cum convivæ sedebant, uti hodieque sedent, cuique convivæ sua apponebatur parva mensa. Neque tamen dubitandum est quin diversis temporibus atque locis diversæ fuerint ea in re consuetudines.

LES VIANDES.

CHAPITRE X.

I. Les viandes des anciens, & la volaille des bassecours. II. Quelles viandes étoient estimées les plus délicates. III. Quels étoient les poissons les plus recherchez. IV. Les gâteaux des anciens. V. Industrie des cuisiniers: prodigieux mangeur. VI. Maniere de farcir un cochon sans l'éventrer. VII. Gâteaux & sausses selon Athenée.

I. LEs viandes ordinaires étoient le bœuf, le veau, le mouton, l'agneau, le cabri, le porc, la volaille de bassecour en bien plus grand nombre qu'aujourd'hui. Ils n'avoient point les dindons, mais ils avoient les oies, les poulets, les poulardes, les canards, les chapons, les pâns, les phenicopteres oiseaux tout rouges, les perdrix privées, les numidiques. Martial les met tous, hors les canards, entre les oiseaux de bassecour, & y en ajoute encore d'autres: voici toute l'énumeration. Les oies, les pâns, les phenicopteres, les perdrix, les numidiques mouchetées, les faisans, les coqs & les poules, les pigeons, les ramiers, les tourterelles. Les phenicopteres étoient des oiseaux à plumes rouges, qui vivoient ordinairement dans des marécages. Les perdrix privées & domestiques étoient communes en ces tems-là; Strabon parle de gens qui en élevoient. Les numidiques étoient des poules de Numidie marquées de petites taches ou mouchetées; c'est pour cela qu'on les appelle *guttatæ*.

II. Entre les autres oiseaux ils aimoient sur tout le francolin nommé en latin *attagen*; ils estimoient plus que les autres ceux d'Ionie & de Phrygie. Les becfigues qu'ils mangeoient avec du poivre, étoient encore leurs délices, aussi-bien que les tourds, oiseaux qui se trouvent abondamment dans les provinces meridionales de la France, un peu differens des grives; le *galbula*, qu'on croit être le même que le Loriot; la perdrix des champs, qu'ils distinguoient de la perdrix privée & domestique.

Le lievre, le lapin, le loir, le chevreuil, le daim, les fans de cerfs étoient encore fort estimez. Ils mangeoient aussi le sanglier, & quelques-uns l'ours; Habinnas dit dans le festin de Trimalchion qu'il en avoit mangé jusqu'à une livre en un repas: d'autres avoient cette viande en aversion: nos payisans

---

CAPUT X.

I. Cibi carnesque veteribus in usu, avesque domesticæ. II. Quæ carnes delicatiores haberentur. III. Qui pisces in majori precio. IV. Placentæ veterum. V. Coquorum industria: helluo quidam ingens. VI. Coquus qui porcum non exenteratum infercit. VII. Lagana & salsamenta secundum Athenæum.

I. VULGARES cibi erant, bos, vitulus, vervex, agnus, hœdulus, porcus, volatilia cortis specie numerosiora quam hodierna; gallinaceos quidem Indicos non habebant, sed anseres, pullos, gallinas, capones, pavones, phœnicopteros puniceo colore aves, perdices, anates, columbas, palumbos, turtures. Hæ omnes aves domesticæ erant: Martialis præter anates alias omnes enumerat 3. 57. & alias insuper aves adjicit.

Vagatur omnis turba sordida cortis,
Argutus anser gemmeique pavones,
Nomenque debet quæ rubentibus pennis,
Et picta perdix, numidicæque guttatæ,
Et impiorum phasiana colchorum.
Rhodias superbi feminas premunt Galli,
Sonantque turres plausibus columbarum
Gemit hinc palumbus inde cereus turtur.

II. Inter alias aves attagenæ maxime in deliciis erant; ex vero præcipue quæ ex Ionia & ex Phrygia afferebantur: ficedulam item piperatam amabant, turdum qualem in meridionalibus Galliæ regionibus frequenter habemus, galbulam, perdicem campestrem a privata & domesticâ distinctam.

Lepus, cuniculus, glis, capreolus, dama, hinnuli cervorum in delicatis eduliis computabantur. Aprum item comedebant & nonnulli ursum. Habinnas in cœna Trimalchionis ait se adusque libram ursinæ carnis in convivio aliquo comedisse: alii cibum hujusmodi aversabantur. Pyrenæorum montium incolæ ru-

Tom. III.   *P iij

des Pyrenées en font encore aujourd'hui des pâtez.

III. Les poissons faisoient leurs mets les plus délicats ; le congre, qu'on ne connoit pas bien aujourd'hui ; l'*acipenser*, qu'on croit être le même que l'esturgeon ; le turbot ; le mulet, une sorte de poisson appellé *scarus*, on ne sait ce que c'est ; la murene, le loup de mer, & plusieurs autres poissons : les coquillages de plusieurs especes. Athenée met entre ce qu'il y avoit de plus recherché & de plus estimé, les murenes Siciliennes, les anguilles flottées, πλωτάς ; la partie de dessous des tons pris au Promontoire du Paquin, les cabris de l'île de Melos, les mulets poissons de Symete, le coquillage de Pelore, les harans de Lipare, les raves de Mantinée, les navets de Thebes, les bettes d'Ascre.

IV. Les anciens faisoient differentes sortes de gâteaux, dont nous trouvons les noms dans les auteurs ; mais nous ne saurions dire en quoi differoient ceux qu'on nommoit *placenta*, *laganum*, *libum*, *scriblita*, *sphærita*, *crastianum Siculum*, *crustulum*, & plusieurs autres especes de gâteaux. On ne sait pas certainement si les anciens mettoient de la chair en pâte ; de là vient qu'on ne trouve pas de nom ni latin ni grec propre pour le pâté ; car on croit que l'*artocreas* du Satyrique Perse veut plûtôt dire de la chair hachée avec du pain, qu'un pâté. Les fruits & les herbages étoient à peu près les mêmes chez les anciens que ceux qu'on mange aujourd'hui.

V. L'industrie des cuisiniers est décrite par Athenée en bien des endroits de son livre : il dit que Nicomede roi de Bithynie desirant manger du haranc, & se trouvant dans un lieu éloigné de la mer, son cuisinier lui en fit un avec d'autres poissons. Le cuisinier de Trimalchion plus habile faisoit de la chair d'un cochon, des poissons, des pigeons ramiers, des tourterelles & des poulardes. Les histoires font mention de prodigieux mangeurs ; tel étoit Phagon, qui devant la table de l'Empereur Aurelien mangoit en un jour un sanglier tout entier, cent pains, un mouton, un petit cochon, & buvoit plus d'une *orca* de vin, qu'il faisoit couler dans sa bouche par un entonnoir. L'*orca* étoit beaucoup plus grande que l'*amphora*, & l'*amphora* tenoit plus de vingt-quatre pintes de Paris.

VI. Athenée parle ailleurs d'un cochon à demi rôti & à demi bouilli, préparé par un cuisinier qui avoit eu l'art de le vuider & de le farcir sans l'éventrer ; il avoit fait un petit trou sous une épaule, par lequel il avoit fait sortir tou-

---

stici hodieque ursinam carnem in farrea theca coctam edunt.

III. Pisces etiam in deliciis habebant ; congrum scilicet hodie ne conjectura quidem notum, acipenserem, rhombum, mullum, scarum, muræam, lupum marinum, aliosque pisces, conchilia quoque diversæ speciei. Athenæus lib. 1. c. 4. hæc multum commendata fuisse ait, Siculas muræas, anguillas πλωτάς, thynnorum ad Pachynum captorum sumina, hœdos ex Melo, mugiles e Simetho ; ex vilibus conchis Peloridas, mænidas ex Lipara, Thebana rapa, ex Ascra betas.

IV. Varia placentarum genera antiqui apparabant, sed quarum nomina tantum apud scriptores reperimus, nec dicere valemus qua in re differant, *placenta*, *laganum*, *libum*, *scriblita*, *sphærita*, *crastianum Siculum*, *crustulum*, multæque aliæ hujusmodi rerum species. Nescitur autem utrum veteres carnem in siligineâ crustâ coquerent, cum hujusmodi cibi nullum nomen vel Græcum vel Latinum occurrat : nam artocreas Persii Satyrici, carnem cum pane concisam

& mixtam significare putatur. Fructus & olera eadem pene veteribus, quæ nobis in usu erant.

V. Coquorum industria ab Athenæo variis in locis describitur ; sic lib. 1. cap. 7. ait, Nicomedi Bithyniæ regi procul a mari versanti halecemque desideranti, coquus aliquis pisciculum imitatus, quod exinxerat pro halece posuit. Solertior Trimalchionis coquus, ex suilla carne pisces, palumbos, turtures & gallinas faciebat. In historiis memorantur mirifici helluones, qualis erat ille Phagon, qui ante mensam Aureliani comedebat uno die, teste Vopisco 50. aprum integrum, centum panes, vervecem & porcellum, bibebatque infundibulo apposito plus orcâ. Erat orca mensura longe major amphora. Amphora vero capiebat sextarios castrenses viginti quatuor. Sextarius autem castrensis paulo amplior erat Parisina pinta.

VI. Athenæus etiam lib. 9. cap. 7. de porco semiasso & semielixo loquitur, quem non exenterarunt hâc arte coquus intestinis vacuum effecerat & inferserat : sub humero exiguum vulnus inflixerat indeque sanguine diffuso, per vulnus illud intestina sensim

tes les entrailles, & après avoir lavé le dedans avec du vin qu'il avoit laissé écouler, il avoit ensuite fait entrer la farce par la gueule.

VII. Les cuisiniers Grecs faisoient un grand nombre de gâteaux, dont la maniere n'est point connue : les noms en étoient selon Athenée, l'*enchyton*, l'*amès*, le *diaconion*, l'*amphiphon*, gâteau qu'on faisoit en l'honneur de Diane, & environné de petits flambeaux ; le *basynias*, le *coccara*, le *strepte*, le *neelata*, l'*epichyton*, l'*attanites*, le *creion*, le *glycinas*, les *enchrides*, & plusieurs autres que cet auteur nomme.

Il parle encore des sausses & des ragoûts, & sur tout d'un certain ragoût qu'on appelloit *myma* ; c'étoit une espece de hachis qui se faisoit de chair de poule ou de toute autre chair ; on y mettoit aussi les entrailles, qu'on hachoit jusqu'à ce que le tout se mettoit en pâte ; on y mêloit du vinaigre avec du sang, du fromage à demi cuit, du persil, du cumin, du thym, de la coriandre, & d'autres herbes ou semences odoriferantes, de l'oignon cuit sous la cendre, des pavots, des raisins secs, du miel, des grains de grenade. Il parle encore d'un ragoût nommé *mattya*, & de plusieurs autres qu'il seroit trop long de rapporter.

---

omnia abstraxerat : per os postea multum vini in ventrem porci immiserat, suspensum deinde pedibus porcum defluente vino penitus vacuum fecerat, posteaque per os fartum immisit & porcum coxit.

VII. Græci coqui placentas diversi generis nominisque innumeras ferme apparabant, quarum nomina refert Athenæus lib 14. cap. 13. & seqq. Enchyton, Ames, Diaconion, Amphiphon, quæ placenta in honorem Dianæ fiebat, & faculis circum ornabatur, Basynias, Coccara, Strepte, Neelata, Epichyton, Attanites, Creion, Glycinas, Enchrides, & quamplurimæ aliæ quæ ibidem memorantur.

De salsamentis etiam atque de eduliis loquitur eodem libro cap. 23. & præcipue de edulio illo, quod Myma vocabant, quod apparabatur ex gallinæ carne, aut ex alia qualibet intrita & concisa carne, minutal vocat Juvenalis : viscera quoque in minutas partes concidebantur, ita ut omnia in unum fartum coalescerent : hinc admiscebantur sanguis cum aceto conditus, caseus assus, silphium, cuminum, thymus recens, coriandrum, aliæque odoriferæ herbæ : de altero item falsamenti genere loquitur, quod Mattyan vocabant, deque multis aliis quæ longius esset referre.

CHAPITRE XI.

I. Le Roi des festins: combien de repas faisoient par jour les anciens. II. Les loix des Atheniens pour le repas. III. Vaisseaux de table ou de cuisine. IV. Les échansons, & la forme des pots à verser du vin. V. Couteaux & cuilliers.

I. DANS les grands festins on faisoit un Roi qui assignoit à chacun sa place. Ce Roi étoit élu par sort, ou étoit nommé par celui qui donnoit le repas. Il commandoit, & on étoit obligé de lui obeir. Empedocles se plaignoit d'un Roi de festin, parcequ'il lui avoit commandé de boire, & qu'il avoit ordonné s'il ne buvoit pas, qu'on lui versât du vin sur la tête. Tous ces festins & ces grands repas se faisoient le soir : on les appelloit *dipnon* en grec, & *cœna* en latin. Le dejeûner & le dîner n'étoient que de petits repas en comparaison du souper.

Les Grecs faisoient quatre repas selon Athenée, le dejeûner, qu'ils appelloient *acratisma* ou *dianestismos* ; le dîner, qu'ils nommoient *ariston* ou *dorpiston* ; un petit repas entre le dîner & le souper, dont le nom étoit *hesperisma*, qu'on appelle en latin *merenda* ; & le souper, qu'ils exprimoient par ce nom *dipnon*, & quelquefois par cet autre *epidorpis*.

II. Samuel Petit dans sa collection des Loix Attiques, met celles-ci pour les repas : Que les convives ne soient pas plus de trente ; que les cuisiniers louez pour de grands festins, donnent leurs noms aux Gyneconomes, c'est-à-dire à ceux qui avoient soin que les femmes vécussent dans la modestie & dans la décence convenable, & qui avoient aussi l'inspection sur les festins : Que les convives ne boivent le vin pur qu'à la fin du repas ; mais qu'à la fin du repas ils boivent un coup en l'honneur du bon demon : nous voions en effet cette coutume de boire à la fin du repas observée dans les deux grands repas des Grecs dont nous avons fait ci-dessus la description ; dans celui d'Amyntas, & dans celui d'Attagin : Que les Areopagites punissent les débauchez outrez.

Pl. LIX. III. On croit que les cinq vases qui se voient dans la planche suivante servoient pour la table ou pour la cuisine ; je n'en comprens pas bien l'usage : le lecteur jugera à quoi on pouvoit les emploier.

CAPUT XI.

I. Rex conviviorum : quoties in die apud veteres cibus sumeretur. II. Leges Atticæ pro conviviis. III. Vasa ad mensæ aut ad coquinæ usum. IV. Pocillatores & vasa vinaria. V. Cultri & cochlearia.

I. IN majoribus conviviis rex deligebatur, qui locum cuique suum assignabat. Rex hic vel sorte deligebatur, vel ab eo qui convivio exciperet nominabatur. Jubente illo cuncti obsequebantur : Conquerebatur Empedocles quod rex convivii sibi potum dari præcepisset, ac vinum in caput infundi, si recusaret. Magna istæc omnia convivia vespertinis horis aut noctu celebrabantur, græceque δίπνον, latine cœna vocabantur. Jentaculum atque prandium, longe minora erant quam cœna.

Græci secundum Athenæum quater in die comedebant ; primo jentaculum sumebant, quod vocabant ἀκράτισμα aut διανήσισμον ; secundo prandium, quod appellabant ἄριστον vel δόρπιστον ; inter prandium & cœnam intercedebat ἑσπέρισμα, latine merenda ; cœnam vero nominabant δίπνον aut ἐπιδορπίδα.

II. Samuel Petitus collectione legum Atticarum, has conviviorum leges ponit ; ut convivæ non plures quam triginta numero sint, ut coqui ad parandum convivium locati nomina sua tradant gynæconomis, sive iis qui mulierum modestiam temperantiamque curabant, quique conviviorum ordinem moderabantur ; ne merum convivæ potent nisi in convivii fine ; sed in fine semel potent in honorem boni dæmonis ; eamque morem potandi in fine convivii supra vidimus observatum ; in convivio nempe Amyntæ regis, & in convivio Attagini Thebani : ut Areopagitæ asotos plectant.

III. Quinque tabulæ sequentis vasa, mensæ aut culinæ fuisse instrumenta putantur : usum eorum non perfecte capio, ad quam rem idonea fuerint lector judicet.

IV.

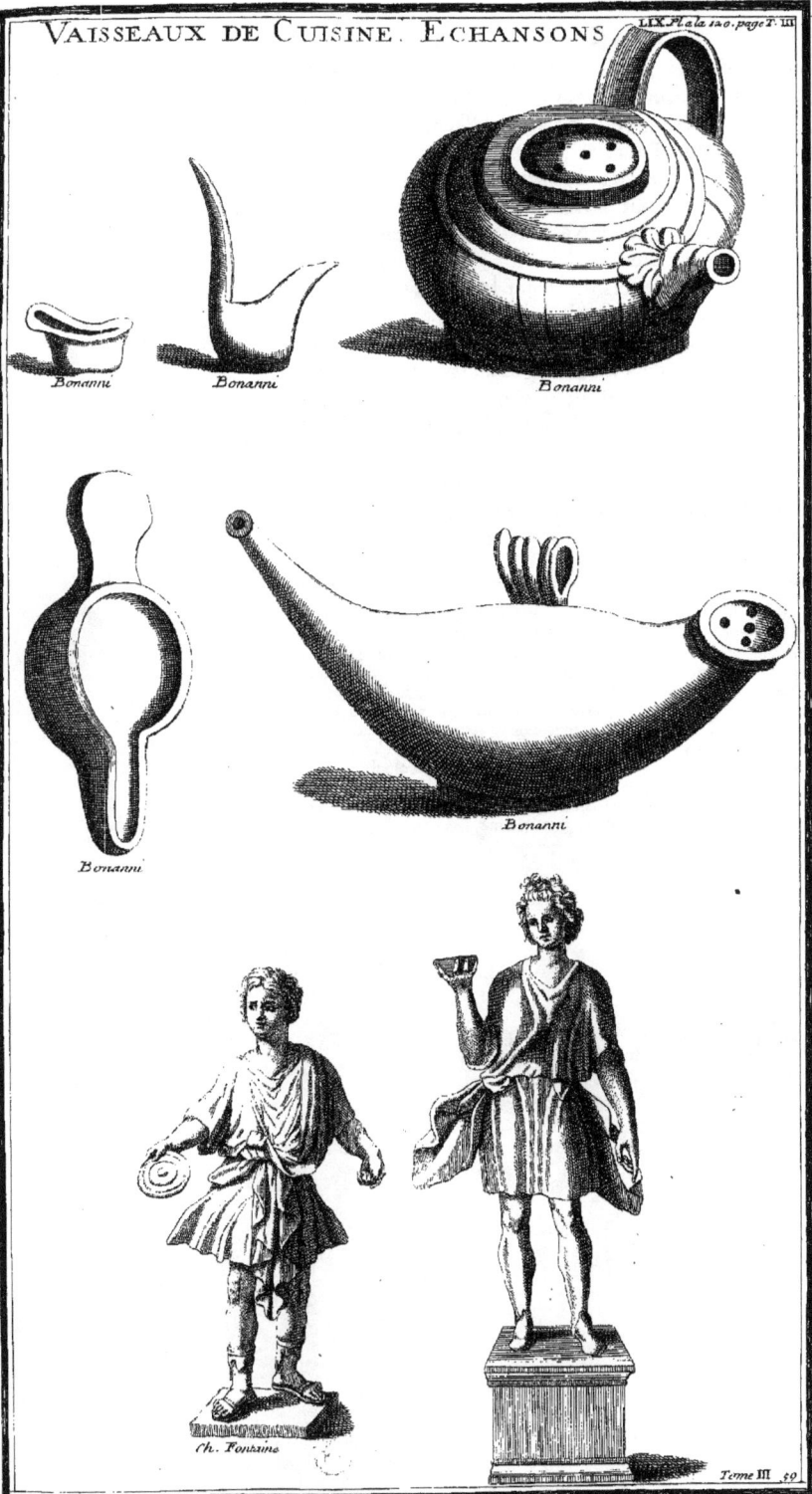

ECHANSONS, POTS, COUTEAUX.

IV. Nous avons plusieurs figures d'échansons tels à peu près que les décrit ci-devant Philon. Ils ont presque tous les cheveux coupez en rond, la tunique ceinte & relevée, en sorte qu'elle ne leur descend que jusqu'au genou. Le premier est du Chevalier Fontaine, le second a été donné par Beger. Dans la planche suivante le premier de notre cabinet est couronné de laurier; il lui manque une jambe & un bras, duquel il tenoit apparemment un vaisseau pour verser à boire. Le suivant a un ornement de tête extraordinaire: celui d'après est couronné de laurier, & tient d'une main un vaisseau qui a la forme d'une corne terminée par la tête d'un bouc. Le dernier de notre cabinet est couronné de feuilles de vigne, & tient de même une corne terminée par une tête d'animal. Ces cornes servoient non seulement de pots à verser à boire, mais aussi de gobelets; on en voit des exemples dans Xenophon. Le grand vaisseau qui est audessous, & qui se termine par la tête d'un monstre, paroit avoir servi de pot à verser du vin.   PL. LX.

V. La planche suivante montre six manches de couteaux tirez de differens cabinets, & deux cuilliers trouvées à Autun. Nous avons déja vu dans les images de Mercure deux cuilliers de forme singuliere.   PL. LXI.

IV. Non pauca pocillatorum genera suppetunt illo cultu, quem supra descripsit Philo Judæus: omnes ferme capillitio sunt in circulum composito. Tunica ad zonam sursum attollitur, ut nonnisi ad genua usque defluat. Primus pocillator est equitis Fontanæ nobilis Angli; secundus a Begero publicatus Musei est Brandeburgici. In tabula sequenti primus Musei nostri crure brachioque truncatus est, quo, ut verisimile est, scyphum aut lagenam fundendo vino tenebat: sequens ornatu capitis gaudet singulari. Alius qui lauro coronatur, manu vas vinarium tenet, cornu formam habens; sed capite, ut videtur, hirci terminatum. Postremus Musei nostri pampinis coronatur, cornuque similiter tenet capite animalis cujuspiam terminatum. Hujusmodi cornibus non modo quasi scyphis ad fundendum vinum utebantur, sed etiam poculis ad bibendum; cujus rei exempla habes apud Xenophontem p. 405. & 406. vas magnum subtus positum capite monstri terminatum, fundendo item vino usurpatum fuisse videtur.

V. In tabula sequenti cultrorum capuli sex comparent, duoque cochlearia Augustoduni reperta. Inter Mercurii schemata primo tomo duo cochlearia vidimus singularis formæ.

CHAPITRE XII.

I. Batterie de cuisine. II. Forme de la marmite. III. Belle passoire ornée de figures. IV. Autres vaisseaux de cuisine.

I. IL nous reste peu de chose sur la batterie de cuisine des anciens ; les marbres & les bronzes n'en représentent qu'une partie : je n'ai point encore vu d'image d'un cuisinier qui prépare un grand repas. Les vases & les instrumens qui servoient à la cuisine des anciens étoient en grand nombre. Ils avoient des chaudieres qu'ils appelloient *caldarium*, *cacabus*, *cortina*, *ahenum* ; des chaudrons, *lebes* ; des marmites, qu'ils appelloient aussi *cacabus*, & les Grecs *cacabos* & *chytra* ; des poëles qu'ils appelloient *sartago*, & les Grecs τήγανον ; des poëlons, *pultarium* ; des passoires à plusieurs petits trous, que Pline appelle *colum*, & quelques modernes *colatorium* ; des broches à rôtir, qu'ils apelloient *verua*, & & les Grecs ὀβελοι ; des cuilliers, en latin *cochlear* ou *cochleare* ; des cuilliers à pot, *trulla* ; des fourchetes & des crocs à tirer la viande du pot, qu'ils nommoient *creagra* & *fuscina* ; les plats s'appelloient *lances* ou *disci* ou *patinæ*, *patellæ*, *catini* : on en peut voir la forme dans les triclinions que nous avons donné ci-devant, où il est difficile de distinguer un plat d'une assiete.

II. Sur la colonne de Trajan nous voions la figure d'un chaudron ou d'une marmite, d'une cuillier à pot, & d'une passoire à plusieurs petits trous. Auprès de ces instrumens de cuisine on voit la marmite de Silene, qui bout sur un fourneau ; elle est tirée d'une des images de Silene.

Pl. LXII.

III. Voici une grande & belle passoire qui fut trouvée à Rome il y a environ trente ans, & qui tomba entre les mains de M. Mayer de Lion, qui la fit graver telle que nous la donnons ici. Le manche est tout plein de figures, qui sont des pieces rapportées d'argent en relief. Au bas du manche est le dieu Pan avec ses oreilles & ses cornes de bouc, tout le bas du corps depuis la ceinture est du même animal ; il donne un assaut de cornes contre un bouc dressé sur ses pieds ; entre les deux combattans est la syringe de Pan ou la flute à sept tuiaux, & une corne d'abondance. Au dessus de Pan sont quatre animaux qu'il n'est pas aisé de reconnoitre. Au plus haut du manche vers la passoire au pied d'un arbre est le demi corps d'une idole Bacchique plantée sur un pieu devant un autel, sur lequel sont

---

CAPUT XII.
*I. Vasa coquinaria. II. Cacabi forma.
III. Colum pulcherrimum figuris ornatum.
IV. Alia coquinaria vasa.*

I. PAuca supersunt circa vasa coquinaria veterum : in marmoribus nusquam visitur coquus convivium apparans. Vasa & instrumenta quæ culinæ inserviebant, magno numero erant. Lebetes majores apud illos his nominibus appellabantur, caldarium, cacabus, cortina, ahenum. Ollas item cacabos, Græci κάκαβυς vocabant & χύτρες ; sartago a Græcis τήγανον appellabatur. Colum multis instructum foraminibus, quæ vox Plinii est, a quibusdam recentioribus *colatorium* vocatur ; verua Græci ὀβελοὺς vocabant ; cochlearia item habebant, trullas, fuscinulas extrahendæ ex ahenis carni, quas item appellabant creagras & fuscinas. Lances & disci, patinæ & patellæ, mensaria quoque erant vasa quorum forma visitur in tricliniis supra : ibi tamen discum a lance difficile distinguas.

II. In columna Trajana tab. 24. lebetis, trullæ & coli schemata videmus ; juxta illa conspicimus Sileni cacabum ex ejus schematibus eductum caminoque ardenti impositum.

III. En colum magnum & pulcherrimum, Romæ triginta abhinc annis repertum, quod adeptus D. Mayerius Lugdunensis in ære incidi curavit, quale hic proferimus : capulus schematibus argenteis prominentibus ornatus est. In imo capulo Pan deus visitur cornibus cruribusque caprinis, qui hircum erectum seque cornibus impetentem, cornibus item propulsare parat. Inter ambos pugnatores est tibia Panos, & cornu copiæ. Supra Pana quatuor sunt animalia, quæ vix internosci possunt. In summo capulo protome est Bacchica, paxillo superposita ante aram, cui

MANCHES DE COUTEAU ET CUEILLERS

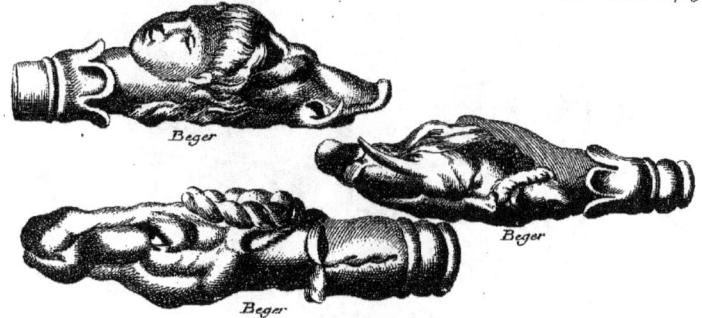

Beger   *Beger*   *Beger*

Ch. Fontaine

M.ʳ Thiroux   *M.ʳ Thiroux*

M.ʳ Thiroux   *M.ʳ Thiroux*

MEUBLES II.

M.' Mayer   M.' Mayer

M.' Mayer

CUISINE

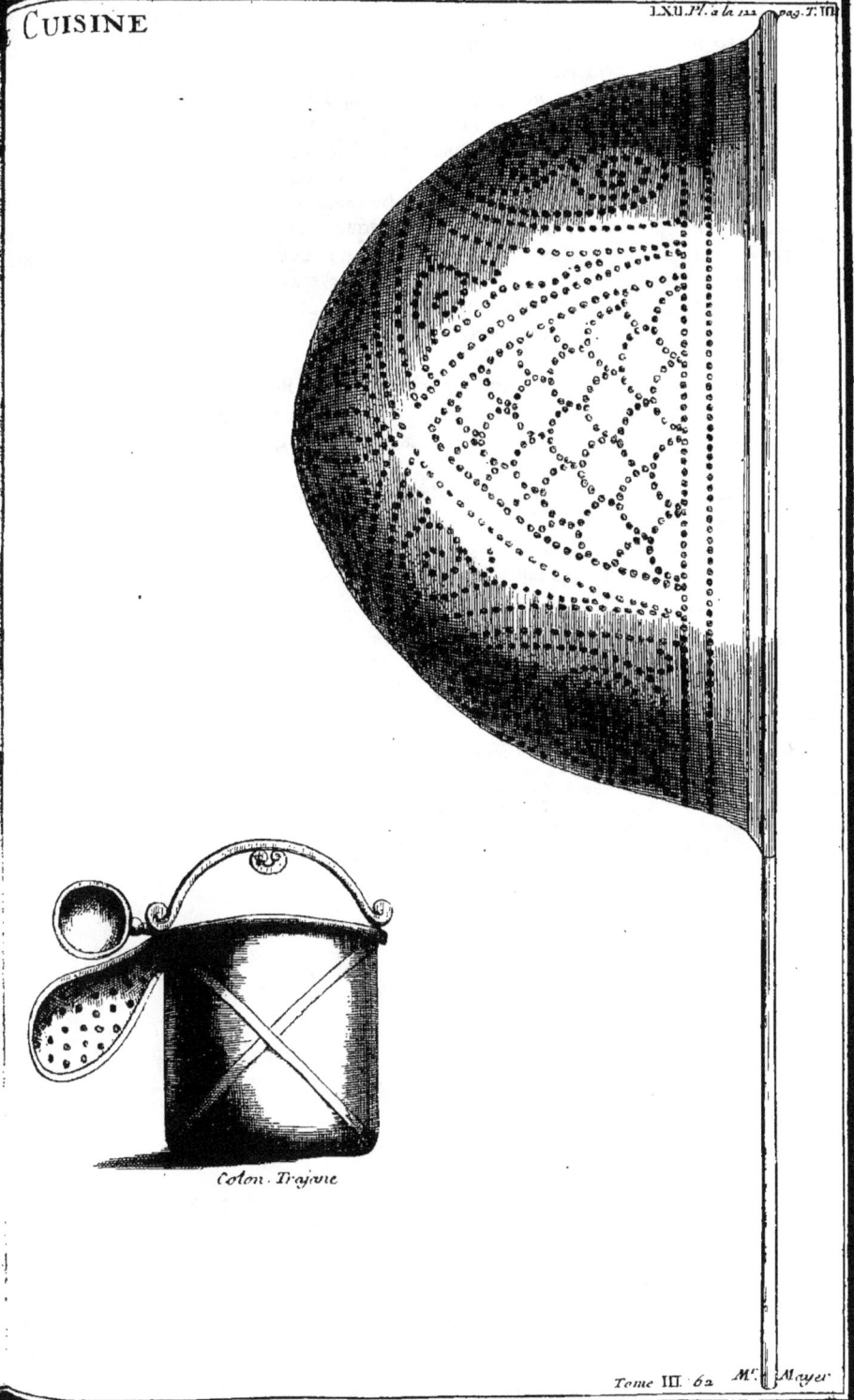

Colon. Trajane

deux pommes, qui pourroient bien être des pommes de pin ; on y voit aussi une pique & une harpe. Tout ceci paroit appartenir aux mysteres de Bacchus ; d'où l'on pourroit peutêtre inferer que cette passoire étoit destinée à l'apprêt des repas qu'on faisoit après les sacrifices à Bacchus, si on ne savoit d'ailleurs que ces idolâtres mêloient la religion par tout, à la table, à la cuisine, au lit &c. Cette passoire servoit à passer ou des liqueurs, ou du bouillon, ou du vin. Les trous sont rangez avec une belle symmetrie.

M. Mayer fit graver aux côtez de la passoire deux figures antiques ; l'une est d'un Cupidon appuié d'un genou sur une espece de chapiteau, auquel est gravé un escarbot ou un cancre : l'autre est un buste de Minerve avec son casque à la greque sous une petite voute soutenue de quatre colonnes. C'étoient apparemment des antiquailles qui lui appartenoient, & qu'il a fait graver avec la passoire.

IV. Le vase suivant à trois pieds est du cabinet de M. le Président Boisot de Besançon ; il peut encore avoir servi à la cuisine ; il semble même qu'il n'ait pas pu être à un autre usage : son couvercle est une belle tête qui a un casque. PL. LXIII.

Le poëlon cassé qui suit est tiré du même cabinet : les deux petits poëlons suivans m'ont été envoiez en dessein par M. l'Abbé Charlet. On a pris pour des plats les deux vaisseaux mis au bas de la planche ; le dernier est fort creux, & peut avoir servi à mettre des sausses ou de la bouillie. PL. LXIV.

---

duo poma superposita, quæ fortasse strobili fuerint : hasta item & cithara hic comparent. Hæc omnia videntur ad mysteria Bacchica pertinere, unde fortasse argueretur, hoc colum deputatum fuisse ad usum conviviorum, quæ post sacrificia Bacchica fiebant ; nisi aliunde constaret profanos illos in omnibus religionem admiscuisse, in mensa, in culina, in cubili, &c. Hoc colum aut mulso, ut jusculo, aut vino percolandis inserviisse videtur : foramina eleganti sunt ordine disposita.

A latere coli Mayerius schemata duo antiqua insculpi curavit, quorum aliud est Cupidinis genu supra capitellum nixi in quo capitello insculptus est aut scarabæus aut cancer ; aliud est protome Minervæ græco more galeatæ sub parvo fornice quatuor columnis nixo : hæc fortasse signa Mayerii erant, qui ea cum colo simul scalpi curaverit.

IV. Ahenum sequens tribus pedibus nixum, est illustrissimi Domini Boisot in suprema Vesontionis curia Præsidis, coquinarii usus fuisse prorsus videtur, operculum est caput elegans galeatum.

Patella manubriata & aliquot in locis rupta ex eodem Museo prodiit, & Narcissi nomen in manubrio præfert. Duæ vero patellæ minores viciniæ a D. Abbate Charlet transmissæ mihi sunt. Pro patinis aut discis habita sunt duo sequentia vasa, quorum alterum profundius, aut embammati aut jusculo recipiendo inserviisse potuit.

CHAPITRE XIII.

Maisons de campagne & jardins.

LE luxe des Romains ne parut jamais davantage que dans leurs maisons de campagne, qu'ils appelloient *villa* : ce mot se prenoit en deux sens, pour une grange, ou une ferme, ou une métairie; ou pour une maison de plaisir que les gens de qualité bâtissoient dans les campagnes. C'est de celles ci que nous parlons présentement. Il y en avoit d'une grandeur & d'une magnificence surprenante ; la maison de plaisance des Gordiens sur la voie qu'on appelloit Prenestine, égaloit ou surpassoit même celles des plus grands Rois : nous en avons déja parlé. Dans ces maisons de campagne il y avoit souvent beaucoup de familles d'artisans & d'autres gens de service, en sorte qu'une seule maison sembloit une bonne ville. Une autre maison de campagne des plus belles étoit celle d'Hadrien à Tivoli, de laquelle il reste encore aujourd'hui de grandes mazures : on y voioit le nom des plus célebres lieux de l'antiquité, de ces lieux frequentez par les philosophes; on en avoit imité la forme, & l'on tâchoit d'en faire le même usage; on leur donnoit les noms de Lycée, d'Académie, de Prytanée, de Canope, de Pœcile & de Tempé : Hadrien y représenta encore l'image des enfers. La voliere de Varron, dont nous parlerons plus bas, peut avoir place parmi ces superbes bâtimens. Les maisons de campagne de Lucullus, d'Auguste, de Mecenas, de Munatius Plancus, de Seneque, & plusieurs autres étoient encore fort célebres à Rome.

Martial nous fait une legere description de la maison de campagne de Bassus, qui étoit tout auprès de Rome, où il nous donne la connoissance de ce que les Romains emploioient pour l'ornement de leurs jardins & de leurs parterres ; ils les ornoient, dit-il, de myrtes, de platanes, de buis tondu : nous voions par là qu'ils tondoient le buis de leurs parterres : ils y mettoient aussi des lauriers. Chaque jardin avoit ordinairement sa statue de Priape. On voioit dans la plûpart des maisons de campagne une haute tour, où ils montoient pour avoir le plaisir de la vue.

CAPUT XIII.

Villæ & horti campestres.

ROMANORUM in villis maxime luxus emicuit : quod nomen duplicem significarum habebat, & secundum utrumque usurpatum occurrit : nam villam aliquando vocari comperimus prædium frugibus, fructibus ferendis, pecoribusque alendis : aliquando villæ domus erant ad voluptatem tantum adornatæ, quas viri primarii senatoresque in agro construebant, additis hortis magis ad prospectus jucunditatem, quam ad utilitatem adornatis. Ex iis quædam magnificentia & sumtu immenso structæ erant, qualis erat villa Gordianorum via Prænestina, de qua jam loquuti sumus, quæ Regum etiam villas splendore superaret. In hisce villis sæpe multæ artificum familiæ erant, aliique ad famulatum, ita ut aliquando villa una urbis speciem præferret. Inter pulcherrimas censebatur villa Hadriani Tibure, cujus villæ magna adhuc rudera supersunt. Ibi nomina locorum in antiquitate celeberrimorum in queis philosophi versati fuerant servabantur : loca eadem ipsa forma structa erant, & quantum fas erat eidem usui adhibebantur. Hæc nomina, inquit Spartianus in Hadr. c. 26. Lyceum, Academia, Prytaneum, Canopum, Poecile, Tempe : imaginem inferorum etiam in ea villa Hadrianus repræsentavit. Aviarium Varronis, de quo mox, inter superba illa ædificia censeri poterat. Villæ item Luculli, Augusti, Mæcenatis, Munatii Planci, Senecæ, aliæque multæ celebres erant Romæ.

Martialis villam Bassi prope Romam sitam paucis describit, & de ornatibus villarum & areolarum carptim & quasi perfunctorie paucula tradit : myrtetis eas ornabant, platanis atque buxo.

otiosis ordinata myrtetis
Viduaque platano tonsilique buxeto.

Jam illis ergo temporibus buxum ut hodie tondebatur : lautus etiam exornandis villis adhibebatur. Quisque hortus, quæque villa statuam Priapi habebat. In plerisque villis turris alta erat ut inde agri jucunditas quam longissime oculis pateret.

VASES

L.XIII. Pl. a la 124. page T.III

M^r. Boisot

Tome III 63

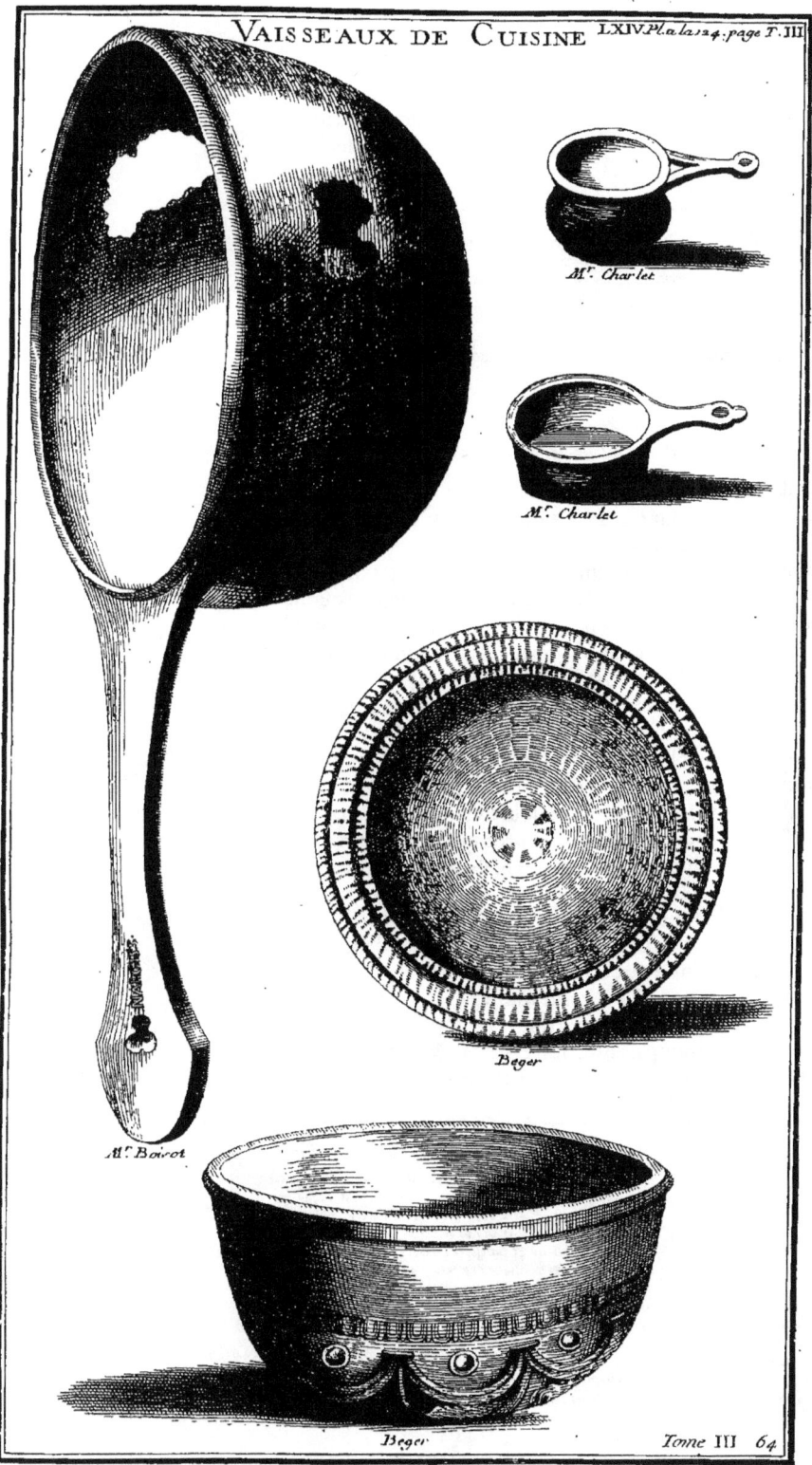

MAISONS DE CAMPAGNE.

Il paroit par tout ce que dit Martial, que dans certaines maisons de campagne il n'y avoit ni fruit, ni jardin potager, ni bassecour, & qu'on y apportoit tout de la ville; ce qu'il tourne en raillerie : Quoi de plus risible, dit-il, que de porter à la campagne des herbes, des œufs, des poulets, des fruits, du fromage & du vin nouveau?

Ex iis quæ Martialis ait ibidem, liquet in quibusdam villis, nullas fuisse fructuosas arbores, olera leguminaque nulla, nullam alendis volatilibus cortem, in quam rem ille sic festive ludit.

At tu sub urbe possides famem mundam,

Et turre ab alta prospicis meras lauros,
Furemque, Priapo non timente, securus.
Pictamque portas otiosus ad villam
Olus, ova, pullos, poma, caseum, mustum :
Rus hoc vocari debet, an domus longe ?

CHAPITRE XIV.

Le Laurentin, maison de campagne de Pline le jeune, décrit par lui-même.

PLINE le jeune dans son épitre à Gallus décrit bien plus en détail sa maison de campagne située auprès du Laurentum, & il donne raison à Gallus pourquoi il aime tant ce sejour.

I. Vous vous étonnez que le Laurentin me charme si fort ; votre surprise cessera, quand vous apprendrez quels en sont les agrémens, la commodité du lieu, & l'étendue du rivage où cette maison de campagne est située. Elle est à dix-sept milles de la ville : de sorte qu'après avoir reglé vos affaires, vous pouvez vous y rendre encore à bonne heure. On y vient par deux chemins, celui du *Laurentum*, & celui d'Ostie : pour s'y rendre, il faut quitter celui du *Laurentum* à quatorze milles d'ici, & celui d'Ostie à onze milles : ce qui reste après l'un & l'autre des grands chemins, est en partie sablonneux, incommode & long aux bêtes de charge, mais court & aisé aux gens de cheval. La campagne n'est pas toujours égale, tantôt ce sont des forets qui retrecissent le chemin, tantôt des prez qui laissent une route large. On voit là plusieurs troupeaux de moutons & de bœufs, & des haras de chevaux que l'hiver a chassez des montagnes, & qui trouvent là de bons paturages, & un air de printems plus doux & plus temperé. Cette maison de campagne est spatieuse & commode, & n'est pas d'un grand entretien. On trouve d'abord une entrée simple, mais propre, & ensuite un portique tout rond comme un O ; il renferme une cour qui dans sa petitesse ne laisse pas d'être agréable : ce portique est fort à couvert des mauvais tems, par les tables transparentes des fenêtres, & encore plus par les bâtimens qui l'environnent. A l'entredeux des appartemens il y a une

CAPUT XIV.

Laurentinum villa Plinii ab ipso descriptum.

PLINIUS junior epistola ad Gallum 2. 7. villam suam prope Laurentum sitam describit, atque illi cur tantum ea delectetur pluribus declarat.

I. *Miraris cur me Laurentinum, vel si ita mavis, Laurens meum tantopere delectet ? desines mirari cum cognoveris gratiam villæ, opportunitatem loci, littoris spatium. Decem & septem millibus passuum ab urbe secessit : ut peractis quæ agenda fuerint, salvo jam & composito die possis ibi manere. Aditur non una via : nam & Laurentina & Ostiensis eodem ferunt, sed Laurentina a quartodecimo lapide, Ostiensis ab undecimo relinquenda est. Utrinque excipit iter aliqua ex parte arenosum, jumentis paulo gravius & longius, equo breve & molle. Varia hinc atque inde facies : nam modo occurrentibus silvis via coarctatur, modo latissimis pratis diffunditur & patescit. Multi greges ovium, multa ibi equorum boumque armenta, quæ montibus hieme depulsa, herbis & lepore verno nitescunt. Villa usibus capax non sumptuosa tutela, cujus in prima parte atrium frugi, nec tamen sordidum : deinde porticus in O litera similitudinem circumacta, quibus parvula, sed festiva area includitur : egregium hæc adversum tempestates receptaculum ; nam specularibus multoque magis imminentibus tectis muniuntur. Est contra medias cavædium*

»cour fort jolie, d'où l'on entre dans une belle salle à manger située sur le
»bord de la mer, en sorte que quand le vent d'Afrique souffle, les flots déja
»brisez sur le rivage viennent doucement baigner ses murs. La salle a de tous
»côtez ou des portes ou des fenêtres aussi grandes que les portes ; de manie-
»re que de la face de devant & des deux côtez on voit comme trois diffe-
»rentes mers ; & de la face de derriere on voit la cour interieure, le porti-
»que & sa cour, l'autre côté du portique, l'entrée, & plus loin des forets
»& des montagnes fort éloignées. A gauche de la salle à manger, mais
»non pas sur la même ligne est une grande chambre, ensuite une moins
»grande, dont les deux fenêtres sont l'une à l'orient, l'autre à l'occident. On
»voit encore de cette chambre la mer, de plus loin à la verité, mais on y est
»aussi plus en sureté contre ses flots. Cette chambre & la salle à manger font
»en dehors un angle où les raions du soleil se renferment & rendent le lieu
»fort chaud : c'est là que mes domestiques se mettent en hiver ; ils en font
»un lieu d'exercices. Il n'y souffle pas d'autres vents que ceux qui amenent
»des brouillards, & qui chassent la serenité de l'air ; alors la place n'est plus
»tenable.

»II. A cet angle tient une chambre voutée, aux fenêtres de laquelle le
»soleil vient toujours de quelque côté. Elle a dans l'épaisseur du mur une
»armoire pratiquée en forme de bibliotheque, qui contient des livres plû-
»tôt pour l'amusement, que pour une lecture longue & serieuse. Il n'y
»a qu'un petit passage pour aller de cette chambre aux appartemens à cou-
»cher : ce passage lambrissé & vuide par dessous tempere les vapeurs qu'il
»reçoit, & communique un air plus sain aux appartemens voisins. Tout ce
»qui reste de logemens de ce côté là sert aux esclaves & aux affranchis,
»quoiqu'il y ait des chambres assez propres pour y loger des amis. De l'autre
»côté est une fort belle chambre, & tout attenant une autre grande cham-
»bre qui peut servir de petite salle à manger, le soleil & les raions reflechis
»de la mer la rendent fort claire. De là on passe à une chambre qui a son
»antichambre ; cette chambre est fort exhaussée, & en cela propre pour
»l'été ; elle est aussi bien fermée & à couvert des vents ; ce qui la rend propre
»aussi pour l'hiver. Un mur de cloison separe cette chambre d'une autre &
»de l'antichambre. On se rend ensuite à la chambre du bain, qui est fraî-
»che, large & spatieuse. Aux deux murs opposez sont pratiquées deux bai-
»gnoires en rond, qui s'étendent dans la chambre : l'une & l'autre sont assez
»grandes pour y nager, si l'on veut. A cette chambre tiennent celles des
»parfums & de l'étuve, & celle des fourneaux ; & tout auprès deux chambres

---

hilare : mox triclinium satis pulcrum, quod in littus excurrit : ac si quando Africus mare impulsum est, fractis jam & novissimis fluctibus leviter alluitur. Undique valvas ac fenestras non minores valvis habet : atque ita a lateribus, a fronte quasi tria maria prospectat ; a tergo cavedium, porticum, aream : porticum rursus, mox atrium, silvas & longinquos respicit montes. Hujus a lava retractius paulo cubiculum est amplum: deinde aliud minus, quod altera fenestra admittit orientem, occidentem altera retinet. Hæc & subjacens mare longius quidem, sed securius intuetur. Hujus cubiculi & triclinii illius objectu inclusus litur angulus, qui purissimum solem continet & accendit. Hoc hibernaculum, hoc etiam gymnasium meorum est. Ibi omnes silent venti, exceptis qui nubilum inducunt, & serenum antequam usum loci eripiunt.

II. Adnectitur angulo cubiculum in apsida curvatum, quod ambitum solis fenestris omnibus sequitur. Parieti ejus in bibliotheca speciem armarium insertum est, quod non legendos libros, sed lectitandos capit. Adhæret dormitorium membrum transitu interjacente, qui suspensus & tabulatus conceptum vaporem salubri temperamento huc illuc digerit & ministrat. Reliqua pars lateris hujus servorum libertorumque usibus detinetur, plerisque tam mundis ut accipere hospites possint. Ex alio latere cubiculum est politissimum ; deinde vel cubiculum grande, vel modica cœnatio, quæ plurimo sole, plurimo mari lucet. Post hanc cubiculum cum procœtone, altitudine æstivum, munimentis hibernum : est enim subductum omnibus ventis : huic cubiculo aliud & procœon communi pariete junguntur. Inde balinei cella frigidaria, spatiosa & effusa, cujus in contrariis parietibus duo baptisteria v lut ejecta sinuantur abunde capacia, si innare in proximo cogites. Adjacet unctuarium hypocauston ; adjacet propnigeon balinei : mox duæ

plus propres que magnifiques, qui tiennent à la baignoire d'eau chaude située de manière qu'on voit la mer en se baignant. Non loin de là est le jeu de paume tourné vers le soleil couchant. Ici s'éleve une tour, au pied de laquelle sont deux petites salles, & deux autres dans la tour même, & audessus de ces deux là une grande salle à manger, d'où la vue s'étend fort loin sur la mer, sur les côtes, & sur de belles maisons de campagne voisines. Il y a encore une autre tour qui contient une chambre exposée au soleil levant & au couchant. Ensuite viennent une grande chambre pour l'office, & un grenier, auprès duquel est une salle à manger, où dans les tempêtes on entend de loin les flots de la mer, sans être beaucoup incommodé du bruit. Cette salle a vue sur le jardin & sur l'allée qui l'environne. Cette allée est bordée de buis, ou de romarin à l'endroit où le buis finit: ce buis se conserve dans sa verdure en plein air & en plein vent, quand les toits le mettent à couvert de l'eau de la mer, que les flots brisez jettent dans les terres voisines; mais il seche dès que cette eau vient à le toucher même de fort loin.

III. En deça de l'allée il y a une vigne tendre, qui fait de l'ombrage, où il fait si bon marcher, qu'on peut s'y promener même nus pieds. Le jardin est orné de meuriers & de figuiers; ils viennent fort bien dans cette terre, qui ne peut guere porter d'autres arbres fruitiers. Une salle à manger qui est loin du rivage, jouit de la vue de ce jardin, qui n'est pas moins agreable que celle de la mer. Cette salle a sur le derriere deux autres petites salles qui ont vue sur le vestibule de la maison, & sur un autre jardin potager, dont la terre est fort fertile. Ensuite on entre dans une gallerie voutée, qui ne cede guere en longueur aux ouvrages publics: il y a des fenêtres de part & d'autre, mais une plus grande quantité du côté de la mer que sur le jardin, & un moindre nombre en haut qu'en bas. On les ouvre toutes quand il fait beau; & quand le vent regne, on les ferme du côté qu'il souffle. Devant cette gallerie est un xyste bordé de violetes, qui exhalent une odeur agreable: ce xyste est commode en hiver par la reverberation du soleil qui bat sur le mur de la gallerie, laquelle est en même tems un rempart contre le vent du septentrion. Si elle procure cette commodité pendant l'hiver, elle en donne une bien plus grande pendant l'été, où elle entretient la fraischeur sur l'allée de derriere, en arrêtant le vent chaud d'Afrique: son ombre devant le midi va sur le xyste, & l'après-midi sur l'allée de derriere, & sur une partie du jardin: cette ombre est ou plus grande ou plus petite, à mesure que le

---

cellæ magis elegantes, quam sumptuosæ; cohæret calida piscina mirifice, ex qua natantes mare aspiciunt. Nec procul sphæristerium, quod calidissimo soli inclinato jam die occurrit. Hîc turris erigitur, sub qua diætæ duæ, totidem in ipsa: præterea cænatio quæ latissimum mare, longissimum littus, amœnissimas villas prospicit. Est & alia turris: in hac cubiculum, in quo sol nascitur conditurque; lata post apotheca & horreum: sub hoc triclinium, quod turbati maris nonnisi fragorem & sonum patitur, eumque jam languidum & desinentem: hortum & gestationem videt qua hortus includitur: gestatio buxo aut rore marino ubi deficit buxus, ambitur. Non buxus qua parte defenditur tectis, abunde viret aperto cœlo, apertoque vento, & quamquam longinqua aspersione maris inarescit.

III. Adjacet gestationi interiore circuitu vinea tenera & umbrosa, nudisque etiam pedibus mollis & cedens. Hortum morus & ficus frequens reficit, quarum arborum illa vel maxime ferax est terra, malignior cæteris: hac non deteriore quam maris facie cœnatio remota a mari fruitur. Cingitur diætis duabus a tergo, quarum fenestris subjacet vestibulum villæ, & hortus alius pinguis & rusticus. Hinc cryptoporticus prope publici operis instar extenditur: utrinque fenestra, a mari plures, ab horto singulæ, & aliis pauciores: hæ cum serenus dies & immotus, omnes, cum hinc vel inde ventus inquietus, qua venti quiescunt, sine injuria patent: ante cryptoporticum xystus violis odoratus: teporem solis infusi repercussu cryptoporticus auget, quæ ut tenet solem, sic aquilonem inhibet submovetque, quantumque caloris ante, tantum retro frigoris, similiter Africum sistit, atque ita diversissimos ventos alium alio a latere frangit & finit. Hæc jucunditas ejus hieme, major æstate: nam ante meridiem xystum; post meridiem gestationes hortique proximam partem umbra sua temperat: quæ ut dies crevit decrevitque, modo brevior, modo longior

»jour croît ou diminue. La gallerie n'a jamais moins de soleil que lorsqu'au
»milieu de sa course il est plus ardent qu'en tout autre tems : alors il bat à
»plomb sur le toit, on ouvre les fenêtres, un air fort agreable y entre, &
»s'y renouvelle incessamment.

» IV. Au bout du xyste & de la gallerie est un appartement qui fait mes
»delices ; je l'ai bâti à mon goût, & je m'y plais extrêmement. Ici sont deux
»de ces pieces qu'on appelle *heliocaminus*, dont l'une regarde le xyste, l'au-
»tre la mer, l'une & l'autre est exposée au soleil : dans chacune on voit par
»la porte la chambre à coucher, & par la fenêtre la gallerie. Cet apparte-
»ment est ingenieusement disposé, en sorte qu'on le joint à la chambre à
»coucher, & qu'on le separe quand on veut ; & cela par le moien de ta-
»bles de pierre transparente & de rideaux, qu'on ôte & qu'on remet facile-
»ment. Cet appartement contient un lit & deux sieges ; du côté des pieds
»du lit on voit la mer ; vers le dossier, les maisons de campagne voisines ;
»& du côté du chevet, des forets. Par autant de fenêtres ces objets se voient
»separément, & quelquefois ensemble si l'on veut. La chambre à coucher
»est jointe à cette salle : on n'y entend ni la voix des esclaves, ni les flots de
»la mer, lorsque même elle est irritée : on n'y voit ni les éclairs, ni la clarté
»du jour, à moins qu'on n'ouvre les fenêtres. Ce qui rend ce lieu si couvert &
»si caché, c'est qu'entre la muraille de la chambre & celle du jardin il y a un
»appartement pour les hommes : tout cela fait un espace assez grand pour
»dissiper tout le bruit qui se fait au dehors. Une étuve est jointe à la chambre
»audessous d'une fenêtre, par laquelle on fait entrer autant de chaleur que
»l'on veut. De là on va dans une antichambre, & dans une chambre fort ex-
»posée au soleil, qu'elle reçoit dès son lever jusqu'après midi, quoique fort
»obliquement sur la fin.

»Quand je me retire dans cet appartement, il me semble être hors de
»ma maison. Je m'y plais principalement aux Saturnales, lorsque la licence
»qu'on a en ces jours de fêtes, fait retentir toute la maison du bruit & des
»cris des domestiques. Je leur laisse alors la liberté de jouer & de se divertir,
»& le bruit qu'ils font loin de moi ne m'empêche pas de vaquer à mes étu-
»des. Tant de commoditez & d'avantages seroient dans leur perfection,
»s'il y avoit des eaux jaillissantes. Mais ce defaut est en quelque maniere
»compensé par des puits, ou plûtôt par des fontaines ; on les peut appeler
»ainsi, tant il faut peu creuser pour trouver l'eau dans tout ce rivage. En
»quelque endroit qu'on remue la terre, on la trouve d'abord en abondan-
»ce, & toujours fort bonne, sans qu'elle ait le moindre goût de la mer,

---

hac vel illac cadit. Ipsa vero cryptoporticus tunc maxime caret sole, cum ardentissimus culmini ejus insistit. Ad hoc patentibus fenestris favonios accipit transmittitque, nec unquam aere pigro & manente ingravescit.

IV. *In capite xysti deinceps cryptoporticus, horti diæta est, amores mei, revera amores, ipse posui. In hac heliocaminus quidem, alia xystum, alia mare, utraque solem ; cubiculum autem valvis, cryptoporticum fenestra prospicit, qua mare contra parietem medium diæta perquam eleganter recedit, quæ specularibus & velis obductis reductisve, modo adjicitur cubiculo, modo aufertur. Lectum & duas cathedras capit : a pedibus mare, a tergo villa, a capite silva ; tot facies locorum totidem fenestris & distinguit & miscet. Junctum est cubiculum noctis & somni ; non illud voces servulorum, non maris murmur, non tempestatum motus, non fulgurum lumen, ac ne diem quidem sentit, nisi fenestris apertis. Tam alti abditique secreti*

illa ratio, quod interjacens andron parietem cubiculi hortique distinguit, atque ita omnem sonum media inanitate consumit. Applicitum est cubiculo hypocauston perexiguum, quod angusta fenestra suppositum calorem, ut ratio exigit, aut effundit aut retinet. Procœton inde & cubiculum porrigitur in solem, quem orientem statim exceptum, ultra meridiem, obliquum quidem, sed tamen servat.

In hanc ego diætam cum me recipio, abesse mihi etiam a villa mea videor, magnamque ejus voluptatem præcipue Saturnalibus capio, cum reliqua pars tecti licentia dierum festisque clamoribus personat ; nam nec ipse meorum lusibus, nec illi studiis meis obstrepunt. Hæc utilitas, hæc amœnitas deficitur aqua salienti : sed puteos ac potius fontes habet, sunt enim in summo : & omnino littoris illius mira natura : quocumque loco moveris humum, obvius & paratus humor occurrit, isque sincerus, ac ne leviter

dont

MAISONS DE CAMPAGNE.

dont elle est si proche. Les forêts voisines fournissent du bois abondam-«
ment: les autres necessitez de la vie se trouvent à Ostie. Un homme qui«
vivroit frugalement pourroit se contenter même de ce que peut fournir«
un village separé de ma maison par une autre maison de campagne seule-«
ment. Dans ce village il y a trois bains publics; ce qui est fort commode«
lorsqu'en arrivant on n'a pas assez de tems pour chauffer les bains domesti«
ques, ou lorsqu'on y veut demeurer trop peu de tems pour les pouvoir«
préparer. Les maisons de campagne, les unes jointes ensemble, les autres«
separées, ornent ce rivage, & font un spectacle charmant. Vous diriez que«
ce sont plusieurs villes, soit que vous les regardiez du rivage même, ou que«
vous les consideriez de dessus la mer. Ce rivage est quelquefois agreable«
par le calme; mais le plus souvent les grands flots de la mer agitée qui«
s'y brisent, le rendent incommode. Cette mer ne fournit pas abondam-«
ment les poissons les plus exquis; on y pêche pourtant des soles & des squilles«
excellentes. Ma campagne fournit ce qui se trouve dans celles qui sont«
plus avant dans les terres, sur tout le laitage; car tous les troupeaux s'y«
rassemblent au sortir des paturages, pour chercher de l'eau & de l'ombre.«
Vous semblera t-il que j'aie raison de demeurer ici, & d'aimer ce sejour?«
Vous avez trop d'attache à la ville vous même, si vous ne vous détermi-«
nez pas à y venir: je souhaite fort de vous y voir, afin qu'à tant d'agré-«
mens qui s'y trouvent, je puisse joindre celui de vous y posseder & de vous«
y entretenir.«

Il y a dans cette description de Pline bien des endroits difficiles à entendre; je suis sûr que si dix habiles gens en faisoient à part la traduction, il n'y en auroit pas un qui convint en tout avec l'autre. Il ne faut donc pas s'étonner si ma traduction ne s'accorde pas en tout avec celle de M. Felibien, qui en donne une des deux maisons de Pline, & a joint à chacune un plan qu'il a fait sur sa traduction. On peut dire qu'il y a réussi autant qu'on le peut en des matieres si obscures, où quelque soin que l'on prenne, & quelque attention qu'on y apporte, l'on ne peut jamais éviter la difference des sentimens. Quand on traduit des descriptions aussi détaillées que celle-ci, & aussi pleines de mots extraordinaires, qu'on ne peut entendre qu'à demi, il faut souvent deviner malgré qu'on en ait; & quand on en est réduit là, chacun devine à sa maniere.

---

quidem tanta maris vicinitate salsus. Suggerunt affatim ligna proxima sylva; cateras copias Ostiensis colonia ministrat. Frugi quidem homini sufficit etiam vicus, quem una villa discernit: in hoc balinea meritoria tria; magna commoditas, si forte balineum domi vel subitus adventus, vel brevior mora calefacere dissuadeat: littus ornant varietate gratissima, nunc continua, nunc intermissa tecta villarum, qua prastant multarum urbium faciem, sive ipso mari, sive ipso littore utare: quod nonnunquam longa tranquillitas mollit, sapius frequens & contrarius fluctus indurat. Mare non sane preciosis piscibus abundat: soleas tamen & squillas optimas suggerit. Villa vero nostra etiam mediterraneas copias prastat; lac in primis: nam illuc à pascuis pecora conveniunt, si quando aquam umbramve sectantur. Justisne de causis eum tibi videor incolere, inhabitare, diligere secessum? quem tu nimis urbanus es nisi concupiscis: atque utinam concupiscas, ut tot tantisque dotibus villula nostra maxima commendatio ex tuo contubernio accedat. Vale.

In hac Plinii descriptione multa explicatu difficilia loca sunt: si decem docti viri eam in Gallicam hodiernam linguam convertere seorsim aggrederentur, ne unus quidem, ut puto, esset, qui cum alio in omnibus consentiret. Non mirum itaque si interpretatio mea cum V. Cl. D. Felibien interpretatione non semper consentiat: qui duarum Plinii villarum descriptionem gallice convertit, & utrique delineationem adjecit ad fidem interpretationis suæ factam. Sane quidem ille accurate rem exsequutus est, quantum fieri potest, in rebus tam obscuris, ubi quantumcumque studio, quantacumque animi contentione rem suscipias, sententiarum diversitatem nunquam vitare possis. Quando descriptiones hujusmodi minutatim adornatæ in linguam nostram convertuntur; voces quasdam singulares, quæ res significant non hodierni usus, nonnisi hariolando interpreteris; in tali vero descriptionum conditione, quisque suo modo hariolatur.

Tom. III.   R

CHAPITRE XV.

I. Maison de campagne tirée d'une ancienne peinture. II. Tuiaux de fontaine. III. Clef de fontaine. IV. Cascade. V. Ancien payisage.

I. DANS la maison de campagne de Pline presque tout étoit de plain pied, & hors la tour où étoit la salle à manger, il n'y avoit guere d'etages. C'est ce qu'on remarque aussi dans la maison de campagne tirée depuis peu des peintures trouvées dans les thermes de l'Empereur Tite, & dont nous donnons l'image. Hors la tour bien plus élevée que le reste, tout y est de plain pied. Le haut étage de la tour étoit tout percé de fenêtres pour le plaisir de la vue, comme dit ci-dessus Martial : c'étoit là qu'on prenoit le repas, & c'est pour cela que Pline l'appelle *cœnatio*, une salle à souper. Le grand repas des anciens Romains étoit le souper ; ils ne mangeoient que fort legerement au déjeuner & au dîner, comme nous avons déja dit. On ne connoit rien aux appartemens du principal logement, qui paroit assez petit, orné d'un portique & de statues. La lyre & le trepied font voir qu'Apollon en étoit le dieu tutelaire. On y voit un autre petit bâtiment assez propre, qui a aussi son portique, au côté duquel est la maison du metaier, qui y entre avec sa femme. Le couvert de cette maison est en plate forme ornée de certains vases d'une forme assez particuliere. J'en ai vu un semblable d'albâtre indubitablement antique chez feu Monseigneur l'Archevêque de Cambrai. Le lecteur observera les autres petits ornemens, les lions, la toile tendue pour faire ombre, le Priape qui ne manquoit jamais aux jardins & aux maisons de plaisance ; il est ici posé sur une roche ; le pêcheur à la ligne : il paroit que cette maison de plaisance étoit sur le bord de la mer, de même que celle de Pline. La maison & les autres bâtimens cachent les jardins.

PL.
LXV.

II. Un des ornemens de ces maisons de campagne étoient les fontaines, dont il ne nous reste plus que quelques tuiaux, dont l'un est du cabinet de M. Foucault, orné d'un genie du jardin, qui tient ses pieds sur la tête d'un dauphin. Je ne sai à quel usage peut avoir été un autre tuiau du

---

CAPUT XV.

I. Villa ex veteri pictura educta. II. Tubi fistulæve fontibus destinatæ. III. Epistomium. IV. Aquæ lapsus. V. Pictura montes & aquas exhibens.

I. IN Plinii villa vix ullum videtur fuisse tabulatum ac præter cœnationem in turri positam omnia plana erant. Illud ipsum animadvertitur in villa paucis ab hinc annis in Thermis Imperatoris Titi ex veteri pictura educta, cujus imaginem damus. Præter turrim cæteris omnibus altiorem omnia plana sunt. Supremum turris tabulatum per fenestras undique positas & frequentes lucem accipit, idque ad prospectus amœnitatem.

Et turre ab alta prospicis meras lauros,

inquit Martialis supra. Hoc in tabulato cœnabant, indeque cœnatio in turri memoratur a Plinio. In cibo sumendo Romani præcipuam habebant cœnam, jentaculum & prandium longe minora erant, uti diximus. Ædificiorum villæ pars insignior cui fuerit usui non ita clare percipi potest ; est ea ornata porticu atque statuis. Lyra atque tripus in superiore ædium parte posita indicant Apollinem esse sub cujus tutela positæ illæ erant. Aliud etiam ædificium elegans parvumque quadratum conspicitur, quod porticu similiter ornatur, ad cujus latus est villici, ut videtur, habitaculum, in quod intrat ipse villicus cum uxore : hujus habitaculi tectum est plana superficies ornata vasis formæ non vulgaris. Hujusmodi vas antiquum vidimus in ædibus τοῦ μακαρίτε D. Joannis d'Estrées Archiepiscopi Cameracensis. Reliqua lector observabit, nempe leones, extensam telam ad umbraculum, Priapum qui in hortis & villis semper ponebatur ; hic autem rupi imminet ; piscatorem qui tremula linea pisces trahit. Hæc villa, ut & Pliniana, in maris littore fuisse videtur : ædificia hortorum prospectum tollunt.

II. Alius villarum ornatus fontes erant, ex quibus aliquot tubi fistulæve supersunt, quarum alteri quæ ex Museo est illustrissimi D. Foucault, imminet genius hortorum pedibus caput delphini calcans : cui usui fuerit alter ex eodem Museo tubus, qui ex una

MAISONS DE CAMPAGNE.

même cabinet, qui n'a d'issue que d'un côté; nous l'exposons aux yeux du lecteur habile, qui en portera son jugement. Nous ajoutons à ces figures un autre tuiau antique qui m'a été envoié d'Avignon par M. le Marquis de Caumont: dans notre cabinet il y en a un tout semblable, que nous croions aussi avoir servi à une fontaine; il est d'un beau travail de bronze, qui a été autrefois doré, comme il se voit par les traces de dorure qui restent.

III. Une clef de fontaine que nous donnons ici, a été publiée par le P. du Molinet dans son cabinet de Sainte-Genevieve, où est présentement l'original qui appartenoit autrefois à M. de Peiresc. Le dessein s'en trouve dans un manuscrit de la Bibliotheque de Saint-Victor, avec plusieurs autres de M. de Peiresc. Cet homme illustre a mis au bas du dessein plusieurs passages d'auteurs qui parlent de ces clefs de fontaines, qu'ils appellent *epistomium*. Chaque canal a son robinet enfermé dans un manche de fer, qui ouvre le tuiau quand on le tourne. Celui-ci est de cuivre: il y en avoit aussi d'argent selon Seneque. Sur celui-ci est représentée une figure qui ressemble à un Mercure, & qui tient un sistre: on y voit aussi quelques animaux.

IV. Nous voions dans la gallerie Justinienne la forme d'une fontaine à cascades. Comme on fait profession de ne rien donner que d'antique dans cette Gallerie imprimée, j'ai cru pouvoir mettre ici cette fontaine, en declarant au lecteur que je n'ai point examiné ce monument de mes propres yeux. Cette cascade & celle de la planche suivante sont les uniques que j'aie encore vues dans les livres d'anciens monumens: le lecteur en considerera la forme & les ornemens. Nous ajoutons ici un parasol tiré d'un bas relief des orgies Bacchiques données au second tome. Les cinq paniers de differente forme que nous donnons ensuite, sont tirez de divers endroits de cet ouvrage.

V. La campagne représentée dans la planche suivante, où se voient des montagnes & des roches, est tirée d'une ancienne peinture: on y voit quelques bâtimens, les uns ronds, les autres quarrez, une espece de petit temple, à l'entrée duquel sont trois divinitez, des chevres, des moutons, une cascade de forme singuliere: deux ruisseaux sautent d'une roche dans un bâtiment rond, dont tout le haut est divisé en un grand nombre de fenêtres; chaque fenêtre fait ensuite sa cascade. Il y a apparence que toute cette peinture n'étoit qu'un caprice.

Pl. LXVI.

---

parte dumtaxat exitum habet nescio: judicet eruditus lector ad quam rem usurpatus fuerit. Alia hic adest fistula vetus a D. Marchione de Caumont Avenionensi mihi transmissa: in Museo nostro alia omnino fere similis extat, quam fontis pariter canalem fuisse putamus; ænea est olimque deaurata fuit, ut ex paucis auri reliquiis arguitur.

III. Epistomium item fontis adjicimus a R. Patre du Molinet publicatum in Musæo S. Genovefæ, ubi asservatur hodieque illud æneum instrumentum, quod olim viri clarissimi Peirescii fuit. Ejus delinatio reperitur in Mss. Bibliothecæ S. Victoris Parisiensis codice, qui item olim D. Peirescii fuit: is ipse Peirescius quædam scriptorum loca apposuit, quæ hujusmodi fontium epistomia commemorant. *Singulis autem canalibus,* inquit Vitruvius, 10. 13. *singula epistomia sunt inclusa manubriis ferreis collocata, quæ manubria cum torquentur ex arca patefaciunt nares in canales.* Erant item argentea epistomia ex Seneca. In hoc repræsentatur figura Mercurium pene referens, sistrumque tenens. Aliquot etiam hic animalia exhibentur.

IV. In Museo Justinianæo tom. 2. p. 149. illius

generis fons quidam est, quod vocant *cascades*; ab aquarum scilicet lapsibus: cum autem in Museo illo omnia velut antiqua offerantur usibus eruditorum, illum fontem hic repræsentandum duxi, lectoremque moneo me non illum ipsis oculis explorasse. Hic & alius in sequenti tabula positus, soli sunt quos viderim in monumentorum veterum libris: formam ornamentaque singula lector explorabit. Hic adjicimus umbellam ex orgiis Bacchicis secundo tomo eductam. Quinque canistra sive calathi, qui sub hæc proferuntur, ex variis hujusce operis tomis educti sunt.

V. Prospectus sequens montium, rupium, aquarum ex veteri pictura eductus est: aliqua hic ædificia visuntur quædam quadrata, nonnulla rotunda; parvum item templum aut ædes in cujus ingressu tria numina exhibentur: capræ quoque & oves; illapsus aquarum singularis formæ: rivi duo ex rupe saliunt in ædificium rotundum, cujus pars summa in multas fenestras divisa est; singulæ postea fenestræ suum emittunt rivum. Hæc omnia pictoris cujuspiam commentum esse videntur.

CHAPITRE XVI.

I. La magnifique voliere de Varron. II. Salle à manger singuliere. III. Les horloges des anciens. IV. Maison de plaisance de Diocletien à Spalatro. V. Allées en berceau des anciens.

PL. LXVII

I. A Ce payisage nous joignons cette partie de la maison de campagne de Varron qu'il appelle *ornithon*, ou la Voliere, dont il reste encore aujourd'hui quelques mazures, qu'on me montra lorsque j'étois au Mont-Cassin : la Voliere étoit entre les deux petites rivieres Vinius & Casinus ; mais on n'y reconnoit presque plus rien. Il en restoit peutêtre davantage lorsque Pirro Ligorio fameux architecte & antiquaire, en dressa le plan & le profil il y a plus de cent soixante-dix ans. On ne se fie pas beaucoup à Pirro Ligorio ; mais comme d'ailleurs ce dessein est conforme à la description qu'en fait Varron, nous donnerons ici ce dessein avec sa description, qui en quelques endroits est presque inintelligible ; ce qui n'empêche pas qu'on n'y découvre à peu près la forme des choses qu'il décrit. Il dit qu'à l'entrée il y avoit deux portiques ou deux grandes cages ; c'étoient des bâtimens à colonnes tout autour, au dessus & au côté desquelles il y avoit des filets tendus pour empêcher que les oiseaux ne s'envolassent. On entroit dans la cour par l'espace qui est entre les deux cages à colonnes. Deux piscines plus longues que larges bordoient la cour à droite & à gauche. De la cour on passoit à la grande colonnade double, dont la premiere enceinte de colonnes étoit de pierre, & la seconde de sapin : la distance de l'une à l'autre étoit de cinq pieds, & tout cet entredeux étoit plein d'oiseaux que des filets tendus tout autour & audessus empêchoient de s'envoler. Il y avoit entre les colonnes comme un petit theatre fait comme par degrez ; c'étoient des avances où les oiseaux pouvoient se percher. Il y avoit là des oiseaux de plusieurs especes, sur tout de ceux qui chantent, comme des rossignols & des merles. Un petit canal leur fournissoit de l'eau, & on leur donnoit à manger pardessous les filets. Sous le piedestal des colonnes il y avoit une pierre élevée pardessus le quai d'un pied neuf pouces, & le quai étoit élevé pardessus l'eau du bassin de deux pieds : sa

---

CAPUT XVI.

I. Magnificum Varronis aviarium. II. Triclinium singulare. III. Horologia veterum. IV. Villa Diocletiani in urbe, cui nomen Spalatro. V. Ambulacra umbraculis contecta.

I. HUjusmodi prospectui eam partem villæ Varronis adjiciemus, quam ornithon, id est aviarium, vocat ipse l. 3. de re rustica c. 5. cujus hodieque paucissima rudera supersunt, quæ, cum in Monte Cassino essem, exhibita mihi fuerunt inter duos fluvios aut potius rivos Vinium & Casinum ; sed nihil ibi omnino jam deprehendere possis. Forte plura supererant cum Pyrrhus Ligorius hujus aviarii prospectum delineavit, jam anni sunt plus quam centum & septuaginta. Ligorio certe non magna fides habetur. Sed cum hic prospectus quadret ad descriptionem Varronis de re rustica lib. 3. c. 5. eam hic imaginem proferemus, cum iis Varronis verbis quæ ad ejus descriptionem spectant; sed hic Varro in multis ita obscurus est ut non intelligatur : quod tamen non impedit, quominus illa quæ ad aviarii formam pertinent utcumque percipiantur : in ingressu, *in limine, in lateribus dextra & sinistra* porticus erant, vel duæ caveæ columnis structæ, quæ superne & a lateribus erant avibus plenæ, retibus obductæ ne aves avolarent. Hinc in arcam intrabatur, quam duæ piscinæ non latæ sed longæ terminabant. Inter eas piscinas accessus in tholum erat seu columnationem rotundam : exteriores tholi columnæ ex lapide erant, interiores ex abiete, quæ quinque pedibus ab exterioribus distabant : reticuli & nervis & rete aviarium inde objecta avibus erant ne avolarent. Interabiegnas columnas & lapideas *gradatim substructum* erat *ut διατρέξοις avium: mutuli crebri omnibus columnis impositi, sedilia avium. Intra retem aves sunt omne genus, maxime cantrices, ut lusciniolæ ac merula, quibus aqua ministratur per canaliculam, cibus objiciebatur sub retem. Subter columnarum stylobatem est lapis e falere pedem & dodrantem alta, ipsum falere ad duos*

MAISONS DE CAMPAGNE

MAISON DE CAMP

HORLOGES.

largeur étoit de cinq pieds, afin que les convives puffent s'y promener. Au bas du quai du côté de l'eau il y avoit des trous où les canards pouvoient se retirer.

II. Au milieu du baffin étoit une petite île ronde bordée par une colonnade, qui foutenoit une voute fous laquelle Varron donnoit à manger. Il y avoit au milieu une table ronde, qu'un ferviteur faifoit tourner fur un pivot, enforte qu'elle préfentoit fucceffivement à tous les convives les plats, les coupes & les gobelets. Au dedans de la voute on voioit un hemifphere, où l'étoile lucifer tournoit le jour, & hefperus la nuit; l'un & l'autre marquoit les heures, & étoit verfatile. Au même hemifphere étoient marquez les vents au nombre de huit, avec une aiguille qui étoit toujours tournée au vent qui regnoit, femblable à l'horloge que Cyprefte avoit faite à Athenes. Le deffein de cette voliere eft magnifique, comme on peut le voir fur l'eftampe. Il paroit que Pirro Ligorio s'eft fervi du texte de Varron pour faire ce deffein. Je ne fai s'il aura été au Montcaffin pour reconnoitre les lieux, & tirer le plan de cette voliere. Quoi qu'il en foit, l'eftampe qu'il en fit faire s'accorde avec la defcription de Varron. Cette voliere n'étoit qu'une partie de la maifon de campagne de Varron, qui avoit auffi un Mufée & fans doute d'autres bâtimens, dont nous ignorons la forme.

III. Nous venons de parler après Varron de l'horloge que Cyprefte avoit faite à Athenes; à l'occafion de quoi nous dirons que les horloges à roues n'étant point encore en ufage dans ces anciens tems, & que l'invention en étant dûe à des fiecles fort pofterieurs, on ne fe fervoit que d'horloges folaires, & de clepfydres ou d'horloges d'eau. L'invention de la gnomonique & des quadrans folaires eft fort ancienne: les Grecs, dit Herodote, ont appris des Babyloniens la gnomonique & la divifion du jour en douze parties. Longtems devant Herodote il eft parlé d'une horloge folaire au liv. 4. des Rois & dans Ifaie, quoique cet endroit fouffre bien de la difficulté. Mais quand même il y feroit parlé certainement des horloges folaires, cela n'empêcheroit pas que l'invention n'en pût être attribuée aux Babyloniens grands aftronomes, & grands calculateurs des tems. Ce fut Anaximene Milefien, difciple d'Anaximandre, dit Pline, qui trouva la gnomonique, & montra à Lacedemone l'horloge qu'on appelle fcioterique. Diogene Laerce au commencement de la vie d'Anaximandre attribue après Phavorin cette invention portée à Lacedemone au maitre d'Anaximene. L'invention en fut portée à

---

pedes altum a ftagno, latum ad quinque, ut in culcitas & columellas convivæ pedibus circumire poffint. Circum falere navalia erant excavata anatium ftabula.

II. In lacu illo intra columnationem pofito tholus alter erat fornicatus quo Varro triclinio utebatur; ibi menfa rotæ radiatæ forma quæ a puero miniftrante ita vertebatur, ut omnia ad comedendum & bibendum admoverentur ad omnes convivas. Intrinfecus fub tholo ftella lucifer interdiu, noctu hefperus ita circuibant ad inferum hemifphærium, ac movebantur, ut indicarent quot effent horæ. In eodem hemifphærio medio circum cardinem erat orbis ventorum octo, ut Athenis in horologio quod fecit Cypreftes. Ibique eminens radius e cardine ad orbem ita movebatur, ut eum tangeret ventum qui flaret, ut intus fcire poffes. Hujus aviarii confpectus magnificus eft ut in imagine videas. Videtur Pyrrhus Ligorius Varronis defcriptione ufus ad hujufmodi confpectum parandum: nam utrum loca ipfe unquam infpexerit ignoro. Ut ut eft, quam ille depinxit cum Varronis defcriptione confentire videtur.

III. De horologio quod Cypreftes Athenis fecerat poft Varronem modo loquebamur: qua occafione hæc de horologiis pauca trademus. Horologia illa rotis mobilia nondum in ufu erant prifcis illis temporibus; hoc quippe inventum longe pofterioribus fæculis debetur. Prifci vero horologiis tantum folatibus atque clepfydris utebantur. Gnomonices autem & horologii folaris inventio admodum antiqua eft: Græci, inquit Herodotus, 2. 109. a Babyloniis gnomonicen edidicerunt, & divifionem diei in duodecim partes. Diu ante Herodotum horologium folare memoratur libro 4. Regum 20. 11. & apud Ifaïam cap. 38. v. 8. locus tamen eft explicatu difficilis: etfi vero hic de horologio folari fermo haberetur, id non impediret quominus ejus inventio poffit attribui Babyloniis, aftronomiæ chronologiæque deditis. Anaximenes Milefius Anaximandri difcipulus, inquit Plinius 7. 60. gnomonicen invenit, & Lacedemone oftendit horologium Scioterico dictum. Diogenes Laertius poft Phavorinum Anaximenis magiftro hoc inventum tribuit, initio vitæ Anaximandri. Hoc inventum Ro

Rome, dit Pline, par Lucius Papirius Cursor douze ans avant la guerre contre Pyrrhus, & cette horloge fut mise au temple de Quirinus. Il en fut fait d'autres dans la suite des tems. Auguste fit au champ de Mars une horloge que Pline qualifie d'admirable, où un obelisque servoit de gnomon; il y fit un pavé de pierres, & mit des marques de cuivre par le moien desquelles on connoissoit à l'ombre la longueur des jours & des nuits. Mais comme ces horloges solaires ne pouvoient servir dans les tems nebuleux & couverts, on fit des horloges d'eau, qui marquoient les heures du jour & de la nuit. L'invention en est attribuée à Scipion Nasica. Dans les grandes maisons il y avoit des domestiques chargez du soin d'avertir leurs maitres qu'il étoit telle ou telle heure. Trimalchion, dit Petrone, avoit une horloge dans son triclinion ou sa grande salle à manger, & avoit établi un trompette pour annoncer les heures, & pour lui apprendre de fois à autre combien il avoit perdu du tems de sa vie. Le même ordonna par son testament qu'on feroit une horloge sur son tombeau à l'endroit où seroit l'épitaphe, afin que ceux qui voudroient savoir quelle heure il étoit, fussent obligez bon-gré malgré de lire son nom.

PL. LXVIII. IV. Le palais de Diocletien à Spalatro en Dalmatie est encore une maison de campagne fameuse, où il se retira après qu'il eut abdiqué l'Empire. C'étoit auprès de Salone. Il s'est depuis bâti une ville au palais même de Diocletien, laquelle a pris le nom de *Palatium* avec quelque corruption: Spalatro vient de *palatium*; cet S ajouté devant n'est pas sans exemple: auprès de l'Abbayie de la Grasse au Diocese de Carcassonne il y a un Prieuré dépendant de la même Abbaye, qui s'appelloit anciennement *Palatium* ou *Palatiolum*, qu'on nomme aujourd'hui *Spalais*. L'enceinte de l'ancienne maison de campagne de Diocletien fait aujourd'hui les deux tiers de la ville de Spalatro. Elle fait un quarré parfait. » Il y a, dit Spon, une porte au milieu de cha-
» que face. Des quatre portes il en reste trois d'une architecture aussi belle
» que solide. Des pierres sous l'arc sont entées en mortaise les unes sur les
» autres; ceux qui bâtissoient alors prétendant de cette maniere de rendre
» leur voute plus assurée. Aux côtez de chaque porte il y avoit deux petites tours
» hexagones qui gardoient l'entrée, & y ajoutoient quelque embellissement.
» Tout ce quartier de la ville enfermé dans cette enceinte est vouté en plusieurs
» endroits, & a quantité de masures antiques. Du côté de la marine il y avoit

mam allatum fuit, inquit Plinius 7. 60. a Lucio Papirio Cursore annis duodecim ante bellum contra Pyrrhum, quod horologium in templo Quirini positum fuit. Alia insequentibus temporibus horologia facta sunt. Augustus in campo Martio horologium fecit, quod admirabile fuisse Plinius ait: obeliscus gnomonis loco erat, inque strato lapideo æneas notas posuit, quarum in umbra dierum noctiumque longitudo cognoscebatur. Quoniam autem hæc horologia solaria nebuloso tempore usui esse non poterant, horologia aquaria sive clepsydræ factæ sunt, quæ dierum noctiumque horas significarent. Hoc inventum Scipioni Nasicæ adscribitur. In primariorum virorum ædibus domestici erant quibus hæc cura demandata, ut quæ hora esset identidem indicarent. Trimalchio, inquit Petronius, horologium in triclinio habebat, & buccinatorem qui horas nunciaret, *ut sciat*, inquit, *subinde quantum de vita perdiderit*. Idem ipse testamento jussit, in sepulcro suo horologium poni quo loco epitaphium esset; *ut quisquis*, ait, *in horas inspiciet, velit nolit nomen meum legat*.

IV. Diocletiani in Dalmatia palatium, in urbe quæ hodie *spalatro* vocatur, villa etiam celebris fuit, quo loco se ille recepit post abdicatum imperium. Palatium illud prope Salonem erat, in quo palatio deinde urbs ex ejusdem ruderibus structa est: quæ urbs Palatii nomen habuit, quadam postea admissa in nomine mutatione; *spalatro* enim ex palatio factum. S illud præmissum non exemplo caret; in Diœcesi enim Carcassonensi prope Abbatiam S. Mariæ Crassensis *Prioratus* est ex eadem Abbatia dependens, qui olim palatium vel palatiolum vocabatur hodieque *Spalais* dicitur. Villæ Diocletiani ambitus urbis istius duas tertias partes complectitur: villa sola quadratum perfectum efficit. *In medio lateris cujuslibet*, inquit Sponius, *porta est: ex quatuor vero portis tres supersunt eleganter simul atque solide structæ: lapides arcuum excavati unusque in alium inserti sunt. Qui hoc pacto ædificabant, sic putabant fore fornicem diuturniorem. A lateribus cujusque portæ erant duæ parvæ turres hexagonæ, ad custodiam simul ostii atque ad ornatum. Ea pars urbis quæ palatii ambitus cingitur multis in locis fornicibus instructa est, plurimaque præfert rudera. Versus mare Xystus erat, atque murus eadem altitudine*, sed

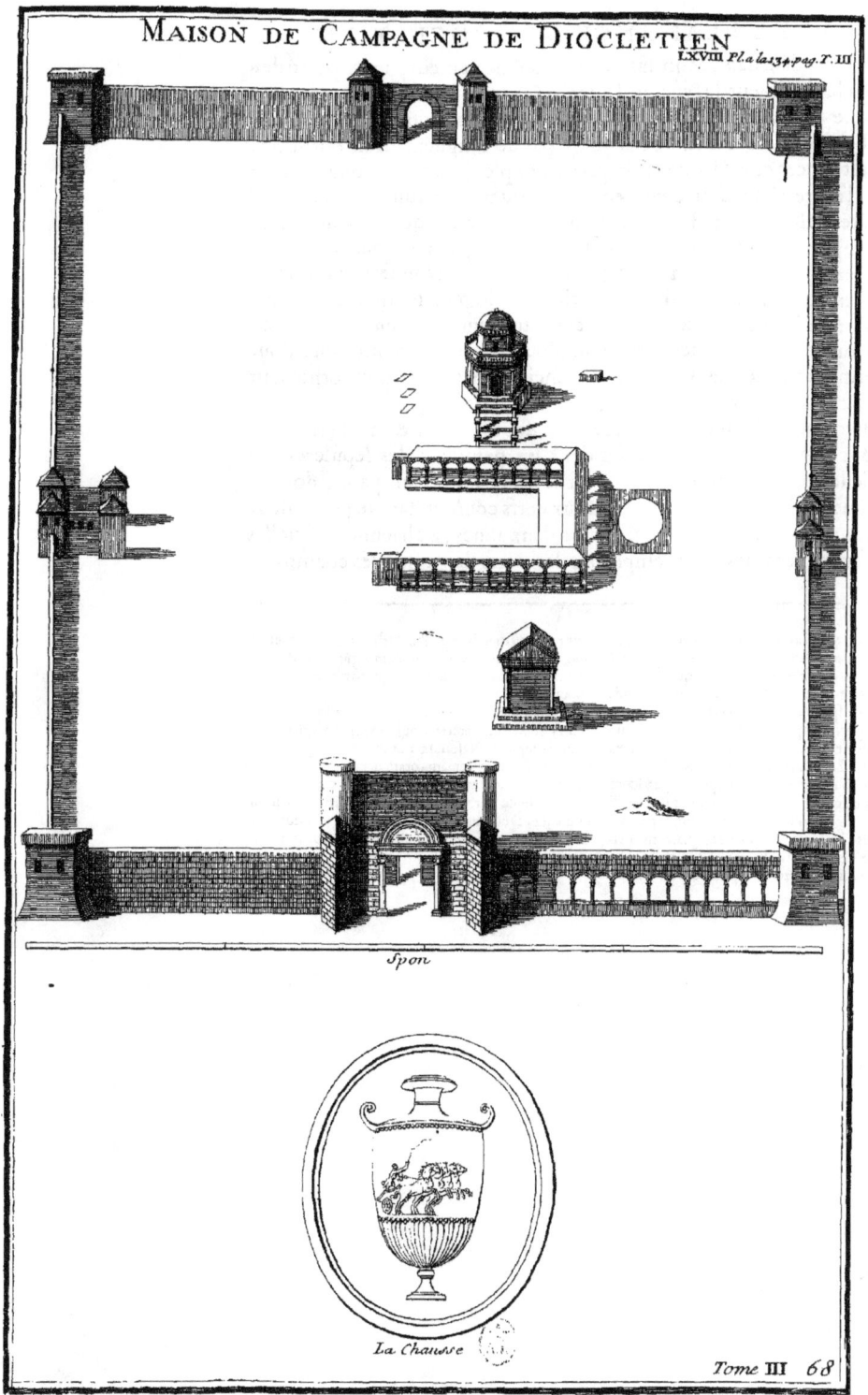

MAISON DE PLAISANCE DE DIOCLETIEN.

un coridor entre le palais, & un mur élevé à même hauteur, mais percé de « fenêtres qui lui laissoient la vûe de la mer. Ces fenêtres ont des entreco- « lonnes & une frise dessus d'ordre Dorique assez bien proportionnée. Cha- « que face de l'enceinte a deux cens vingt pas de longueur. Il ne reste d'antique dans tout cet espace que trois petits temples, l'un octogone, l'autre quarré, & l'autre rond. Entre ces temples il y a un portique quarré, dont les trois côtez restent à arcades & à colonnes. Spon croit que c'est encore un reste de temple ; cela peut être : mais sur son estampe que nous avons copiée ici, cela a tout l'air d'un portique qui pourroit avoir servi à une maison aussi-bien qu'à un temple. Il ne reste rien des logemens que Diocletien avoit bâtis ; tous les materiaux en auront apparemment été emploiez à construire les maisons des particuliers. Audessous de cette enceinte nous donnons la forme d'un de ces vases que les anciens mettoient pour ornement dans leurs jardins & dans leurs parterres.

V. Ils avoient aussi des allées couvertes de branches & de feuilles de vigne. Nous en voions de semblables dans les peintures des sepulcres des Nasons. Celle que nous donnons ici [1] est à l'extrémité d'un parc, dont la clôture est de treillis faits de cannes. Deux cerfs courent dans le parc, deux hommes & un chien les poursuivent : il y a deux issues, à chacune desquelles sont deux autres hommes pour empêcher les cerfs de gagner les champs.

P L.
LXIX.
1

---

fenestris plurimis instructus ad prospectum maris. Fenestræ illæ intercolumnia habent, Zophorumque Dorici ordinis proportione quadam concinnatum : quæque quadrati ambitus facies ducentos viginti passus longitudinis habet. In hoc toto spatio hæc tantum vetera monumenta supersunt, tria parva templa, quorum unum octogonum est, alterum quadratum, tertium rotundum. Inter hæc templa porticus est quadrata, cujus tria latera supersunt columnis & arcubus instructa. Putat Sponius porticum illam esse residuam templi partem, quod a verisimili non abhorret ; sed in ejus schemate, quod hic accurate protulimus, hæc porticus ad ædes quasdam pertinere potuisse videtur perinde atque ad templum. Ex ædium partibus nihil superest ; lapides omnes, ut videtur, construendis domibus urbis adhibiti fuerint. Sub ambitu palatii vasis cujusdam figuram dedimus, eorum scilicet quæ in hortis & pomariis ad ornatum apponebantur.

V. Etiamque tectas umbraculis foliisque ambulationes habebant veteres ; hujusmodi conspicimus in picturis sepulcri Nasonum : ea quam [1] hic proferimus septi cujusdam extremam oram occupat, septi loco cancelli ex arundinibus concinnati esse videntur. Duo cervi in septo currunt insequentibus viris duobus arque cane. Duo sunt ostia, & ad singula viri duo, qui impediant, ne per hæc ostia cervi elabantur & in agrum aufugiant.

LIVRE IV.

Les vases & les vaisseaux de toute espece, les mesures, l'as & ses parties, les monnoies & les poids.

CHAPITRE PREMIER.

I. Les vases Corinthiens. II. Les vases Necrocorinthiens de terre cuite. III. Vases donnez en present aux festins. IV. Vaisseaux de Coptos en Egypte; vaisseaux Samiens & Deliaques.

I. Nous traitons ici de toutes sortes de vases & de vaisseaux, dont on trouve un grand nombre de noms differens : les monumens nous montrent aussi beaucoup de vases de diverse forme, auxquels il n'est pas toujours aisé d'appliquer le veritable nom. Plusieurs de ces vases prenoient leurs noms de la matiere dont ils étoient composez ; comme les vases Corinthiens si renommez, composez du metal qui s'étoit formé à l'incendie de la ville de Corinthe brûlée par l'armée Romaine commandée par L. Mummius. L'or, l'argent, le cuivre & les autres metaux fondus se mêlerent, & firent un certain mélange, qui fut depuis plus estimé que l'or même.

II. Strabon parle d'une autre sorte de vases Corinthiens, qui furent trouvez lorsqu'on rebâtit la ville de Corinthe ruinée plusieurs années auparavant. Corinthe, dit-il, aiant demeuré longtems deserte, elle fut rebâtie par Cesar, qui jugeant ce lieu trop important pour le laisser desert, y envoia une colonie d'affranchis : ceux-ci en fouillant dans les masures & dans les sepulcres trouverent quantité de vaisseaux & d'ouvrages de terre cuite, & plusieurs autres de cuivre. Ils en admirerent l'artifice, & cela les encourageant à faire de nouvelles recherches, ils déterrerent & ouvrirent tous les tombeaux, & ramasserent un tres-grand nombre de vases qu'ils vendirent fort

---

LIBER IV.

Vasa cujusvis generis, mensura, as, ejusque partes, moneta, pondera.

CAPUT PRIMUM

I. Vasa Corinthia. II. Vasa Necrocorinthia fictilia. III. Vasa dono data in conviviis. IV. Vasa Copti in Ægypto : vasa Samia & Deliaca.

I. Hic de vasis cujusvis generis atque formæ tractamus, quorum nomina multa variaque apud scriptores occurrunt. Vasa quoque innumera diversæ formæ in monumentis veterum conspicimus, quibus sua nomina propria adscribere difficile est. Hujusmodi vasa bene multa ex materia nomen habebant : sic erant vasa Corinthia illa celeberrima ex eo metallo facta, quod incensa per exercitum Romanum. L. Mummio duce, Corintho confectum est. Aurum, argentum, æs, aliaque metalla fusa conflataque unam in materiam coaluerunt, quæ deinde auro ipso preciosior habita fuit.

II. Aliud vasorum Corinthiorum genus commemorat Strabo lib. 8. p. 263. quæ vasa reperta sunt quando restaurata Corinthus fuit, diu scilicet postquam incensa excisaque fuerat. *Postquam*, inquit, *Corinthus diu deserta manserat, a divo Cæsare propter loci opportunitatem, missis eo in coloniam libertinis plurimis, restaurata fuit. Hi cum rudera moverent, & sepulcra effoderent, testacea opera plurima, atque etiam area invenerunt, quorum artificium admirati, nullum sepulcrum non effoderunt : magnaque vasorum id genus copia potiti, Romam impleverunt Necrocorinthiis va-*

cherement

cherement. La ville de Rome fut remplie de ces sortes de vases, qui furent appellez Necrocorinthiens, nom qu'on donnoit principalement à ceux qui étoient de terre cuite. Au commencement ces vases furent fort estimez, & n'étoient pas moins chers que les vases Corinthiens de cuivre: enfin la mode en passa. Il paroit par ce qu'Athenée dit au commencement de son premier livre, que les vases de terre cuite de Chio étoient estimez.

III. Jusqu'au tems des Macedoniens, dit Athenée, on se servoit dans les festins de vases de terre cuite: mais les Romains s'étant depuis ce tems-là fort adonnez au luxe, Cleopatre qui fut la derniere des Reines d'Egypte voulut les imiter; & pour ne pas changer le nom des anciens vases, elle appella *cerames* ou vases de terre cuite, les coupes d'or & d'argent qu'elle donnoit aux convives lorsqu'ils se retiroient. Ces presens qu'on faisoit aux convives aux grands festins, s'appelloient *apophoreta*. C'étoit un usage établi, dont on trouve plusieurs exemples dans l'antiquité. Celui de donner des coupes d'or & d'argent aux convives étoit d'une dépense excessive, qu'apparemment on ne repetoit pas souvent; cela ne se faisoit pas assurement dans ces anciens tems où l'or étoit si rare, que Philippe roi de Macedoine, pere d'Alexandre le Grand, cachoit toutes les nuits sous son chevet une petite phiole d'or qu'il avoit, de peur qu'on ne la lui volât.

IV. Entre les vases de terre cuite ceux de Coptos en Egypte étoient de grand prix; on les composoit avec des aromates, dont ils conservoient l'odeur. Les vases Samiens étoient encore fort estimez: La plûpart des gens, dit Pline, « se servent de vases de terre cuite: on estime les vaisseaux Samiens pour les « mets de table. Quelques-uns croient que ce nom vient de la ville de Samos « en Grece; les autres disent qu'il vient d'une certaine craie qu'on trouve en « Italie non loin de Rome, qu'on appelle Samienne. » Il y a apparence que si ces vases étoient faits de cette craie d'Italie, on ne l'appelloit Samienne qu'à cause de sa ressemblance avec celle de Samos. Festus parle des vases Lesbiens, qui ne prenoient pas ce nom de la matiere, mais qui s'appelloient ainsi parce que la forme & l'invention en avoient été trouvées à Lesbos. Il n'en étoit pas de même des vases Deliaques; c'étoit la matiere qui leur donnoit ce nom; le cuivre de Delos étoit fort estimé, & alloit quasi de pair avec celui de Corinthe. Ciceron accuse Verrès d'avoir emporté beaucoup de vases Deliaques & beaucoup de vases Corinthiens.

---

sis magno pretio divenditis: sic enim appellabant ex sepulcris eduĉta illa vasa, maxime testacea, quæ initio magno in pretio fuerunt, neque æris Corinthiis viliora habebantur, sed demum ea perquirere desitum est. Ex iis quæ initio libri primi ait Athenæus, liquet vasa figlina insulæ Chiis in pretio item habita fuisse.

III. Usque ad Macedonum tempora, inquit alibi Athenæus post Jubam p. 229. figlinorum vasorum in conviviis usus erat: sed cum postea Romani luxui admodum dediti fuissent, Cleopatra Reginarum Ægypti postrema ipsos imitari studuit, utque in nominibus vasorum nihil mutaret, cerama seu figlina vocavit vasa etiam aurea argenteaque, quæ convivis cum recederent a convivio dabat. Hæc vero munera in magnis oblata conviviis apophoreta vocabantur. Hujusmodi usus non pauca illis temporibus exempla reperiuntur: dona vasorum aureorum argenteorumque conviviis oblata immensum sumtum postulabant, neque frequenter, ut credere est, reperebantur. Non antiqui moris illud erat, neque in ea remotiora tempora conferendum, ubi usque adeo rarum aurum erat, ut Philippus Macedoniæ Rex, pater Alexandri Magni, teste Athenæo p. 231. singulis noĉtibus sub pulvinari vas aureum absconderet, ne sibi furto abriperetur.

IV. Inter vasa figlina, inquit idem Athenæus p. 464. quæ in Copto Ægypti urbe fiebant ingentis erant precii: ea conficiebantur cum aromatibus, quorum odorem conservabant. Samia vasa magno etiam in precio habebantur, aitque Plinius plerosque fiĉtilibus uti vasis; vasaque Samia in precio habita, atque pro ferculis ad mensam adhibita fuisse: aliosque putare hoc nomen ex urbe Samo in Græcia ipsis inditum; alios ex creta, quæ non procul Roma reperitur, quæque vocatur Samia, confici. Verisimile est si quidem ex creta quadam Italica hæc vasa faĉta fuerint, Samia diĉta fuisse ob similitudinem cretæ illius cum Samia creta. Festus Lesbia vasa commemorat, quæ non ex materia nomen acciperent, sed quia eorum forma inventioque huic insulæ debebantur. Non idem dicendum de vasis Deliacis, quæ a materia nomen acceperunt. Æs Deliacum in precio habebatur, peneque par erat Corinthio. Cicero Verrem incusat, quod ex Syracusis multa Deliaca, multa Corinthia vasa abstulisset.

CHAPITRE II.

I. Les vases Murrhins ou Myrrhins. II. On dispute si c'étoient les mêmes que les vases d'onyx. III. Les vases de cryfal.

I. LEs vases Murrhins ou Myrrhins, qui étoient d'un prix extraordinaire à Rome, y furent apportez pour la premiere fois par Pompée à son triomphe après son retour de l'Orient. Les six vases Murrhins qu'il en rapporta, furent dédiez à Jupiter Capitolin. Ces vases, ou la matiere dont on les faisoit, se trouvoient en plusieurs endroits de l'Orient, mais principalement dans l'Empire des Parthes, & sur tout dans la Carmanie. On croit, dit Pline, qu'une certaine matiere humide se condense sous terre par la chaleur : ces parties condensées ne sont jamais plus grandes qu'un petit *abacus* ou contoir, ni plus épaisses qu'il ne faut pour une tasse à boire. L'éclat n'en est pas grand ; ces vases sont plus propres que brillans : ce qui en fait le plus grand prix, c'est la diversité des couleurs. Les taches approchent tantôt de la couleur de la pourpre, tantôt elles sont blanches, quelquefois les deux couleurs mêlées ensemble approchent de la couleur du feu & de cette pourpre moins foncée, dont la couleur est plus claire, & où le blanc prend une petite teinture du rouge. Ces vases ont encore une odeur qui les fait plus estimer.

II. Ce sont les termes de Pline, sur lesquels s'est élevée une grande dispute entre les Critiques & les Antiquaires. Il y en a des uns & des autres qui soutiennent que cette Myrrha, d'où vient le nom de vases Myrrhins, n'est autre chose que l'onyx : ils se fondent sur la diversité des couleurs que Pline rapporte, qui se trouvent assez souvent sur les onyx, & sur un passage d'Appien qui appelle des vases d'onyx ceux-là mêmes que Pompée apporta à son triomphe, que Pline appelle Myrrhins. Eggeling & Beger sont si persuadez que les vases Murrhins étoient la même chose que ceux d'Onyx, qu'ils n'ont fait aucune difficulté d'appeler deux vases d'Onyx, l'un du cabinet de Brunsvic, & l'autre de celui de Brandebourg, des vases Murrhins. Beaucoup d'autres savans hommes rejettent cette opinion, & disent qu'Appien parle là d'autres vases que de ceux dont Pline fait mention ; que les vases appellez Myrrhins

---

CAPUT II.

I. Vasa Murrhina vel Myrrhina. II. An eadem fuerint quæ Onychina disputatur. IV. Vasa cryfallina.

I. CIRCA Murrhina, sive Myrrhina vasa disputatur, quæ ingentis erant precii Romæ, quo primum comportata sunt, inquit Plinius 37. 2. a Pompeio cum redux ex Oriente triumphavit. Sex quæ ille attulit vasa Murrhina Jovi Capitolino consecrata fuere. Hæc vasa seu materia illa ex qua conficiebantur, in multis Orientis locis reperiebantur, præcipue autem in Imperio Parthico, maximeque in Carmania. *Humorem putant*, inquit Plinius ibid. *sub terra calore densari. Amplitudine nusquam parvos excedunt Abacos, crassitudine raro quanta dictum est vasi potorio. Splendor his sine viribus, nitorque verius, quam splendor. Sed in precio varietas colorum, subinde circumagentibus se maculis in purpuram candoremque, & tertium ex utroque ignescentem, velut per transitum coloris purpura rubescente, aut lacte candescente... Aliqua & in odore commendatio est.*

II. Ex hisce Plinii dictis ingens est contentio oborta inter Criticos Antiquariosque. Sunt ex utrisque qui dicant Murrham seu Myrrham illam ex qua fiebat Murrhina, nihil aliud esse, quam Onycha ; argumentumque ducunt a varietate colorum de qua Plinius supra, qui frequenter in Onychinis reperiuntur : ex loco item Appiani, qui Onychina vasa vocat ea, quæ Pompeius triumphans detulit, quæque Plinius Murrhina appellat. Eggelingus Begerusque adeo pro certo indubitatoque habent vasa Murrhina eadem ipsa esse quæ Onychina, ut duo vasa Onychina, alterum ex gaza Brunsvicensi, alterum e Museo Brandeburgico vasa Murrhina appellaverint. Alii vero eruditi viri eam refellunt opinionem, dicuntque Appianum alia memorare vasa, quam ea quæ Plinius Murrhina vocat : vasa autem Murrhina ab Onychi-

sont fort bien diſtinguez dans Lampridius, qui dit qu'Elagabale se servoit pour pots de chambre de vases Myrrhins & de vases d'Onyx ; qu'aucun des anciens n'a jamais dit que *Murrha & Onyx*, & les vases Murrhins & d'Onyx fussent la même chose ; qu'Arrien distingue aussi la Myrrhe de l'Onyx ; ce que font aussi Martial, Juvenal & plusieurs autres auteurs ; que Properce marque assez que ce qu'on appelloit *Murrhea pocula* étoit d'une matiere cuite au feu,

Murrheaque in Parthis pocula cocta focis.

Il y en a qui fondez sur ce passage croient que ces vases Murrhins étoient une espece de pourcelaine : je suis persuadé que les vases qu'on appelloit Myrrhins étoient differens de ceux d'Onyx, quoiqu'on ne sache pas en quoi consistoit cette difference. Je n'oserois non plus décider si cette matiere humide qu'on appelloit *Murrha*, se condensoit en pierre dans la terre même, comme semblent le dire Pline & Arrien ; ou si on employoit le feu pour la condenser, comme le dit assez clairement Properce ci-dessus. Car prétendre que les *Parthi foci* étoient des feux souterrains du payis des Parthes, c'est, ce me semble, faire violence à la lettre.

III. Les vases de cryſtal étoient encore de grand prix chez les anciens ; leur fragilité ne diminuoit en rien l'eſtime qu'on en faisoit, dit Seneque. Ils avoient encore des vases d'or & d'argent en quantité : le plus grand nombre étoit de bronze, de terre cuite, de bois & de verre.

---

nis apud Lampridium diſtingui, cum ait de Heliogabalo; *in Murrhinis & Onychinis minxit* : neminemque veterum unquam dixiſſe Murrham & Onycha, vel vaſa Murrhina & Onychina idipſum eſſe : Arrianum etiam Murrham ab Onyche diſtinguere ; ſimiliterque Martialem, Juvenalem, plurimoſque alios ; Properciumque ſignificare ea quæ Murrhea pocula vocabantur, ex materia igne cocta & addenſata fieri ;

Murrheaque in Parthis pocula cocta focis.

Quo fulti loco quidam putant hæc vaſa ceu *porcellanam* quamdam fuiſſe. Perſuaſum utique habeo vaſa illa quæ Murrhina vocabantur ab Onychinis diverſa fuiſſe, etſi in quo ſitum diſcrimen eſſet, non ſatis percipiam : nec auſim pronunciare, utrum hæc materia humida, quam Murrham vocabant, in ipſa terra condenſaretur in lapidemque coaleſceret, quod Plinius Arrianuſque dicere videntur ; an vero igne condenſaretur, ut ſatis aperte Propertius ait :

Murrh. aque in Parthis pocula cocta focis.

Nam qui Parthicos focos hic interpretantur de focis ſubterraneis intra ipſam Parthicam terram poſitis, hi mihi videntur dicto Propercii vim inferre.

III. Cryſtallina etiam vaſa apud veteres magno in precio erant, neque fragilitas precium exiſtimationemque minuebat, teſte Seneca. Vaſa item multa aurea erant & argentea ; majore autem numero ænea, figlina, lignea atque vitrea.

CHAPITRE III.

I. Les vases distinguez selon leur grandeur & leur usage. II. Grands vaisseaux de terre où l'on conservoit le vin & les liqueurs. III. Ils étoient marquez du nom de leurs maitres. IV. Les futailles en usage chez les Romains, dont quelques-unes étoient d'énorme grandeur.

I. NOus parlons ici des vaisseaux & des vases de toute grandeur & à tout usage; & pour garder quelque ordre, nous distinguerons tous ces vaisseaux & ces vases selon leur forme & leur grandeur, pour parler ensuite de chaque espece en particulier. Il y avoit des vaisseaux pour la cuisine, d'autres grands vaisseaux pour conserver le vin & les liqueurs, d'autres pour differens usages dans les maisons, comme cruches, flacons, bouteilles, phioles ; d'autres pour boire, comme coupes, tasses, hanaps, gobelets. Nous avons déja parlé des vaisseaux dont on se servoit à la cuisine, que les anciens monumens nous conservent en petit nombre, & nous en avons donné la figure.

II. Venons maintenant aux vaisseaux où les anciens gardoient le vin, qu'ils appelloient *dolia, seriæ, amphoræ*. C'étoient le plus ordinairement de grands vaisseaux de terre, dont la plûpart étoient pointus par le bout pour les enfoncer dans la terre ou dans le sable. J'en ai vu un grand nombre dans le jardin de feu M. Voiret Consul de la nation Françoise à Rome ; ce jardin étoit situé devant S. Matthieu *in Merulana* : c'est l'endroit où étoient les potiers de l'ancienne Rome, comme nous l'apprend Varron, qui dit que la poterie est à la droite du bois sacré Esquilin. Ce bois Esquilin étoit selon l'opinion commune à la descente du mont Esquilin, au lieu où est aujourd'hui S. Matthieu *in Merulana*, à la droite duquel sans autre entredeux que la rue, étoit la vigne de M. Voiret. Il nous disoit qu'en y faisant travailler il avoit deterré plus de cent de ces grandes cruches, dont il avoit donné une bonne partie à diverses personnes ; il en avoit aussi gardé une grande rangée, que nous consideramés à loisir. Elles étoient un peu differentes en grandeur, & pouvoient tenir chacune environ vingt-cinq ou trente de nos pintes: la plûpart étoient pointues par le bas pour les enfoncer dans la terre ou dans le sable. Nous donnons ici ² la forme de quelques-unes. Une trouvée à Autun est plus large que

CAPUT III.

I. Vasa secundum magnitudinem & usum distincta. II. Dolia figlina, ubi servabantur vina & liquores. III. Nomine patroni signata. IV. Dolia lignea in usu apud Romanos quorum quædam immanis amplitudinis.

I. HIc de vasis cujusvis magnitudinis amplitudinisque agimus, ac cuivis usui deputatis ; utque ordine procedamus, hæc vasa secundum formam amplitudinemque distinguemus, ut ad vasa cujusvis speciei postea transeamus. Inter majora vasa alia coquinaria erant, alia servandis vinis liquoribusque deputata ; alia ad varios rei familiaris domesticæque usus, ut amphoræ, lagenæ, scyphi, phialæ ; alia ad potandum, ut crateres, pocula, calices, cululli. De coquinariis vasis diximus, quorum schemata perpauca ex monumentis eduximus.

II. Jam ad alia vasa servando vino, nempe dolia, serias, amphoras veniendum. Ea ut plurimum figlina vasa amplissima erant, ab ima parte in acumen desinentia, ut in humo aut in arena infigerentur. Magnam eorum copiam vidi Romæ in villa D. Voiret Gallicæ nationis consulis ante S. Matthæum in Merulana. Eo loco veteris Romæ figuli habitabant, ut ait Varro de Esquiliis agens. *Oppius mons*, inquit, *quarticeps⟨os⟩ lucum Esquilinum via dexteriori in figlineis est.* Lucus autem Esquilinus, quem figlineis sive officinæ figulorum vicinum indicat Varro, versus S. Matthæum in Merulana a peritioribus locatur, quæ Ecclesia vico solum intermedio a Voiretiana villa disterminatur. Narrabat ille D. Voiret se dum terram excavari curaret, plusquam centum hujusmodi vasa eduxisse, quorum partem amicis dederat, partem longa serie in villa sua servabat, quæ ad libitum inspeximus: inter ea aliquod discrimen in magnitudine intercedebat, singula verò viginti quinque aut triginta circiter pintas, ut vocant Parisienses, capere poterant ; maxima pars in acumen desinebant quo possent in terram infigi. Aliquot eorum hic ² formam proferimus ; vas hujusmodi

Parc Avec Des Allées Couvertes

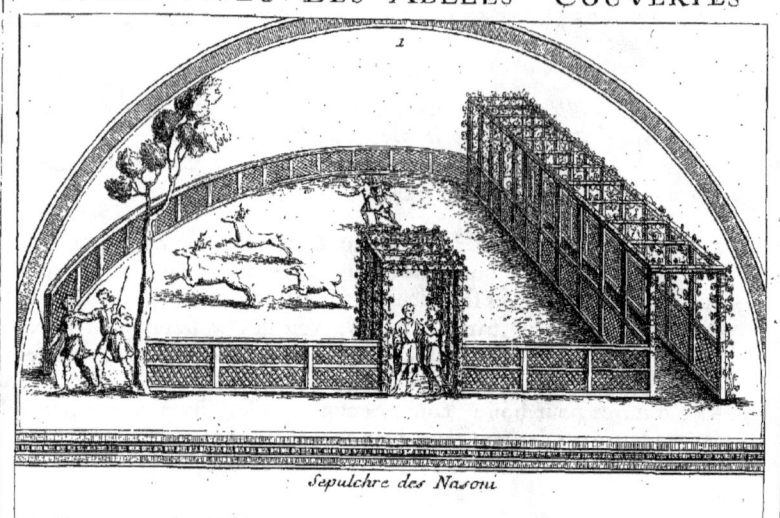

Sepulchre des Nasoni

Vases a Conserver du Vin

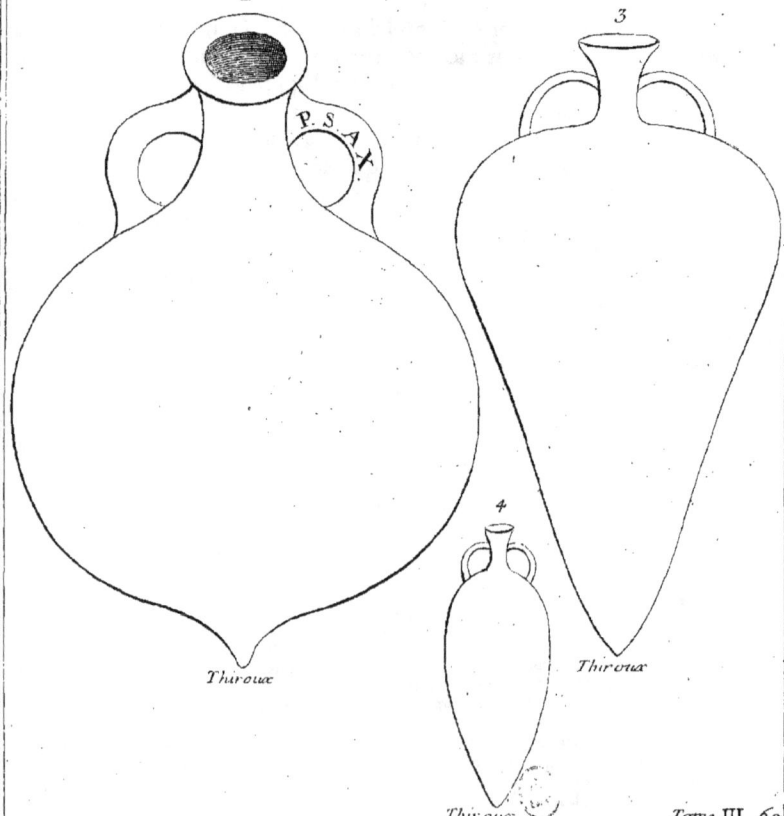

LES VASES.

les autres. J'en ai vu de bien plus grandes que celles de M. Voiret à la vigne Altieri, qui n'est pas loin de celle-ci. Les deux plus grosses qu'on ait encore vues, sont celles de la *villa Ludovisia*, qu'on a mises sur de grands piedestaux; elles tiennent chacune plus d'un muid. C'étoient ces vaisseaux de terre cuite où les anciens mettoient leur vin, & où ils gardoient les vins vieux comme dit Martial; *Il y a là plusieurs vaisseaux de terre qui sentent le vin vieux*. Ces grands vaisseaux ³ qui ont deux anses, comme on le voit ici, s'appelloient *diota* ⁴, c'est-à-dire un vaisseau à deux oreilles ou à deux anses; c'est ainsi que les appelle Horace: *Produisez-nous, mon cher Thaliarque, ce vin de la Sabine, tiré du grand vaisseau à deux anses, ce vin de quatre feuilles*. Les anciens estimoient fort le vin vieux: dans une ancienne inscription greque que j'ai publiée au Journal d'Italie, il est dit qu'on donnera un certain jour une grande cruche de terre pleine de vin de trois feuilles.

3 4

III. Ces grands vaisseaux de terre étoient souvent marquez du sceau de leurs maitres, qui les faisoient mettre tandis que la terre étoit encore molle, & avant qu'elle fut cuite. J'en remarquai deux dans la vigne de M. Voiret, dont l'un portoit ce nom C. CALER. & l'autre celui-ci, L. SAL.... qui n'est pas entier, parceque le vase étoit cassé en cet endroit. Nous avons un tres-grand nombre de ces cachets ordinairement quarrez longs, & quelquefois d'autre forme, qu'on imprimoit sur les vases de terre, avant que de les faire cuire & secher. Nous les donnerons plus bas au chapitre des cachets.

Une partie des vases de la planche suivante paroit avoir servi au même usage. Nous y en ajoutons plusieurs autres de differente forme, sans pouvoir dire à quoi ils ont servi.

Pl. LXX

IV. Les Romains avoient aussi l'usage des futailles & des barriques faites de douves & de cerceaux, comme les nôtres. Nous en voions souvent sur les colonnes Trajane & Antonine. C'étoit apparemment pour la commodité du transport, & pour en pourvoir les armées; nous n'en voions presque jamais que sur des chariots & sur des bâteaux. Ils s'en servoient aussi dans les maisons, Strabon parlant de cette partie d'Italie qu'on appelle aujourd'hui la Lombardie, & louant beaucoup sa fertilité, pour marquer l'abondance du vin qui s'y recueilloit, dit qu'on y faisoit des tonneaux de bois plus grands que des maisons, οἱ πίθοι ξύλινοι μείζους οἴκων εἰσί. Je crois qu'on peut conclure de là que les maisons y étoient fort petites.

Augustoduni repertum aliis amplius capaciusque inscriptionem habet a primis vocum literis P. S. A. X. In Alteriana villa longe majora hujusmodi vasa seu dolia vidi, quam in Voiretiana: quæ maxima omnium visuntur, in villa Ludovisia sunt, supra stylobatas posita, quæ sextarios, ut puto, plusquam trecentos capiunt. Erant figlina vasa in queis vina asservabantur, senes autumni, inquit Martialis,

Et multa fragrat testa senibus autumnis.

Hæc amplissima vasa duabus ¹ ansis, ut ibidem conspicitur, diotæ ⁴ vocabantur; id est duabus auriculis sive ansis instructæ, sic vocat Horatius:

Deprome Sabinum quadrima
O Taliarche merum diota.

Vinum vetus admodum placebat antiquis illis; in Græca inscriptione veteri quam protuli in Diario Italico p. 74. dicitur quadam stata die dandam esse amphoram vini triennalis οἴνε τριετοῦς κεράμιον.

III. Hæc magna dolia figlina sæpe patroni nomine signabantur, terræque argillæve adhuc molli, antequam ea igne exsiccaretur, nomina imprimebantur: duo observavi in villa Voiretii in quorum altero C. CALER. legebatur, in alio L. SAL... in quo postremo testæ fragmen cum aliquot literis exciderat. Adsunt sigilla hujusmodi magno numero, quæ ut plurimum quadrata oblonga, nonnunquam alia figura sunt, quibus figlina vasa signabantur: ea vero capite de sigillis infra dabuntur.

Lagenarum hujusmodi quædam in sequenti etiam tabula observantur, adjunctis quoque aliis vasis diversæ formæ, quorum nec usum nec cognomen novimus.

IV. Romani utebantur etiam doliis lignis, ex asseribus circulisque lignis compactis, ut hodierna dolia sunt. Similia sæpe videmus in columnis Trajana & Antonina; sic haud dubie compingebantur in commeatûs facultatem, & exercitus commodum sic: in curribus fere semper & in navibus onerariis ea conspicimus. In ædibus etiam hujusmodi lignis doliis utebantur. Strabo lib. 8. p. 151. de illa Italiæ parte loquens, quæ hodie Longobardia vocatur, eamque a fertilitate collaudans dicit, ut vini copiam significet, dolia lignea ibi confici ædibus majora, οἱ πίθοι ξύλινοι μείζους οἴκων εἰσί: hinc puto concludi posse ædes domusque in his regionibus admodum exiguas fuisse.

CHAPITRE IV.

I. Vases Hetrusques avec des figures. II. Ce qu'on appelloit amphoræ *ou cruches à deux anses. III. Vase Hetrusque remarquable. IV. Outres.*

PL. LXXI.

I. Les cabinets de l'Italie sont pleins de certains vases Hetrusques ornez de figures; le fond est un roux obscur, qui est peutêtre la couleur de la terre dont ils sont faits; le jaune, le noir & le blanc servent pour les figures dont ils sont ornez. Ils sont ordinairement hauts de quinze ou seize pouces, & tiennent à peu près cinq ou six pintes. Ils ne different pas beaucoup entre eux pour la grandeur: je ne parle que de ceux que j'ai vus en grand nombre. Les deux premiers sont du cabinet de feu M. Girardon habile sculpteur. L'un represente d'un côté deux hommes Hetrusques couverts de leur manteau, qui leur va jusqu'aux pieds; de l'autre côté est un athlete nu assis tenant un bouclier, auquel une femme présente une tablette, & tient de l'autre main une couronne, qui est le prix du vainqueur. L'autre vase de M. Girardon represente d'un côté deux hommes en manteau comme ci-devant, & de l'autre un homme nu, qui tient un cheval par la bride, apparemment pour les jeux & les courses des chevaux, qui étoient fort frequentes chez les Hetrusques; *à Lydis ludi*, dit Tertullien; les Hetrusques étoient une colonie des Lydiens, comme dit Herodote.

PL. LXXII.

II. Dans la planche suivante sont deux autres grands vases à deux anses, l'un desquels a au bas de ses deux anses la figure d'un petit enfant. Beger croit que ce sont deux cruches. Les cruches s'appelloient *amphoræ*, parcequ'elles avoient deux anses comme deux oreilles; & en ce sens-là on peut les appeller *diotæ*, comme les vases dont nous avons parlé ci-devant. Il y a apparence que c'est la même chose, puisqu'Horace qui vient d'appeller le vaisseau où l'on tenoit le vin *diota* dans le vers rapporté ci-devant, l'appelle *amphora* ailleurs. Celle-ci n'a pas le bas pointu non plus que la suivante, en quoi elle ne ressemble pas aux premieres *diotes*; mais nous avons deja dit que toutes n'étoient pas pointues par le bas. Les Grammairiens prétendent que l'*amphora* étoit de terre cuite; cependant celle-ci est de bronze, dit Beger: comment cela peut-

---

CAPUT IV.

I. Vasa Hetrusca cum figuris. II. Amphoræ vel diotæ. III. Vas Hetruscum spectabile. IV. Utres.

I. Italica Musea vasis plurimis hetruscis historias quasdam repræsentantibus sunt instructa: hæc colore rufa seu fulva sunt, qui fortassis est ipsius terræ color, cæteri autem colores ad figuras repræsentandas adhibiti sunt, albus, niger & fulvus. Altitudo eorum ut plurimum est quindecim sexdecim pollicum, & ad duodecim pene sextarios capiunt. Non multum inter ea est, quod ad amplitudinem, discriminis: de iis solum loquor quæ magno numero vidi. Duo prima ex Musæo D. Girardonii sculptoris celeberrimi educta sunt: aliud altera facie viros duos Hetruscos pallio inductos repræsentat ad pedes usque defluente; altera facie nudum virum sedentem, cui mulier altera manu tabellam offert, altera vero coronam tenet quæ victoris præmium esse videtur. Aliud Girardonii vas in altera facie duos viros ostendit palliis tectos ut supra; in altera autem virum nudum galeatum, qui equum habenis ducit: ad cursum, ut videtur, equorum hoc spectat & ad ludos, qui admodum frequentes erant apud Hetruscos: a ludis Lydi, inquit Tertullianus: Hetrusci colonia Lydorum erant, inquit Herodotus, ut infra pluribus dicetur.

II. In tabula sequenti duo alia vasa utrinque ansata sunt, in unius ima parte puerulus repræsentatur: putat Begerus amphoras esse. Amphoræ sic vocabantur, quoniam duabus erant ansis quasi auribus instructæ, qua ratione diotæ etiam possunt appellari, quemadmodum & vasa illa de quibus supra egimus. Verisimileque est diotam & amphoram idipsum esse quandoquidem Horatius qui vas in quo vinum asservabatur diotam vocavit in versu supra allato, idipsum amphoram vocat l. 3. od. 8.

Amphora fumum bibere instituta.

Hæc ab ima parte non acuta sed rotunda: sequens etiam acutam imam partem non habet, qua in re cum diotis præcedentibus non consentit: sed jam diximus non omnes in acumen desinere. Grammatici putant amphoram vas esse fictile: attamen hæc, inquit Begerus, ænea est, quomodo quadrent istæc; Gram-

GRANDS VASES POUR TENIR DU VIN OU D'AUTRES LIQUEURS.

LES CRUCHES, LES OUTRES.

il quadrer? Les Grammairiens, dit-il, ne s'accordent pas avec Homere, qui en deux endroits parle d'une *amphora* d'or, ou d'une cruche d'or, & en un autre endroit d'une cruche de pierre: mais mettre l'espece pour le genre est une chose si ordinaire aux Grammairiens, qu'il ne faut pas s'étonner s'ils mettent ici que les cruches, *amphoræ*, étoient de terre cuite, parcequ'effectivement la plûpart étoient de cette matiere. Cette cruche de bronze est du cabinet de Brandebourg, aussi-bien que la suivante, que Beger croit être une cruche Egyptienne, parcequ'au bas de l'une des anses est la forme d'Osiris: je ne sai si la preuve est suffisante; on voioit la forme des dieux Egyptiens dans tant de monumens Romains, qu'Osiris pourroit bien se trouver dans un vase fait à Rome ou en Europe: d'ailleurs cette figure ne ressemble guere à un Osiris. Nous voyons encore la forme des *amphoræ* dans d'autres monumens. On en remarque sur le beau vase de Saint-Denys donné au premier tome à la planche CLVII.

III. Un autre vase Hetrusque publié par M. de la Chausse, a d'un côté Diane ou Minerve, qui d'une main tient un casque, & de l'autre un long bâton ou une pique; cela devroit la faire regarder comme une Minerve; mais une biche qui est à son côté semble appartenir à Diane: ces divinitez Hetrusques ne sont pas faites comme les autres; peutêtre n'est-ce ni l'une ni l'autre de ces deux déesses. De l'autre côté sont trois figures, dont l'une tient un petit vase, l'autre une corne, & l'autre a ses mains cachées sous l'habit. Ces vases servoient apparemment à conserver des vins & des liqueurs. Je croi que Martial parle de ces sortes de vases Hetrusques qu'il appelle vases Aretins, comme venant d'Arezzo ville d'Hetrurie: *Ne meprisez pas les vases Aretins; le Roi Porsena ornoit ses buffets de bouteilles Toscanes de terre cuite.*

IV. Tant les Grecs que les Romains avoient aussi des outres ou des peaux de bouc préparées, où ils mettoient le vin & les autres liqueurs: nous en donnerons plus bas un tiré du cabinet de M. l'Abbé Fauvel; il conserve presque toute la forme de l'animal hors la tête. L'autre outre se trouve dans un sacrifice donné par le Cavalier Maffei. Ce qu'on appelloit *scyphus*, étoit un vaisseau qui étoit anciennement de bois ou de terre, mais on en fit depuis d'autre matiere & de grand prix; on n'en sait pas bien la forme.

---

matici, inquit, cum Homero non consentiunt, qui bis amphoram memorat auream ἀμφιφορῆα χρύσεον Il. ψ 92. & od. ω 74. & alio loco lapideam amphoram commemorat ἀμφιφορῆα λαϊνην lapideam amphoram odyss. 5. v. 105. At tam frequenter Grammatici pro genere speciem ponunt, ut mirum non sit, si hic amphoras figlinas dicant, quia magna pars earum figlinæ erant. Hæc amphora ænea in Museo Brandeburgico est perinde atque sequens, quam Begerus amphoram putat esse Ægyptiacam, quia in ima parte alterius ansæ Osiridis, inquit, forma visitur. An id argumentum valeat judicet eruditus lector: tam frequenter Ægyptiorum deorum imagines in Romanis monumentis comparent, ut Osiris facile in monumento Romæ aut in Europa facto reperiri possit, si tamen hæc figura Osiris sit; mihi certe non videtur esse. Amphoræ item alibi observantur, ut in pretiosissimo vase San-Dionysiano tom. 1.

III. Aliud vas Hetruscum ab erudito Cauceo publicatum, in altera facie Dianam vel Minervam exhibet, sinistra manu cassidem, dextera hastam tenentem: hæc Minervam indicare videntur, sed cerva ad ejus pedes Dianam indicat: hæc Hetrusca numina aliis similia non sunt; forte neutra ex hisce duabus est: in altera facie tres figuræ sunt, quarum una vas parvum tenet, altera cornu, tertia manus sub veste tenet. Hæc Hetrusca vasa servando vino fuisse verisimile est. Puto Martialem Hetrusca hujusmodi vasa indicare, cum Aretina vasa commemorat: nam Aretium urbs Hetruriæ erat.

Aretina nimis ne spernas vasa monemus;
Lautus erat Tuscis Porsena fictilibus.

IV. Græci atque Romani utribus subactis ac præparatis utebantur ad vinum asservandum comportandumque: utris infra formam dabimus ex Museo Abbatis Fauvel eductam; qui uter formam animalis pene totam conservat uno excepto capite. Uter alius in sacrificio per equitem Maffeium dato reperitur. Quod vas Veteres scyphum vocabant, aut ligneum aut figlinum olim erat; posteaque ex alia materia facti scyphi sunt. Hujus formam non plane novimus.

CHAPITRE V.

I. L'epichysis des anciens. II. Ce qu'on appelloit guttus. *III. Vaisseaux à forme humaine. IV. Autres vaisseaux. V. Vase appellé* fidelia, *& autres. VI. Anses de vases. VII. Vaisseaux de verre.*

Pl. LXXIII

I. Beger donne un vase de bronze semblable aux trois vases de cette planche, pour l'*epichysis* des anciens, qui servoit à verser à boire à table : on versoit le vin de l'*epichysis* dans le *cyathus* ; au lieu qu'anciennement on se servoit pour pot à verser à boire du *guttus*, & pour tasse du *simpulum* : mais ces deux furent depuis destinez à l'usage des sacrifices, dit Varron, & l'on se servit en leur place de l'*epichysis* & du *Cyathus*. Si ce vase est veritablement l'*epichysis*, les deux vases suivans le seroient aussi. Nous ne voyons pas de raisons assez solides pour les croire indubitablement tels.

Pl. LXXIV

II. Ceux qu'on appelloit anciennement *guttus*, étoient des vaisseaux fort differens entre eux ; ils convenoient pourtant tous en cela, que le goulot en étoit extrémement étroit, en sorte que la liqueur n'en sortoit que goutte à goutte, & c'est de là qu'il prit le nom de *guttus*. On en trouve de bronze & aussi de terre. Ils servoient au vin, à l'huile & aux parfums. Le premier que nous donnons est tiré du Tresor de Brandebourg publié par Beger ; il a une anse ornée de figures. Celui qui vient après, pourroit être ce que les anciens appelloient ὠοσκύφιον, *ovoscyphium*, vase en forme d'œuf. Il y en a entre ceux qui précedent & ceux qui suivent, d'autres à peu près semblables. Tous les suivans de cette planche sont mis dans le genre du *guttus*, à cause de la petitesse du trou. Le dernier donné par Beger, est le même que nous avons déja mis au chapitre des Muses, parceque les neuf Muses y sont représentées.

Pl. LXXV

III. Nous ajoutons à ces vases quelques autres dont il est assez difficile de savoir le nom & l'usage. Deux à tête d'homme, & un à tête de femme sont du livre de M. de Peiresc, qu'on garde à la Bibliotheque de Saint-Victor.

IV. Nous avons de semblables vases de forme humaine au premier tome à un chapitre de Bacchus & des Baccantes. La petite tasse qui est au bas, est ce que les anciens appelloient *crater* : on trouve dans un manuscrit de Pirrho Ligorio un vaisseau de cette forme, avec une inscription qui l'appelle *crater* ;

CAPUT V.

I. Epichysis Veterum. II. Guttus. III. Vasa humana forma. IV. Alia vasa. V. Vas fidelia dictum & alia. VI. Ansæ vasorum. VII. Vasa vitrea.

I. Vas æneum tribus sequentis tabellæ vasis simile Epichysin vocat Begerus ; Epichysis autem fundendo vino erat, ex epichysi in cyathum vinum effundebatur ; antiquitus guttus fundendo vino deputatus erat, & simpulum pro poculo aut pro cratere serviebat. Verum hæc duo postea ad usum sacrificiorum translata, inquit Varro, & eorum loco epichysis & cyathus adhibita sunt : si primum vas epichysis vere sit, duo sequentia idipsum erunt : non rem puto ita perspicuam certamque esse.

II. Quod vasis genus guttus vocabatur, multiplicis formæ fuit : in eo autem omnes gutti similes, quod angusto essent ore, ita ut liquor guttatim flueret, indeque guttus dictus. Gutti reperiuntur ænei, etiamque figlini ; ii erant servando vino, oleo & unguentis variis. Primus quem damus guttus ex Musco Brandeburgico eductus est per Begerum publicato : ansamque habet figuris ornatam. Qui mox sequitur, illud esse posset quod Veteres ὠοσκύφιον ovoscyphium vocabant, quod ovi forma esset. Inter ea quæ præcedunt vasa & inter ea quæ sequuntur aliquot huic similia sunt : quotquot in hac tabula habentur vasa, gutti sunt angusto videlicet ore. Postremus guttus a Begero datus is ipse est, quem jam cum Musis posuimus, quia novem in eo Musæ conspiciuntur.

III. His vasa quædam subjungimus, quorum nomen & usum non facile est deprehendere. Duo virili, unum femineo capite sunt ex Ms. D. Peirescii codice educta, qui in Bibliotheca S. Victoris Parisiensis asservatur.

IV. Similia vasa humanâ formâ habemus tomo primo, ubi de Baccho deque Bacchantibus. Poculum infra positum illud est quod Veteres cratera vocabant. In Ms. Pyrrhi Ligorii vas ejusdem formæ habetur cum inscriptione, qua crateris nomine insigni-

LES VASES. 145

ce manuscrit est à la Bibliotheque de feu Monseigneur l'Archevêque de Cambrai.

V. Le grand vase qui vient après, est selon Beger ce que Columella appelle *fictilis fidelia*, un vaisseau de terre cuite, percé par le haut & par le bas, mais d'un fort petit trou: on mettoit dans ce vase les graines & les fleurs de myrte pour les faire sécher: on y infusoit de l'eau pour empêcher qu'elles ne sechassent trop vite, & l'on mettoit la *fidelia* dans un vase d'eau plus grand pour y en faire entrer autant qu'on vouloit; on le retiroit ensuite, l'eau s'écouloit, & il restoit encore quelque humidité dans ces graines. Voilà l'usage de la cruche percée qu'on appelloit *fidelia*, selon le sentiment de Beger. Le vase qui suit percé par le haut, & qui a aussi un trou sur le côté, est du cabinet de Sainte-Genevieve; c'est une espece de *guttus* à mettre du baume & des huiles, qu'on faisoit sortir par le côté petit à petit. C'est le sentiment du P. du Molinet; nous ne voions rien là contre la vraisemblance. Trois autres vases occupent le reste de cette planche. PL. LXXVI.

Les deux premiers vases de la planche suivante sont assez remarquables, le premier pour la figure, le second à cause de l'homme à cheval qui y est représenté. Les Grecs & les Romains, comme nous avons dit, avoient des outres ou des peaux de bouc préparées, où ils mettoient le vin & d'autres liqueurs. Voici un outre représenté sur une antique de M. l'Abbé Fauvel; il conserve presque toute la forme de l'animal hors la tête. Un autre outre se voit dans un sacrifice donné au second tome. Sept autres vases qui suivent n'ont rien de remarquable, sinon que trois d'entr'eux ont le goulot si étroit, qu'ils pourroient bien être de ces vaisseaux qu'on appelloit *guttus*. PL. LXXVII.

VI. Nous mettons ici, ne trouvant pas de place plus propre, les deux anses de bronze d'un ancien vaisseau, qui se trouvent dans notre cabinet de Saint-Germain des prez. Quoique d'un travail simple, elles sont d'un goût exquis; à chaque bout des deux anses il y a une tête aux yeux d'argent. Les connoisseurs disent qu'on ne peut guere rien voir de mieux fait en ce genre. Les deux vases de dessous sont représentez dans leur grandeur naturelle: l'un d'eux est d'une espece de jaspe; l'autre a un couvercle sur lequel est représentée une tête d'homme. PL. LXXVIII.

VII. La planche suivante est remplie de vaisseaux de verre de differente forme, tous tirez du Tresor de Brandebourg. Le verre chez les anciens étoit fort commun pour les bouteilles aussi-bien que pour les coupes & les tasses. PL. LXXIX.

---

tur, qui codex est in Bibliotheca τοῦ μακαρίτου D. Joannis d'Estrées Archiepiscopi Cameracensis designati.

V. Vas sequens, ut opinatur Begerus, illud est, quod a Columella vocatur fictilis fidelia, in suprema pariterque in ima parte perforatum, sed modico foramine: in hoc vase ponebantur semina floresque myrti, ne nimium exsiccarentur infundebatur aqua, fidelia que in majori vase ponebatur, ut tantum intraret aquae quantum esset opus; fidelia deinde extrahebatur, aqua defluebat, ita ut aliquid humoris inter haec semina remaneret: hic usus dioti hujusmodi cui fidelia nomen secundum opinionem Begeri. Vas sequens, quod praeter supremum foramen, aliud in latere foramen habet, ex Museo S. Genovefae eductum est; est guttus in quo oleum aut unguentum quodpiam infusum per latus sensim effundebatur; ita putat R. P. du Molinet, cujus opinio a verisimili non abhorret. Tria alia vasa tabulam complent.

Duo priora tabulae sequentis vasa observatu digna sunt; primum a figura, secundum ab equite ibidem repraesentato. Graeci Romanique, ut diximus, utres habebant, seu hircinas caprinasve pelles subactas, infundendo vino aliisve liquoribus: utris hic formam damus, ut repraesentatur in Museo Abbatis Fauvelii, qui totam fere animalis hircinae formam refert uno excepto capite: alium utrem vidimus in sacrificiis. Septem alia sequentia vasa nihil habent notatu dignum: tria eorum ore sunt ita angusto ut gutti esse videantur.

VI. Hic apponimus, quod locus nullus opportunior offeratur, ansas duas aeneas vasis cujuspiam, quae in Museo nostro servantur: etsi simplici opere, exquisitae tamen formae sunt, in extremis ansis capita sunt oculis argenteis: harumce rerum periti dicunt nihil perfectius hoc in genere videri posse. Duo vasa subsequentia in sua hic magnitudine comparent, aliud ex jaspide est; aliud operculum habet, in quo caput hominis repraesentatur.

VII. In sequenti tabula vitrea vasa diversae formae habentur, omniaque ex thesauro Brandeburgico educta sunt. Vitreis antiquitus vasculis vulgo utebantur, pariterque calicibus & poculis.

Tom. III. T

Pl. LXXX Une autre planche repréſente un grand pot de verre à deux anſes; au deſſous de celui-là on en voit deux autres repréſentez en petit, tels que M. Baluze les a donnez dans ſon hiſtoire de Tulle; ils ont été trouvez à une lieuë de cette ville, à un lieu nommé Tintiniac, où ſe voient les ruines d'une ancienne ville, & les reſtes d'un amphitheatre. Nous les donnons de la grandeur qu'il les a publiez: ils étoient apparemment plus grands dans l'original. Le vaſe ſuivant auſſi de verre eſt remarquable par la ſeparation qui en partage l'ouverture.

Alia tabula vas magnum vitreum anſatum exhibet; ſub quo duo alia vaſa longè minori, quam ſua propria forma repræſentata, & a viro Cl. doctiſſimoque Baluzio in hiſtoria ſua Tutelenſi ſic publicata, hic locum habent. Ea non procul Tutela reperta ſunt tertio quartove ab ea urbe milliari, in loco cui nomen Tintiniacum, ubi rudera antiquæ cujuſdam urbis & amphitheatri viſuntur. Vas ſequens item vitreum, ſingulare eſt a ſeparatione in duas partes quæ in ſuperno foramine obſervatur.

CHAPITRE VI.

I. Pots à boire. II. Coupes, taſſes, gobelets de different nom & de différente matiere. III. Obſervations ſur le trepied de Bacchus & ſur les coupes de Thericlès. IV. Grand nombre de noms differens de coupes & de taſſes dans Athenée. V. La cratere. VI. Autres vaiſſeaux.

Pl. LXXXI. I. IL y avoit chez les anciens des pots à boire de forme differente: tels ſont ces trois pots du Treſor de Brandebourg, tous trois de terre cuite, l'un deſquels a cette inſcription SITIO, *J'ai ſoif*; les deux autres ont, l'un PIE, l'autre BIBE: le premier mot eſt grec, le ſecond latin; tous deux veulent dire *beuvez*. A côté de ces vaiſſeaux à boire, on voit deux autres vaſes de forme extraordinaire. Le premier du cabinet de M. Foucault paſſe pour un *guttus*, nous avons déja parlé de ces ſortes de vaſes; celui-ci eſt ſi ſingulier que je ne ſai qu'en dire. Le ſecond tiré du manuſcrit de M. de Peireſc, paroit être veritablement un *guttus*; il eſt remarquable dans la forme & dans l'ornement.

II. Les coupes, les taſſes & les gobelets, que les Grecs appelloient ποτήριον, κρατὴρ, κρατήριον, κύλιξ, & les Latins *poculum*, *crater* ou *cratera*, *patera*, *calix*, *cululus*, étoient de differentes matieres, d'or, d'argent, ou liez de bandes d'or. On appelloit ces vaſes *chryſendeta*. Il y en avoit auſſi d'onyx & d'agathe, nous avons dans notre cabinet des fragmens d'un de cette ſorte. Ils avoient auſſi des vaſes *Murrhins*, qui venoient d'Orient, differens de ceux d'onyx, comme nous

CAPUT VI.

I. Pocula. II. Crateræ, calices, cululli & alia diverſi nominis pocula. III. Obſervationes circa tripodem Bacchi & vaſa Thericlea. IV. Nomina poculorum ingenti numero apud Athenæum. V. Crater ſeu cratera. VI. Alia vaſa.

I. APud Veteres pocula diverſæ formæ erant, qualia ſunt tria ex Muſeo Brandeburgico educta, quæ fictilia ſunt: quorum unum hanc præfert inſcriptionem, SITIO. Duo alia ſic inſcribuntur PIE & BIBE: prima vox græca idipſum quod ſecunda latina ſignificat. Ad latus horum duo alia vaſa formæ non vulgaris viſuntur, primum ex Muſeo illuſtriſſimi Domini Foucault *guttus* eſſe creditur, de quo vaſis genere jam diximus; hic guttus ita ſingularis eſt ut nihil de eo dicendum ſuppetat: alter vero ex Mſ. D. Peireſcii eductus, a forma & ab ornamentis ſpectabilis eſt.

II. Crateres, calices, pateræ, pocula, cululli apud Græcos his nominibus gaudebant ποτήριον, κρατήρ, κρατήριον, κύλιξ: ex diverſa materia parabantur, ex auro vel argento; vel aureis ſolum ligaminibus inſtructa erant, quæ vaſa χρυσένδετα vocabantur. Erant item ex onyche vel ex achate confecta, ſimilis poculi fragmenta in Muſeo noſtro ſervantur. Poculis item utebantur Myrrhinis ex Oriente comportatis, quæ ab onychinis differebant, ut jam oſtendimus: hæc in precio erant, atque etiam cryſtallina pocula. Figlina

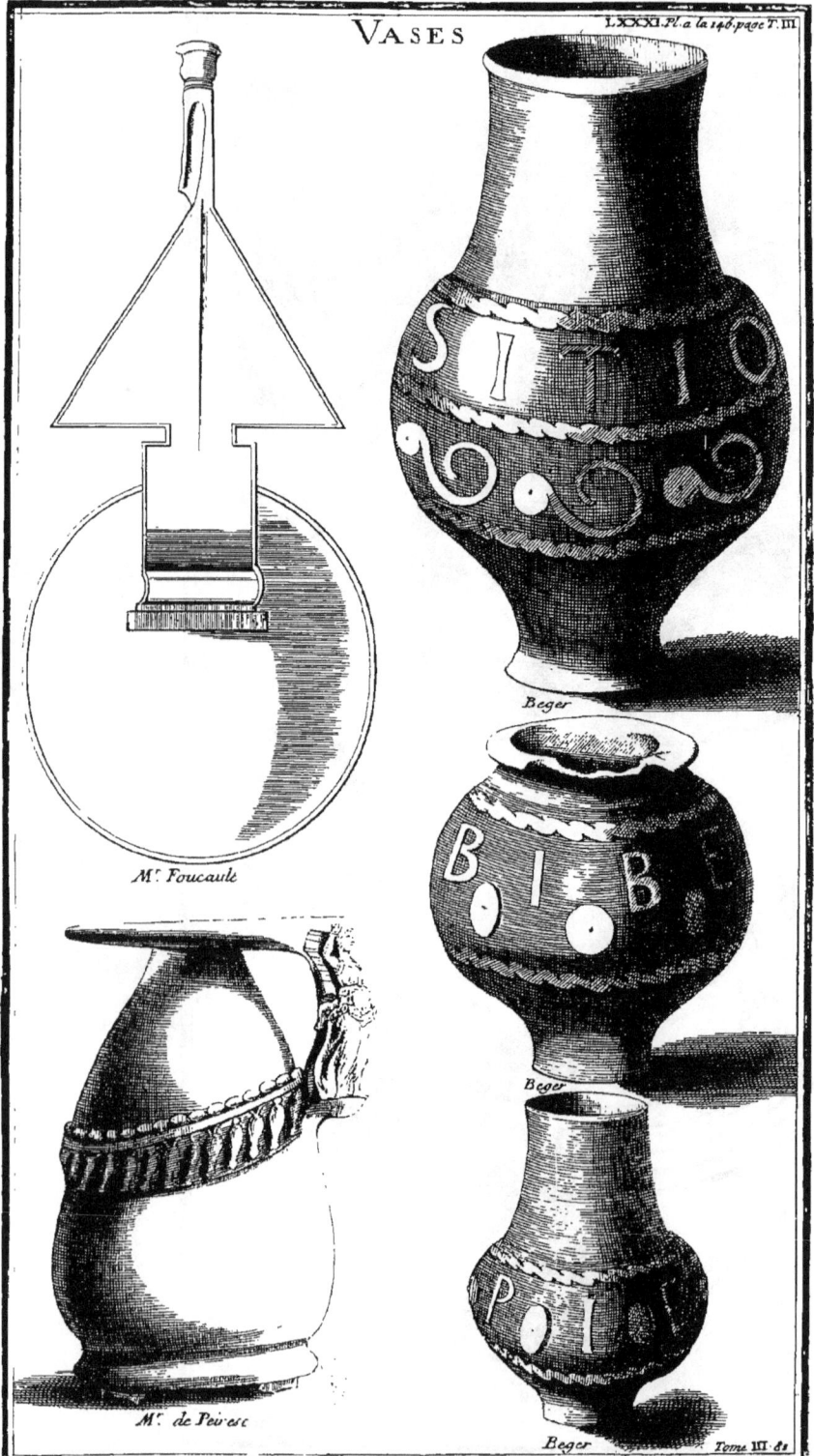

POTS A BOIRE.

avons fait voir. Tous ceux-là étoient fort eſtimez, auſſi-bien que ceux de cryſtal de roche. Ils en avoient auſſi de terre cuite, & parmi ceux-là on faiſoit cas des Samiens, ou de ceux d'une terre appellée *Samia*. Ceux de verre étoient encore d'un uſage fort commun. Nous avons dans le cabinet de ce Monaſtere les fragmens d'une ancienne taſſe de verre, ſur leſquels on pourroit figurer la taſſe entiere, qui tenoit plus d'un demi ſeſtier. Ils avoient l'art de faire ces taſſes & les autres vaſes de verre à la maniere d'aujourd'hui, & ils avoient encore celui de faire des figures ſur le verre avec des inſtrumens, & même au tour, s'il faut prendre à la lettre ces paroles de Martial *toreumata vitri*: ce ſecret eſt ou perdu ou hors d'uſage. Les anciens avoient auſſi l'art de peindre le verre en differentes couleurs. S. Jean Chryſoſtome parle de taſſes de verre argentées ou couvertes d'argent. Parmi ces taſſes de verre il y en avoit qui ſembloient changer de couleur, ou qui montroient differentes couleurs à differens aſpects, comme le cou d'un pigeon. L'Empereur Hadrien dans une épitre à Servien conſervée dans Vopiſcus, dit qu'il lui en envoie pluſieurs, & l'exhorte à s'en ſervir dans ſes feſtins. Les Gaulois & les Eſpagnols des montagnes, dit Strabon, ſe ſervoient pour boire de gobelets de cire.

III. Ces coupes, gobelets, & autres vaiſſeaux à boire étoient de differentes formes. Il y en avoit de ronds & hauts comme nos gobelets; d'autres bas & plats au deſſous comme des écuelles; d'autres tout ronds: quelques-uns avoient trois pieds, & on les appelloit trepieds. Athénée nomme une coupe de cette forme le trepied de Bacchus, & donne à entendre comme par plaiſanterie, que comme ceux qui parloient anciennement *ex tripode*, d'après le trepied de Delphes, prononçoient des oracles, de même ceux qui parloient d'après le trepied de Bacchus diſoient vrai, parceque la verité ſe trouve dans le vin.

Les vaſes de Thericlès potier de Corinthe étoient extrémement eſtimez: ils avoient deux anſes comme certains gobelets d'aujourd'hui. Les auteurs ne conviennent pas de la matiere dont ils étoient. Il les faiſoit au tour du bois de terebinthe, dit Pline; d'autres diſent qu'il les faiſoit de terre cuite; peutêtre de l'une & de l'autre matiere. Theophraſte dans Athenée dit de même qu'il les faiſoit au tour du bois de terebinthe, & qu'on ne pouvoit diſtinguer s'ils étoient de terre ou de bois. C'étoit ſans doute la forme qui en faiſoit le prix. Il y a apparence que ſur la forme inventée par Thericlès, on en aura fait d'au-

---

etiam pocula conficiebantur, interque ea Samia pocula erant in precio: vitrea etiam in uſu. In hujus Monaſterii Muſeo veteris vitrei poculi fragmenta ſervantur, ex quibus crater totus delineari poſſet, qui plus quam dimidium ſextarii caperet. Pocula vitrea aliaque ejuſdem materiæ vaſa eodem quo hodieque nutre veteres concinnabant, inſuperque figuras in vitro ſculpebant, imo vitrum tornabant, ſi ad literam illud Martialis accipiamus, *toreumata vitri*. Quod concinnandi vitri artificium jam periit. Veteres etiam vitrum pingebant vario colore. Joannes Chryſoſtomus pocula vitrea commemorat, aut argento obducta aut argenteis laminis operta. Inter illa vitrea vaſa erant quæ colorem mutarent, vel quæ varios colores ſub aſpectu vario exhiberent, quaſi columbæ collum. Impetator Hadrianus in epiſtola quadam ad Servianum apud Vopiſcum in Saturnino, ait ſe illi *allaſſontes* hujuſmodi calices verſicolores tranſmittere. Galli Hiſpaniquè montani teſte Strabone p. 107. cereis utebantur poculis.

III. Hi crateres, calices, cululli, aliaque pocula diverſæ formæ erant. Quædam rotunda & alta ut cululli hodierni; alia demiſſiora & in fundo plana, ut ſcutellæ; alia prorſus rotunda: nonnulla tribus ſtabant pedibus quæ vocabae tripodas. Athenæus lib. I. p. 37. hujus formæ craterem vocat Bacchi tripodem, & quaſi ludens inſinuat, ut ii qui olim ex tripode loquebantur, oracula proferebant, ſic eos qui ex tripode Bacchico loquerentur, vera ſemper proferre, quia *in vino veritas*.

Vaſa Thericlea ſeu a Thericle Corinthi figulo facta magno olim in precio erant, duabus anſis ornabantur, ut quidam cululli crateresque hodierni. De materia eorum non convenit inter ſcriptores. Ipſa torno ex terebinthi ligno concinnabat, inquit Plinius lib. 16. cap. 40. alii figlina fuiſſe dicunt, forteque ex utravis materia Thericles crateres parabat. Theophraſtus apud Athenæum p. 470. ait Plinius Thericlem ex ligno terebinthi vaſa compoſuiſſe, ita ut diſtingui non poſſet an lignea an figlina eſſent. Videntur ea pocula a forma ſolum precioſa fuiſſe: atque ut veriſimile eſt ex forma illa a Thericle inventa, alia

tres de différentes matieres, qu'on aura aussi appellez vases de Thericlès. Athenée parle des vases de Thericlès qui étoient d'or. Il dit en un autre endroit après Polemon, que Neoptoleme dédia des coupes d'or de Thericlès soutenues sur du bois.

IV. Athenée donne le nom de plusieurs sortes de coupes, tasses & gobelets, dont il n'apprend pas la forme, l'*ephebus* ou l'*embasicætes*, la coupe d'Hercule sur laquelle il s'embarqua & traversa l'Ocean, comme nous avons dit au premier tome ; l'*ethanion*, l'*hemitomos*, le *cade* & le *cadisque*, le *canthare*, le *carchesion*, le *calpion*, le *celebes*, le *ceras* ou la corne, dont nous avons parlé en plusieurs endroits ; c'étoit une corne de bœuf avec toute sa forme, dont on se servoit pour gobelet ; les auteurs en font mention, & l'on en trouve assez souvent dans les anciens monumens. Les autres coupes étoient le *cissybion* qui avoit des anses comme la *diota*, le *ciborion*, le *condy*, le *conone*, la *cotyle*, le *cottabe*, le *cratanion*, la *crounée*, qui est un mot fait d'un nom grec qui signifie fontaine ; le *cyathe*, le *calice*, le *cymbion*, qui ressembloit à une petite barque ; le *cypellon*, la *cymbe*, le *cothon*, la *labronia*, coupe de Perse, la *laconique*, le *lepaste*, & un tres-grand nombre d'autres qu'Athenée a ramassez.

V. Nous trouvons la forme de la cratere dans un manuscrit écrit de la propre main de Pirro Ligorio. L'inscription fait foi que c'est une cratere ; on y lit *Crater Herculis* : de l'autre côté de la cratere, dit Pirro Ligorio, étoit un bas relief qui représentoit Hercule qui assomme Cacus. Cette derniere cratere n'étoit pas un vaisseau à boire, mais un grand vase tel qu'on en met aux fontaines pour recevoir l'eau : sans aucun égard à sa grandeur on lui donnoit le nom de cratere, parcequ'il en avoit la forme ; tout de même que nous appellons bassins ces grands creux qui reçoivent l'eau dans les jardins, parcequ'ils ont la forme d'un bassin. Le manuscrit de M. de Peiresc nous a fourni ci-devant une petite cratere à boire semblable à celle d'Hercule. Nous pouvons dire sur cette autorité, que ce qui a cette forme, étoit une cratere ; mais nous n'oserions assurer qu'il n'y eût point des crateres d'une autre espece.

VI. Nous avons vu dans les sacrifices plusieurs pateres qui étoient des tasses à boire. Il y en a souvent qui ont un manche, & fort peu de creux. Cependant il falloit bien qu'il y en eut de fort profondes, puisque Ciceron dit parlant de Coriolan qui égorgea un bœuf pour se faire mourir en buvant son sang tout chaud, *il reçut le sang du bœuf dans une patere*.

---

ex diversa materia facta fuerunt, quæ etiam vasa Thericlea appellata sunt. Athenæus p. 199. Thericlea vasa aurea commemorat : alioque loco post Polemonem dicit p. 472. Neoptolemum vasa Thericlea aurea dedicavisse lignis sulta sustentaculis.

IV. Athenæus lib. 1. cap. 9. & seqq. craterum, calicum & cululorum nomina profert multa, neque formam eorum docet ; hujusmodi erant Ephebus & Embasicœtes ; crater Herculis in quo ille navigavit Oceanumque trajecit, ut diximus tomo primo, ethanion, Hemitomos, cadus, cadiscus, cantharus, catchesium, calpion, celebes, ceras aut cornu de quo sæpe diximus, eratque cornu bubulum cum tota figura sua quo utebantur cululo : id scriptores commemorant, hocque poculi genus frequentissime occurrit in monumentis : alia pocula erant Cissybium, quod ut diota ansis instructum erat, ciborium, condy, conone, cotyla, cottabus, cratanion, crounea, ex voce κρήνη fons, cyathus, calix, cymbium, quod scaphæ simile erat, cypellum, cymbe, cothon, labronia, poculum Persicum, laconica, lepastus, & innumera alia quæ Athenæus collegit.

V. Crateris formam in manuscripto propria Pyrrhi Ligorii manu exarato reperimus : craterem esse inscriptio fidem facit, *Crater Herculis*. Ex alio crateris latere, inquit Pyrrhus Ligorius, anaglyphum erat, in quo Hercules Cacum trucidans repræsentabatur, qui crater non poculum erat sed vas magnum, qualia sunt ea quæ fontium excipiendæ aquæ usurpantur, cui nulla habita molis ratione crateris nomen dabatur, ut cymbæ & scaphæ nomen dabatur poculis quia cymbam & scapham referebant. Peirescii codex craterem in aliqua tabella jam supra exhibitum suppeditavit Herculis crateri similem, qua fulti auctoritate dicere possumus, craterem fuisse, quia illius esset formæ ; at dicere non ausim hanc unam solamque fuisse craterum figuram.

VI. In sacrificiis pateras multas vidimus, quæ pocula erant, sæpeque illæ capulo gaudent, nec profundæ repræsentantur : attamen admodum profundas fuisse pateras quasdam censendum est, quandoquidem Cicero de Coriolano loquens, qui bovem jugulavit, ut ejus epoto calido sanguine mortem sibi consciscerer, *excepit sanguinem patera*, inquit de Oratore 1.

LES MESURES. 149

Je ne sai en quelle classe il faut ranger une grande coupe ronde tirée de ce manuscrit de M. de Peiresc, dont nous avons souvent parlé; elle devoit tenir près d'une pinte; je n'ai pu lire l'inscription greque qui est dessus, tant elle est barbarement figurée; le lecteur habile s'y exercera s'il veut. Il semble qu'il y soit parlé de Nicomede, mais à la penultiéme syllabe il faudroit un H, & non un E, comme nous voions ici. Le gobelet qui est au dessous paroit être ce qu'on appelloit *culullus*. Entre les deux il y a une petite coupe ou tasse qui a presque la forme de nos verres. On laisse à considerer au lecteur les dix autres vases de cette planche, dont la plûpart paroissent être des coupes ou des pots à boire.

Les anciens avoient aussi des soûcoupes, qu'ils appelloient ὑποκρατηρίδια. Philostrate en parle au livre sixiéme de la vie d'Apollonius de Tyane.

PL. LXXXII.

Nescio quo in poculorum genere locandus sit crater magnus rotundus ex supra memorato Peirescii manuscripto eductus, qui binos fere sextarios capere possit: inscriptionem græcam legere nequivi, usque adeo barbare illa conscripta est: in ea legenda eruditus lector exercebitur si velit: *sui Νικομηδ*. legi posse videtur, sed in penultima litera *η* non *ε* esse debuit si sit *Nicomedes* legendum. Culullus, ut puto, huic suppositus est: inter ambo pocula aliud parvum est poculis vitreis hodiernis non absimile. Cætera decem pocula in hac tabula expressa lectori consideranda mittuntur, omnia aut saltem eorum pars maxima pocula fuerunt.

Antiqui crateribus vasa quædam supponebant, quæ græce appellantur ὑποκρατηρίδια apud Philostratum in vita Apollonii Tyanei lib. 6. p. 279. Hæc nos hodie vocamus *soûcoupes*.

CHAPITRE VII.

I. Le conge Romain. II. Si l'once ancienne Romaine étoit plus forte que l'once Romaine d'aujourd'hui. III. Qu'étoit-ce qu'on appelloit Sextarius castrensis. *IV. Autres mesures.*

I. LE conge Romain étoit la mesure ordinaire à laquelle les autres mesures se rapportoient. Une plus grande mesure, qui étoit l'*amphora*, & qui ne se prend que rarement pour une mesure, tenoit huit conges; le conge tenoit six sestiers, c'est-à-dire douze hemines ou demi-sestiers. Nous verrons plus bas le rapport des autres mesures plus petites avec celles-ci. Le conge que le Pere du Molinet a donné, & qui a été fait sur le modele de celui du Palais Farnese, n'a pas la même mesure que l'original; il est plus petit pour le moins de moitié. Le P. du Molinet l'a fait graver plus petit, afin qu'il tint moins de place dans son livre. Le P. Bonanni nous a donné le conge tel qu'il est dans le cabinet du College Romain: ce conge est antique, tout semblable pour la grandeur, pour la forme & pour l'inscription à celui du Palais Farnese. Il a, dit-il, un pied de haut, le pied Romain n'a qu'onze de nos pouces: & en effet ce conge

PL. LXXXIII.

CAPUT VII.

I. Congius Romanus. II. An uncia vetus Romana, hodiernâ Romanâ sit levior, an gravior. III. Quid esset Sextarius Castrensis. IV. Aliæ mensuræ.

I. CONGIUS vulgaris erat mensura ad quam aliæ mensuræ referebantur. Major mensura amphora erat, quæ tamen non ita frequenter pro mensura accipitur, quæque octo congios capiebat. Congius sex capiebat sextarios, duodecimque heminas seu semisextarios; infra autem minores his mensuras ad majores referemus. R. P. du Molinet congium dedit, ad mensuram Farnesiani Romæ concinnatum, quem tamen ille typo longe minorem exhibuit, ita ut ne ad dimidium quidem hujusce quem damus pertingat; cum ideo R. P. du Molinet in ære incisum minorem dedit, ut minus spatii in libro suo occuparet. Sed pater Bonannus congium qualis in Musco collegii Romani erat dedit, qui congius antiquus est, & quantum ad formam, mensuram atque inscriptionem Farneziano omnino similis. Est, inquit ille, altitudine pedis unius. Pes autem Romanus nostro

que nous donnons dans sa grandeur, comme le P. Bonanni l'a donné, a onze pouces de haut en le mesurant par dedans. L'inscription est telle:

IMPER. CAESARE
VESP. VI. COS.
T. CAES. AVG. F. IIII.
MENSURAE EXACTAE IN CAPITOLIO
P. X.

Le sens est: *Ce conge d'une mesure exacte, qui contient le poids de dix livres, a été mis au Capitole au sixiéme Consulat de l'Empereur Vespasien, & au quatriéme de son fils Tite Cesar.*

II. Lucas Pætus dit qu'il a une fois rempli d'eau le conge du Palais Farnese, pour voir si cette eau seroit du poids de dix livres, & que l'aiant ensuite pelée, le poids monta à neuf livres six onces & demi. Ces vases se conservent toujours avec la rouille ou le vernis qu'ils ont contracté, il est impossible que cette rouille n'ôte quelque chose de la capacité du vaisseau. M. Fabreti remarque de plus que Lucas Pætus n'aiant pas rempli ce conge entierement jusqu'au haut, comme il l'avoue lui-même, il ne faut pas s'étonner s'il n'y trouva pas le poids juste: il laissa vuide tout le cou & la partie la plus reserrée, qui auroit sans doute fait tout le poids requis, & même quelque chose par delà, s'il l'avoit toute remplie. Cependant c'est de ces sortes d'exemples pris peu exactement, qu'il conclut que l'once Romaine d'aujourd'hui pese un scrupule & quatre grains plus que l'ancienne; ce qui paroit être faux, comme nous verrons plus bas.

Il faut savoir que la livre Romaine d'aujourd'hui n'est que de douze onces comme l'ancienne; le sestier que le P. Bonanni a mis avec le conge, étoit la sixiéme partie de cette mesure, & devoit contenir l'eau du poids de vingt onces, qui font le sixiéme de dix livres ou de cent vingt onces Romaines. Le P. Bonanni dit qu'il a trouvé que ce sestier a cette mesure juste. Selon Gallien la livre Romaine de son tems n'avoit que douze onces comme aujourd'hui: *Chez les Romains*, dit-il, *le sestier pese une livre & demie & un sixiéme; ce qui fait en tout vingt onces.* Selon cette maniere de compter, la livre sera de douze onces,

---

brevior, est undecim pollicum nostrorum; vereque hic congius cum tota dimensione sua exhibetur qualem Bonannus dedit, undecim pollicum altitudine est, si mensuram ducas ab interiori aspectu. Inscriptio talis est.

IMPER. CAESARE
VESP. VI. COS.
T. CAES. AVG. F. IIII.
MENSVRAE EXACTAE IN CAPITOLIO
P. X.

quæ inscriptio sic legitur. *Imperatore Cæsare Vespasiano sextum Consule, Tito Cæsare Augusti filio quartum mensura exacta in capitolio pondo decem*, id est, *decem librarum.*

II. Lucas Pætus ait se semel congium Farnezianum aqua implevisse, ut experiretur an aqua pondo decem librarum esset: sed aquæ pondus novem tantum librarum sexque unciarum & dimidiæ fuisse. Hæc vasa ita conservantur ut quidpiam tamen contractæ rubiginis semper retineant, quæ rubigo necessario quidpiam spatii occupat. Ad hæc annotat Fabretus, Lu-

cam Pætum totum congium non implevisse ad oram usque supremam, ut ipse fateretur, atque adeo mirum non esse aliquid hinc ponderis detractum esse. Collum quippe ille totum & illam angustiorem partem vacuam reliquit, qua impleta totum pondus, imo quidpiam ultra repertum fuisset. Attamen ex hujusmodi exemplis minus accurate adhibitis concludit ille lib. 1. p. 12. unciam Romanam hodiernam uno scrupulo quatuorque granis majorem esse quam veterem; quod certe falsum prorsus videtur esse, ut infra probabitur.

Sciendum est libram Romanam hodiernam perinde atque veterem duodecim unciarum fuisse. Sextarius, quem in congio expressit P. Bonannus, sexta pars congii erat, & aquam capere debebat pondo viginti unciarum, quæ sextam partem decem librarum complent, aut centum viginti unciarum Romanarum. Ait P. Bonannus eamdem ipsam mensuram & pondus hunc sextarium capere. Secundum Gallienum, libra Romana sui temporis duodecim uncias capiebat: *apud Romanos*, inquit, *sextarius est pondo unius libræ atque dimidiæ & sextæ partis, quod viginti uncias efficit.* Hac computandi ratione libra erit duodecim un-

MESURE

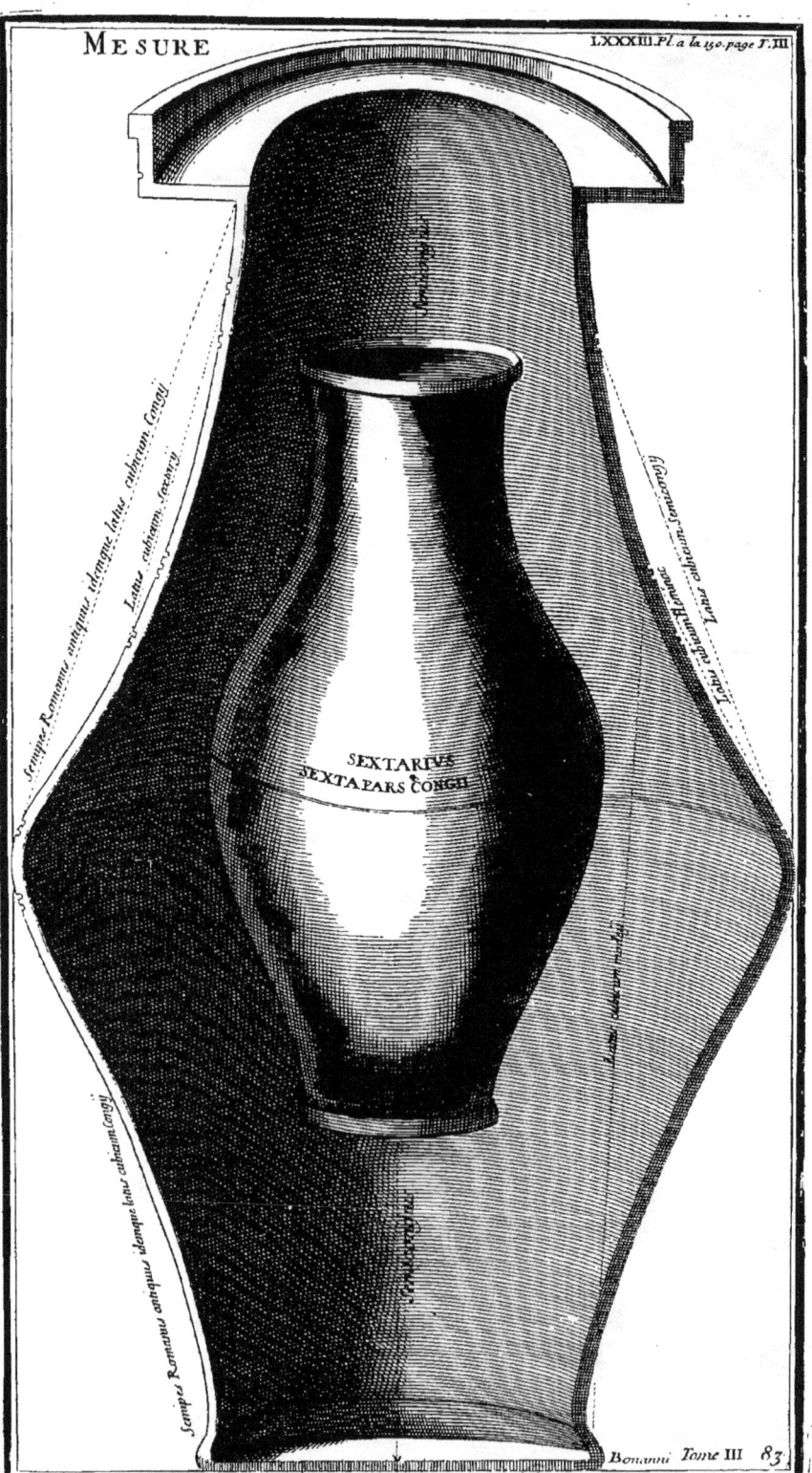

Bonanni Tome III 83

le sestier tiendra le poids liquide de vingt onces, & le conge en aura cent vingt.

III. Le vase de notre cabinet, qui nous a été donné en présent par M. de Gaumont, paroit être une mesure, & tient deux sestiers, qui font la troisiéme partie du conge. Je l'ai rempli d'eau, dont le poids montoit à trente-sept onces deux gros & demi. Un fermier le trouva à Montigni sur Aube en fouillant la terre. Le bas de l'anse est orné d'une tête de Meduse de bon gout. Comme tout le fond du vaisseau étoit cassé, le paysan qui vouloit s'en servir de pot à boire, y en souda un autre, & ôta quelque chose de la longueur du côté d'en bas. Si le vase étoit entier, il tiendroit apparemment les quarante onces & quelque chose au delà : car comme nous prouverons bientôt, l'ancienne once Romaine étoit un peu plus forte que celle d'aujourd'hui. Notre vaisseau sera donc le double du sestier Romain ; c'est ce qu'on appelloit anciennement *Sextarius castrensis*, le sestier des armées, qui contenoit deux fois celui de la ville : celui-ci n'avoit que vingt onces, & l'autre en avoit quarante. Voila la forme du conge, du sestier de la ville & de celui de l'armée, que nous avons donnez selon leur grandeur naturelle. Tous les vases suivans, hors celui de M. Foucault, ont été réduits par ceux qui les ont donnez. Ils n'ont pas pris garde que la principale instruction que le lecteur peut tirer des mesures & des poids, est d'en connoitre la grandeur.

PL. LXXXIV.

IV. Beger nous produit un *Sextarius castrensis*, mais il ne l'a pas fait représenter en gravure dans toute sa grandeur ; car un tel vase que nous donnons après lui, loin de tenir un sestier d'armée, qui étoit de quarante onces, ne tiendroit pas même un sestier de la ville, qui n'en tenoit que vingt. La figure suivante est du *quartarius*, ainsi appellé, parcequ'il contenoit la quatriéme partie du sestier, c'étoit le poids de cinq onces. Le sestier faisoit dix cyathes, qui étoit une petite mesure de deux onces, & le *quartarius* deux cyathes & demi. Auprès d'un vase fort large, qui paroit avoir été une mesure, est la forme du conge du Palais Farnese réduit en petit par M. Fabreti. Nous venons de donner cette mesure dans toute sa grandeur.

PL. LXXXV.
1
2
3
4

---

ciarum, sextarius pondus liquidum viginti unciarum capiet, congiusque centum viginti uncias continebit.

III. Vas Musei nostri quod dono dedit D. de Gaumont, mensura esse videtur, continetque duos sextarios & est tertia pars congii. Implevi aqua, aquam postea appendi quæ erat pondo triginta septem unciarum, duarumque & dimidiæ drachmarum. Rusticus sextarium hunc ex terra eruit Montiniaci ad Albam, ansæ pars ima capite Medusæ eleganter sculpto exornatur. Cum ima tota pars vasculi rupta esset ; villicus, cui in animo erat vas hoc ad usus domesticos aptare, laminam alteram æneam apposuit quæ foramina compleret, & aliquid ex vasi longitudine demsit : si vas integrum esset, totas quadraginta uncias, forteque aliquid præterea contineret, nam, ut mox probabitur, vetus uncia Romana hodiernâ Romanâ tantillum gravior erat. Vas itaque nostrum erit sextarius Romanus duplicatus, quem duplicem sextarium olim sextarium castrensem vocabant. Urbanus sextarius viginti, castrensis vero quadraginta uncias capiebat. En formam congii, sextarii urbani & sextarii castrensis, quos secundum formam magnitudinemque propriam expressimus. Quæ sequuntur mensuræ omnes, præter eam quam ex Musæo illustrissimi D. Foucault eduximus, in minorem formam redactæ sunt ab eis qui ipsas publicarunt. Qui certe non sat intellexerunt id maxime in hisce rebus quæ mensuras & pondera spectant, curandum esse, ut ad lectoris institutionem sua propria amplitudine formaque dentur.

IV. Begerus sextarium castrensem protulit, sed usque adeo imminutum, ut ne sextarium quidem urbanum, qui viginti uncias capiebat, nedum castrensem qui quadraginta, exprimere valeat. Schema sequens est quartarii, sic nominati, quia quartam sextarii partem continebat, pondo quinque unciarum. Sextarius decem cyathos capiebat, qui cyathus parva mensura erat duarum unciarum ; quartarius vero erat duorum atque dimidii cyathorum. Infra prope vas sat amplum, quod videtur mensura fuisse, est figura congii Farneziani in minorem formam redacti per Raphaelem Fabretum. Congium supra dedimus integra forma.

CHAPITRE VIII.

I. Mesure de liquides du poids de deux livres, établie sous l'Empereur Pertinax. II. Autres mesures. III. Comparaison des mesures Attiques avec les Romaines. IV. Rapport des mesures Romaines entre elles.

PL. LXXXVI.

I. UN des morceaux d'antiquité des plus curieux qu'on ait encore vûs, est la mesure établie sous l'Empereur Pertinax, qui se voit au cabinet de l'illustre M. Foucault. L'inscription en est telle :

IMP. CÆS. P. HELVI. PERTINACIS AVG. P. II.

qu'il faut lire ainsi : *Imperatoris Cæsaris Publii Helvii Pertinacis Augusti pondo duarum.* Le sens en est, que c'est une mesure pesant deux livres, établie sous l'Empereur P. Helvius Pertinax. Nous avons fait mesurer ce vase; l'eau qu'il contient pese vingt & une onces & deux gros; au lieu que pour faire deux livres Romaines de douze onces chacune, il faudroit que cette eau pesât vingt-quatre onces : mais il est à remarquer que ce vase est fort rouillé par dedans, & d'une rouille forte & épaisse : je croi que s'il étoit bien nettoié, il tiendroit sans doute les vingt-quatre onces. Je ne sai au reste si l'once de Paris est précisément la même chose que l'once Romaine d'aujourd'hui : ce qui est certain, c'est que douze pouces Romains qui font le pied Romain, ne font que onze de nos pouces : cette même proportion se pourroit trouver sur les poids, mais je n'en suis pas sûr.

PL. LXXXVII.
1
2
3

II. Le conge de la planche suivante à été réduit [1] ainsi par le P. du Molinet qui l'a donné dans son cabinet de Sainte-Genevieve. Le [2] *sextarius* & le *quartarius* que nous donnons ensuite, ont été réduits de même par le P. du Molinet, qui les a fait graver; [3] nous les donnons comme il les a donnez : si on n'y voit pas la grandeur veritable, on y verra la forme du vase tel qu'il est à Sainte Genevieve.

III. Le Traité grec d'un Anonyme que nous avons imprimé il y a environ trente ans, fait la comparaison des poids & des mesures Romaines avec les Attiques en cette maniere : » La mna ou la mine a cent holques, & selon le poids » Italique cent douze. L'once a sept holques (Italiques) & six holques Attiques

---

CAPUT VIII.

I. Mensuræ liquidorum pondo duarum librarum imperante Pertinace statuta. II. Aliæ mensuræ. III. Atticarum mensurarum cum Romanis comparatio. IV. Romanarum mensurarum divisiones.

I. PULCHERRIMUM singularissimumque monumentum est vas illud Musei illustrissimi D. Foucault, quod est mensura quædam imperante P. Helvio Pertinace constituta : inscriptio talis est. IMP. CAES. P. HELVI. PERTINACIS AVG. P. II. quæ sic legenda : *Imperatoris Publii Helvii Pertinacis Augusti pondo duarum*, supple librarum. Vas aqua replevi, & aquam appendi curavi, quæ erat unciarum viginti unius duarumque drachmarum : ut autem duas libras efficeret, viginti quatuor unciarum pondus esse oportuit. Verum observandum est totum vas intus densa duraque rubigine esse opertum ; quæ rubigo si tolleretur non dubito viginti quatuor uncias plenas repertum iri. Cæterum ignoro utrum uncia Parisina unciæ Romanæ hodiernæ sit prorsus æqualis : ut enim pollex Romanus hodiernus est nostro admodum brevior, ut jam diximus, videtur etiam uncia Romana nostra levior esse.

II. Congius sequentis tabulæ [1] sic in minorem formam redactus est à R. P. du Molinet, in Musæo scilicet S. Genovefæ, quod editum fuit anno 1692. Similiterque sextarius [2] & quartarius quos postea proferimus, in minorem sunt mensuram redacti ab eodem P. du Molinet, [3] qui eos in ære incidendos curavit : eadem qua ille forma proferimus. Etsi non genuina mensura repræsentetur, forma tamen vasis exhibetur.

III. Græcus anonymi libellus quem ab annis circiter triginta edidimus, pondera mensurasque Romanas confert cum Atticis hoc pacto : *Mna seu mina centum holcas habet, secundum pondus Italicum centum duodecim. Uncia habet holcas septem, Atticas vero sex*

avec

SEXTARIUS CASTRENSIS

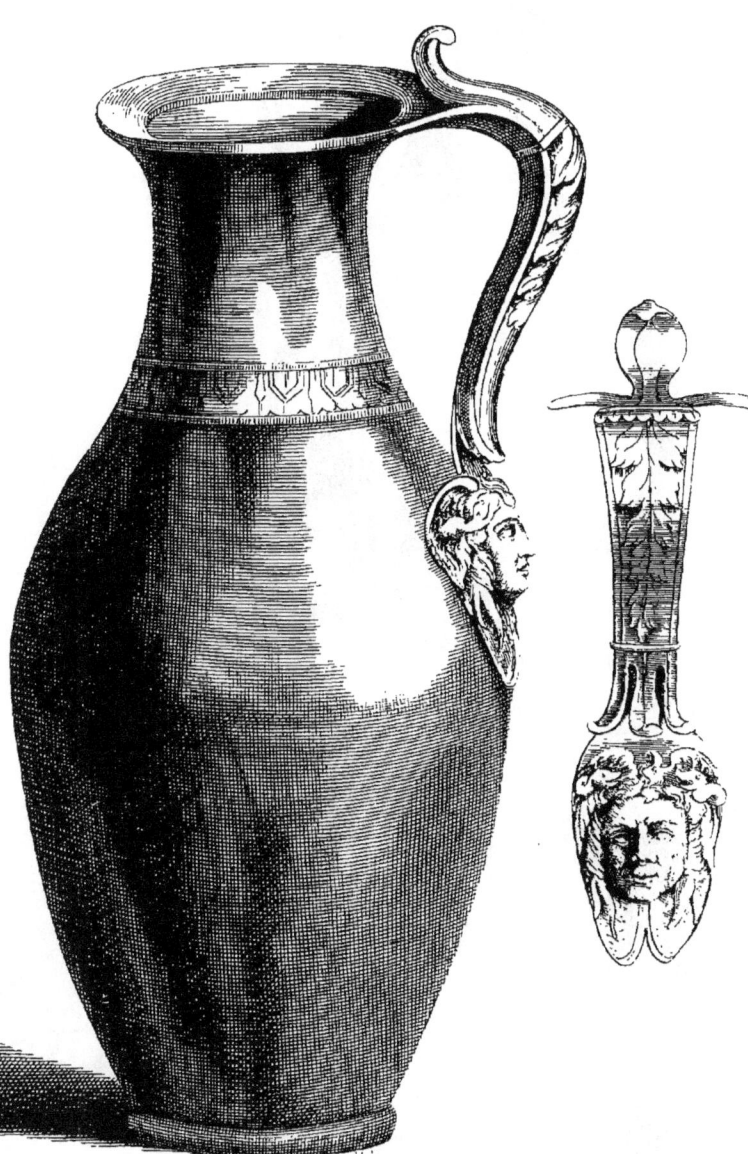

N. Cabinet.

Mesure du Liquide de vingt quatre onces

avec une obole & quatre calques. L'once a vingt-quatre grammes; la gramme est une obole & quatre calques. L'holque a six oboles, & l'obole dix calques. Le medimne a douze hemiectes; l'hemiecte quatre chenices; le chenice quatre cotyles Attiques. La cotyle est le demi-sestier; le tryblion est la cotyle Attique. L'oxobathon est la quatriéme partie de la cotyle, & a deux holques, une obole & quatre calques. Le cyathe est la sixiéme partie de la cotyle, & a huit holques. La cheme a une livre & demie, la livre douze onces, soixante & quinze holques, selon un autre poids soixante-douze. Pour parler plus précisément, la cotyle Greque d'huile a une livre; le sestier deux livres; le sestier Italique une livre & demie. La cotyle Alexandrine d'huile a vingt onces, celle de vin neuf onces (*il semble qu'il y ait ici erreur.*) Le sestier de vin d'Italie a une livre huit onces. La mine Alexandrine a cent cinquante onces, & ailleurs cent cinquante-huit. Le cus est une mesure Attique qui pese douze cotyles Attiques, & sept cens vingt holques. Le chenice a trois cotyles, qui est le poids de cent quatre-vingts holques. Le sestier contient deux cotyles, qui font six-vingts holques &c. «

IV. Il y a dans cet Anonyme des choses qui ne quadrent pas bien ensemble. Il donne six cotyles à la chenice, & en un autre endroit trois, sans s'expliquer davantage. L'explication des anciennes mesures, & leur reduction aux modernes sont pleines d'épines, & de difficultez qu'on n'a pu encore resoudre, non plus que celles des anciens poids. Nous nous contenterons de dire ici ce dont la plûpart des auteurs conviennent.

Le *culleus* tenoit vingt *amphoræ*.

L'*amphora* deux urnes.

L'urne quatre conges.

Le conge six sestiers.

Le sestier deux hemines ou cotyles ou demi-sestiers.

L'hemine deux *quartarii*.

Le *quartarius* deux cyathes & demi.

Le cyathe se soûdivisoit encore en d'autres mesures plus petites, sur lesquelles on trouve beaucoup de varieté dans les auteurs. Ces soûdivisions se voient dans l'auteur anonyme que nous venons de traduire, & qui ne s'accorde pas

---

cum obolo uno & chalcis quatuor. Uncia habet grammata viginti quatuor. Gramma est obolus cum chalcis quatuor. Holce habet obolos sex; obolus chalcos decem. Medimnus habet hemiecta duodecim. Hemiecton chœnices quatuor: chœnix cotylas Atticas quatuor. Cotyla vero est dimidium sextarii. Tryblion, ut vocant, est cotyla Attica. Oxobathon est quarta cotylæ pars, habetque holcas duas cum obolo uno & chalcis quatuor. Cyathus vero habet cotylæ sextam partem, holcas octo. Cheme libram unam & dimidiam: libra habet uncias duodecim, holcas septuaginta quinque, secundum aliud pondus septuaginta duas. Speciatim autem Græca cotyla olei habet libram unam. Sextarius libras duas: Italicus vero sextarius libram unam & dimidiam. Alexandrina autem olei cotyla habet uncias viginti, vini vero uncias novem (error ut videtur) Italicus vini sextarius libram unam uncias octo. Mna Alexandrina pendit uncias centum quinquaginta, alibi centum quinquaginta & octo. Si bum siquidem liquidum sit pendit pro mna una holcas duodecim; concretum vero holcas septuaginta quinque (lege quindecim) cotyla picis liquidæ pendit holcas octoginta. Erysimi vero libras quatuor. Chus est mensura Attica, nempe cotyla Attica duodecim: est autem pondo holcarum 720. Chœnix habet mensuram cotylarum trium, pondus holcarum 180. Sextarius continet mensuram cotylarum duarum, pondus holcarum centum viginti.

IV. *In hoc anonymo res sunt quæ non quadrare videntur: chœnici sex cotylas tribuit; alioque in loco tres, nulla adjecta explicatione. Veterum mensurarum ratio & ad hodiernas reductio spinis difficultatibusque est plena, quæ hactenus explanari non potuere. Hic ea passim a scriptoribus ut explorata admittuntur proferimus.*

Culleus viginti amphorarum erat.

Amphora duarum urnarum.

Urna quatuor congiorum.

Congius sex sextariorum.

Sextarius duarum Heminarum, aut cotylarum, aut duorum semisextariorum.

Hemina duorum quartariorum.

Quartarius duorum & dimidii cyathorum.

Cyathus in alias minores mensuras dividebatur, qua in re etiam non modica apud scriptores varietas occurrit: hæ omnes divisiones observantur in scriptore anonymo, cujus supra locum attulimus, qui ne se-

Tom. III.

avec lui-même. Il y a apparence que les copistes ont apporté quelques changemens dans les nombres.

Nous donnons ici les mesures que M. Spon a tirées des manuscrits de M. de Peiresc, & de M. de Bagarris ; les noms se trouvent à chacune ; mais il n'y a rien qui puisse faire distinguer les grandeurs ; tout y est extrémement petit, l'*amphora* n'y est guere plus grande que le sestier : on les donne comme on les a trouvez.

---

cum quidem ipse concordare videtur. Verisimile autem est librarios aliquam in numeros mutationem invexisse.

Hic subjiciuntur mensuræ a Sponio publicatæ, quas ipse ex manuscriptis D. D. de Peirescii & de Bagarris exsumserat : cuique mensuræ nomen inscribitur. Majores hic a minoribus mensuris nulla ratione distinguuntur : omnia minuta sunt, amphora sextarium vix magnitudine superat. Eodem modo hic proferuntur, quo Sponius protulit.

CHAPITRE IX.

I. L'As & la plus ancienne monnoie de Rome. II. Figures de bœufs sur les monnoies ; noms de l'as multiplié. III. Diverses figures de l'as. IV. Division de l'as. V. Figures de cet as divisé.

I. IL en est de l'as Romain comme de presque toutes les autres antiquitez ; il est tres-difficile de le faire remonter à sa premiere origine. Varron dit que c'est Janus qui a le premier battu la monnoie ; plusieurs le suivent, & se fondent pour autoriser cette opinion sur la tête double de Janus qu'on voit sur l'as Romain. Nous avons déja parlé au commencement du premier livre de cette double tête de Janus. Les tems de Janus & de Saturne sont si fabuleux, que bien des gens aiment mieux s'en tenir à ce que dit Pline, que ce fut Servius Tullius qui commença le premier à battre monnoie : C'est lui, dit-il, qui commença le premier à marquer le cuivre ; on s'en servoit auparavant à Rome sans aucune marque, comme dit Timée. Il y fit mettre la forme de bœufs & de moutons, dit ailleurs Pline.

PL. LXXXVIII

1
2

II. Nous trouvons dans nos cabinets de grandes pieces de cuivre avec la figure d'un bœuf. Telle est [1] celle du Cabinet de M. Foucault, que nous donnons ici dans toute sa grandeur. Celle qui [2] vient ensuite est du cabinet de Sainte-Genevieve. Ces pieces de cuivre pesent quatre livres ou quatre *as* ; on les appelloit *quadrussis* ; celles qui n'en pesoient que deux s'appelloient *decussis* ; celles de trois, *trecussis*. C'est de cette forme de bœuf, dit Pline, qu'est venu le nom *pecunia* : *Signata est nota pecudum, unde & pecunia appellata*.

CAPUT IX.

I. As & vetus moneta Romana. II. Boum figuræ in pecunia, nominaque assis multiplicati. III. Variæ assis figuræ. IV. Assis divisio. V. Divisi assis figuræ.

I. ASSIS Romani, ut aliorum pene omnium antiquitatis monumentorum originem assignare admodum difficile est. Janus, inquit Varro, primus monetam signavit ; Varroni non pauci adstipulantur, inque illius opinionis argumentum monetam Jano bifronte signatam in medium adducunt. De duplici Jani capite jam principio tomi primi verba fecimus. Jani porro Saturnique tempora adeo sunt fabulis plena, ut multi alii scriptores malint Plinii stare verbis, qui monetæ originem ad Servium Tullium referrt : *Servius rex*, inquit 33. 3. *primus signavit æs, antea rudi usos Romæ Timæus tradit.* Boum in ære, oviumque formam posuit, inquit alibi Plinius 18. 3.

II. In Museis hodiernis magnas æneas tabulas reperimus cum bovis forma : talis illa [1] ex Museo D. Foucault, quam cum mensura sua tota proferimus : quæ sequitur est ex Museo S. Genovefæ [2] educta : hæ æneæ tabulæ pondo sunt quatuor librarum, seu quatuor assium : vocabanturque *quadrussis* ; quæ duorum pondo assium erant, *decussis* ; quæ trium, *trecussis* appellabantur. Ex hac bovis forma ait Plinius ortum nomen, pecunia, esse : *Signata est nota pecudum, unde & pecunia appellata*.

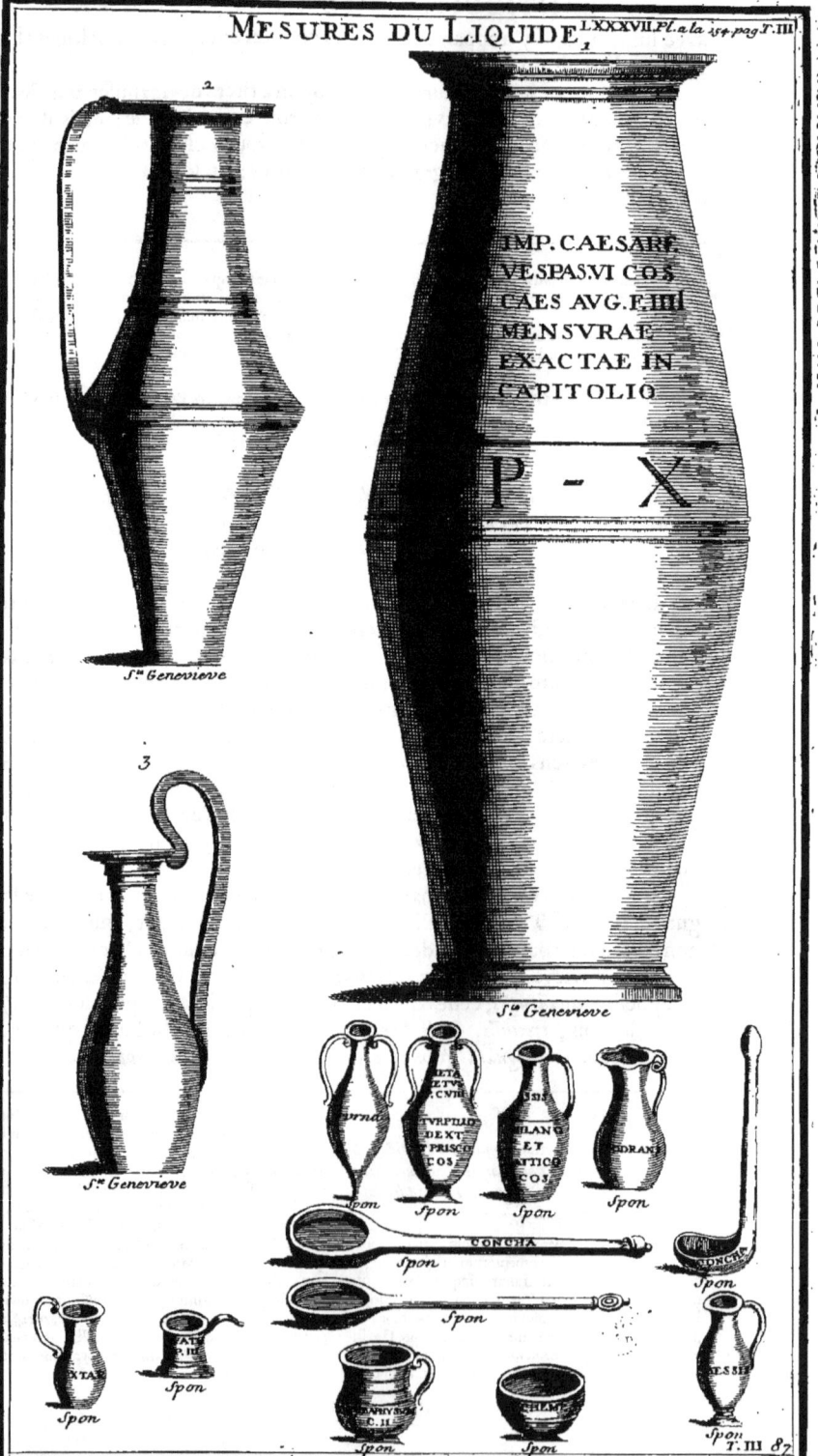

Poids
L'As et ses Parties

Mr Foucault.

Ste Genevieve.

Ste Genevieve.

Ste Genevieve.

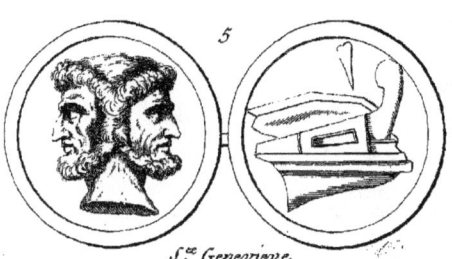

Ste Genevieve.

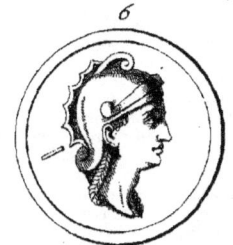

Ste Genevieve.

III. La suivante ³ qui a d'un côté la tête de Rome avec des panaches extraordinaires, & de l'autre un bœuf avec l'inscription *Roma*, est un as du poids de douze onces. L'as est, à ce qu'on croit, fait du mot *es* : tous les as & toutes les monnoies Romaines étoient anciennement de cuivre. L'as & la livre que les Grecs appelloient *litra*, étoient la même chose : elle se divisoit en douze onces ; cet as, dit le P. du Molinet, les pese aussi à peu de chose près : il est rare que ces pieces aient tout leur poids, & qu'elles n'aient rien perdu durant le cours de tant de siecles. Les as suivans sont aussi de même poids, & représentent une tête de ⁴Mercure ; la tête double de ⁵Janus avec un navire au revers ; & la tête de ⁶ la ville de Rome. Dans la planche suivante on voit celui qui a d'un côté la tête double de ¹Janus, & de l'autre une massue avec une inscription Hetrusque qu'on n'entend pas. Le ² suivant représente un coq. Un autre a d'un côté ³ la tête d'un Roi, apparemment de quelque contrée d'Italie, & au revers un chien couché avec l'inscription *Hatri*, dont on ignore le sens. Un autre a la tête ⁴ couronnée de laurier. Toutes ces pieces de monnoie sont faites avant la premiere guerre Punique, & ont le poids de douze onces à peu de chose près, comme le remarque le Pere du Molinet qui les a publiées.

IV. Outre ces pieces de l'as entier, il y en a d'autres qui n'en contiennent qu'une portion. L'as divisé en ses parties se marquoit par les noms suivans. Le *deunx* avoit les onze parties de l'as, comme qui diroit *deest uncia* ; le *dextans*, les dix parties ; le *dodrans*, les neuf ; le *bes*, les huit ; le *septunx*, les sept ; le *semissis*, les six ; le *quincunx*, les cinq ; le *triens*, les quatre, parcequ'ils font le tiers de douze ; le *quadrans*, les trois, parcequ'ils font le quart de l'as ; le *sextans*, les deux, parcequ'ils font la sixième partie de l'as ; *stips uncialis*, une once. De cet as ainsi divisé nous ne trouvons en une piece que le *semissis*, le *triens*, le *quadrans*, le *sextans* & l'once : ce qui fait juger que les autres parties n'étoient pas d'une seule piece.

V. Le *semis* ou *semissis*, ou la piece de six onces, se trouve assez souvent, & avec la lettre S. qui veut dire *Semis*. Nous donnons ici la forme de trois *semis*. Le premier ⁵ est de M. le Chevalier Fontaine Anglois : la tête est inconnue, & le revers a comme un fer de lance. Le second ⁶ donné par le P. du Molinet, a une tête simple de Janus ou de Jupiter, & au revers une proue de na-

---

III. Sequens quæ ab una parte ³ caput Romæ exhibet, ab altera bovem cum inscriptione ROMA, est as pondo duodecim unciarum. Ac putant a nomine æs factum : asses quippe omnes atque monetæ Romanæ ex ære olim erant. As atque libra, quam Græci λίτραν appellabant, idipsum erant. Libra in duodecim uncias dividebatur : totidem fere unciarum pondus hic as habet, inquit P. du Molinet : raro autem hæ monetæ priscum pondus totum retinent, & difficile sit ut tot sæculorum curriculo nihil ex materia deteratur. Ejusdem sunt ponderis sequentes asses repræsentantque alius ⁴ caput Mercurii, alius Janum ⁵ bifrontem, cum nave in postica parte, alius Romam urbem ⁶ capite muliebri galeato. In sequenti tabula ¹ as visitur cum Jano bifronte in una, & clava in altera facie cum inscriptione hetrusca, quæ non intelligitur. Sequens gallum ² repræsentat. Alius ab altera facie caput cujuspiam regis exhibet, ³ qui in quadam Italiæ parte regnaverit, in altera vero facie canem recumbentem cum inscriptione *Hatri*, cujus sensus ignoratur : in alio caput ⁴ laureatum repræsentatur. Hæ omnes monetæ ante primum bellum Punicum cusæ sunt, pondusque servans duodecim unciarum partes ex pondere decisione facta, ut notat P. du Molinet, qui eas publicavit.

IV. Præter hos asses, partes etiam assis in aliis nummis reperiuntur. As porro in suas divisus partes his significabatur nominibus ; deunx undecim partes assis habebat, quasi dicas, *deest uncia* ; dextans, decem partes assis ; dodrans novem partes ; bes octo ; septunx septem ; semissis sex ; quincunx quinque ; triens quatuor, quia tertiam partem duodeni numeri efficiebant ; quadrans tres partes, quia quartam assis partem constituunt ; sextans duas, quia sexta pars assis sunt ; stips uncialis, uncia est una. Ex asse in divisio has solum partes uno in nummo expressas reperimus, semissim, trientem, quadrantem, sextantem, & unciam ; unde argui videtur cæteras partes nunquam uno nummo singulatim expressas fuisse.

V. Semis sive semissis sat frequenter occurrit cum litera S, quæ semis significat. Trium semissium hic formam damus ; primus ⁵ est nobilissimi equitis Fontanæ Angli, cujus caput incognitum est ; in postica vero parte ceu ferrum hastæ conspicitur ; alius a P. du Molinet prolatus caput ⁶ Jani simplex habet, & in postica parte proram navis : tertius caput ⁷ Romæ

7 vire: le troisiéme une tête de Rome ou peutêtre de Mars, & une autre tête au revers. Les petites marques qu'on trouve dans ces monnoies & dans les suivantes, sont, comme on le croit assez probablement, des marques des Monetaires. On institua à Rome quatre lieux où l'on battoit monnoie, qui pouvoient se distinguer les uns des autres par ces signes, tout de même qu'aujourd'hui differentes villes du Roiaume où l'on bat monnoie, sont distinguées sur les monnoies mêmes par des lettres.

P L. X C.
Les *triens* ou les pieces de quatre onces se trouvent aussi dans le cabinet de Sainte-Genevieve, marquées de quatre gros points en relief. Le P. du Molinet en a donné trois, dont le premier a la tête de Rome, & au revers la tête d'un cheval; le second a d'un côté un dauphin & une faucille, & de l'autre la foudre; le troisiéme représente une main bandée par le milieu, & au revers deux massues, entre lesquelles est un ancien mot IAIEDE, dont on ignore la signification. Ces marques étoient arbitraires à Rome comme ailleurs. Plutarque dans la vie d'Artaxerxes dit que les monnoies de Perse avoient la marque d'un homme portant un arc & des fleches.

Le *quadrans* qui pese trois onces se trouve plus communement que les autres poids. Le premier est de notre cabinet, c'est une main ouverte avec trois points, qui se trouvent aussi au revers avec deux pointes qui semblent deux fers de hallebarde ou de pique; le P. du Molinet les a prises pour deux poissons; mais quoiqu'on ne puisse pas dire précisément ce que c'est, on peut assurer que ce ne sont pas des poissons; cette marque se trouve souvent dans d'autres monnoies antiques, où on ne reconnoit nullement la figure de poisson. Le second *quadrans* a un cochon de chaque côté; le troisiéme un chien d'un côté, & de l'autre une roue. Nous y en ajoutons un autre de notre cabinet, qui ressemble entierement à un as que nous avons donné ci-devant après le P. du Molinet, mais celui là pese douze onces, & celui-ci n'en pese qu'environ trois, & est par consequent un *quadrans*. Il a la tête double de Janus d'un côté, & de l'autre une massue avec une inscription Hetrusque que le P. du Molinet lit *Odicela*: je n'oserois ni suivre cette leçon, n'y en chercher une autre; d'autant plus que si cet habile homme a bien lu, on n'en est pas plus savant pour cela; *Odicela* ne signifie pas plus pour nous qu'un nom qu'on ne sauroit lire.

P L. X C I.
Le *sextans* se trouve aussi marqué par deux points dans plusieurs mon-

---

sive forsitan Martis, cum alio capite in postica parte. Parvæ notæ & signa quæ in hisce nummis occurrunt, sunt, ut putatur, monetariorum notæ. Romæ quatuor officinæ institutæ fuerunt, quæ hisce signis distingui poterant; ut hodieque officinæ diversarum urbium in queis monetæ percutiuntur, aliquot literis in ipsis monetis distinguuntur.

Triens sive nummus quatuor unciarum in Museo etiam S. Genovefæ reperitur, quatuor crassissimis punctis signatus. Tres P. Molinæus dedit, quorum primus caput Romæ habet & in postica parte caput equi; secundus ab altera parte delphinum & falculam, ab altera fulmen; alius manum ligatam in medio exhibet, & in alia facie duas clavas, cum inscriptione I A I E D E, cujus significatio ignoratur. Hæ notæ Romæ ex arbitrio pendebant ut & alibi. Ait Plutarchus in vita Artaxercis in nummis Persarum signum notamenesse sagittarium seu virum arcum sagittasque gestantem.

Quadrans cujus pondus unciarum trium, frequentius quam cæteri in Museis occurrit: primus Musei nostri volam manus exhibet cum tribus punctis; quæ puncta etiam in postica parte occurrunt cum duobus aculeis, qui hastæ ferrum pene referunt: P. du Molinet pisces esse putat: ac licet certo dici nequeat quidnam sint, affirmare tamen possumus non esse pisces. Hæc quippe nota in aliis quoque nummis occurrit, ubi nihil ad piscis formam referri potest. Secundus quadrans suem in utraque facie exhibet; tertius canem in una facie, rotam in altera: alium addimus ex Museo nostro, omnino similem assi, quem supra post P. du Molinet edidimus; sed ille duodecim, hic trium unciarum est, & ex consequenti quadrans. Janum bifrontem hic exhibet, & in altera facie inscriptionem hetruscam, quam is ipse legit O D I C E L A, cui lectioni nec adstipulari, nec aliam quærere lectionem ausim; bene an male legerit vir ille eruditus, non hinc doctiores discedimus, *Odicela* enim nihil plus nobis significat, quam vox quæ legi nequeat.

Sextans duobus punctis in nummis notatur: quæ

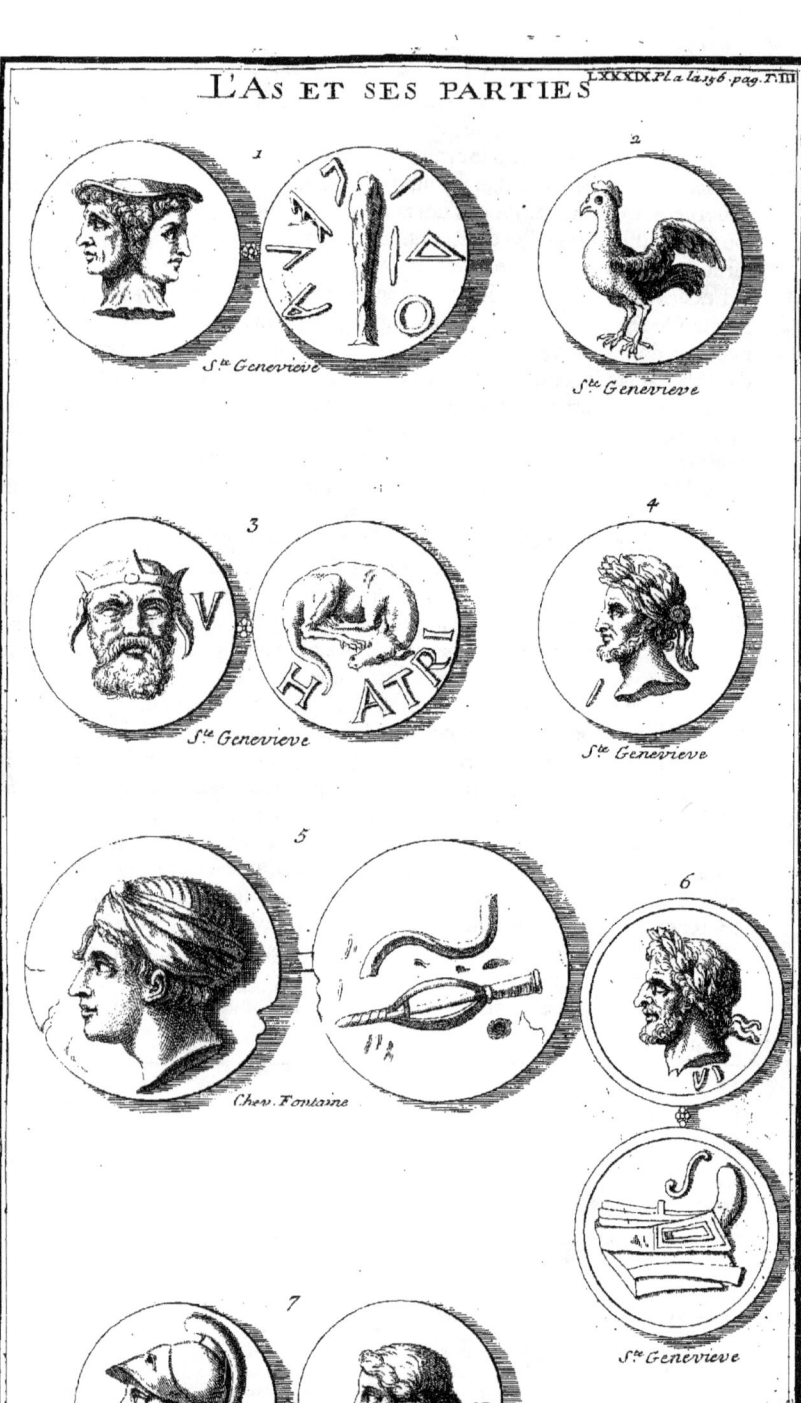

L'As et ses Parties

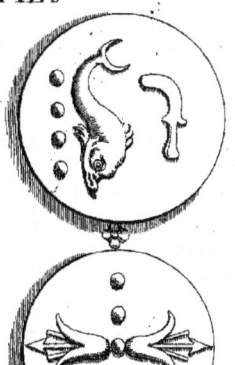

Ste Genevieve

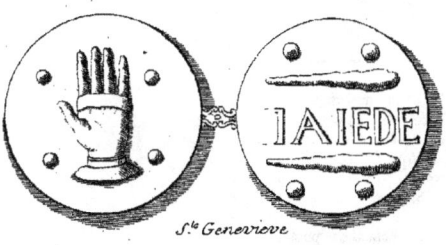
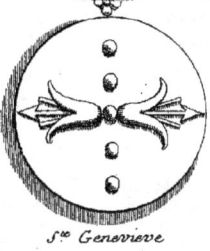

Ste Genevieve · Ste Genevieve

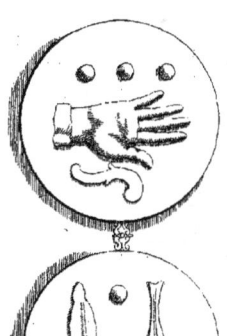

Ste Genevieve

Ste Genevieve · Ste Genevieve

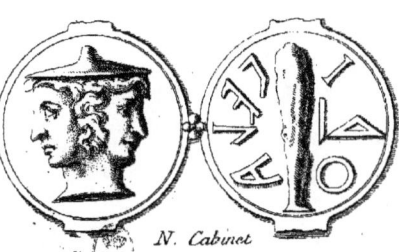

N. Cabinet

L'AS ROMAIN.

noies ; ces deux points veulent dire deux onces, qui font la sixiéme partie de l'as, signifiée par *sextans*. Le premier *sextans* a une tête de Mercure, & au revers une proue de navire ; le second une coquille, & au revers un caducée ; le troisiéme un chien & une lyre ; le quatriéme un vase & une roue.

Voici d'autres monnoies d'une once, dont la premiere a pour marque une grenouille, & au revers une ancre ; la seconde un osselet appellé *talus*, & au revers une faucille ; la troisiéme un vase à deux anses, & au revers comme un fer de pique.

La plûpart des pieces que nous venons de représenter & d'expliquer sont tirées du cabinet de Sainte-Genevieve. Elles y sont venues, dit le P. du Molinet, du cabinet de M. de Peiresc ce fameux antiquaire, & la plûpart y étoient encore marquées de sa propre main. Le P. du Molinet y a mis des explications courtes & savantes, dont nous nous sommes servis, hors quelques petits endroits où nous ne sommes pas de son sentiment.

---

duo puncta duas uncias significant, quæ sunt sexta pars assis voce sextantis significata. Primus sextans caput Mercurii habet, & in postica facie proram navis; secundus cochleam & in altera parte caduceum ; tertius canem & lyram ; quartus vas & rotam.

En aliis unius unciæ nummos quorum primus ranam exhibet, in alteroque latere anchoram ; secundus talum & in postica facie falculam ; tertius vas ansatum & in alia facie quasi ferrum hastæ.

Ii quos hactenus edidimus nummi maxima pars ex Museo S. Genovefæ educti sunt. In hoc autem Museum invecti sunt, inquit R. P. du Molinet, ex Museo D. Peirescii inter antiquariæ rei studiosos celeberrimi, maximaque eorum pars ejus propria manu signata erat. R. P. du Molinet eruditas brevesque notas adjecit quas sequuti sumus ut plurimum, aliquot exceptis notulis, quas emendandas putavimus.

CHAPITRE X.

I. L'as réduit à sa sixième & depuis à sa douzième partie. II. Divisions de l'as réduit. III. La différence entre l'airain pesant, qu'on appelloit æs grave, *& l'airain marqué, qu'on appelloit* æs signatum.

I. LEs finances se trouvant fort courtes à la premiere guerre Punique, les Romains furent contraints de faire une reduction fort extraordinaire de l'as en sa sixième partie: ils fondirent toutes les monnoies de l'Epargne, & réduisirent, dit Pline, l'as au *sextans*, douze onces à deux: c'est ce qu'on appelle as *sextantarius* ou *sextantalis*. Malgré l'inégalité du poids cet as si diminué eut la même valeur que l'ancien as. On trouve assez souvent de ces monnoies de bronze de deux onces: il y a même apparence que la plûpart des as sextantales qu'on trouve, aujourd'hui ont été frappez depuis la premiere guerre Punique. On trouve encore un plus grand nombre d'as d'une once, qui ont la plûpart le double Janus d'un côté, & la proue du navire de l'autre. Ce fut à la seconde guerre Punique, lorsqu'Hannibal réduisit la Republique à l'extremité, & sous la Dictature de Q. Fabius Maximus, que les as furent réduits à une once, à la marque de Janus d'un côté, & de la proue de l'autre. Le P. du Molinet donne l'un & l'autre as réduit, tiré du cabinet de M. de Peiresc.

II. Il donne aussi le *semis* de l'as *sextantalis* ainsi réduit; car on le subdivisa en ses parties; & il y ajoute encore celui de l'as *uncialis*, l'un & l'autre sont marquez par un S. Il met aussi le *triens* du même as réduit, c'est à dire la troisième partie de l'as, qui est de quatre onces réduites à proportion; & tout de même le *quadrans* ou le quart de l'as, qui est de trois onces réduites: il donne ensuite le *sextans*, qui est la sixième partie de l'as marquée de deux points, & la piece d'une once marquée d'un point: l'une & l'autre selon la réduction de l'as *sextantalis*. Les deux pieces qui suivent sont le *triens* & le *quadrans* ainsi réduits sur la proportion de l'as oncial établi à la seconde guerre Punique.

III. Une question entre les Critiques est de savoir qu'est-ce que les anciens

---

CAPUT X.

I. Reductio assis ad sextam, & postea ad duodecimam sui partem. II. Assis reducti divisiones. III. Discrimen inter æs grave *&* æs signatum.

I. DEFICIENTE, primo bello Punico, re pecuniaria, Romani eo redacti sunt, ut as in sextam sui partem reformarent. Omnes eos qui in ærario erant nummos conflaverunt, *constituuntque*, inquit Plinius 33. 3. *ut asses sextantavio pondere ferirentur*, sic pro duodecim unciis duæ habitæ sunt. Illud autem est quod aut as sextantarius aut as sextantalis vocatur: quantavis esset ponderis inæqualitas, sic imminutus as pro asse pleno habebatur. Hujusmodi duarum unciarum monetæ frequenter occurrunt. Verisimileque est omnes asses sextantales qui hodieque reperiuntur post primum bellum Punicum repertos fuisse. Majore tamen numero reperiuntur asses uncia-les, qui plerique omnes in una facie Janum bifrontem habent, & navis proram in altera. Eo redacta moneta fuit secundo bello Punico cum Hannibal Rempublicam Romanam in extremas redegit angustias, Dictatore Fabio Maximo: tunc as in unciam unam reductus est cum Jano ab altera, proraque navis ab altera facie. Utrumque assem sic reductum exhibet R. P. du Molinet ex Museo Peirescii eductum.

II. Semissem etiam assis sextantalis sic reducti profert, nam in partes minores divisus fuit; additque etiam assis uncialis semissem, atque trientem eodem reductum modo, pariterque quadrantem seu quartam partem assis hujusmodi; postea vero sextantem dat sive sextam assis ita reducti partem duobus notatam punctis & uncialem nummum uno puncto signatum, utrumque secundum reductionem illam assis sextantalis: duo sequentes nummi triens sunt & quadrans sic reducti secundum rationem assis uncialis secundo Punico bello constituti.

III. Inter eruditos quæstio est, quid Veteres in-

PARTIES DE L'AS

Cabinet de S.te Geneviève

entendoient par *es grave*, ou l'airain pesant. Ce terme se trouve dans quelques auteurs Latins, par exemple dans Tite-Live qui dit : *Quelques-uns firent un present agreable, en faisant porter à la monnoie des chariots d'airain pesant* : & dans Aulugelle qui dit que *les Ediles du peuple condamnerent la fille d'Appius l'aveugle à une amende de vingt-cinq mille livres d'airain pesant*. Les Commentateurs & les Antiquaires sont divisez sur la signification de cet airain pesant ; les sentimens sont fort partagez. Entre ceux qu'on a proposez, ces deux paroissent les plus plausibles. L'airain pesant se peut ainsi appeller pour le distinguer de l'airain marqué, ou de l'as & de ses parties, qui couroient dans le commerce comme la monnoie, & qui étoient aussi une monnoie veritable ; à peu près comme nous dirions aujourd'hui mille livres en or, & mille livres pesant d'or : mais la grande difference qui se trouve aujourd'hui entre l'une & l'autre quantité d'or, ne se trouvoit pas entre l'airain pesant & l'airain marqué ; il n'y en avoit pas même du tout, lorsque l'as avant sa reduction avoit tout le poids d'une livre. Une autre maniere d'expliquer l'airain pesant, est de l'entendre par rapport aux reductions qui en furent faites : l'as pesoit anciennement douze onces comme la livre ; cet as fut depuis reduit à deux, & dans des tems posterieurs à une once, en conservant toujours l'ancienne valeur malgré la diminution du poids. On se sera donc servi du terme d'airain pesant pour le distinguer de cet airain marqué qui avoit été reduit : en sorte que qui étoit condamné à paier vingt-cinq mille livres d'airain pesant, devoit les paier selon l'ancien poids, & donner autant de livres pesant d'airain. Voila à mon avis ce qu'on peut dire de plus vraisemblable sur une chose qui n'est pas encore tout-à-fait éclaircie.

telligerent per *es grave*, quæ loquendi ratio apud scriptores quosdam occurrit : exempli causa apud Titum Livium lib. 4. c. 60. qui ait : *es grave plaustris quidam ad ærarium convehentes, speciosam etiam collationem faciebant* ; & apud Aulum Gellium, qui de filia Appii cæci loquens dicit : *multam dixerunt ei æris gravis vigini quinque millia*. Veterum scriptorum interpretes, & rei antiquariæ studiosi de æris gravis significatione disputant, opinionumque sunt facta divortia. Inter varias autem sententias, hæ duæ magis ad rei veritatem accedere videntur. Æs grave sic vocari potest, ut distinguatur ab ære signato, vel ab asse ab ejusque partibus, quæ publici usus erant utpote monetæ, quod ut exemplo rem percipias ; eodem modo æs grave ab ære signato distinguebatur, quo hodie distinguerentur mille libræ auri appensi, a mille libris secundum monetæ usum acceptis, quæ auro solverentur : sed tamen illud tantum discriminis, quod hodie reperitur inter mille libras auri appensi, & mille libras auri secundum currentem monetam, & vulgarem intelligendi rationem, nequaquam inveniretur inter æs grave & æs signatum ; imo ne minimum quidem discriminis intercedebat quando as totum pondus duodecim videlicet unciarum habebat. Alius modus explicandi æs grave est, si intelligatur ratione habita reductionum, quæ postea factæ sunt. Assis pondus olim erat duodecim unciarum perinde atque libra ; postea vero as ad duas uncias, demumque ad unam unciam reductus est, eodem tamen semper servato precio etsi pondus tam inæquale esset. Æs grave itaque commemoratur ut distinguatur ab ære signato quod reductum fuerat, ita ut qui viginti quinque millia librarum in ære gravi pendere jussus est, secundum antiquum pondus eis solvere debuerit, & totidem pondo libras dare. Hæc verisimiliter meo judicio dici possunt circa rem nondum prorsus exploratam.

CHAPITRE XI.

I. Le tems où l'on commença à frapper des monnoies d'argent à Rome. II. Figures de ces monnoies d'argent, & leur division. III. Le grand & le petit Sesterce. IV. Monnoies d'argent fourrées de cuivre. V. Le denier d'argent augmenté à la seconde guerre Punique. VI. Monnoie d'or quand introduite à Rome.

I. LEs Romains pendant long tems ne se servirent que de monnoies de cuivre. » Ce fut, dit Pline, l'an de la fondation de Rome quatre cens »quatre-vingt cinq, Q. Ogulnius & C. Fabius étant Consuls, que l'argent fut »marqué, cinq ans avant la premiere guerre Punique. On établit que le »denier vaudroit dix livres de cuivre, que le quinaire en vaudroit cinq, & »le sesterce deux & demi. (Cette date qui étoit corrompuë en plusieurs éditions, » a été ainsi rétablie par d'habiles gens.) Hannibal, *reprend Pline*, faisant une »rude guerre à la Republique, les as furent réduits à une once, lorsque »Q. Fabius Maximus étoit Dictateur, & l'on établit que le denier vaudroit »seize as, le quinaire huit, & le sesterce quatre. Ainsi la Republique gagna »la moitié sur la monnoie : mais pour la paie de l'armée le denier passoit »pour dix as. La marque de l'argent étoit des biges & des quadriges ; »là vint que les deniers furent appellez *bigati* & *quadrigati*. Peu de tems après »par la loi *Papiria* les as furent réduits à demi-once. Livius Drusus Tribun »du peuple mêla à l'argent un huitiéme de cuivre. Le denier qu'on appelle »présentement *Victoriatus*, fut frappé selon la loi *Clodia*. Avant ce tems là »cette monnoie étoit apportée de l'Illyrie, & passoit en commerce comme »une marchandise. Il est marqué de la Victoire, & c'est de là qu'il a pris son »nom.

P L. XCII.

II. Toutes ces monnoies dont parle Pline, sont rapportées & représentées par le P. du Molinet. La premiere est un [1] double denier, qui valoit autant que le didrachme des Grecs, & pesoit environ deux drachmes. Il avoit d'un côté la tête de Janus sans barbe avec une couronne de laurier, & de l'autre une *quadrige* avec ce mot R O M A gravé en creux. On trouve peu de ces doubles deniers. Le denier étoit ainsi nommé parcequ'il valoit dix as de cuivre. On en voit une quantité prodigieuse ; le plus grand recueil qui en a été fait est celui

---

CAPUT XI.

I. Quandonam primum cusa moneta argentea Romæ fuit. II. Hujusmodi monetæ schemata ejusque divisio. III. Magnum parvumque sestercium. IV. Monetæ argenteæ, quibus æs inserebatur. V. Denarius argenteus precio auctus secundo bello Punico. VI. Moneta aurea quandonam Romam inducta.

I. ROMANI diu æneis tantum nummis sunt usi : *Argentum signatum est*, inquit Plinius 33. 3. *quinto Ogulnio & C. Fabio coss. quinque annis ante primum bellum Punicum. Et placuit denarius pro decem libris æris, quinarius pro quinque, sestertium pro dipondio ac semisse.* Hæc anni nota in plerisque editis corrupta a doctis viris restituta fuit. *Postea Annibale urgente,* subjungit Plinius, *Q. Fabio maximo dictatore, asses unciales facti, placuitque denarium sexdecim assibus permutari, quinarium octonis, sestertium quaternis. Ita respublica dimidium lucrata est, In militari tamen stipendio semper denarius pro decem assibus datus. Nota argenti fuere bigæ atque quadrigæ : & inde bigati quadrigatique dicti. Post lege Papiria semunciales asses facti. Livius Drusus in tribunatu plebis octavam partem æris argento miscuit. Qui nunc victoriatus appellatur lege Clodia percussus est ; antea enim hic nummus ex Illyrico advectus, mercis loco habebatur : est autem signatus victoria, & inde nomen.*

II. Hæ omnes monetæ de quibus Plinius a P. du Molinet repræsentantur. Prima est [1] duplex denarius, qui Didrachmo Græcorum æqualis precio erat, & erat pondo duarum circiter drachmarum. Caput, inquit, Jani imberbis præ se ferebat, lauroque coronati : in altera facie hæc erat inscriptio ROMA in ære incisa, non prominens : pauci vero hujusmodi reperiuntur. Denarius autem sic vocabatur quia decem assibus æreis permutabatur. Denarii hujusmodi innumeri in Museis exstant, eorum collectio maxima omnium ea

de

de M. Vaillant dans les medailles Consulaires. Il y a une grande varieté de types; dans celui que nous donnons, le nombre X. est marqué. Le quinaire étoit la moitié du denier, & valoit cinq as marquez par la lettre V. Les marques se trouvent rarement dans les deniers & dans les quinaires.

III. Le sesterce que nous donnons ensuite valloit deux as & demi; c'étoit la moitié du quinaire & le quart du denier. On le marquoit par H S. ou I I. S. qui veut dire *duo & semis*, deux as & demi. C'étoit le petit sesterce; le grand sesterce se comptoit par milliers, en sorte que le mille étoit sousentendu quand on disoit *centum* ou *centies I I S.* ou *centum sesterciûm*, cela vouloit dire cent mille sesterces; *sestercium* est là au genitif plurier.

IV. On trouve souvent de ces deniers crenelez, qui s'appelloient en latin *serrati nummi*, pour reconnoitre la fraude des faux monnoieurs, qui faisoient entrer dans les deniers une lame de cuivre, qu'ils couvroient dessus, dessous & sur les côtez d'une lame d'argent, & cela si adroitement qu'il étoit difficile de n'y être pas trompé; pour éviter, dis-je, cette fraude, on faisoit des dents tout autour des medailles. Cela fait voir combien l'argent étoit rare en ce tems-là, où l'on employoit tant d'art & tant de peine pour une aussi petite piece d'argent qu'étoit le denier. Je ne sai si on trouveroit aujourd'hui un ouvrier assez habile pour une si subtile fraude. Ces medailles qu'on appelle aujourd'hui fourrées, ne sont pas moins estimées que les autres. Les deniers nommez *bigati* & *quadrigati* prenoient leurs noms des *biges* & des *quadriges* marquées au revers. Le denier qu'on nommoit *Victoriatus*, avoit une Victoire au revers. Il y avoit aussi des quinaires qui portoient la même marque: celui que nous donnons est de ce nombre.

On croit que le premier denier d'argent qui fut fabriqué à Rome est celui qui a une tête de Cybele tourrelée, ou comme M. Vaillant croit, une tête d'Alexandrie. Il fut fait EX A. PV. c'est-à-dire *ex argento publico*, de l'argent public: le revers a, C. FABI. C. F. *Caius Fabius Caii filius*. Le P. du Molinet croit que c'est C. Fabius Pictor sous lequel on commença de marquer l'argent; mais M. Vaillant me paroit bien fondé à dire que c'est son fils qui fut envoié legat à Alexandrie avec Q. Fabius Gurges son frere & Q. Ogulnius; & que c'est en memoire de cette legation qu'il a mis ici une tête avec des creneaux, qui pourroit marquer Cybele aussi-bien que la ville d'Alexandrie, si l'oiseau

---

est quæ a Valentio edita fuit de nummis consularibus. Magna typorum varietas observatur, in eo nummo quem hic proferimus X nota pro denario exprimitur. Quinarii denarii media pars erat ac quinque assibus permutabatur per literam V notatis, quæ notæ raro in denariis & in quinariis occurrunt.

I I I. Sestertius qui sequitur duobus & dimidio assibus permutari solebat, erat dimidium quinarii, & quarta pars denarii. Hac porro nota significabatur H S. vel I I S, quod significat *duo & semis*, duo asses cum dimidio. Hic parvus sestertius erat; magnus vero sestertius millenis sestertiis computabatur, ita ut cum dicebatur centum IIS. centum vel centies sestertiûm, centena millia sesterciûm intelligerentur, sesterciûm autem ibi in genitivo plurali est.

I V. Sæpe reperiuntur nummi quidam pinnis distincti, quos serratos nummos vocabant. Ut enim fraudem monetariorum explorarent, qui laminam æneam in denariis argenteis inserebant, quam laminam tam accurate argento operiebant in utraque facie atque in lateribus, ut nemo fallaciam suspicari posset, ut hanc, inquam, fraudem vitarent, nummi serrabantur, ita ut in iis dentes undique viderentur. Unde colligatur, quam rarum eo tempore argentum esset, ubi tanta arte tantoque studio in modico argenti denario fucando laboratur: nescio an quispiam repetiti hodie possit artifex tam artificiosæ fallaciæ. Hi nummi quos hodie *medailles fourrées* vocant, non minori in precio habentur quam reliqui. Denarii *bigati* & *quadrigati*, sic nominabantur a bigis & quadrigis suis in postica parte referebant. Denarius quem victoriatum vocabant, Victoriam in postica habebat. Quinarii etiam eumdem referebant typum: ille quem proferimus ex eorum erat numero.

Qui primus in Urbe denarius cusus est caput Cybeles turritæ habet, vel ut Valentius putat, Alexandriæ urbis: factus autem fuit E X A. P V. hoc est ex argento publico: in postica parte legitur C. F A B I. C. F. *Caius Fabius Caii filius*. Existimat P. du Molinet C. Fabium Pictorem esse sub quo argentum signare cœperunt; at Valentius jure videatur aliam amplexus opinionem, cum ait filium ejus esse, qui filius Alexandriam legatus est cum Q. Fabio Gurgite fratre & cum Q. Ogulnio, & in memoriam legationis hujus, caput hujusmodi turritum posuit, quod Cybelen posset exprimere perinde atque Alexandriam, nisi

Ibis qui est de l'autre côté ne déterminoit à la prendre pour Alexandrie. Selon cette explication ce denier pourroit bien n'être pas le premier frappé.

V. A la seconde guerre Punique le denier d'argent, dit Pline, fut augmenté jusqu'à la valeur de seize as ; c'est apparemment ce que marque le nombre de X V I. mis derriere la tête de Rome ; nous donnons cette medaille après le P. du Molinet, qui nous a aussi donné le denier appellé *drachmalis*, parcequ'il pesoit une drachme Attique, qui faisoit la huitiéme partie d'une once, à quoi fut réduit par Neron le denier d'argent, qui faisoit auparavant la septiéme partie de l'once. On a aussi le didrachme du même Empereur en une medaille qui en a & le nom & le poids.

» VI. L'or, dit Pline, fut marqué & mis en monnoie soixante-deux ans » après qu'on eut commencé à frapper l'argent : le scrupule d'or faisoit vingt » sesterces ; ce qui monte par livres à raison des sesterces de ce tems-là, à neuf » cens sesterces. Le P. du Molinet prend la premiere piece d'or que nous donnons, pour le plus ancien *aureus* qu'on trouve avoir été fabriqué par les Romains ; il dit que l'aiant pesé, il l'a trouvé de même poids que nos Louis d'or de son tems : il a d'un côté la tête de Rome, & de l'autre Castor & Pollux. La seconde piece est un *semissis* ou la moitié de l'*aureus* : il a d'un côté la tête de Mars avec les nombres X. & V. pour signifier qu'il valoit quinze deniers d'argent. La petite piece d'or qui suit est un *tremissis*, qui étoit la troisiéme partie du *semissis*, & la sixiéme de l'*aureus* : il pesoit un scrupule, qui est la troisiéme partie d'une drachme ; les deux X X veulent dire qu'il valoit vingt sesterces, ou cinq deniers d'argent : ce qui revient à ce que dit Pline ci-dessus, que le scrupule d'or faisoit vingt sesterces.

Nous dirons ici en passant qu'Alexandre Severe qui fit faire des medailles d'or d'Alexandre le Grand, dont il vouloit honorer la mémoire, en fit faire aussi d'ambre, *electreos nummos*.

Ibis avis in altera facie posita pro Alexandria staret. Secundum hanc vero postremam interpretationem hic nummus posset non esse primus argenteus qui percussus fuerit.

V. Secundo bello Punico, inquit Plinius, placuit denarium sexdecim assibus permutari : id vero significari videtur hoc numero X V I. pone caput Romæ posito in denario quem post eumdem P. du Molinet damus, qui etiam denarium Drachmalem protulit, ita dictum, quia pondo drachmæ Atticæ erat, quæ erat octava pars unciæ, ex reductione denarii per Neronem, qui denarius antea septimam unciæ partem faciebat. Didrachmon etiam ejusdem Imperatoris habetur in ipsius nummo, qui vocem δίδραχμον & pondus ipsum præ se fert.

V I. *Aureus nummus*, inquit Plinius 33. 3. *post annum sexagesimum secundum percussus est, quam argenteus, ita ut scrupulum valeret sestertiis vicenis, quod efficit in libras ratione sestertiorum, qui tunc erant, sestercios nongentos.* Putat Molinetus primum aureum nummum, quem hic damus, esse antiquissimum omnium aureorum qui Romæ percussi sunt : se vero ipsum appendisse dicit Molinetus, & ejusdem ponderis esse deprehendisse cujus erant aurei Gallici suo tempore : in una facie Romæ caput præfert, in altera Castorem & Pollucem. Secundus nummus semissis est, sive media pars aurei : in antica parte Martis caput habet cum numeris X. & V. ut significetur ipsum valuisse quindecim denariis argenteis. Parvus nummus aureus, qui sequitur, est tremissis, qui erat tertia pars semissis, & sexta aurei, scrupulumque appendebat, quod tertia est drachmæ pars. X X. sic bis positum significat precium ejus fuisse viginti sestertiorum seu quinque denariorum argenteorum, quod cum Plinii verbis supra consentit, qui ait scrupulum aureum viginti sestertiis valuisse.

Hic obiter dicemus Alexandrum Severum nummos aureos Alexandri Magni cudi jussisse, cujus memoriam summo in honore habebat, itemque electreos ejusdem nummos fecisse.

Monnoies d'or et d'argent

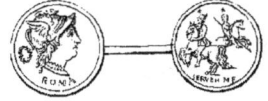

  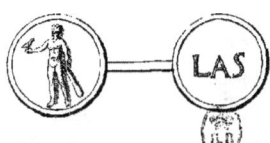

Cabinet de Ste. Genevieve

CHAPITRE XII.

On prouve que les medailles qui ornent nos cabinets, étoient des monnoies.

JE ne dirai rien davantage sur les medailles : ce n'est pas mon dessein de les faire toutes entrer dans ce recueil. J'ai tiré des medailles beaucoup de choses répandues dans toutes les parties de ce livre ; j'en ai pris tout ce qui avoit rapport au dessein de cet ouvrage. Il y a beaucoup d'autres choses sur les medailles qui regardent la geographie, les privileges des villes, les loix, les époques, les tribunats, les consulats, & d'autres sujets, qui n'entrent point dans notre dessein. Chacun peut voir ces choses dans un grand nombre de livres qu'on a faits, & qu'on fait encore tous les jours. Je dirai seulement qu'il seroit à propos que quelqu'un entreprît de réduire toutes les medailles en un corps d'ouvrage ; cela abregeroit bien cette sorte d'étude.

Avant que de quitter cette matiere, j'ai cru devoir dire mon sentiment sur une question qui a été proposée depuis longtems, & sur laquelle je ne voi pas que les Antiquaires soient encore bien d'accord ; savoir si les medailles étoient des monnoies, ou si c'étoient des monumens des actions des Princes & des Magistrats, des victoires, des triomphes, des trophées &c. qui n'entroient point dans le commerce. J'avoue franchement qu'il y a longtems que j'ai pris mon parti là-dessus, & que je suis persuadé que les medailles de grand, de moien & de petit bronze, & les medailles d'or & d'argent étoient des monnoies. Je ne sai si les raisons qui m'ont déterminé à le croire feront le même effet sur les autres ; les voici ; le lecteur habile jugera si elles sont concluantes.

Les monnoies courantes portoient l'image des princes, le *numisma census* presenté à nôtre Seigneur en fait foi : j'en tire encore une preuve de la lettre de l'Empereur Valerien à Ceionius Albinus rapportée par Vopiscus, où ce prince donne à Aurelien pour sa dépense, & en récompense de ses services, deux Antonins d'or par jour, & cinquante petits Philippes d'argent : & dans une autre lettre, le même Empereur lui donne pour la celebration des jeux

---

CAPUT XII.

Nummos qui in Museis occurrunt monetam fuisse probatur.

DE re nummaria hic finem loquendi faciam : neque enim eam rem de industria pertractare animus est : multa ex nummis excerpsi in omnibus hujusce operis partibus dispersa, omnia scilicet quæ ad rem propositam pertinebant. Multa alia in nummis sunt quæ spectant ad Geographiam, ad urbium prærogativas, ad leges, ad epochas seu temporum rationes, ad tribunatus, consulatus, aliaque multa quæ ad propositum non faciunt. Hæc quisque potest discere exploraréque in libris multis qui jam publicati sunt, quique in dies novi publicantur. Hoc unum adjiciam, in rei literariæ magnum emolumentum laboraturum eum, qui omnes omnino nummos unum in corpus colligeret, & singula paucis, sed quantum tamen satis esset pertractaret ; hinc facilem expeditamque ad rei nummariæ notitiam viam ille muniret.

Antequam ab hoc argumento discedam, opinionem meam exprompere libet circa quæstionem jam a plurimis agitatam, de qua eruditorum sententiæ varias diducuntur in partes, an scilicet nummi monetæ fuerint, an vero monumenta solum gestorum a principibus magistratibusque, monumenta etiam victoriarum, triumphorum, tropæorum, &c. quæ monumenta in usum publicum atque commercium, ut vocant, non transirent. Fateor utique me jam a multis annis in alteram ex his opinionibus pedibus ut aiunt ivisse ; persuasumque omnino habere, nummos magni, medii & infimi moduli, nummos item aureos & argenteos veram fuisse monetam, usu publico tritam : nescio utrum argumenta quæ me ad eam amplectendam sententiam induxerunt, parem in aliis exitum sint habitura : de his eruditus lector judicabit.

Monetæ quæ in usum publicum cedebant, principis imaginem præ se ferebant, ut ex numismate census, quod Domino Servatoríque nostro oblatum fuit, arguitur; aliud argumentum depromo ex epistola Valeriani Augusti ad Ceionium Albinum Præfectum urbi, quam refert Vopiscus in Aureliano cap. 9. ubi Imperator Aureliano concedit ad impensam aureos Antoninianos diurnos binos, argenteos Philippeos minutulos quinquagenos, æris denarios centum. In alia autem epistola cap. 12. Aureliano dari jubet *ad edi-*

du cirque, trois cens Antonins d'or, trois mille Philippes d'argent. Le même Vopiscus dans la vie de l'Empereur Probus, rapporte encore une lettre de Valerien à Mulvius Gallicanus, où il dit qu'il lui envoie entre autres choses cent Antonins d'or, mille Marc-Aureles d'argent, & dix mille Philippes de cuivre. Que signifient ces Antonins, ces Marc-Aureles, ces Philippes, sinon des monnoies qui portoient la figure d'Antonin, de Marc-Aurele & de Philippe Empereurs, & qu'on appelloit ainsi, comme nous disons aujourd'hui des Louis d'or. Ces monnoies ainsi marquées étoient-elles des medailles de nos cabinets, ou d'autres pieces d'or, d'argent & de bronze, qui portoient de même que ces medailles les images des Empereurs ? Si c'étoient des medailles, c'est ce que nous prétendons ; si ce n'étoient point des medailles, où sont donc allées toutes ces monnoies ? Est-il possible que jusqu'à present on n'en ait pû produire une seule ? On trouve tous les jours en Italie, en France, & ailleurs des tresors cachez en terre, d'or, d'argent, de bronze, où tout est medaille : seroit-il possible que jamais personne ne se soit avisé d'amasser des tresors de monnoie courante ? Ces medailles dont on vient de trouver un tresor en Italie, n'avoient donc aucun cours dans le public ?

Les pieces d'or, d'argent, & de bronze courantes, étoient, dit-on, toute autre chose, où sont-elles donc allées ? Les medailles se déterrent tous les jours en si grande quantité, que c'est une chose tout-à fait surprenante. Il y a quinze ans qu'on en tira de terre à Melun près d'un boisseau de differens Empereurs, dont une partie me passa par les mains. On m'a assuré qu'on tira de terre en Bretagne de nos jours cent mille medailles, qui auroient pu remplir un muid, toutes en un même endroit : on ne voit autre chose en France & en Italie que de grands blocs de medailles tirées de terre. Pourquoi cette énorme quantité de medailles, si elles n'avoient pas cours dans le monde ? pourquoi les avares cachoient-ils celles-là seulement qui n'entroient point dans le commerce ? N'auroient ils pas plûtôt caché les especes courantes, comme l'avare de Plaute, & comme font les avares de tous les tems ? Cependant personne n'a jamais trouvé d'autre or & argent caché que ce que nous appellons medailles. Il est à remarquer que quand même quelqu'un nieroit que les anciennes monnoies fussent marquées aux images des Princes,

tionem Circensium, aureos Antoninianos trecentos, argenteos Philippeos minutulos tria millia, in ære quinquagies sestertium. Idem Vopiscus epistolam aliam Aureliani ad Mulvium Gallicanum Præfectum Prætorii profert in Prob. cap. 4. ubi jubet Valerianus Probo dari aureos Antoninianos centum, argenteos Aurelianos mille, æreos Philippeos decem millia : quid significant illi Antoniniani, Aureliani, Philippei, nisi monetas, quæ imaginem nomenque gestarent Antonini, Marci Aurelii & Philippi, ut hodiernum Ludovicos aureos dicimus eos, qui Ludovici Regis imaginem nomenque præ se ferunt ? hanc rem neminem puto negaturum esse. Jam quæro, monetæ illæ sic memoratæ illisque notis instructæ erantne nummi illi, quos in Museis multis videmus, an alii ex auro, argento & ære, qui eodem modo imaginem nomenque Imperatorum præ se ferrent ? si ii ipsi quos in Museis videmus nummi erant, illud & nos dicimus ; sin alii erant, quo tandem concessere tot illæ monetæ ? An fieri possit, ut ad hodiernum usque diem ne una quidem ex monetis hujusmodi in medium adduci potuerit. Quotidie in Italia, in Gallia, in aliisque regionibus abditos in terraque suffossos thesauros multi reperiunt, ubi aurei hujusmodi nummi, argentei & ænei magno numero, ubi omnes ejusdem formæ quam in Museis conspicimus, sunt ; nemoque unquam ex moneta currente, ut aiunt, thesauros collegerit. Thesaurus ille aureus quem nuper in Italia effoderunt, ubi numismatum multa millia, non in publicos forensesque usus erat ?

Monetæ aureæ, argenteæ, æreæ aliud, inquiunt, omnino erant : quorum igitur abscesserunt ? Nummi hujusmodi quotidie eruuntur tanto numero, ut res sit prorsus stupenda quindecim ab hinc annis Meloduni modius fere nummorum ex terra eductus est ad diversos Imperatores pertinentium, quorum ego partem non modicam inspexi. In Armorica nostro tempore fere centum millia nummorum uno in loco, ut narrant, eruta sunt ; nihil aliud in Gallia & in Italia conspicitur, quam nummi hujusmodi ex terra eruti. Cur illa immanis nummorum vis, si nullus erat eorum publicus usus, si non iidem ipsi nummi ad commercium usurpabantur ; cur avari hos occultabant, non monetam ad usum vitæ usurpatam, ut avarus Plauti, ut avari omnes ? Aliud aurum argentumve signarum nemo reperit, quam hujusmodi numismata. Etsi vero quispiam negaret monetas illas veteres imaginibus nominibusque principum imperatorumque fuisse signa-

LES MEDAILLES ETOIENT DES MONNOIES.

ce que nous venons de dire ne feroit pas moins contre lui que contre les autres.

Voici encore un argument auquel il me paroit qu'il n'y a pas moien de répondre. Dans les blocs de medailles qui se trouvent cachées en terre, il y en a de toute sorte de conservation. On en trouve à fleur de coin, d'autres moins conservées, d'autres si frustes & si effacées par le cours qu'elles ont eu dans le commerce, qu'on n'y connoit presque plus rien: j'obfervai cette difference de conservation dans les medailles trouvées à Melun: cela se voit par tout ailleurs, mais sur tout sur les rebuts des medailles avant qu'on les donne à fondre, parcequ'on fond toutes celles qui sont mal conservées, à moins qu'elles ne soient d'une grande rareté; & ce qui est à observer, c'est que les medailles d'un certain cuivre qui poussent ce beau vernis semblable à l'émail, le plus souvent bleu, quelquefois rougeatre, & d'autrefois noir: ces medailles, dis-je, qui prennent ce beau vernis sous la terre, sont tout de même de differente conservation; il y en a à fleur de coin, d'autres plus usées, & d'autres où on ne connoit plus rien. Le vernis les a conservées en l'état qu'elles étoient lorsqu'on les a mises en terre. Si elles n'avoient pas encore passé par les mains de bien des gens, elles demeurent toûjours belles: si elles avoient été longtems dans le commerce, elles sont frustes, pour parler en termes d'antiquaire. Celles ci sont un incomparablement plus grand nombre: on en fond tous les jours dans les fonderies d'or, d'argent, & de cuivre. Ce n'est que depuis François premier qu'on conserve les plus belles & les plus rares de celles qui entrent dans les suites de nos cabinets. Avant ce tems-là on fondoit tout ce qui se trouvoit. Le nombre infini de monnoies ou medailles Romaines qu'on déterre tous les jours, fait juger qu'on en devoit trouver beaucoup davantage dans les siécles précedens: tout s'épuise à la fin; cependant nous ne voions pas que cela s'épuise, tant le nombre en étoit grand. Si depuis mille ans on avoit conservé toutes les monnoies Romaines de tout metal, elles excederoient peutêtre toutes les monnoies modernes qui courent presentement dans l'Europe. Les anciens étoient comme nous voions, de grands cacheurs de trefors, chacun en cachoit selon ses facultez; cela épuisoit les especes courantes, & obligeoit d'en frapper perpetuellement de nouvelles. De-là vient ce nombre infini & inépuisable de me-

tas, quæ jam diximus ejus sententiam non minus, quam aliorum contra sentientium opinionem impeterent.

En argumentum aliud, cui nemo, ni fallor, respondere valeat: inter illos nummorum acervos, qui quotidie in terra abditi deprehenduntur, non eadem est omnium nummorum conditio; alii perinde sani integrique sunt, ut ex monetarii manu tunc primum egressos diceres, alii minoris, ut vocant, conservationis, alii demum ita detriti, quod per multorum manus transierint, ut nec nomen nec formam Imperatorum deprehendere possis: hanc conservationis differentiam animadverti in nummis Meloduni effossis: id etiam ubique observatur, maxime autem in nummis illis, quos quia prorsus labefactati usu detritique sunt, fusoribus quotidie vendunt, nisi admodum rari sint: quodque maxime observandum est; ex quodam ære conflati nummi pulcherrimis suapte natura coloribus obducuntur, cæruleo ad plurimum, vel subrubro vel nigro, quos colores encausto similes artificioque magno positos diceres: his vero coloribus decorati nummi, diversæ omnino sunt conservationis; alii ex artificis manu nuper profecti videntur, alii minus conservati, alii prorsus detriti: eodem in statu obductus ille color nummos conservat, quo erant cum in terra abditi sunt; si non ad multorum manus transierant, semper integri pulcrique manent; si diu in commercio, ut aiunt, fuerant, detriti adesique sunt: qui postremi longe majore numero quotidie occurrunt. In officinis conflatorum hujusmodi nummi quotidie magno numero conflantur aurei, argentei, ærei. A tempore solum Francisci primi rariores & sinceriores neque usu detriti nummi servantur & in Museorum nostrorum serie ponuntur. Antea quidquid hujusmodi occurrebat in conflatorium immittebatur. Ingens quotidie Romanorum nummorum copia eruitur, atque, ut credere est, sæculis præcedentibus major eorum vis reperiebatur: nihil non semper eruendo demum exhauritis & evacues; & tamen eorum nummorum finem nullum invenimus. Persuasum habeo si a mille annis nummi omnes ex terra eruti ex quovis metallo conservati fuissent, monetis per Europam currentibus non impares forte numero futuros. Veteres illi abscondendis thesauris admodum assueti erant, quisque secundum facultates suas abdebat; hinc currentes monetæ exhauriebantur, semperq; novæ erant cudendæ; hinc magnus ille nummorum nume-

dailles. C'étoient leurs richesses, & par conséquent leurs monnoies: personne n'en a encore trouvé d'autres. Ce n'est pas qu'il n'y eut encore des medailles, qu'on ne faisoit que pour medailles. C'étoient les medaillons ou certaines medailles de grandeur extraordinaire que l'on trouve en fort petit nombre, & dont la conservation prouve qu'elles ne sont point entrées dans le commerce, du moins comme monnoies. Voilà les raisons qui me déterminent à croire que les medailles étoient veritablement des monnoies.

rus. Hæ erant ipsorum divitiæ, ac consequenter monetæ: nemo alias unquam reperit. Erant tamen alia quoque numismata non ad usum publicum nec ad commercium destinata, quæ majori mole cudebantur, quæque hodie vocantur *medaillons*: hæc parvo reperiuntur numero; & semper integra sunt, eorumque conservatio argumentum est ea nunquam ad usum publicum usurpata fuisse, nunquam in commercium admissa saltem ut monetas: hæ me rationes movent ut credam nummos qui in Musæis servantur monetas fuisse.

CHAPITRE XIII.

I. Anciens poids Romains. II. Division de la livre en ses parties. III. Figures des poids Romains. IV. Autres figures. V. Poids singulier de l'Empereur Honorius, & autres.

I. Les anciens poids sont sujets à des difficultez presque infinies: il est tres-difficile de les comparer entre eux, & encore plus de les reduire aux poids d'aujourd'hui. Lucas Pætus a tâché de faire l'un & l'autre, mais il y a beaucoup de choses dans son livre, quoiqu'il soit d'une grande recherche, où il a été contredit par les auteurs suivans. Nous nous contenterons de ramasser ici tout ce que nous avons pu trouver de poids, soit dans les livres, soit dans les differens cabinets que nous avons vûs.

II. La livre Romaine se distinguoit en mensurale & ponderale. La mensurale est celle dont nous avons parlé ci-devant sur le conge: la ponderale, qui étoit, comme le remarque Savot, un peu plus petite que la mensurale, se divisoit de même que l'autre en douze onces; ses soudivisions numerales étoient les mêmes que celles de l'as qui pesoit une livre; le *sextans* faisoit deux onces, le *quadrans* trois, le *triens* quatre, le *quincunx* cinq, le *semis* ou *semissis* six, c'étoit la moitié de la livre, le *septunx* sept, le *bes* huit, qui faisoient les deux tiers; le *dodrans* neuf, qui faisoient les trois quarts; le *dextans* dix, le *deunx* onze, & la livre douze.

III. Ces poids sont souvent de pierre noire que M. Fabreti appelle *lydius*

CAPUT XIII.

I. Antiqua pondera Romana. II. Divisio libræ in partes suas. III. Ponderum Romanorum schemata. IV. Alia schemata. V. Pondus singulare Imperatoris Honorii & alia.

I. Veterum pondera ingentes difficultates patiuntur; ea inter se difficile, difficilius cum hodiernis comparari possunt. Lucas Pætus utrumque præstare conatus est; sed pauca in ejus libro sunt quæ controversiæ ansam non præbuerint. Nobis satis erit si omnia in quæ incidimus pondera, sive in libris proposita, sive in Musæis servata, hic apponamus.

II. Libra Romana in mensuralem & ponderalem distinguebatur. Mensuralis ea est de qua jam loquuti sumus cum de congio ejusque partibus verba faceremus. Ponderalis, quæ, ut ait Savous, paulo minor alterâ erat, perinde atque illa in duodecim uncias distinguebatur, ejusque subdivisiones numerales eædem erant quæ assis libram appendentis. Sextans duarum erat unciarum, quadrans trium, triens quaternarum, quincunx quinarum, semis vel semissis sex unciarum, septunx septenarum, bes octo unciarum, quæ duas tertias partes constituebant, dodrans novem, dextans denarum unciarum, deunx undecim unciarum, libra duodecim. Uncia octo drachmarum erat, drachma trium scrupulorum, scrupulus viginti quatuor granorum.

III. Pondera ex lapide nigro sæpe sunt, quem lydium lapidem vocat Fabretus: duo hujusmodi pon-

LES POIDS.

lapis. Il y en a deux de cette sorte dans nôtre cabinet de S. Germain des prez, dont l'un pesoit une once ancienne, ce qui est marqué par un point d'argent fiché au milieu ; l'autre qui est marqué de deux points, étoit de deux onces. M. Fabreti nous a donné un poids d'une drachme ; la matiere est de jaspe ; il a pour marque trois points qui signifient une drachme : il l'a pesé, dit-il, & a trouvé son poids plus fort de sept grains, que n'est celui de la drachme Romaine d'aujourd'hui ; ce qui fait voir, dit-il, que Pætus qui a dit que le poids de l'once d'aujourd'hui étoit plus grand que l'ancien, s'est trompé. La *semuncia* ou demi once qui vient après, marquée d'un S. qui veut dire *semuncia*, pese, dit M. Fabreti qui l'a pesée, treize grains plus que la demi-once d'aujourd'hui. Il y en avoit, poursuit-il, une autre qui avoit la même marque, & qui pesoit huit grains plus que la demi-once Romaine de ce tems : elle étoit d'une pierre noire aussi bien que l'once qui suit de nôtre cabinet, qui ne pese que six gros & seize grains ; c'est-à-dire qu'il s'en faut un gros & cinquante six grains, qu'elle n'ait son poids ; mais il faut remarquer que cette once qui est de pierre noire & qui a été fort maniée, a beaucoup perdu de sa matiere & de son poids. La suivante de pierre noire est de deux onces, comme le marquent les deux points qu'on voit dessus ; elle pese 66. grains plus que deux onces Romaines de ce tems. Un poids de deux onces marqué de deux points aussi de pierre noire, est tiré de nôtre cabinet ; il pese une once six gros cinquante neuf grains : il s'en faut donc un gros & treize grains qu'il pese deux onces ; mais comme il a été aussi fort manié, il a beaucoup perdu de son poids, quoique beaucoup moins que le precedent.

IV. Un autre poids donné par M. Fabreti, qui est d'une livre, comme le prouve la marque I. pese, selon lui, treize onces & trente six grains. La livre ancienne Romaine n'avoit que douze onces. Celle d'aujourd'hui en a aussi douze ; mais les onces anciennes étoient plus fortes, comme il est prouvé par ce poids & par les suivans. Le poids qui vient après est du College Romain. La marque II. en lettres d'argent, veut dire que c'est le poids de deux livres : il pese pourtant, dit M. Fabreti, une once trois drachmes ou neuf scrupules plus que deux livres Romaines. L'autre qui a la marque V. c'est-à-dire de cinq livres, pese deux onces & demi plus que les cinq

Pl. XCIII.

---

dera sunt in Museo nostro Sangermanensi ; aliud unciam appendebat, ut ex argenteo puncto in medio infixo significatur : aliud vero duobus punctis notatum duarum erat unciarum. Fabretus drachmæ pondus dedit ex jaspide : ejus nota tria puncta sunt quæ drachmam significant : drachmam illam appendit ille, ut ait, deprehenditque pondus ejus septem granis hodiernam drachmam excedere ; unde concludas, inquit, Lucam Pætum, qui putavit unciam hodiernam pondere majorem esse veteri, hallucinatum esse. Semuncia quæ sequitur litera S notatur, quæ semunciam significat ; hæc tredecim grana plus habet, inquit Fabretus qui expertus est, quam hodierna semuncia Romana : aliam se habuisse semunciam testificatur idem Fabretus, quæ octo grana plus habebat quam Romana hodierna : eratque ex nigro lapide ut uncia quæ sequitur, quæque Musei nostri est, quæ sex tantum drachmas sexdecimque grana appendit ; ita ut drachmam unam & quinquaginta sex grana minus habeat quam hodierna nostra uncia Parisina : sed observandum est hanc unciam ex nigro lapide admodum detritam usu fuisse : ignorare autem me fateor, an uncia Parisina hodierna major sit hodierna uncia Romana, quemadmodum & pollices Parisini longe majores Romanis sunt. Quod sequitur pondus ex lapide item nigro duarum unciarum est, ut ex duobus punctis supra positis significatur : sexaginta autem & sex granis excedit duas uncias Romanas hodiernas. Aliud duarum unciarum pondus duobus notatum punctis, quod Musei nostri est, ex lapide item nigro, unam unciam, sex drachmas, & quinquaginta novem grana appendit, ita ut una drachma tredecimque grana desiderentur, ut ad duas Parisinas uncias attingat ; sed quia in usu diu fuit, multum ex pristino pondere amisit, etsi minus quam præcedens uncia nostra.

IV. Aliud pondus à Fabreto publicatum unius est libræ, ut ex I nota significatur, appenditque teste Fabreto tredecim uncias & triginta sex grana. Libra vetus Romana duodecim unciarum erat ; hodierna quoque est duodecim unciarum, sed unciæ veteres graviores erant, ut hoc & sequentibus exemplis comprobatur. Pondus sequens est collegii Romani : nota II argenteis literis facta duas esse libras significat : appendit tamen, inquit Fabretus, unciam unam tres drachmas aut novem scrupulos plus quam duæ libræ Romanæ hodiernæ. Sequens notam habens V. qua quinque libræ significantur, duas uncias & semis plus quam quinque libræ hodiernæ, habet. Hæc

livres d'aujourd'hui. Ces deux derniers poids ont l'inscription TEMP. OPIS AVG. que le P. Bonanni interprete TEMPLO OPIS AVGVSTI, ou *templo opis augustæ*; ce qui signifie, dit-il, que par l'autorité d'Auguste, ces poids étoient conservez au temple de la déesse Ops. C'étoit en effet au temple de cette déesse que se conservoit la monnoie publique. *Plût à Dieu que la monnoie demeurât au temple de la déesse Ops*, dit Cicéron. Le poids suivant qui est de dix livres, comme le marque le X. est de bronze & appartenoit à M. Fabreti. Il pese, dit cet habile homme, cinq onces & quatorze scrupules au-delà de dix livres, & a cette inscription en lettres d'argent AVG. T. M. V. que M. Fabreti explique ainsi: *Augusti auctoritate templo Martis Vltoris*. C'est-à-dire, poursuit M. Fabreti, que par l'autorité d'Auguste ce poids étoit gardé au temple de Mars le Vangeur, qui étoit au grand marché. On gardoit les poids & les monnoies encore dans d'autres temples, comme dans celui d'Hercule, de Castor & d'autres dieux.

Le poids suivant, dit M. Fabreti, à qui il appartenoit, est de pierre noire; il est cassé & il y en manque plus d'un tiers; il croit que c'étoit un poids de dix livres: tout diminué qu'il est, dit-il, il pese encore six livres & une once. L'inscription est EX AVCT. Q. IVNI. RVSTICI, *par l'autorité de Q. Junius Rusticus*. Ce Quintus Junius Rusticus se trouve six fois dans les inscriptions de Gruter. Scaliger a cru qu'il étoit préteur de la ville; M. Fabreti n'est pas de son sentiment; il croit qu'il étoit non pas préteur, mais préfet de la ville: il se fonde sur l'inscription d'un autre poids donnée par Reinés.

SALVO D. N.		AVDAX. V. C.
IVLIO NEPOTE	à l'autre côté.	PRÆFECTVS
P. P. AVG. N.		VRB. FECIT.

Il s'appuie aussi sur un passage d'Ammien Marcellin, qui dit que l'emploi du Prefet de la ville, étoit d'établir des poids dans toutes les regions de Rome, parcequ'on ne pouvoit remedier à la friponnerie de plusieurs personnes qui faisoient des poids à leur gré.

PL. XCIV. Spon nous donne la forme de dix-sept poids tirez pour la plûpart des manuscrits de M. de Peiresc, qui laissa, dit-il, à ses heritiers un ouvrage en manuscrit sur les poids des anciens. Spon en a seulement pris les figu-

duo postrema pondera inscriptionem habent TEMP. OPIS AVG. quam interpretatur Bonannus TEMPLO OPIS AVGVSTI, vel TEMPLO OPIS AVGVSTÆ, quod significat, inquit, auctoritate Augusti hæc pondera in templo Opis servata fuisse. Et vere in hoc templo moneta publica servabatur. *Pecunia utinam ad ædem Opis maneret*, ait Cicero Philipp. 1. Sequens pondus decem librarum est, quod significatur illa nota X. estque æneum & ipsius Fabreti erat; appendit autem, inquit eruditus ille vir, uncias quinque ac quatuordecim scrupulos plus quam decem libræ hodiernæ; inscriptio literis argenteis est AVG. T. M. V. quam sic explicat Fabretus, *Augusti auctoritate templo Martis ultoris*, id est, pergit Fabretus, Auctoritate Augusti hoc pondus servabatur in templo Martis Ultoris, quod in foro erat. Ponderaque in aliis quoque templis servabantur, ut in templis Herculis Castorisque & aliorum.

Pondus sequens, inquit Fabretus, in cujus Museo erat, ex petra nigra est, fractumque ita ut plus quam tertia sui parte mutilum sit; putatque Fabretus fuisse decem librarum pondus; mutilum ut est adhuc libras sex unciamque unam appendit. Inscriptio est EX AVCT. Q. IVNI. RVSTICI, *ex auctoritate Quinti Junii Rustici*. Hic Quintus Junius Rusticus sexies inter Gruteri inscriptiones comparet, putavitque Scaliger fuisse urbis prætorem. Contra Fabretus non prætorem sed præfectum urbi fuisse putat, fultus inscriptione sequenti in alio pondere insculpta per Reinesium data class. 3. num. 73.

SALVO. D. N.		AVDAX. V. C.
IVLIO NEPOTE	in alio latere.	PRÆFECTVS
P. P. AVG. N.		VRB. FECIT.

Itemque nititur loco Ammiani Marcellini, qui ait præfecti urbi munus fuisse pondera constituere in omnibus Romæ regionibus, *pondera per regiones universas instituere cum aviditati multorum ex libidine trutinas componendi occurri nequiret*.

Septemdecim ponderum formam dat Sponius, quorum maxima pars ex mss. celeberrimi viri Peirescii educta est, qui Peirescius, ait Sponius, heredibus suis librum reliquit de ponderibus veterum. Sponius figuram solum ponderum excerpsit, ipsaque pon-

res,

res, qu'il a même reduites en petit; ce que n'avoit pas fait apparemment M. de Peiresc, qui aimoit à donner autant qu'il pouvoit les choses selon leur grandeur, & qui savoit que cette exactitude, qui n'est pas toûjours necessaire, l'est pourtant quand il s'agit de poids & de mesures. Nous donnons ces poids ici tels que Spon les a fait graver, & avec leurs inscriptions.

M. Fabreti donne aussi une once qui a la marque greque Γι. pour signifier, à ce qu'il croit, l'once des Medecins Grecs, qui pese, dit-il, quinze grains moins que l'once de nôtre tems. Il donne un autre poids de six onces, marquées par l'ȣ & le ϛ, qui pese, dit-il, deux drachmes & quinze grains moins que six onces d'aujourd'hui. Le P. Bonanni donne cet autre poids, dont l'inscription est telle VIIII. M. F. A. c'est-à-dire, selon le P. Bonanni, que c'est un poids de neuf livres fait par l'autorité de M. Furius. Cette explication n'est pas bien sûre; aussi ne la donne-t-il que comme une conjecture. Nous donnons ensuite après lui un autre poids plus grand que tous les precedens, quoiqu'il le represente assez petit: c'est une pierre ronde, mais plate par le haut & par le bas, où on lit cette inscription, TALENTVM SICLORVM III. PONDO CXXV. Villalpandus a donné ce poids, & assure qu'il a le poids du talent Hebreu. S. Epiphane dit aussi que le talent a cent vingt-cinq livres, que la livre a douze onces, l'once deux stateres, la statere deux drachmes.

La statere se prend aussi pour la balance, que l'on appelle d'un autre nom *trutina*. Elle avoit deux bassins opposez, que l'on appelloit *lances*; de là vient le nom de *bilances* ou balance. Le P. Bonanni dit qu'on a les fragmens d'une balance. Il y avoit aussi une sorte de balance qu'on appelloit *campana*, parce que, comme dit Isidore, elle avoit été trouvée dans la Campanie Province d'Italie; c'étoit une verge de fer où les livres & les onces étoient marquées. C'est ce que nous appellons la Romaine.

V. Au cabinet de M. Foucault il y a un poids avec cette inscription, DOMINI NOSTRI HONORII AVGVSTI PONDO LIBRÆ; c'est-à-dire, que sous l'empire d'Honoré on a fait ce poids d'une livre. Le cabinet de Sainte-Genevieve en fournit un autre de figure ronde, sur lequel est écrit audessus Λ Λ. que le P. du Molinet prend pour λίτρα; ce pourroit plûtôt être λίτρα ά, une livre. Le suivant est le poids d'une demi livre, marquée par ces lettres Γο s. ευγκίαι ϛ. six onces. La croix qui est audessus marque que ce poids a été fait sous un

PL. XCV.

---

dera longe miniora repræsentavit, quod non puto fecisse in codice suo Peireicium, qui res quantum poterat secundum genuinam propriamque magnitudinem exhibebat, quique putabat accurationem hujusmodi, quæ aliis in rebus non semper necessaria est, in ponderibus atque mensuris requiri. Hic talia proferimus qualia Sponius sculpi curavit hæc pondera cum inscriptionibus suis.

Fabretus dat quoque unciam cum nota græca Γλ. significetur, sic ille, uncia medicorum Græcorum, quæ quindecim granis levior erat uncia hodierna. Aliud sex unciarum pondus profert quæ significantur per ȣ & ϛ, ubi duas drachmas & quindecim grana minus haberi ait, quam in sex unciis hodiernis. Pater Bonannus hoc etiam pondus exhibet, cujus inscriptio est VIIII. M. F. A. quæ sic legenda esse conjicit Bonannus, *novem librarum pondus Marci Furii auctoritate*: quæ certe lectio non explorata esse videtur, neque ut talem dedit Bonannus. Post Bonannum aliud subjicimus pondus, omnium quæ hactenus dedimus ponderum maximum, etsi ille parvæ molis ipsum referat: est rotundus lapis, sed superne infernéque planus, in quo hæc legitur inscriptio TALENTUM SICLORUM III. PONDO CXXV. Villalpandus hoc protulit, affirmatque pondus esse talenti Hebraici. S. etiam Epiphanius dicit talentum esse centum viginti quinque librarum: libram duodecim unciarum, unciam duorum staterum, staterem duarum drachmarum.

Statera dicitur etiam bilanx, quæ alio nomine trutina vocatur. Duas oppositasque lances illa habebat, unde nomen *bilanx*. Bonannus dicit bilancis fragmenta superesse. Bilances certe sæpe visuntur in nummis, quando vel æquitas, vel moneta repræsentatur. Erat aliud stateræ genus cui nomen *campana*, quia in Campania Italiæ provincia reperta fuerat, ut ait Isidorus. Erat virga ferrea libris unciisque notata; eam hodie Romanam vocamus.

V. In Museo illustrissimi Domini Foucault pondus est cum hac inscriptione D. N. HONORII AVG. P. L. id est, *Domini nostri Honorii Augusti pondo libræ*. In Museo S. Genovefæ aliud pondus rotundum exhibetur cum inscriptione superposita Λ Λ. quod explicat Molinetus λίτρα, mallem λίτρα μία, libra una. Aliud pondus dimidiæ libræ est sic notatæ Γο s. ουγκίαι ϛ. sex unciæ: crux supra posita significat hoc pondus constitutum esse Imperatore Christiano. In

Empereur Chrétien. Il y en a un dans notre cabinet tout semblable, à cela près que la croix n'y est pas. Un autre est assez semblable au precedent pour la premiere face ; la seconde face marque que cette demi-livre pese trente-six solides, & par consequent chaque once six solides. Le cinquiéme est un poids de deux onces, comme le marquent ces deux lettres ѹ β, οὐγκίαι ϛ΄, deux onces. Le sixiéme est d'une once & demie, qui s'appelloit *sescuncia* : les deux lettres Θ. N. marquent que c'étoit le poids de neuf sextules ou solides, qui faisoient aussi celui du *cyathus*. Je crois que le N est là non comme lettre, mais pour marquer un poids ; la figure à deux II lignes qui approchent du N, marque l'obole : on pourroit peutêtre dire que ce sont neuf oboles marquez par la lettre N, si ce nombre d'oboles pouvoit convenir à une once & demie. Le septiéme pese six solides ou six onces, comme porte l'inscription. Le huitiéme est de trois solides, comme le marquent I. B. qui signifient un & deux, dit le P. du Molinet; cela paroit extraordinaire, mais nous n'avons rien de meilleur à dire. Le neuviéme est un solide de l'Empereur Honorius, comme le porte l'inscription; on y voit aussi l'image de l'Empereur : on lit au revers *hexagium solidi*; l'*hexagium* est la sextule, qui est la même chose que le solide. Le onziéme est encore un solide, que le P. du Molinet croit representer Valentinien & Valens, ou Gratien & Valentinien le jeune.

Nous n'irons pas plus avant sur la matiere des poids, qui est d'une discussion infinie. Les anciens qui en ont parlé sont fort opposez entre eux sur la subdivision de la livre : ce qui fait qu'on ne peut que fort difficilement comparer les poids anciens les uns avec les autres; il est encore plus difficile de les réduire aux poids modernes.

Museo nostro simile pondus habetur eo tamen discrimine, quod crux non compareat. Aliud præcedenti non absimile est, quantum ad primam faciem ; in secunda autem facie significatur hanc dimidiam libram esse pondo triginta sex solidorum, ac consequenter quamlibet unciam sex solidos habere : quintum est pondus unciarum duarum ut significatur his duabus literis ѹ, β : sextum est unciæ atque dimidiæ, quæ vocabatur *sescuncia*. Duæ literæ Θ N significant esse pondo novem sextularum seu solidorum, quod erat item cyathi pondus. At putarim ego hic N non literam esse sed pondus significare. Hæc figura I I quæ ad N accedit significabat obolum : fortasse novem oboli significentur, si tamen hic numerus ad sescunciam quadret. Septimum est pondo sex solidorum seu sex unciarum, ut inscriptione fertur. Octavum trium solidorum est quod significant I. B. ait Molinetus : id certe non quadrare videtur ; nam B græce duo significat, I autem *decem*, sed quid de pondere hujusmodi proferam non suppetit. Nonum est solidus Imperatoris Honorii, ut inscriptione fertur, imago ibi Imperatoris conspicitur. In postica facie legitur *hexagium solidi*. Hexagium est sextula, quæ idipsum est atque solidus. Undecimum est solidus, quem Molinetus exprimere putat Valentinianum & Valentem, aut Gratianum & Valentinianum juniorem.

Hic gradum sistimus : ponderum ratio est innumeris implicata difficultatibus : veteres qui de ponderibus, loquuntur non sibi invicem consentiunt in subdivisione libræ ; ita ut vix possint antiqua pondera mutuo comparari, multoque difficilius sit eadem ipsa ad hodierna referre.

POIDS

Fabretti

Spon Spon

Spon

Spon

Spon

Spon

Spon

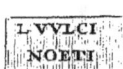
Spon

Spon

Spon

Bonanni

Bonanni

Fabretti

Spon Spon

Fabretti

POIDS

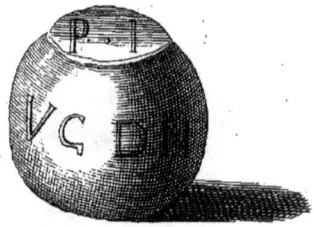

D N. HONORI AVG
Mr Foucault

Ste Genevieve

Ste Genevieve   Ste Genevieve   Ste Genevieve

Ste Genevieve   Ste Genevieve   Ste Genevieve   Ste Genevieve

Ste Genevieve   Ste Genevieve

Ste Genevieve   Ste Genevieve   Ste Genevieve

LIVRE V.

Qui comprend les sept merveilles du monde, les bâtimens publics, & les symboles des parties du monde, des regions, des fleuves & des villes.

CHAPITRE PREMIER.

Les sept merveilles du monde rapportées differemment par differens auteurs.

ENTRE les édifices & les merveilleux ouvrages de l'antiquité, il y en avoit sept qui surpassoient tous les autres en beauté & en magnificence, & qu'on a appellez depuis un grand nombre de siécles les sept merveilles du monde; Vitruve les nomme les sept spectacles. On est assez d'accord sur le nombre de sept; mais tous ne rapportent pas les mêmes merveilles; s'ils sont d'accord sur quelques-unes, ils varient sur les autres. Philon de Byzance les met ainsi & en cet ordre. 1. Les jardins de Babylone soutenus par des colonnes; 2. les Pyramides d'Egypte; 3. la statue de Jupiter Olympien; 4. le colosse de Rhodes; 5. les murs de Babylone; 6. le temple de Diane d'Ephese; 7. le tombeau de Mausole.

L'Anonyme rapporté par Allatius p. 22. les met differentes de celles-ci, & en cet ordre. 1. Jupiter Olympien de trente six coudées de haut. 2. Le temple de Diane d'Ephese. 3. L'autel de Delos composé de cornes, qu'on dit être fait de cornes droites des victimes immolées le même jour. 4. Le mausolée d'Halicarnasse. 5. Les pyramides d'Egypte, dont la plus grande a quatre cens coudées. 6. Les murs de Babylone. 7. Le colosse de Rhodes de soixante & dix coudées, fait par Charès Lindien. Quelques-uns y mettent l'Esculape d'Epidaure, l'autel de Paros, les jardins soûtenus en l'air; la Minerve érigée à Athenes, le palais de Cyrus; jusqu'ici l'Anonyme.

LIBER V.

Ubi septem miracula orbis, ædificia publica, & symbola mundi partium, regionum, fluminum & urbium.

CAPUT I.

Septem mundi miracula a variis scriptoribus varie allata.

I. INTER ædificia admirandaque venerandæ antiquitatis opera, septem erant quæ cætera omnia pulcritudine magnificentiaque superabant, quæque a multis jam sæculis septem orbis miracula, vel, ut Vitruvius Præfat. libro septimo, septem spectacula vocabantur. De septeno numero fere convenit inter scriptores; sed non eadem omnes miracula recensent: in quibusdam consentiunt omnes; in aliis non item. Philo Byzantius sic illa & hoc ordine refert. Primum erant horti pensiles Babylonis columnis nixi. 2. Pyramides Ægypti. 3. Statua Jovis Olympii. 4. Colossus Rhodius. 5. Muri Babylonis. 6. Templum Dianæ Ephesiæ. 7. Mausoli sepulcrum.

Anonymus ab Allatio allatus p. 22. libri de septem spectaculis aliquot diversa commemorat, atque hoc ordine omnia. Primum erat Jupiter Olympius triginta sex cubitis altus. 2. Templum Dianæ Ephesiæ. 3. Ara in Delo ex cornibus compacta, quam narrant factam ex cornibus dexteris victimarum, quæ uno die mactatæ sunt. 4. Mausoleum Halicarnasseum. 5. Pyramides Ægypti, quarum quæ omnium maxima, quadringentorum cubitorum est. 6. Muri Babylonis. 7. Colossus Rhodius septuaginta cubitorum a Charete Lindio factus. Alii inter ea miracula locant, Æsculapium Epidaurium, Aram Pariam, hortos pensiles, Minervam Athenis erectam, Cyri regiam: hactenus Anonymus.

Un manuscrit grec de M. Baluze a une petite note d'un Anonyme faite dans des tems assez bas, où il met ainsi les sept merveilles du monde. 1. Thebe d'Egypte. 2. Les murs de Babylone. 3. Le Mausolée. 4. Les Pyramides. 5. Le Colosse de Rhodes, que quelques-uns disent être une colonne de bronze de six cens coudées. 6. Le Capitole de Rome. 7. Le temple d'Hadrien de Cyzique.

»Léon Allatius parlant de ces variations touchant les merveilles du mon-»de, dit: D'autres y ajoutent le palais de Cyrus, la tour du Phare, les La-»byrinthes, Hammon le cornu, Apollon de Delos, le throne d'Alexan-»dre, le Capitole, le temple d'Hadrien de Cyzique, le Mole au-delà du Tibre; »(c'est-à-dire, ce qu'on appelle *moles Hadrianea*, ou le Mausolée d'Hadrien;) »la forest appellée Ruffinia & autres; d'où quelques-uns ont conclu, pour-»suit-il, qu'il y avoit non pas sept merveilles seulement, mais jusqu'à qua-»torze. Ceux dont il parle ici sont apparemment des gens de tems fort bas; car je vois que les anciens conviennent assez du nombre de sept, quoiqu'ils ne soient pas en tout d'accord sur les merveilles qu'il falloit mettre en ce nombre. Celles de Philon de Byzance sont le plus communement reçues; c'est aussi de celles-là que nous parlerons d'abord dans le même ordre qu'il les a rapportées.

Le jardin en l'air étoit soutenu par des colonnes de pierre : sur ces pierres étoient des poutres de bois de palmier, qui ne pourrit jamais à la pluie, & qui bien loin de plier sous le poids, s'élève toûjours & monte en haut, plus il est chargé : ces poutres étoient assez près l'une de l'autre, & soutenoient un grand poids de terre : dans l'espace qui étoit entre ces poutres, s'inseroient les racines des arbres du jardin : cette terre suspendue ainsi en l'air étoit si profonde, que plusieurs sortes d'arbres y venoient fort grands, les plantes, les legumes & toutes sortes de fruits s'y trouvoient abondamment. Ces jardins étoient arrosez par des canaux, dont quelques-uns qui venoient de lieux plus élevez étoient tous droits, d'autres se formoient de l'eau tirée avec des pompes & d'autres machines.

Les Pyramides d'Egypte, la seule des merveilles du monde qui reste encore aujourd'hui sur pied, sont comme des montagnes de pierre d'une grosseur extraordinaire. Leur forme, leur structure, en un mot tout ce qui regarde des ouvrages si merveilleux, sera décrit au cinquiéme tome avec les mausolées.

In codice græco Cl. V. Balusii quædam Anonymi alius nota habetur ; posteriori ævo facta ubi septem spectacula hæc & hoc ordine recensentur. 1. Thebæ Ægyptiæ. 2. Muri Babylonis. 3. Mausoleum. 4. Pyramides. 5. Colossus Rhodius, quem quidam dicunt esse columnam æneam sexcentorum cubitorum. 6. Capitolium Romæ. 7. Templum Hadriani Cyzicenum.

Leo Allatius hasce scriptorum varietates commemorans hæc habet p. 21. *Alii addidere, Cyri Regiam, Turrim Phariam, Labyrinthos, cornutum Ammonem, Delium Apollinem, Thronum Alexandri, Capitolium, Hadriani Imperatoris templum Cyzici factum, Molem Transtiberinam, silvam Ruffinian & alia; unde nonnulli collegerunt dena quaterna esse, non septem.* De recentioribus, ut videtur, scriptoribus loquitur : nam veteres de septeno numero fere consentiunt, etsi alii alia subinde miracula proponant. Quæ a Philone Byzantio memorantur, ea plurium auctoritate nituntur : quamobrem eadem ipsa jam commemorabimus describemusque eodem, quo ille, ordine.

Hortus pensilis columnis lapideis fulciebatur, quibus columnis superpositæ trabes erant ex palma robore, quæ nunquam imbre vel aqua vitiantur : quæque nunquam pondere impositaque mole flectuntur ; imo potius sursum niruntur & incurvantur. Hæ trabes non longo disjunctæ spatio erant, magnamque terræ molem sustinebant : in spatium autem quod inter illas intercedebat, radices arborum quæ in horto erant, irrepebant & inserebantur. Terra sic in aëre quasi suspensa usque adeo profunda erat, ut arborum multa geneta in ea radices ponerent, ramosque latissime effunderent. Plantæ, legumina, omnisque generis fructus abunde nascebantur. Horti canalibus irrigabantur partim recto cursu ex editioribus locis profluentibus, partim ex aqua antliis aliisque machinis sursum educta manantibus.

Pyramides Ægyriacæ, quod unicum ex veteribus illis miraculis superest, quasi montes sunt ex incisis iisque prægrandibus lapidibus structi. Horum forma, structura, demum omnia quæ ad hæc opera spectant quinto tomo describentur ubi de mausoleis.

LES SEPT MERVEILLES.

La statue de Jupiter Olympien dont nous avons fait la description après Pausanias au livre des temples, étoit plus admirable par l'excellence du travail que par le prix de la matiere qui étoit d'or & d'ivoire. Ciceron dans son livre de l'Orateur, dit que les hommes n'avoient jamais rien vû de plus parfait & de plus accompli que les ouvrages de Phidias. Un grand nombre d'auteurs en font l'éloge & en parlent tous avec admiration. Strabon y remarque pourtant un defaut, qui est que la statue de Jupiter assis étoit si grande que ce dieu ne pouvoit se lever qu'en faisant tomber la voute. Non seulement la statue de Phidias, mais aussi plusieurs autres ouvrages de ce temple, de sculpture, d'architecture & de peinture, étoient de la main des plus excellens maitres, en sorte que tout le temple pouvoit passer pour une des merveilles du monde.

Le Colosse de Rhodes qui avoit selon la plus commune opinion soixante-dix coudées de haut, ou cent cinq pieds selon Festus, étoit tout de cuivre; le dedans étoit creux, l'ouvrier avoit fait dans ce vuide des ponts de fer & de pierres quarrées. Cette énorme statue représentoit le dieu des Rhodiens, qui étoit le Soleil: ses pieds étoient posez sur deux bases plus hautes que les plus grandes statues. Ce Colosse fait par Charès Lindien disciple de Lysippe, fut renversé, dit Pline, cinquante-six ans après qu'il eut été posé, & demeura ainsi jusqu'au tems de Pline: peu de gens pouvoient embrasser son pouce; ses autres doigts étoient plus gros que les statues ordinaires. On prétend que Pline se trompe quand il dit qu'il fut renversé cinquante-six ans après qu'il eut été posé, & que cela n'arriva que quatre-vingts ans après qu'il eut été mis sur sa base. Il fut depuis relevé du tems de Vespasien, & fut enfin vendu par Mavia Sarrasin qui prit Rhodes, à un Juif, qui l'aiant mis en pieces en chargea neuf cens chameaux. La diversité des sentimens touchant la hauteur du Colosse est fort grande; la plûpart des auteurs lui donnent soixante-dix coudées, d'autres beaucoup plus: mais en ces sortes de choses merveilleuses on est toujours plus porté à exagerer, qu'à diminuer.

Les murs de Babylone furent bâtis par Semiramis; ils avoient trois cens soixante stades de circuit, les huit stades font un mille, c'est-à-dire qu'ils auroient eu quarante-cinq mille de circuit; ce qui seroit une grande journée. Ces murailles étoient bâties de briques, le ciment étoit du bitume. La hauteur étoit de cin-

---

Statua Jovis Olympii cujus descriptionem libro de templis post Pausaniam adornavimus, longe mirabilior erat artificis opera, quam materiæ precio, quæ materia aurum & ebur erat. Cicero libro de Oratore dicit Phidiæ simulacris nihil perfectius homines vidisse. Hoc opus scriptores plurimi laudibus extollunt celebrantque ut admirandum. Strabo tamen sculptoris oscitantiam animadvertit quod Jovis sedentis statua tam procera esset, ut si ille surgere voluisset, id non potuisset, nisi everso fornice atque tecto. In hoc templo non modo statua Phidiæ, verum etiam plurima alia celebrium artificum opera, sculptorum, architectorum pictorumque in admiratione erant, ut etiam totum templum pro spectaculo haberi posset.

Colossus Rhodius, qui, ut vulgaris fert opinio, septuaginta cubitorum erat altitudine, vel centum quinque pedum secundum Festum, totus æneus erat, intusque cavus; in quo spatio opifex pontes ex ferro & ex quadratis lapidibus fecerat, ut statua firmius consisteret. Hæc immanis statua Rhodiorum deum seu solem repræsentabat: pedes basibus impositi erant, quæ majores statuas altitudine superabant. Hic colossus opifice Charete Lysippi discipulo factus, terræ motu prostratus est, inquit Plinius 34. 7. anno quinquagesimo sexto, postquam erectus fuerat, & ad usque Plinii tempus sic mansit. Pauci poterant ejus pollicem amplecti: majores erant digiti, quam plerææque statuæ. Sunt qui putent hallucinari Plinium cum ait prostratum fuisse Colossum post quinquaginta sex annos, quam erectus fuerat: id vero accidisse octoginta & uno anno postea. Rem indagare non est præsentis instituti. Deinde Vespasiani tempore erectus denuo fuit: tandem Mavia Saracenus capta Rhodo colossum vendidit Judæo, qui fragmentis Colossi nongentos camelos oneravit. Opinionum circa Colossi magnitudinem varietas magna est: plerique scriptores ipsum septuaginta cubitorum fuisse dicunt: alii longe proceriorem perhibent; sed in hujusmodi miraculis, crescit potius fama quam minuitur.

Muri Babylonii a Semiramide constructi sunt: eratque ambitus trecentorum sexaginta stadiorum; octo stadia milliare unum constituunt, itaque quadraginta quinque milliarium ambitum habuerint, quod diei unius pleni iter esset: erant muri structi lateribus & pro cæmento bitumen adhibitum. Altitudo murorum erat quinquaginta cubitorum; latitudo tanta, ut

quante coudées ; les murs étoient si larges, que quatre chariots y pouvoient aller de front. La ville étoit si grande, dit Philon de Byzance, qu'on pouvoit faire un voiage sans sortir de son enceinte. Philostrate dans la vie d'Apollone de Tyane, dit que les murs de Babylone étoient de quatre cent quatre vingt stades.

Le temple de Diane d'Ephese étoit le plus grand & le plus magnifique que l'antiquité ait jamais connu. Nous en avons fait la description au second livre du tome precedent, où nous avons aussi parlé après Spon, des grandes masures qui en restent encore aujourd'hui.

Le mausolée ou le sepulcre de Mausole bâti par Artemise sa femme & sa sœur, sera décrit au cinquiéme tome, où nous le mettrons avec plusieurs autres mausolées, dont quelques uns sont encore sur pied.

On a mis encore entre les merveilles du monde la grande Thebes d'Egypte, ville à cent portes, par où elle étoit distinguée de la Thebes de Beocie, qui n'en avoit que sept ; le Phare d'Alexandrie, & les Labyrinthes, par où l'on entend celui du lac de Mœris en Egypte, & celui de Crete, qui selon Pline ne faisoit que la centiéme partie de celui d'Egypte. Celui-ci méritoit mieux le nom de merveille du monde, que pas une de celles qu'on a mises dans ce nombre. Ce monument, dit Herodote, fut fait par les douze Rois qui regnerent ensemble en Egypte.» Ils firent, poursuit-il, ce labyrinthe un peu audessus du »lac Mœris auprès de la ville qu'on appelloit des Crocodiles. Je l'ai vu, & je »l'ai trouvé plus merveilleux que je ne puis l'exprimer. Si quelqu'un vouloit »le bien considerer, & le comparer aux plus beaux ouvrages des Grecs, même »aux temples d'Ephese & de Samos, il les trouveroit soit pour le travail, soit »pour la dépense, fort inferieurs à ce labyrinthe. Les pyramides mêmes sur- »passent ces ouvrages des Grecs, & une seule d'entr'elles est comparable à ce »qu'il y a de plus merveilleux dans la Grece : or ce labyrinthe l'emporte de »beaucoup sur les pyramides. Il y a dans ce merveilleux ouvrage douze gran- »des salles couvertes, dont les portes sont opposées les unes aux autres ; six de »ces salles sont du côté du midi sur le même rang, & six du côté du septen- »trion en même situation ; le même mur les environne par dehors. Il y a trois »mille chambres, dont la moité sont sous terre, & l'autre moitié sur celles- »ci. J'ai vu celles de dessus, & je les ai parcourues ; pour ce qui est de celles de

---

rhedæ quatuor in iis simul currere possent. Tam ampla urbs erat, inquit Philo Byzantius, ut cives intra ejus muros possent peregrinari. Philostratus de vita Apollonii Tyanei p. 36. ait Babyloniorum murorum ambitum fuisse quadringentorum octoginta stadiorum.

Dianæ Ephesiæ templum maximum elegantissimumque erat omnium quæ antiquitas unquam noverit : ejus descriptionem adornavimus tomo præcedenti libro secundo, ubi etiam post Sponium de ruderibus ejus quæ hodieque supersunt loquuti sumus.

Mausoleum seu Mausoli sepulcrum ab Artemisia ejus & sorore & conjuge excitatum quinto tomo describetur, ubi de illo verba facienus ; ubi etiam Mausolea alia memorabimus, quorum quædam hodieque stant.

Inter mundi spectacula locatæ etiam fuere magnæ illæ Thebæ Ægyptiacæ quæ centum portarum erant, qua re a Thebis Bœotiæ distinguebantur, in queis septem tantum erant portæ, itemque Pharus Alexandrinus, demumque labyrinthi, sic in plurali, quibus intelligitur labyrinthus lacûs Ægyptiacus Mœridis & labyrinthus Cretensis, qui teste Plinio, centesima tantum pars erat labyrinthi Ægyptiaci : hic certe labyrinthus dignior erat qui inter mundi miracula computaretur, quam aliud quodlibet spectaculum. Hoc monumentum, inquit Herodotus, a duodecim regibus qui simul in Ægypto regnarunt constructum est. Ipsum, pergit ille, exædificaverunt paulo ultra lacum Mœridis prope urbem illam, quam Crocodilorum vocant. Illum ego vidi, & mirabiliorem deprehendi, quam verbis exprimere possim : si quis ipsum vellet considerare & comparare cum elegantissimis magnificentissimisque Græcorum operibus, etiamque templis Ephesi atque Sami ; hæc ipsa opera sive quantum ad laborem, sive quantum ad sumtum spectat, labyrintho longe inferiora deprehenderet : ipsæ etiam Pyramides illæ Græcorum opera longe superant ; nam ex Pyramidibus vel una cum qualibet Græcorum spectaculo comparanda : at labyrinthus ipsas Pyramides longe superat. In admirando hoc opere duodecim aulæ sunt magna atque operta, quarum portæ mutuo sunt oppositæ ; ex hujusmodi aulis sex ad meridiem, sex ad septentrionem positæ eodem situ : idem exterior murus omnes ambit aulas. Tria millia ibi cubiculorum sunt, quorum mille quinquaginta subterranea, & totidem his superposita. Hæc superiora cubicula ego vidi & omnia perlustravi, de inferioribus

LES SEPT MERVEILLES.

dessous je n'en sai que ce que j'en ai pu apprendre par le recit des autres ; « car les gouverneurs du lieu ne voulurent jamais nous y mener, nous assu- « rant qu'on y voioit les sepulcres des Rois qui avoient bâti ce labyrinthe, « & ceux des Crocodiles sacrez, qu'il ne leur étoit pas permis d'exposer à nos « yeux. Les chambres d'enhaut que nous avons vues passent tout ce qui a ja- « mais été fait par la main des hommes. Il y a des issues par les toits, & des « contours & des circuits de differente maniere pratiquez dans les salles avec « tant d'art que nous en étions épris d'admiration. On passe des salles dans les « chambres, & des chambres dans d'autres appartemens, & de ces apparte- « mens dans d'autres lieux couverts : on passe aussi des chambres aux autres « salles. Tous ces bâtimens ont des toits de pierre, les murailles sont aussi de « pierre, & toutes ornées d'ouvrages en sculpture faits sur les murs mêmes. « Chaque salle est bordée d'une colonnade de belle pierre blanche. A un « angle du labyrinthe il y a un obelisque de quarante toises, orné de gran- « des figures d'animaux ; on y va par un chemin souterrain. « Herodote dit que cet obelisque est haut de quarante orgyies ; & s'expliquant un peu plus bas, il dit que l'orgyie dont il parle est de six pieds ou de quatre coudées.

Strabon ajoute qu'il y a autant de salles qu'il y avoit de gouvernemens dans l'Egypte, & qu'on n'oseroit s'engager là dedans sans guide, tant il y a de tours & de detours.

---

vero ea tantum dicam quæ audivi ab aliis, præfecti quippe Ægyptii nunquam eo nos ducere voluerunt, affirmantes ibi deposita esse sepulcra regum, qui labyrinthum struxerunt, necnon crocodilorum sacrorum, quæ non liceret nostris oculis patefacere. Cubicula superiora quæ vidimus, ea omnia quæ hominum manibus sunt facta longe superant. Sunt ibi exitus per tecta ac gyri circuitusque in aulis diverso facti modo, idque tanta arte, ut admodum obstupefacti essemus. Ex aulis in cubicula transitur, exque cubiculis in alia conclavia ; ex hisce in alia tecta loca : ex cubiculis item in alias aulas transitur. Hæc omnia adificia tectis instructa sunt lapideis : muri item lapidei sunt, insculptis imaginibus ornamentisque decorati : quælibet aula columnis ex albo lapide undique ambitur. Ad angulum quemdam labyrinthi, est obeliscus quadraginta Orgyiarum, magnis animalium schematibus ornatus : quo per subterraneam viam itur. Herodotus paulo infra Orgyias explicans, ait singulas esse sex pedum vel quatuor cubitorum.

His addit Strabo tot aulas in labyrintho esse, quot erant in Ægypto præfecturæ, neque posse in hunc labyrinthum sine periculo absque duce intrari, tot scilicet ibi gyri, tot & tam implicatæ viæ sunt.

CHAPITRE II.

I. Porte Majeure de Rome, autrefois appellée Labicane ou Esquiline. II. Les deux portes anciennes d'Autun. III. Porte ancienne singuliere près de la ville de Mesté en Cilicie. IV. Autres portes de villes.

Pl.
XCVI.

I. Nous avons déja parlé des maisons des particuliers tant de la ville que de la campagne: parlons maintenant des édifices publics des villes, bâtis tant pour l'ornement que pour l'utilité des habitans. Nous mettrons d'abord sur les rangs la premiere chose qu'on rencontre en y entrant, qui sont les portes. De celles de Rome qui malgré l'injure des tems se sont conservées depuis les Empereurs jusqu'à nos jours, nous ne donnerons que la porte qu'on appelle Majeure, qui étoit autrefois appellée *Labicana* ou *Esquilina*. Nous avons fait voir dans notre Journal d'Italie que la porte que Frontin appelle *Esquilina*, est la même que celle-ci. Elle est double en la forme que nous donnons ici, & de magnifique structure. Au dessus de la porte il y a trois inscriptions, dont la premiere dit que l'Empereur Claude a fait venir dans la ville l'eau Claudienne & d'autres eaux: la seconde dit que Vespasien a rétabli les eaux, dont l'aqueduc étoit tombé, & avoit demeuré neuf ans en cet état, en sorte que les eaux ne venoient plus à la ville, quoiqu'il n'y eut que quinze ans depuis la mort de Claude jusqu'au commencement du regne de Vespasien: mais ce qui est encore plus surprenant, c'est qu'après la mort de Vespasien qui tint l'Empire dix ans, son fils Tite qui n'en regna que deux, dit que cet aqueduc fait par l'Empereur Claude, & rétabli par son pere, étant ruiné & tombé par vetusté, *a capite aquarum a solo vetustate dilapsæ*; il l'a rétabli & mis sous une nouvelle forme. Les autres portes de Rome ou sont modernes, ou n'ont rien de bien remarquable en leur structure.

CAPUT II.

I. Porta major Romæ, olim Labicana seu Lavicana aut Esquilina. II. Duæ portæ antiquæ Augustiodunenses. III. Porta vetus singularis prope urbem, cui nomen Mesté *in Cilicia. IV. Aliæ urbium portæ.*

I. DE domibus privatorum jam actum est, tam scilicet de urbanis ædibus, quam de villis: jam de ædificiis publicis urbium loquendum, quæ ædificia tam ad ornatum, quam ad commodum civium concinnata fuere. Primo ab iis, quæ ingredientibus statim offeruntur, a portis scilicet est incipiendum. Ex Romanis illis portis, quæ temporum injuriis dirutæ non sunt, hodieque superfunt, solam portam, quam Majorem vocant, hic ponemus: eam olim aut Labicanam sive Lavicanam, aut Esquilinam dicebant. In Diario Italico ostendimus, portam illam, quam Frontinus Esquilinam vocat, eamdem atque istam esse: duplex illa est, ea forma quam hic proferimus, magnificeque structa. Supra portam triplex est inscriptio, quarum prima sic legitur: *Tiberius Claudius Drusi filius Cæsar Augustus Germanicus Pontifex maximus, tribunitia potestate duodecimum, Consul quintum, Imperator vigesimum septimum, pater patriæ, aquas Claudiam ex fontibus qui vocabantur Cæruleus & Curtius a milliario quadragesimo quinto, item Anienem novam a milliario sexagesimo secundo sua impensa in urbem perducendas curavit.*

Secunda inscriptio sic habet: *Imperator Cæsar Vespasianus Augustus Pontifex maximus tribunitia potestate secundum, Imperator sextum, Consul tertium, designatus quartum, pater patriæ, aquas Curtiam & cæruleam perductas a divo Claudio, & postea intermissas, dilapsasque per annos novem sua impensa urbi restituit.*

Tertiæ inscriptionis verba sunt: *Imperator Titus Cæsar, Divi filius Vespasianus Augustus Pontifex maximus tribunitia potestate decimum, Imperator decimum septimum, pater patriæ, Censor, Consul octavum, aquas Curtiam & cæruleam perductas a Divo Claudio, & postea a Divo Vespasiano patre suo urbi restitutas, cum a capite aquarum a solo vetustate dilapsæ essent, nova forma reducendas sua impensa curavit.*

Sane mirum videri possit aquæductum a Claudio factum, a Vespasiano cum novem annis intermisisse aquæ ac dilapsæ fuissent, restauratum fuisse, qui Vespasianus post quintumdecimum annum a morte Claudii Imperatoris regnare cœpit: quodque magis singulare videatur, post mortem Vespasiani qui decem annis regnaverat, Titus qui annis tantum duobus imperavit, dicit aquæductum a Claudio factum & a patre restauratum, vetustate a solo dilapsum, & a se nova forma reductum esse. Aliæ Romanæ portæ aut recentioris sunt operis, aut nihil habent in structura, quod observatione dignum admodum videatur.

II.

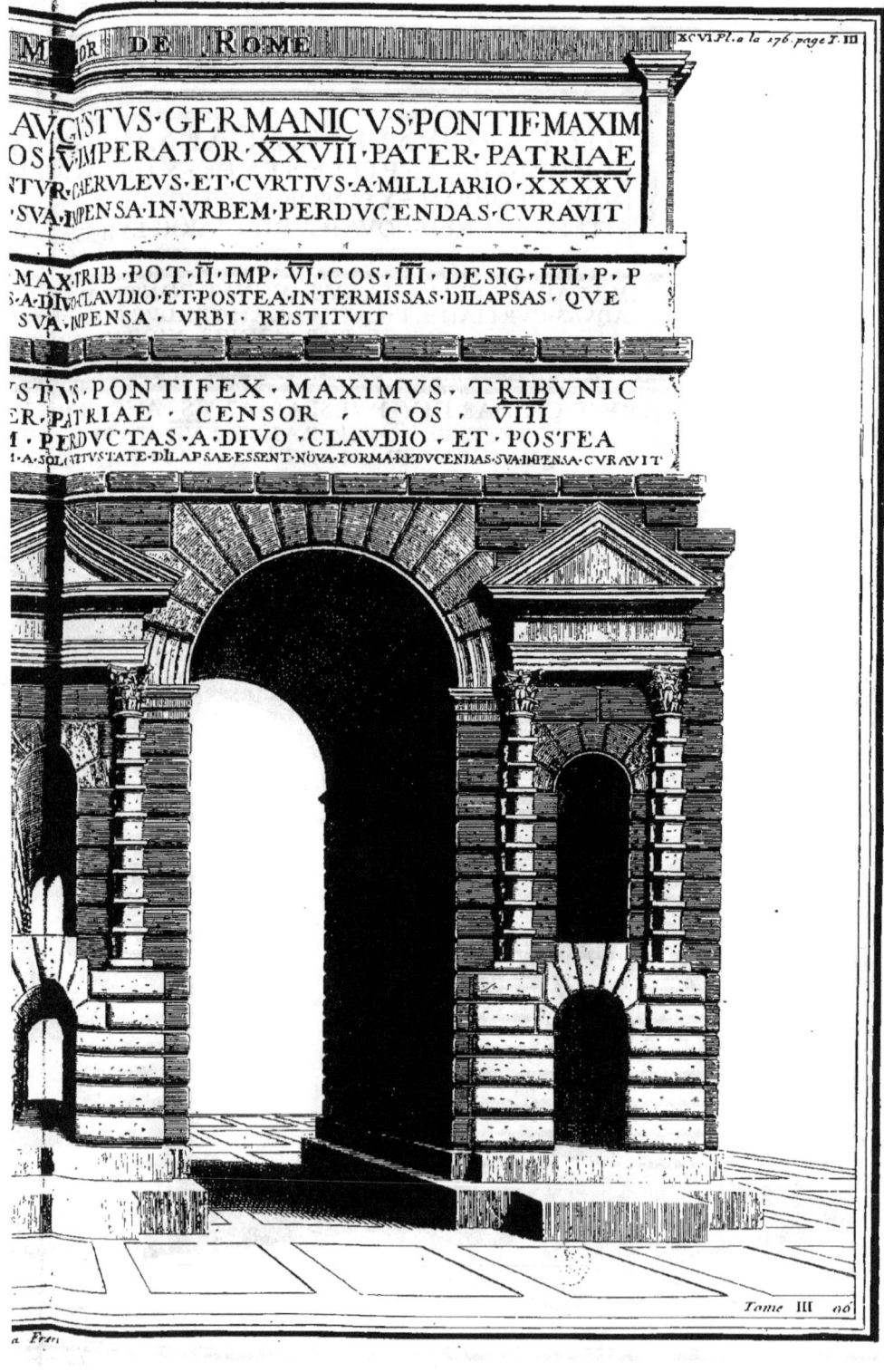

PORTES DE VILLES. 177

II. Les deux portes anciennes de la ville d'Autun meritent d'avoir place dans ce recueil: elles sont l'une & l'autre doubles, & ont un rang d'architecture audessus de l'entablement, dont l'un est d'ordre Ionique, & l'autre d'ordre Corinthien : celle d'ordre Ionique est la porte Saint-André, celle d'ordre Corinthien est la porte du pont d'Arroux. PL. XCVII.

III. Une autre porte fort remarquable qui se voit auprès de la ville de Mesté en Cilicie, a aux quatre angles quatre pyramides surmontées chacune d'un globe : elle est tirée des papiers de feu M. des Monceaux oncle de M. le Comte de Bonneval General dans les troupes Imperiales. PL. XCVIII.

IV. La porte de Pola ville d'Istrie a été une espece d'arc de triomphe érigé en l'honneur de Sergius : les colonnes sont d'ordre Corinthien ; sur le frontispice on voit des chars de triomphe, & trois piedestaux qui soutenoient apparemment autant de statues. Celle de Zara en Dalmatie est antique, comme le prouve l'inscription, & plus simple que la précédente : elle a aussi des colonnes & des chapiteaux d'ordre Corinthien.

Nous voyons aussi des portes sur les medailles. Celle de Nicopolis ville d'Epire est remarquable en ce qu'elle est triple, qu'elle a audessus de la corniche un autre rang d'arcades, & que le tout est entre deux tours. Celle de Trajanople ville de Thrace n'est pas de si bon goût ; elle est entre deux tours, & audessus de la porte s'éleve une autre tour beaucoup plus haute que celles des côtez.

II. Duæ portæ veteres Augustodunensis urbis hic locum habeant oportet : ambæ illæ portæ duplices sunt, & supra tabulatum alium architecturæ ordinem habent, quorum unus ordinis Corinthii, alius Ionici ordinis est ; quæ ordinis Ionici est porta sancti Andreæ, quæ ordinis Corinthii porta est dicta d'*Arroux*.

III. Alia porta observatu plane dignissima, quæ prope urbem cui nomen Mesté in Cilicia hodieque visitur, educta est ex MS. D. des Monceaux avunculi illustrissimi Comitis de Bonneval in exercitu Cæsareo Polemarchi. Ea ad quatuor angulos quatuor habet pyramidas, quibus globus imponitur.

IV. Porta Polæ in Istria olim fuit ceu arcus triumphalis in honorem Sergii erectus. Columnæ ordinis Corinthii sunt. In frontispicio currus triumphales visuntur, tresque quasi stylobatæ toridem, ut videtur, statuis quæ exciderint. Porta Jadetæ in Dalmatia antiqua est, ut ex inscriptione probatur, hæc columnas item & capitella habet ordine Corinthio.

In nummis quoque portæ singulares visuntur ; Nicopoleos nempe, quæ urbs Epiri erat, porta ea in re singularis quod tribus sit instructa ostiis, itemque quod supra ostia istæc quatuor arcuum series sit, hæc vero omnia duas inter turres contineantur. Non paris est elegantiæ porta Trajanopoleos Thraciæ urbis, inter duas turres & hæc posita est, & supra portam ipsam alia erigitur turris duabus aliis sublimior.

Tom. III. Z

CHAPITRE III.

I. Janus à quatre faces aux carrefours de Rome. II. Basiliques & leur forme.
III. Basilique Emilienne, & autres.

Pl. XCIX.   I. IL reste encore à Rome un Janus à quatre faces & à quatre portes, qui percent d'un bout à l'autre, & qui se croisent, en sorte que toute la fabrique est un carrefour où aboutissoient quatre rues, qui se continuoient après par le Janus. » Ces hommes, *dit Cicéron*, qui se tiennent assis au milieu du Janus »raisonnent bien mieux sur la maniere de trouver de l'argent, de le placer, »& d'en faire usage, que ne font les philosophes & les écoles. « Ce Janus qui est tout de marbre est orné par dehors de deux rangs de colonnes, en bas Ioniques, & en haut Corinthiennes. Un bâtiment de briques qu'on a fait par dessus, & dont les masures restent, a été construit dans des bas tems, & s'appelloit autrefois la Tour de Frangapanis selon le témoignage d'un Anonyme du treiziéme siecle.

Pl. C.   II. Les Basiliques étoient de grands bâtimens de figure longue, ornez de colonnades & de portiques. La salle du milieu qui s'appelloit *pluteus*, étoit aussi ornée de colonnes, en sorte qu'on voioit de là dans les portiques ou galleries: elles étoient situées aux marchez publics. Les Basiliques étoient un lieu ouvert de tous les côtez. Les negocians s'y rendoient, & tous ceux aussi qui avoient des causes à juger. Les Centumvirs y venoient aussi pour juger les procès. Ces Centumvirs étoient cent hommes choisis sur les trente-cinq tribus Romaines. Pline le jeune en met un bien plus grand nombre: »Les Ju- »ges, dit-il, au nombre de cent quatre-vingts étoient assis; car les quatre »Conseils en font tout autant: il y avoit de tous côtez une grande plaidoirie, »beaucoup de chaises, & de plus un grand nombre de peuple qui occupoit »tout ce vaste circuit à plusieurs rangs; & encore au haut de la Basilique une »multitude d'hommes & de femmes qui se tenoient là pour entendre, ce qui »étoit difficile; ou du moins pour voir, ce qui étoit aisé. « Ce n'étoient pas seulement les Centumvirs & les autres Juges qui se rendoient aux Basiliques; les Tribuns du peuple selon Plutarque y venoient aussi juger les differends. Il y avoit à Rome environ une vintaine de Basiliques, qu'on appelloit *Æmilia*,

---

CAPUT III.

I. Janus quadrifons seu quadrivius Romæ. II. Basilicæ earumque forma. III. Basilica Æmilia & aliæ.

I. ROMÆ adhuc superest Janus quadrivius quatuor portatum, quæ portæ in medio decussantur, quia eo concurrebant vici quatuor qui per Janum ipsum continuabantur: *sed de toto hoc genere*, inquit Cicero in fine libri 2. de Officiis, *de quærenda, de collocanda pecunia, etiam de utenda, commodius a quibusdam optimis viris ad medium Janum sedentibus, quam ab ullis philosophis ulla in schola disputatur.* Hic Janus totus marmoreus forinsecus duobus columnarum ordinibus exornatur; ordinis inferioris columnæ Ionicæ, superioris Corinthiæ sunt. Est supra posita lateritia fabrica quæ infimis postea sæculis structa fuit, vocabaturque turris Frangapanis, secundum testimonium scriptoris Anonymi qui decimo tertio sæculo scripsit.

II. Basilicæ magna erant ædificia oblonga, columnarum ordinibus porticibusque ornata. Media aula, quæ *pluteus* vocabatur, columnis etiam ornabatur, ita ut inde in porticus esset prospectus. Eæ in foro sitæ & apertæ undique erant: eo negotiantes confluebant, itemque causidici & quorquot causas tractandas haberent: eo etiam veniebant centumviri litibus judicandis; ii erant in triginta quinque Romanis tribubus delecti. Plinius junior longe plures commemorat judices, l. 6. epist. 33. & hæc habet: *Sedebant judices centum octoginta, tot enim quatuor consiliis colliguntur; ingens utrinque advocatio & numerosa subsellia: præterea densa circumstantium corona, latissimum judicium multiplici circulo ambibat. Ad hoc stipatum tribunal, atque etiam ex superiore Basilicæ parte qua femina, qua viri, & audiendi quod erat difficile, & quod facile, visendi studio imminebant.* Non modo autem centum viri aliique judices in basilicis conveniebant, sed etiam tribuni plebis ibidem jus dicebant, teste Plutarcho in Catone Utic. Romæ circiter viginti Basilicæ erant, nempe Æmilia, Julia, Fulvia, An-

PORTE DE R

Après la Planche XCVII page 178. T. III.

RTE DE REIMS

Après la 97. T. III

PORTES D[

PORTE DE MESTÉ EN CILICIE

Mss. de M. des Monceaux

PORTE DE TRAIANOPLE

Vaillant

PORTE DE NICOPOLIS

Vaillant

RTES DE VILLES
LICIE

XCVIII Pl. a la 178. page T. III.

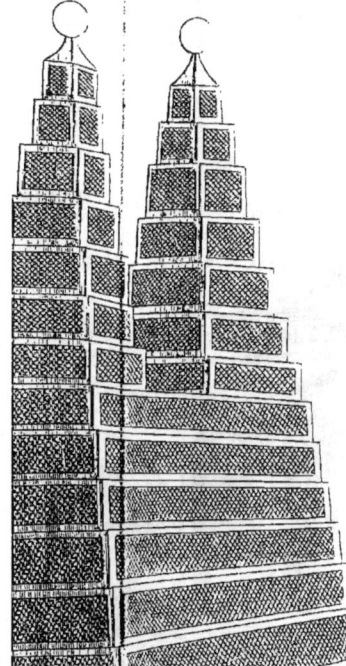

E DE NICOPOLIS

Vaillant

PORTE DE ZARA

Banduri

PORTE DE POLA

Spon

Tome III. 98

LE MACELLUM.

Julia, *Fulvia*, *Antoniniana*, *Alexandrina*, *Argentaria*; celle de Caius & de Lucius Cesars, *Marciana*, *Mattidia*, *Pompeiana*, *Porcia*, *Ulpia*, *Sicinii*, *Sempronia*, la Basilique de Neptune, & plusieurs autres.

III. Il nous reste peu de choses de toutes ces Basiliques. L'ancien plan de Rome fait sous Septime Severe dont on a beaucoup de fragmens, nous a conservé une bonne partie du plan de la Basilique Emilienne, que nous donnons ici avec une espece d'avantcour en demi-cercle, qui étoit ce qu'on appelloit *atrium libertatis*. On y voit les galleries des deux côtez, & la salle du milieu, le tout orné de colonnes. Cette Basilique avoit deux étages, comme l'on voit sur les medailles de la famille *Æmilia*. Le nom *Aimilia* écrit au dessus en fait foi. Nous voyons encore sur un revers de Trajan une façade de la Basilique *Ulpia* avec l'inscription *Basilica Ulpia*. On ne peut sur cette façade en connoitre la forme que fort imparfaitement. On a depuis le Christianisme donné le nom de Basilique aux grandes Eglises de Rome; ce nom même est devenu presque commun aux grandes eglises de l'Eglise Latine.

---

toniniana, Alexandrina, Argentatia, Caii & Lucii Cæsarum, Marciana, Mattidia, Pompeiana, Porcia, Ulpia, Sicinii, Sempronia, Basilica Neptuni & aliæ.

III. Ex hisce Basilicis pauca supersunt. In Vestigio seu ichnographia veteris Romæ quæ Septimio Severo imperante concinnata fuit, cujusque fragmenta multa supersunt, Basilicæ Æmiliæ magna pars conservatur cum quodam ceu atrio anteriori, in semicirculum facto, quod vocabatur atrium libertatis. Porticus hinc & inde visuntur & major aula sive pluteus, omnia columnis exornata. In hac Basilica tabulatum etiam superius erat, ut in nummis familiæ Æmiliæ conspicitur, cum inscriptione AIMILIA. In postica etiam parte nummi Trajani Basilicæ Ulpiæ facies repræsentatur, cum inscriptione BASILICA ULPIA, quo adminiculo nonnisi imperfecte possumus ejus formam capere. Ex quo autem Christiana religio obtinuit, nomen Basilicæ magnis Romanis Ecclesiis inditum: hoc etiam nomen pene omnibus majoribus maximique nominis per orbem Ecclesiis tribuitur.

CHAPITRE IV.

I. Ce qu'on appelloit macellum *à Rome. II. Les greniers publics dans la même ville. III. Les Citernes. IV. Ce qu'on appelloit les sept Salles.*

I. MACELLUM s'appelle encore aujourd'hui à Rome *Macello*, & en certains payis de la France *Mazel*; c'est une boucherie. C'étoit un lieu où l'on vendoit non seulement de la viande, mais aussi du poisson & d'autres victuailles. Nous voyons la forme du *Macellum* dans une medaille de Neron, au revers de laquelle sous un édifice fort magnifique on lit MAC. AVG. *Macellum Augusti*. Plusieurs Antiquaires se sont autrefois revoltez contre cette explication; ils ont mieux aimé lire, supposant que la troisiéme lettre du premier mot étoit un G & non un C, *Magna Augusti*, pour *Magna domus Augusti*, la grande maison d'Auguste, c'est-à-dire la fameuse maison dorée de Neron. Ils ont cru que ce magnifique édifice étoit plûtôt ce grand palais, qu'une

---

CAPUT IV.

I. Quid macellum Romæ. II. Horrea publica in eadem urbe. III. Cisternæ. IV. Septem aulæ seu le sette sale *quid?*

I. ID quod Macellum Romani vocabant, *Macello* vocant Itali hodierni, & in quibusdam Galliæ partibus *Mazel*. Ibi non modo carnes, sed etiam pisces aliaque ad victum necessaria prostabant. Macelli formam videmus in nummo quodam Neronis, in cujus postica parte sub ædificio magnifico legitur MAC. AVG. *Macellum Augusti*. Hanc explicationem respuêre olim quidam rei antiquariæ studiosi; aliamque lectionem substituere maluerunt, C in G mutando, nempe *magna Augusti*, scilicet *magna domus Augusti*; id est celebris illa domus aurea Neronis. Arbitrati nempe sunt hujusmodi magnificum ædi-

Tom. III. Z ij

boucherie. Mais outre que la lettre C au premier mot MAC. détruit absolument leur opinion, cette fabrique n'a nullement l'air d'une maison; & nous avons d'ailleurs une preuve certaine que le *Macellum* avoit de grands ornemens au dehors. Dans l'ancien plan de la ville de Rome le *Macellum* se trouve représenté avec seize colonnes de face, & une colonnade sur les côtez; encore les colonnes n'y sont-elles pas toutes, le plan se trouvant cassé à l'extremité du *Macellum*, dont le nom est là tout entier. Nous donnons ici le plan de ce *Macellum*, & la façade qui se trouve sur le revers de la médaille de Neron : à en juger par le plan, ce *Macellum* doit être different de celui dont nous donnons une face : mais comme dans ces grands bâtimens les medailles à cause de la petitesse de l'espace représentent bien moins de colonnes qu'il n'y en avoit, on ne peut rien décider là-dessus.

II. Non seulement les boucheries, mais aussi les greniers publics étoient bâtis avec magnificence. C'étoient de grands édifices, dont la cour intérieure étoit environnée de portiques à colonnades comme nos cloîtres. Nous donnons ici le plan des greniers Lolliens, *horrea Lolliana*, comme ils se trouvent dans le plan de l'ancienne Rome, dont nous venons de parler. Il y avoit à Rome quantité d'autres greniers publics. On en voit encore un de Constantinople à la colonne de Theodose.

PL. CI.

III. Dans le même plan de Rome nous voions celui des cîternes publiques, dont la structure merite d'être considerée. Elle est conforme à ce que dit Vitruve sur la maniere de faire les cîternes : » Si ces lieux, dit-il, sont doubles » ou triples, en sorte que les eaux passant de l'un à l'autre puissent se purifier, » l'usage en sera plus salutaire ; la vase aiant un lieu à se reposer, l'eau en sera » plus claire, & ne prendra point de mauvaise odeur. « Ces canaux souterrains sont divisez comme par chambres laissant un passage étroit de l'une à l'autre. Je croirois volontiers que le fond des chambres étoit plus bas, afin que la vase qui s'y reposoit n'entrât point aux passages, & que c'étoit à ces passages où l'on puisoit l'eau.

IV. Le Serlio donne le plan d'une autre espece de cîterne ou nymphée qui reste encore aujourd'hui, & qu'on appelle *le sette Sale*, les sept salles, quoiqu'il y en ait neuf, mais c'est qu'on ne compte que celles qui ont des portes des deux côtez ; & c'est ainsi que le Serlio l'entend, lorsqu'il ne donne

---

ficium, ædes illas regias potius quam macellum repræsentare. At præterquam quod litera c in syllaba *Mac* eorum interpretationem falsi arguit : hoc ædificium nullam præfert domus speciem, atque aliunde scimus Macellum magnifice structum fuisse : in Vestigio veteris Romæ Macellum exhibetur cum sexdecim in una facie columnis, aliisque etiam a latere, etsi non totum ædificium supersit : nam lapidis frustum delapsum amissumque partem Macelli abstulit, cujus nomen integrum ibidem superest *Macellum*. Hic ichnographiam Macelli damus, necnon Macelli etiam faciem, ut in nummo Neronis exstat. Ex Macelli ichnographia videtur aliud Macellum in nummo repræsentari. Verum quia in nummis ob brevitatem spatii fere semper longe minor columnarum numerus exhibetur, nihil inde possumus concludere.

II. Non Macella modo, sed horrea quoque magnifice structa erant. Magna quippe erant ædificia, quorum cavædium porticibus & columnis exornatum erat, ut *claustra* nostra hodierna. Hic vestigium damus horreorum Lollianorum, ut ea repræsentantur in veteri illa ichnographia Romæ de qua modo loquebamur. Romæ alia quoque horrea erant. Horreum Constantinopolitanum visitur, ut putant, in columna Theodosii.

III. In eadem ichnographia Romana cisternarum publicarum vestigium videmus, cujus structura observatu digna : ea omnino consentit cum iis quæ Vitruvius circa cisternarum conditionem tradit l. 8. cap. 7. versus finem : *Ea autem loca*, ait, *si duplicia aut triplicia facta fuerint, ubi percolationibus aquæ transmutari possint, multo salubriorem ejus usum efficient, limus enim cum habuerit quo subsidat, limpidior aqua fiet, & sine odoribus conservabit saporem*. Isti canales subterranei, quasi in cellas multas separantur, ita ut angustus meatus ab alia ad aliam relinquatur. Putarim ego cellas hujusmodi demissiore fuisse solo quam meatus, ne limus in imo subsidens ad meatus quoque transiret : & in meatibus arbitror haustam fuisse aquam.

IV. Serlius alterius quasi cisternæ aut nymphæi ichnographiam repræsentavit : quod nymphæum hodieque superest ; vocaturque *le sette Sale*, septem aulæ, etsi novem exstent : verum numerantur illæ tantum, quæ utrinque portas habent ; duæ autem extremæ ab una parte sine portis sunt, & sic intelligit

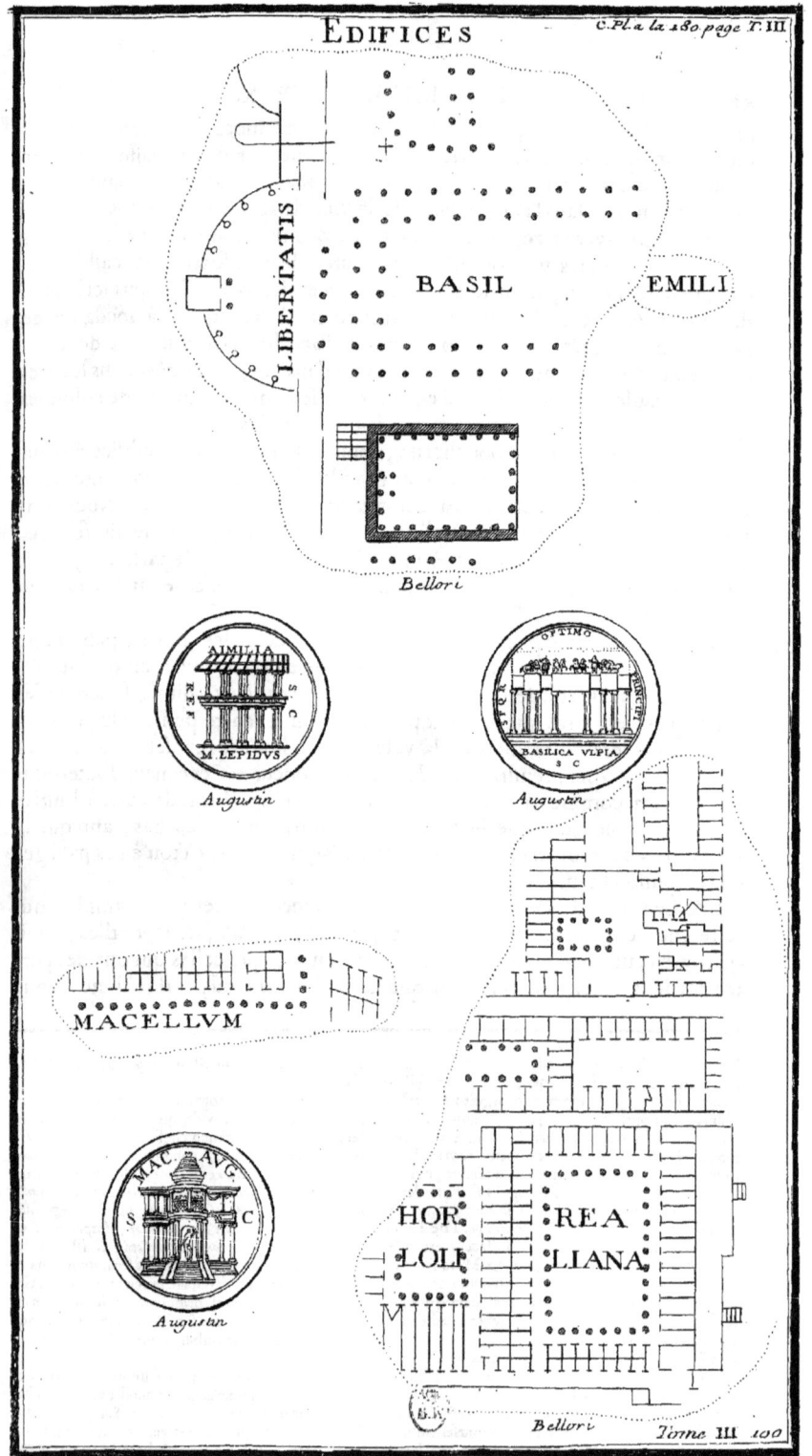

que sept espaces entre huit murs percez de portes, en sorte qu'alternativement un mur a quatre portes, & l'autre n'en a que trois, & que chaque salle a ainsi sept portes de l'un & de l'autre côté, sans compter l'ouverture de devant par laquelle on entre. Ces portes sont tellement disposées en ligne transversale, qu'en plusieurs endroits d'une des salles on voit toutes les autres tout au travers des portes. Nous en donnons le plan tel que le Serlio l'a donné. On croit que c'est du nombre constant des sept portes, que le peuple l'appelle les sept salles : cette dénomination pourroit aussi venir de ce que quoiqu'il y en ait neuf, il n'y en a pourtant que sept qui aient des portes des deux côtez.

Serlius, cum septem tantum aulas inter octo muros dat, qui portas habent alternatim tres quatuorve; alius scilicet tres, alius quatuor & sic consequenter; & sic aula quæque septem habet portas, hæ vero portæ ita dispositæ sunt, ut ex qualibet aula certis in locis omnes aliæ videantur : hujus ædificii vestigium hic damus quale Serlius protulit. Putatur ex numero constanti septem portarum septem aulas dictas fuisse : posset etiam hinc denominatio provenisse, quod etsi novem sint aulæ, septem tantum sunt quæ portas utrinque & septem numero habeant.

CHAPITRE V.

I. Ce qu'on appelloit Mutatorium *à Rome.* II. *Vestiges du palais des Augustes.* III. *Quelques vieux bâtimens de Mets.* IV. *Magnifiques restes de l'ancienne Palmyre.*

I. ON croit que les Empereurs & les gens de la premiere qualité à Rome avoient plusieurs maisons dans la ville, & qu'outre leur palais ils avoient d'autres demeures où ils se retiroient pour se divertir & s'y recréer. Ce qui est certain est qu'ils avoient des bâtimens qui s'appelloient *Mutatoria*, ce qui semble ne pouvoir s'entendre que du changement de demeure. Rufus dans sa description de Rome met à la premiere region de la ville *Mutatorium Cæsaris*; on croit que cela veut dire la maison de plaisance de Cesar pour changer quelquefois de demeure. Dans le plan de la ville de Rome on y voit celui d'un bâtiment qui y est appellé *Mutatorium*, dont nous donnons ici la forme, qui ne paroit pas entiere.

II. Il y a encore aujourd'hui à Rome de grandes masures du palais des Augustes, où l'on voit de longues enfilades de chambres qui ne paroissent pas fort grandes; les fenêtres y sont aussi hautes que les appartemens. Il y a eu des Antiquaires Italiens qui sur ces restes ont fait de grands palais entiers où rien ne manque : mais ce sont des choses imaginées & faites souvent en

CAPUT V.

I. Quid mutatorium Romæ. II. *Vestigia ædium Augustalium.* III. *Vetera quædam ædificia Divoduri.* IV. *Palmyræ vestigia magnifica.*

I. PUTATUR Imperatores virosque primarios Romæ plurimas habuisse domos, præterque ædes suas majores alias, in quas animi oblectandi causa aliquando secederent. Id vero certum est habuisse illos variis in urbis partibus ædificia quædam, quibus nomen *mutatoria*, quod de habitationis tantum mutatione intelligi posse videtur. Rufus in descriptione Romæ in prima regione urbis ponit, *mutatorium Cæsaris*, quod intelligitur, ut diximus, de domo, ubi secessus oblectamentique causa aliquando maneret. In Vestigio veteris Romæ ædificii ichnographia visitur cui nomen *mutatorium*, cujus hic forma etsi non integra datur.

II. Romæ adhuc supersunt palatii Augustorum muri vestigiaque multa, ubi cubicula conclaviaque magna serie visuntur; hæc vero cubicula, si bene memini, non admodum spaciosa singula esse videntur : fenestræ paris sunt atque conclavia altitudinis. Ex eruditis Italis quidam, secundum hasce reliquias, palatia integra numetisque omnibus absoluta delinearunt : at multa illi commenti sunt & quasi divinando secundum arbitrium suum omnia concinna-

devinant. Nous donnons ici ces mafures telles qu'elles ont été publiées plufieurs fois dans les defcriptions de Rome, affez conformement à l'état prefent ; quoiqu'il foit vraifemblable que dans ces reftes auffi expofez aux injures de l'air & du tems que ceux-là le font, il tombe de tems en tems des pans de muraille, qui augmentant toujours les ruines, déparent tous les jours ce qui reftoit de ces fuperbes bâtimens.

III. Les autres grandes villes avoient fans doute des édifices femblables, quoique moins fuperbes que ceux de Rome, qui étant comme le centre du monde en avoit toutes les richeffes. Les meilleurs ouvriers y venoient de toutes parts ; c'étoit la ville commune de tout l'univers, où perfonne n'étoit étranger, comme a dit quelqu'un. Le luxe qui va toujours de pair avec les les biens & les richeffes, y a plus regné que dans les autres villes. Nous avons vu des chofes furprenantes que des particuliers ont faites ; cela n'empêche pas que dans les autres villes de l'Empire Romain, & fur tout dans les plus grandes, il n'y eut des bâtimens fort magnifiques.

PL. CIII. Nous donnons ici une maifon & quelques murs de l'ancienne ville de Mets, qui reftent encore aujourd'hui : on laiffe au lecteur à en obferver la forme & la ftructure. Generalement parlant, les anciens bâtiffoient plus folidement que nous ; de tout ce qu'on a bâti dans ces derniers tems, rien ne fe foutient qu'autant qu'on a foin de l'entretenir : au lieu que nous voions un grand nombre de bâtimens anciens qui quoiqu'abandonnez entierement fe font confervez jufqu'à ces derniers tems ; ce qu'ils ne doivent qu'à la folidité de leur ftructure. Il en refteroit un bien plus grand nombre, fi on ne les avoit détruits pour en avoir les materiaux.

PL. CIV. IV. Il n'y a rien de plus grand que ce qu'on nous a donné depuis peu des ruines de Palmyre : la grande quantité de colonnes qui y font encore fur pied, fans compter un grand nombre d'autres qui font à terre, nous en donnent une haute idée ; ce qui furprend d'autant plus, que cette ville ne tenoit point rang parmi les premieres, & qu'il n'y a gueres qu'Odenat & Zenobie qui aient mife en reputation. Nous donnons ici l'image de fes ruines telles qu'elles font depeintes dans Corneille Bruyn un des meilleurs voiageurs de ce tems.

runt. Hic illas damus reliquias ut exftant nulloque addito ornamento, quales videlicet in multis defcriptionibus Romæ publicatæ fuere, & quidem fat accurate & fecundum rei veritatem : quamquam verifimile eft, in hifce maceriis injuriæ aeris imbriumque expofitis, aliqua in dies murorum fragmenta decidere, quæ rudera femper augent, & ea quæ ex hifce fumtuofis ædificiis fupererant deformant.

III. Aliæ præcipuæ per imperium Romanum urbes, ædificia haud dubie fimilia habuere, etfi fortaffe non paris magnificentiæ ; nam cum Roma mundi quafi centrum effet, eo confluebant peritiores quique artifices. Hæc erat orbis quafi patria communis, ubi, ut quifpiam dixit, nemo peregrinabatur. Luxus qui cum opibus divitiifque pari femper gradu procedit, plus Romæ quam in aliis urbibus obtinuit. Stupenda vidimus opera a privatis viris facta : nihilo tamen minus in maximis imperii Romani urbibus ædificia erant magnifica, quæ temporum injuria perierunt.

Hic domum quamdam & muros damus ad veterem Metenfium urbem quæ Divodurum vocabatur pertinentes : horum formam ftructuramque lectori confiderandam permittimus. Veteres illi ut plurimum firmiora folidioraque conftruebant ædificia. Ex iis quæ hodie exædificantur, nihil diu manet præter ea quæ accurantur & identidem reparantur. Ex antiquis vero ædificiis multa videmus neglecta omnibufque aeris imbriumque injuriis expofita ad hoc ufque tempus integra perfeverare, quod fane ex ædificii firmitate confecuta funt ; multoque plura fupereffent, nifi ad nova paranda ædificia vetera diruta fuiffent.

IV. Nihil Palmyræ ruderibus magnificentius. Ingens ibi columnarum adhuc in bafi fua manentium numerus, earum major proftratus numerus eft, quæ magnum urbis fplendorem olim fuiffe arguunt. Quod fane ideo in majorem ftuporem conjicit, quod urbs illa non inter præcipuas orientales urbes annumerata videatur, quodque foli Odenatus & Zenobia uxor Palmyræ nomini celebritatem indiderint. Ejus ruderum a Cornelio Brunio peregrinationibus fuis celebri delineatam imaginem hic damus.

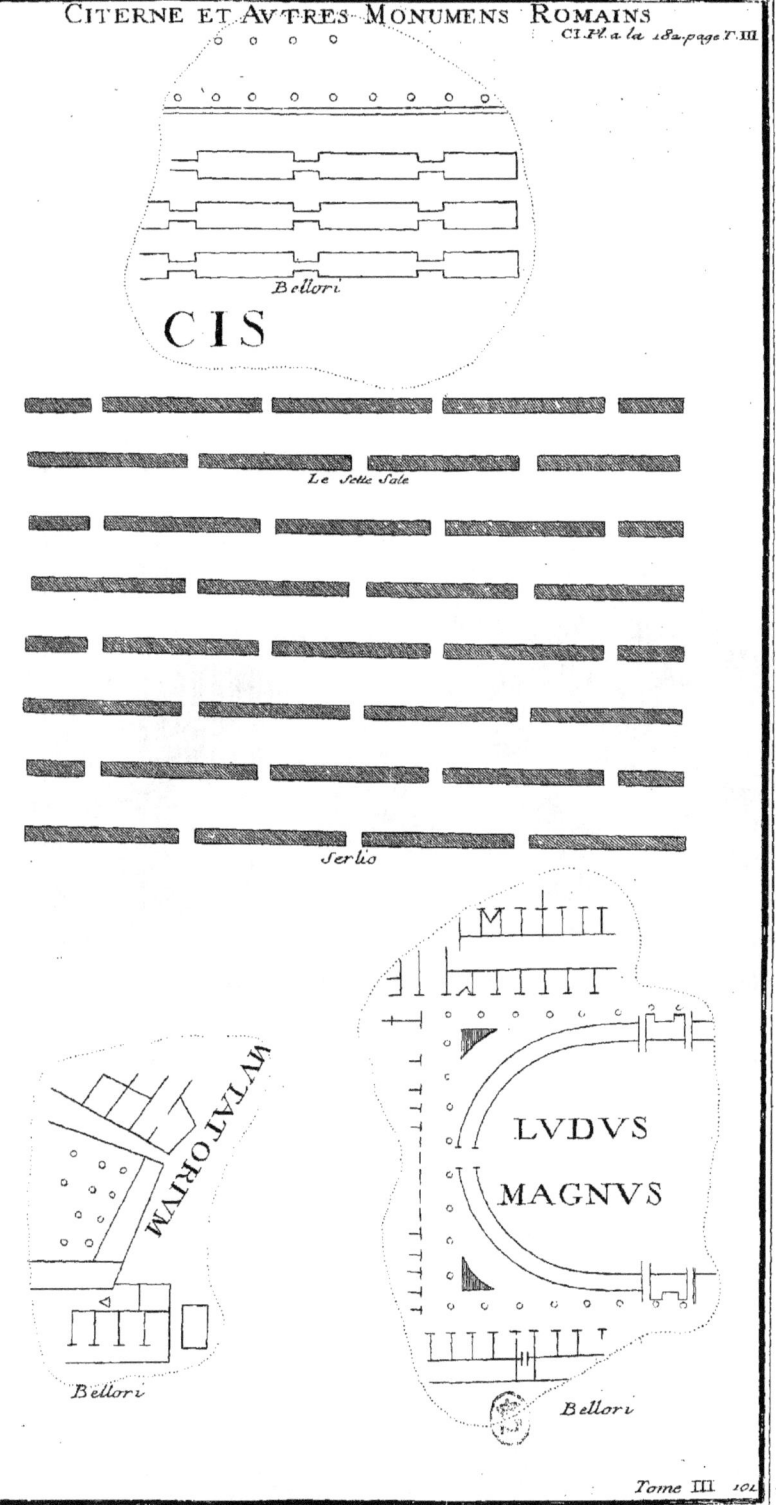

LES RUINES DE PALM

Corneille Bruin.

RUINES DE PALMYRE

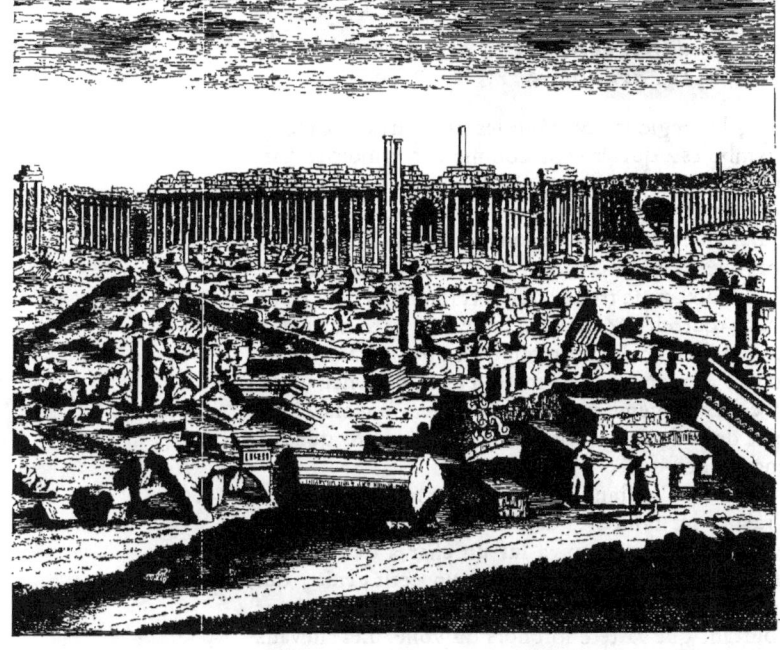

Corneille Bruin

CHAPITRE VI.

I. Les symboles des parties du monde. II. de l'Orient, & de l'Occident. III. de l'Asie. IV. de l'Afrique.

I. LEs villes, les fleuves, les regions, & même les trois parties du monde avoient leurs symboles, qui étoient comme des armoiries par lesquelles on les distinguoit les unes des autres. Ces symboles se prenoient ou de la forme de l'habit des nations, ou des plantes, ou des animaux qui croissoient dans le payis. Les villes se mettoient souvent sous la figure d'une femme qui avoit la tête tourrelée comme Cybele : mais ce symbole qui est commun dans les payis Orientaux, ne se trouve que fort rarement dans l'Occident. Ces femmes à la tête tourrelée & crenelée étant fort ordinaires sur les medailles pour signifier les villes, on les distinguoit les unes des autres par quelque autre marque ajoutée à la femme, cela mettoit une difference entre ces villes, & sur tout entre celles de même nom. Il arrive pourtant assez souvent qu'on ne trouve point de distinction entre ces symboles, & que les mêmes marquent differentes villes.

II. Nous trouvons dans l'arc de Constantin parmi les bas reliefs qui repré- PL. sentent les victoires de Trajan, les symboles de l'Orient & de l'Occident. C V. L'Orient y est representé par une femme qui va sur un char à quatre chevaux, & qui tient d'une main un globe sur lequel est un petit genie, qui tient de ses deux mains un flambeau, & qui a un grand voile étendu par dessus sa tête, en sorte pourtant que la tête sort hors du voile. Les chevaux semblent monter en courant. La femme qui de l'autre main tient une palme, est apparemment l'Aurore : le genie qui tient un flambeau, est appelé ὄρθρος ou le matin dans un manuscrit du Roi ; il peut signifier lucifer ou l'étoile du matin ; le voile marque les tenebres ; la tête sort hors du voile, parceque le matin la lumiere commence à poindre. L'homme barbu couché audessous marque ou l'Euphrate ou le Tigre, fleuves d'Orient au delà desquels Trajan poussa ses conquêtes.

L'Occident est signifié par une femme sur un char à deux chevaux : le genie qui precede la femme tombe, les deux chevaux tombent aussi ; ce qui marque l'Occident. La femme porte un croissant & un grand voile étendu sur la tête ; c'est comme cela qu'on peint Diane la lune ou la Lune tout court : où il

---

CAPUT VI.

I. Symbola mundi partium. II. Orientis & Occidentis. III. Asiæ. IV. Africæ.

I. URBES, flumina, regiones, imo tres mundi partes symbola habebant, & quasi insignia quibus ab aliis distinguebantur. Hæc vero symbola sive ex forma vestis qua incolæ utebantur, sive ex plantis, sive ex animalibus inibi nascentibus desumebantur. Urbes sæpe muliere instar Cybeles turritæ figurabantur : quod symbolum ut in Oriente vulgare solitumque, sic in Occidente ratissimum erat. Cum igitur hæ mulieres turritæ Orientalibus urbibus pene communes essent, aliqua adjiciebatur nota qua differrent, maximeque quando cognomines erant. Sæpe tamen evenit ut nulla distinctionis nota reperiatur, & ut eadem insignia diversis competant urbibus.

II. In arcu Constantini inter anaglypha ad Trajani victorias spectantia symbola videmus Orientis & Occidentis. Oriens ibi repræsentatur per mulierem in equorum quadriga incedentem, manuque tenentem globum cui insistit genius utraque manu facem gestans, & velo caput obregens, ita tamen ut extra velum caput paulum efferatur. Equi currentes conscendere videntur. Mulier quæ altera manu palmam tenet, Aurora esse putatur : Genius qui facem tenet, ὄρθρος seu Matutinus vocatur in codice quodam regio ; significatque, ut puto, luciferum sive matutinam stellam : velum tenebras significat, extra velum caput exeritur, quia lux oritur. Vir barbatus decumbens Euphratem aut Tigrim significat, ubi Trajanus imperii fines propagavit.

Occidens adumbratur per mulierem in bigis equorum stantem, genius qui mulieri præit occidit ; occidunt similiter equi, qua re occidens significatur. Mulier bicornem lunam capite gestat, amplumque velum extensum : sic pingitur Diana luna vel luna

est à remarquer que la Lune va sur un char à deux chevaux, au lieu que le char du Soleil en a quatre. On peint aussi la Nuit comme Diane la lune, mais avec cette difference que la Nuit a toute la tête couverte d'un voile, au lieu que dans cette image le voile de la femme aussi-bien que celui du genie est encore en arriere, parceque la nuit qui vient n'est pas encore arrivée. Toute l'image marque l'Occident; le fleuve signifie le Danube, sur lequel Trajan fit longtems la guerre, & remporta des victoires considerables.

III. Des trois parties du monde l'Europe est celle dont on ne connoit pas bien le symbole, à moins que ce ne soit l'enlevement d'Europe fille d'Agenor, que l'on voit dans quelques monumens.

P L. CVI. L'Asie se voit dans Antonin le Pieux : c'est une femme couronnée de creneaux, qui tient une ancre pour marquer qu'il y avoit un trajet de mer pour y arriver. Un autre type la représente sans creneaux, tenant un pied sur une proue de navire, aiant d'une main un serpent, & de l'autre une rame.

IV. L'Afrique étoit représentée en femme qui avoit une trompe d'elephant sur le front; quelquefois la tête & les dents de l'elephant y paroissent, comme dans la figure tirée du cabinet de M. Foucault, où cette femme assise tient une corne d'abondance sur le cou, & un serpent à la main droite. L'autre figure qui vient après, n'a que la tête & une partie du buste : c'est ce qu'on appelloit à Rome *caput Africæ*, la tête de l'Afrique : une contrée de la premiere region de la ville s'appelloit ainsi, parcequ'apparemment on y voioit en quelque lieu éminent la tête de l'Afrique. Il y a deux revers de medailles d'Hadrien, dans l'un desquels l'Afrique est représentée assise avec sa trompe à la tête, tenant la main gauche sur la tête d'un lion, appuiée du coude droit sur un panier où sont quelques fruits : dans l'autre elle tient de la gauche une corne d'abondance, & de la droite un scorpion; cet insecte est commun dans l'Afrique : à ses pieds est un panier d'où sortent des épis. Un revers de l'Empereur Severe la représente tenant des épis dans son sein & aiant un lion à ses pieds. Dans une medaille de Scipion la tête de l'Afrique se voit aiant un épi devant elle, & une charrue dessous; de l'autre côté de la medaille est un Hercule.

simpliciter, ubi observes velim lunam bigis equorum incedere, ut sol quadrigis incedit. Nox etiam ut Diana luna depingitur; sed nox velo caput totum obnubit, cum contra in hac imagine velum mulieris similiterque genii retrorsum agatur, quia nox accedens nondum advenit. His notatur occidens. Fluvius Danubium significat, in quo Trajanus multas retulit victorias.

III. Ex tribus mundi partibus, solius Europæ symbolum non novimus, nisi fortasse pro symbolo ejus habeamus raptum Europæ filiæ Agenotis regis, quem in aliquot monumentis expressum videmus.

Asia in Antonini nummo habetur : estque mulier muro pinnisque coronata, quæ anchoram tenet, ut notetur, nonnisi trajectu maris illo ire quempiam posse. Alius ejusdem typus illam exhibet absque pinnis murisque proram pede calcantem, & serpentem altera, remum altera manu tenentem.

IV. Africa repræsentabatur forma mulieris elephanti proboscidem capite gestantis, quæ proboscis a fronte quasi vibratur. Aliquando cum proboscide dentes quoque comparent, ut in eleganti signo illustrissimi D. Foucault; ubi hæc mulier sedens cornu copiæ humero gestat ac serpentem manu dextera tenet. Alia figura sequens caput solum partemque humerorum habet. Id vocabatur caput Africæ, regionis cujusdam urbis Romæ pars, ex pari scilicet in loco conspicuo posito schemate caputAfricæ appellata fuisse videtur. In duobus Hadriani nummis, Africa repræsentatur sedens cum proboscide; in uno autem sinistram capiti leonis imponit, & cubito dextro innixa est canistro in quo fructus; in altero sinistra cornu copiæ tener, dextera vero scorpionem, quod genus insecti in Africa frequens est : ad ejus pedes canistrum ex quo spicæ erumpunt. In postica facie nummi Imperatoris Severi exhibetur spicas in sinu tenens, cum leone ad pedes. In nummo Scipionis caput Africæ conspicitur ante se spicam habens, & subtus aratrum : in altera nummi facie Hercules visitur.

CHAP.

L'Orient et L'Occi

Marbre Romain

ENT ET L'OCCIDENT

Marbre Romain

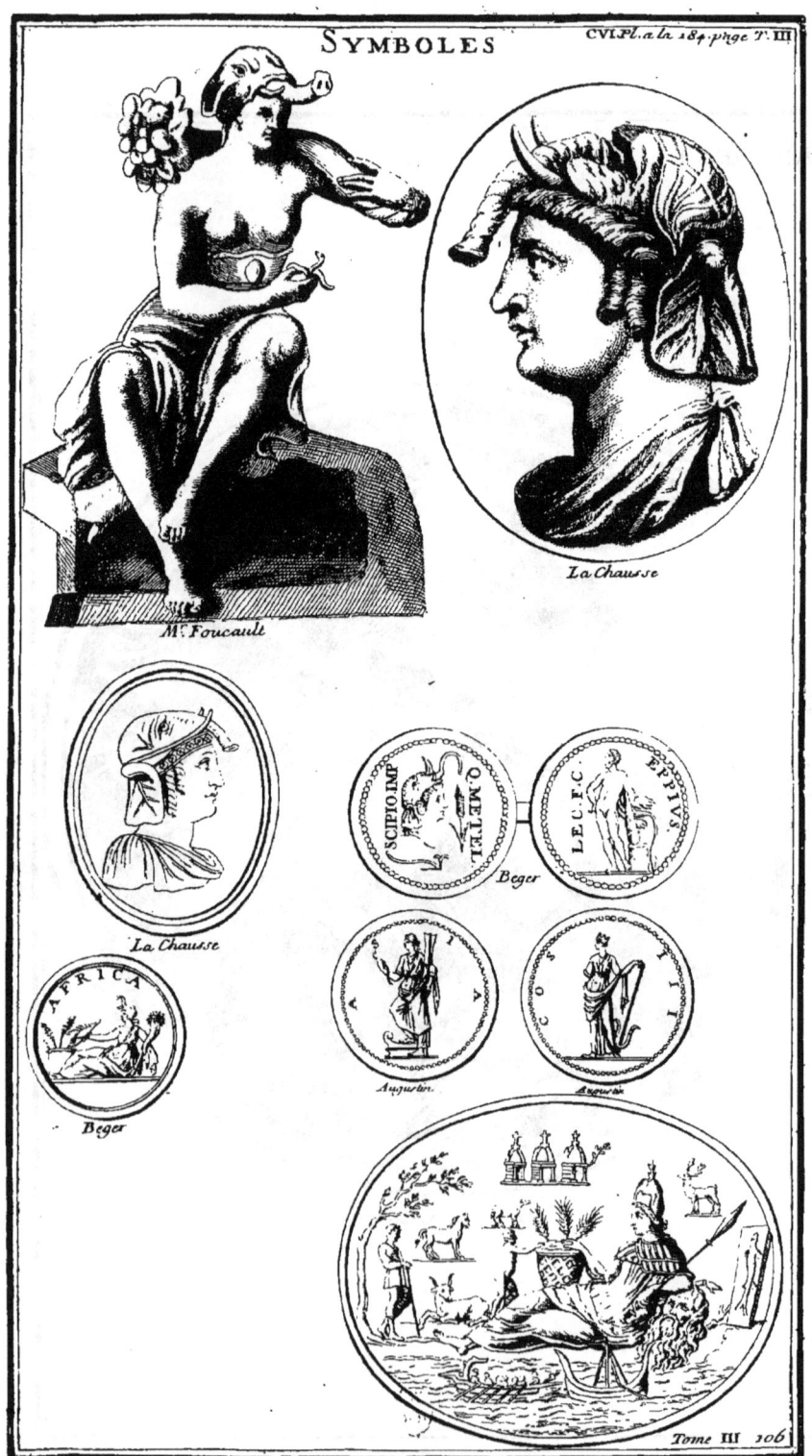

CHAPITRE VII.

I. Symboles d'Alexandrie. II. De l'Italie, de Rome, & des autres villes d'Italie. III. Du Nil & du Tibre. IV. Des Gaules. V. De l'Espagne.

I. LE Cavalier Maffei a donné pour un symbole de la ville d'Alexandrie la figure qui suit : c'est une femme assise & appuiée sur la tête d'un fleuve; on voit auprès d'elle la mer & des triremes. Elle met la main sur un panier plein d'épis de blé. La fertilité du païs en blez & en pâturages est marquée tant par ces épis, que par le cheval, le bœuf, le mouton & le berger. Cet habile Antiquaire a cru reconnoitre le crocodile dessiné sur une table, mais la queue n'est point assurément du crocodile : ce qui n'empêche pas que je croie comme lui que la ville d'Alexandrie est représentée dans cette image.

II. L'Italie sur le revers d'Antonin le Pieux, couronnée de creneaux est assise sur un globe, marque de son empire sur toute la terre ; elle tient de la main droite une corne d'abondance. Rome se trouve une infinité de fois représentée par une femme armée d'un casque, d'un bouclier & d'une pique comme Pallas. Nous en avons parlé amplement à l'article de Rome regardée comme déesse, où l'on trouve un grand nombre de ses images. Celle que l'on donne ici a le casque recourbé à la maniere du bonnet Phrygien. Naples qui suit a pour symbole une tête, derriere laquelle est un cheval marin ailé ; au revers est un taureau qui a le visage d'homme, ou un Minotaure couronné par une Victoire. Le même symbole se trouve sur les medailles de ceux de Nole & des Esernins. Dans la medaille de Caleno le taureau se voit de même avec une lyre audessus. Les Brutiens ont une tête de Jupiter & une aigle au revers. Metaponte a une tête de Mars, sous laquelle est une tête de coq, & au revers un épi. Ceux d'Hyele ont une tête de Minerve, & au revers un lion ; ceux de Rhegio une tête de femme, & au revers une lyre.

PL. CVII.

III. La planche suivante nous montre deux beaux marbres de Rome où sont représentez deux fleuves, le Nil & le Tibre. Le Nil est un vieillard couronné de laurier, à demi-couché & appuié sur son coude, tenant une corne

PL. CVIII.

CAPUT VII.

I. Symbola Alexandriæ. II. Italiæ, Romæ, cæterarumque Italiæ urbium. III. Nili atque Tiberis. IV. Galliarum. V. Hispaniæ.

I. EQuas Maffeius pro Alexandriæ symbolo mulierem sequentem proposuit, quæ sedet & cubito innititur supra caput viri barbati fluvium significantis ; prope illam visitur mare cum triremibus. Regio ferax frumenti pascuorumque significatur tum spicis, tum equo, bove atque ove. Putavit vir ille eruditus crocodilum in tabula delineatum haberi ; sed ejus cauda sine dubio crocodili non est ; nihilo tamen minus puto hic Alexandriam designari.

II. Italia in postica parte nummi Antonini Pii muris pinnisque coronata globo insidet, quæ nota est imperii in orbem ; dextera cornu copiæ tenet. Roma sexcentis in nummis occurrit per mulierem galeatam repræsentata, quæ clipeum & hastam ut Minerva tenet ; de illa pluribus egimus in Roma dea, tomo primo, ubi imaginum ejus copia exhibetur. Ea quæ hic profertur cassidem gestat Phrygiæ tiaræ more recurvam. Neapolis quæ sequitur symbolum habet caput ; a tergo equum marinum alatum habens ; in postica vero facie taurum humano capite, seu minotaurum a victoria coronatum : idem symbolum repetitur in nummis Nolæ & Æserninorum sequentibus : in nummo cui inscriptio *Caleno*, Minotaurus item visitur, sed cum lyra. Brutii caput Jovis habent pro symbolo ; & in postica parte aquilam. Metapontum caput Martis habet sub quo caput galli, & in postica facie spicam ; Hyela caput Minervæ, & in altera facie leonem ; Rhegini caput mulieris, & in postica facie lyram.

III. Tabula sequens duo elegantissima marmora Romana exhibet, ubi duo flumina exhibentur, Nilus videlicet & Tiberis. Nilus senex est lauro coronatus recumbens & cubito nixus, cornu copiæ tenens;

Tom. III. Aa

d'abondance : il a sur les épaules, sur la hanche, aux bras, aux jambes & de tous les côtez de petits garçons nus au nombre de seize, qui marquent les seize coudées d'accroissement qu'il faut que le Nil ait pour faire la grande fertilité de l'Egypte. Sous ce vieillard sont les eaux du Nil qui semblent sortir de lui : tout autour sur la bordure on voit des crocodiles & des hippopotames en quantité, & des troglodytes qui pêchent sur des barques.

Le Tibre représenté de même en vieillard tient aussi une corne d'abondance, & s'appuie sur une louve, auprès de laquelle sont les deux petits enfans Remus & Romulus. Sur les bords sont représentez des bateaux qui vont à la rame, & d'autres tirez par des hommes qui vont sur terre. On y voit encore des moutons, un cheval & quelques autres animaux. Au côté de chacun des fleuves on voit une medaille sur laquelle ils sont représentez, où il est à remarquer que le nombre de seize ις, qui se voit sur la medaille du Nil & sur plusieurs autres, marque les seize coudées d'accroissement que ce fleuve a aux années fertiles.

PL. CIX.   IV. Nous passons legerement sur la planche suivante, où sont les symboles de Crotone, de Tarente, de Suessa, des Cauloniates, des Petiliens, des Thuriens, des Arpains, tous peuples d'Italie ou de la grande Grece, pour venir aux Gaules. On voit les trois Gaules sous la figure de trois têtes ; ces trois Gaules étoient la Belgique, la Celtique & l'Aquitanique, & selon une autre maniere on les appelloit *Braccata*, *Comata* & *Togata*. *Braccata* étoit celle dont les habitans portoient des braies ; *Comata*, celle où ils portoient des cheveux longs ; *Togata*, celle où ils portoient la toge à la Romaine. Nous y ajoutons une medaille de Lion qui a un lion pour symbole, une autre de Marseille, qui a de même le lion, & une troisième de Nîmes avec l'inscription COL. NEM. *Colonia Nemausensis*, & le symbole du palmier & du crocodile : comme cela ne semble guere convenir à Nîmes, plusieurs croient que cela marque une colonie envoiée de l'Egypte à Nîmes par les Empereurs.

PL. CX.   V. L'Espagne se voit sur les medailles représentée en femme à demi-couchée, appuiée sur des roches, qui tient d'une main un rameau, & a un lapin à ses pieds : dans d'autres elle tient d'une main deux fleches, & de l'autre un rameau : elle est ainsi dans une medaille d'Auguste, & avec quelque petite difference dans deux medailles de Galba & dans une d'Hadrien. La ville

---

Humeris, femori & tibiis insistentes & undique positos habet puerulos nudos sexdecim numero, qui sexdecim cubitos incrementi Niliaci significant, quæ altitudinis mensura erat cum Ægyptus aquis Nili admodum irrigabatur, fertilisque erat. Sub sene aquæ Niliacæ quæ ex illo egredi videntur : in ora circumquaque visuntur crocodili, hippopotami multi, & Troglodytæ piscatores scaphis vecti.

Tiberis similiter ut senex repræsentatus cornu copiæ tenet, & innititur lupæ juxta quam duo pueruli sunt Remus atque Romulus : in oris repræsentantur scaphæ remo utentes, & aliæ a viris in terra incedentibus tractæ. Hic etiam comparent oves, equus, & alia quædam animalia. Ad latus utriusque fluvii nummus est in quo iisdem ipsi exhibentur ; ubi notandum in schemate Nili adscribi numerum ις, quod est sexdecim : id etiam in multis aliis nummis observatur ; quod significat sexdecim cubitos incrementi de quibus supra.

IV. Tabulam sequentem cursim præterimus, in qua sunt symbola Crotonæ & Tarenti, Suessæ item, Cauloniatarum, Petilianorum, Thuriorum, Arpanorum qui omnes Italiæ populi sunt aut magnæ Græciæ, ut in Gallias properemus. Tres Galliæ in nummo tribus capitibus significantur. Illæ vero tres Galliæ erant Belgica, Celtica & Aquitanica ; vel secundum alium modum Galliæ dividebantur in Braccatam, Comatam & Togatam. Braccata erat illa cujus incolæ bracciis utebantur ; comata ubi comam alebant gestabantque ; togata ubi togæ Romanæ usus erat. Nummum adjicimus ad Lugdunum pertinentem, ubi leo pro symbolo ; alterumque Massiliensem cum eodem symbolo ; tertium Nemausensem cum inscriptione COL. NEM. Colonia Nemausensis, & symbolo palmæ & crocodili : cum autem hæc Nemausio congruere minime videantur, multi credunt his annotari coloniam ex Ægypto Nemausum ab Imperatoribus missam.

V. Hispania in nummis mulieris forma repræsentatur, quæ mulier recumbit rupibus innixa, manu ramum tenet, & ad pedes cuniculum habet. In aliis nummis altera manu duas sagittas, altera ramum tenet. Sic habetur in nummo quodam Augusti, & cum levi quodam discrimine in duobus Galbæ nummis, & in Hadriani alio. Valentia urbs in altera facie

SYMBOLES

Beger

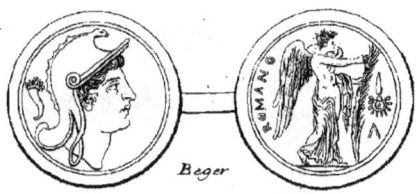
Beger

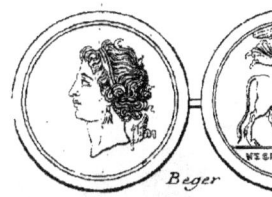
Beger

Beger

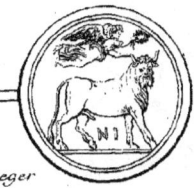
Beger

Beger

Beger

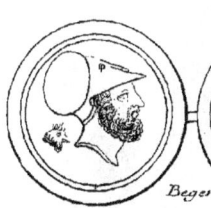
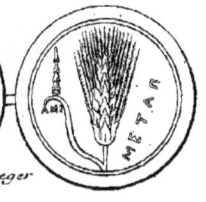
Beger

Beger

Beger

SYMBOLES DU NIL
ET DU TYBRE

SYMBOLES DES VILLES D'ITALIE ET DES GAULES

CIX.Pl.a la 186.page T.III

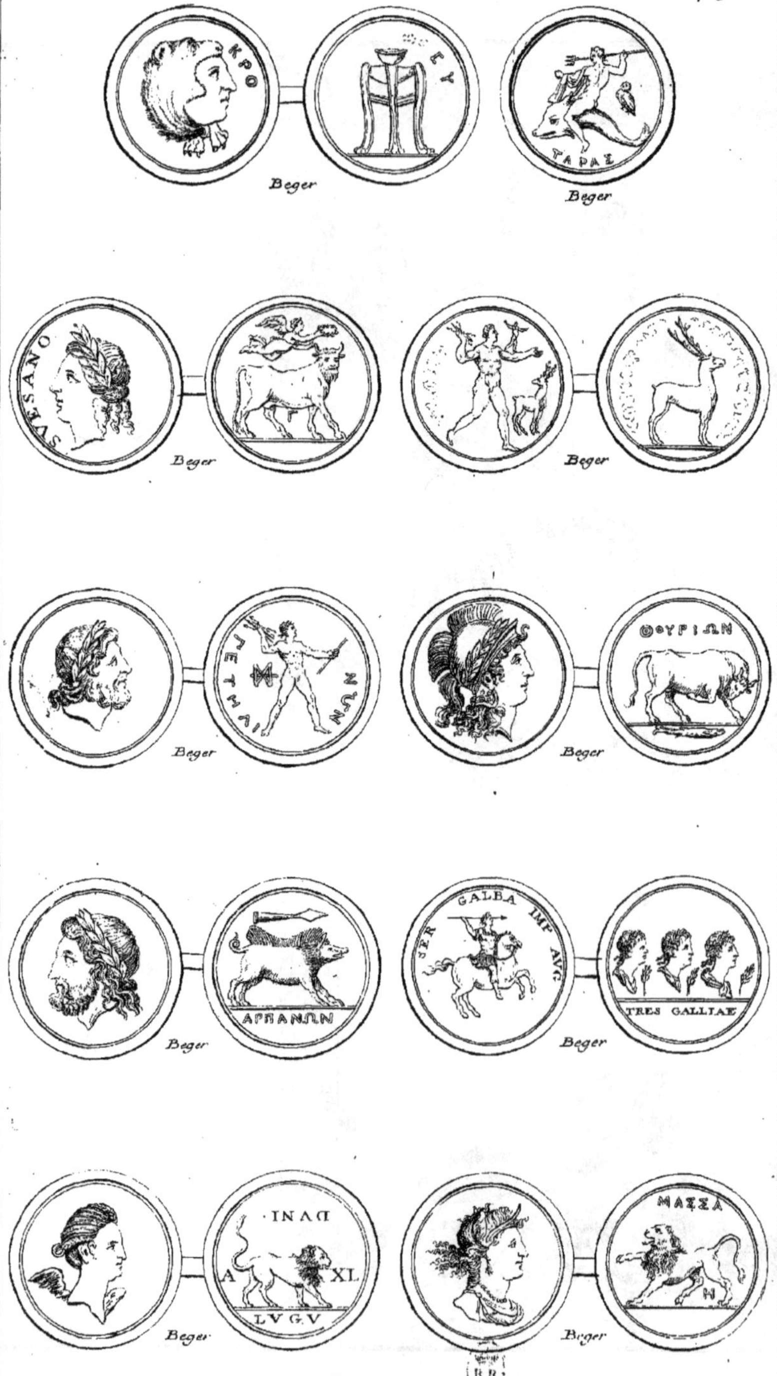

Beger — *Beger*

Beger — *Beger*

Beger — *Beger*

Beger — *Beger*

Beger — *Beger*

Tome III 109

SYMBOLES DE L'ESPAGNE

Augustin · Beger

Beger · Beger

Beger · Augustin · Augustin · Augustin

Augustin · Augustin · Beger

Tome III

de Valence a d'un côté la tête de Jupiter, & au revers la foudre, au côté de laquelle est un bâton qui se termine en haut par la tête d'un animal. Carteia est représentée en femme qui a des creneaux sur la tête à la maniere des villes de l'Orient; cette ville maritime a au revers un pescheur, & dans une autre medaille Neptune. Cascantum a un bœuf; Bilbilis & Osca un cavalier qui tient la lance en arrest; Ilerda un loup; Cæsar-Augusta qui est Saragosse, un bouvier qui mene la charrue à deux bœufs; Emerita les portes de la ville; Biate ou Biatia a d'un côté deux têtes, une couronnée de laurier, & l'autre qui porte le casque, & au revers un cavalier qui porte un rameau. Il y a encore d'autres villes d'Espagne qui ont des types particuliers : plusieurs ont le nom écrit en ancien caractere Espagnol, qu'on ne lit plus aujourd'hui.

caput Jovis, in altera fulmen habet, ad cujus latus baculus superne animalis capite terminatur. Carteia ut mulier repræsentatur, quæ coronam muralem capite gestat perinde atque orientales urbes: hæc maritima urbs in postica parte piscatorem habet, & in alio nummo Neptunum. Cascantum bovem pro nota & symbolo habet. Bilbilis & Osca equitem exhibent, qui exertam currendo hastam tenet. Ilerda lupum habet; Cæsaraugusta aratorem binis terram sulcantem bobus. Emerita portas ipsas suas exhibet. Biate aut Biatia in una facie duo capita habet, quorum aliud lauro coronatum, aliundque galeatum; in postica vero parte equitem ramum tenentem. Multæ quoque aliæ Hispaniæ urbes sunt, quæ schemata habent sibi propria. Aliquando earum nomina scribuntur veteri Hispano charactere qui hodie non legitur,

CHAPITRE VIII.

I. Symboles de la Sicile & de ses villes. II. Autres symboles. III. Ceux des fleuves selon Elien. IV. Symboles de la Dace & de la Pannonie.

I. LA Sicile appellée aussi *Trinacria*, est représentée par trois jambes qui marquent les trois promontoires de cette île triangulaire : entre les trois jambes sont autant d'épis, pour marquer la fertilité du payis. Cette figure se trouve dans plusieurs medailles ; celle-ci est de Panorme ou de Palerme, designée par une figure qui porte un casque. Les medailles de Syracuse se trouvent en grand nombre ; nous en donnons deux, dont l'une a une tête de Diane, & une foudre au revers : l'autre a une tête differente de la premiere, & au revers une machine avec deux poissons. On croit que cette machine qui a quatre branches signifie les quatre parties de la ville de Syracuse. Agragas ou Agrigente a une tête, & au revers une aigle & un cancre. Messine a un lievre, & au revers un homme sur une voiture tirée par un cheval ; une autre medaille de la même ville a un polype, espece de poisson qu'on prenoit sur cette plage de mer. Leontium dont nous donnons quatre medailles, avoit pour symbole la tête du lion que nous voyons sur trois medailles;

Pl. CXI.

CAPUT VIII.

I. Symbola Siciliæ ejusque urbium. II. Alia symbola. III. Fluviorum symbola secundum Ælianum. IV. Daciæ atque Pannoniæ.

I. SICILIA quæ item Trinacria appellabatur, tribus junctis cruribus repræsentatur, interque ctura tres spicæ sunt : tria crura tria insulæ istius triangularis promontoria significant, spicæ vero agri fertilitatem. Hic nummus Panormi est, cujus nota hic caput galeatum. Nummi Syracusani magno numero occurrunt. Duos proferimus, quorum alter caput Dianæ offert, & in postica facie fulmen ; alter aliud caput, & in postica facie machinam quamdam cum duobus piscibus. Machina vero illa quæ quatuor partibus constat, quatuor Syracusæ urbis partes significare putatur. Acragas vel Agrigentum caput habet, in postica vero parte aquilam & cancrum. Messana leporem, in altera vero facie virum rheda vectum uno trahente equo : alius ejusdem urbis nummus polypum habet piscem, qui in istis oris captabatur. Leontium, cujus quatuor proferimus nummos, symbolum habebat caput leonis in tribus nummis positum ; in quatto num-

dans l'autre est la tête d'Apollon, & au revers le trepied & la lyre. On croit que la medaille suivante, dont l'inscription greque est tres-difficile à lire, est de Segeste ville de Sicile: on voit ici trois jambes, & au revers deux lutteurs; d'où Beger tire une preuve que cette medaille est des Segestans, qui étoient grands lutteurs. Le cavalier qui darde sa lance avec le Minotaure au revers étoit un symbole de Gela, qui se trouve écrite sur les medailles CEAA & ΓΕΛΑ: une autre medaille a au lieu du cavalier un homme qui conduit un char, & une Victoire en l'air qui tient une couronne. Camarine a une Minerve, & au revers une Victoire qui vole & qui tient une palme; audessous est un oiseau. Himere a une Victoire, & au revers un homme monté sur un bouc. Les Centuripins ont la tête de Jupiter, & au revers la foudre. Catane a la tête de Jupiter Hammon, & au revers une femme qui tient une balance avec quelques autres petites marques. Dans une autre medaille est la tête de Bacchus ou de Libera, & au revers deux jeunes hommes qui emportent leurs peres pour les garantir des incendies du mont Etna: ce qui est encore exprimé dans la medaille suivante. Dans la medaille de Selinonte un homme nu sacrifie, & au revers deux hommes sur un char tiennent l'arc tendu & décochent des traits.

PL. CXIII. II. La grande Bretagne, *Britannia*, est marquée par une femme assise qui tient une pique, & qui s'appuie sur un bouclier.

La Germanie est representée dans une medaille de Domitien par un homme nu qui tient un bouclier, & dans Hadrien par une femme qui tient une pique & un bouclier.

Le Rhin est signifié par un vieillard qui tient un rameau, & est appuié sur une urne à la maniere des fleuves. Le Danube est à peu près de même dans les medailles de Trajan avec l'inscription DANVVIVS. On voit le même fleuve sur la colonne Trajane, où il paroit dans les ondes auprès d'un antre.

III. Ce qu'Elien dit des fleuves est trop remarquable pour le passer. »Nous connoissons, dit-il, les fleuves, nous n'ignorons pas leur cours; ceux »qui les adorent & qui les représentent en figures, leur donnent la forme »les uns d'hommes, les autres de bœufs. Ceux-ci sont représentez en bœufs; »l'Erasine & le Metope par les Stymphaliens; l'Eurotas par les Lacedemo- »niens; l'Asope par les Sicyoniens & les Phliasiens; le Cephisse par les Ar- »giens. Ceux ci sont peints en hommes; l'Erymanthe par les Psophiliens; »l'Alphée par les Hereens & par les Cherronesiens de Cnide. Les Atheniens

---

mo caput est Apollinis, & in postica parte tripus atque lyra. Nummus sequens cujus lectio admodum difficilis, Segestæ Siciliæ urbis est. Hic tria crura conspiciuntur, & in postica facie luctatores duo, unde concludit Begerus hunc nummum Segestanorum esse, qui luctæ admodum dediti & assueti. Eques hastam vibrans, & in postica parte Minotaurus symbola sunt Gelæ Siciliæ urbis quæ in nummis scribitur CEAA & ΓΕΛΑ: alius nummus pro equite virum habet rhedam ducentem & Victoriam in aere coronam tenentem. Camarina Minervam exhibet, & in postica facie Victoriam volantem palmamque tenentem: infra est avis. Himera Victoriam præfert, & in postica parte virū hirco equitantem. Centuripini caput Jovis habent, & in postica facie fulmen; Catana caput Jovis Hammonis & in postica facie mulierem stateram tenentem, cum aliis quibusdam exiguis signis: in alio nummo caput Bacchi, vel Liberæ, & in postica parte duo juvenes qui patres suos humeris portant, ut ab Ætnæis flammis eripiant, quod etiam in sequenti nummo exprimitur. In nummo Selinuntiorum vir nudus sacrificat, & in altera facie duo viri in curru tensis arcubus tela mittunt.

II. Britannia symbolum habet mulierem sedentem, hastam tenentem, & clipeo nixam.

Germania in nummo Domitiani repræsentatur per virum nudum clipeum tenentem, & in Hadriani nummis per mulierem hastam clipeumque gestantem.

Rhenus significatur sene ramum tenente & urnæ innixo, ut flumina solent. Danubius fere similiter repræsentatur in nummis Trajani cum inscriptione DANVVIVS. Idemque flumen in columna Trajana visitur, ubi in undis exhibetur prope antrum.

III. Quod Ælianus de symbolis fluviorum refert Var. hist. 2. 33. dignum sane observatu est: *Fluminum naturam*, inquit, *& alveos novimus; nihilominus tamen quidam colentes eos, & imagines eorum fabricantes; alii humanam, alii boum figuram illis attribuunt. Nam bobus similes faciunt Stymphalii Erasinum & Metopam, Lacedæmonii Eurotam, Sicyonii & Phliasii Asopum, Argivi Cephissum. In hominum vero figura Psophilii Erymanthum colunt, Alpheum He-*

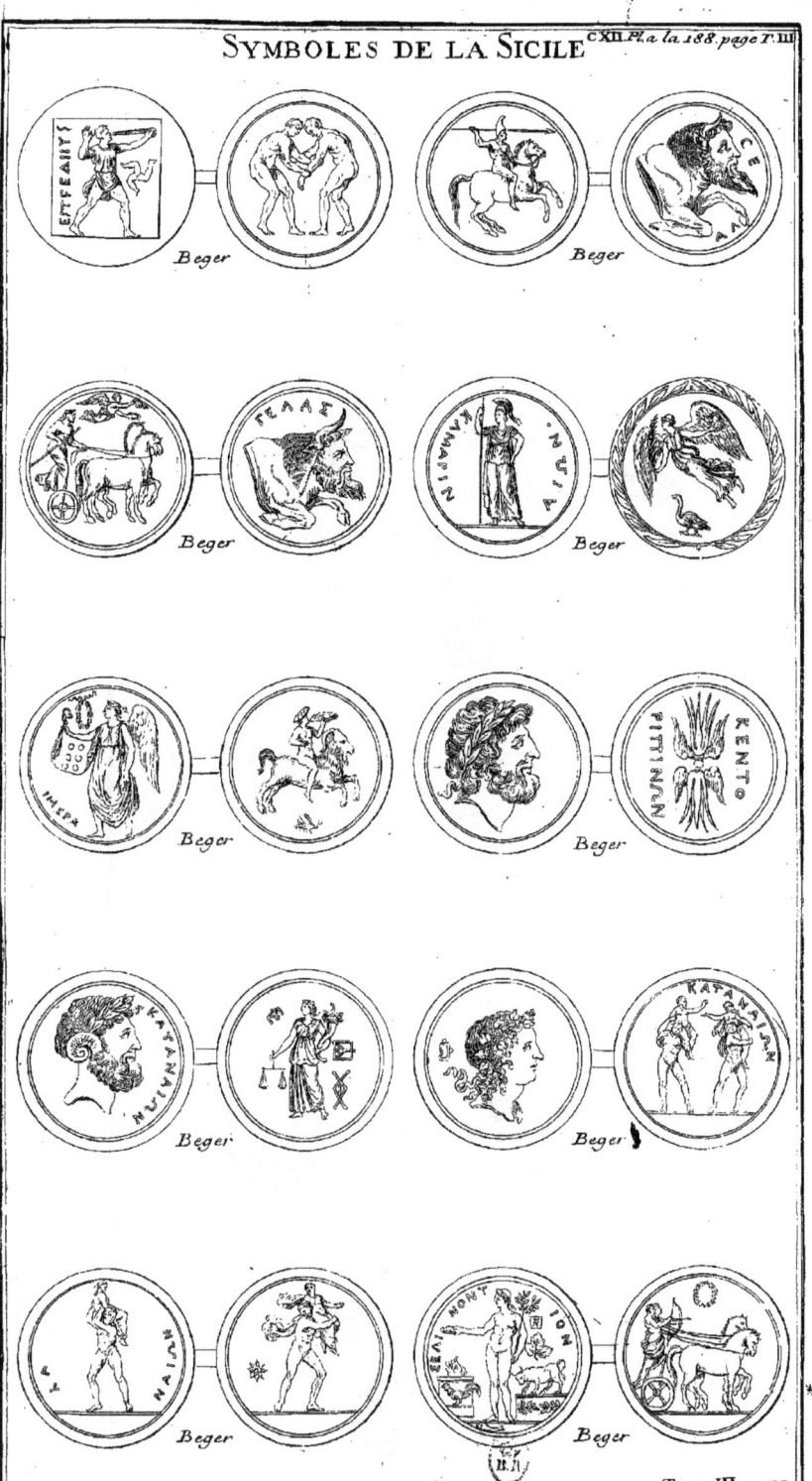

SYMBOLES

Beger

Beger

Augustin

Col. Trajane

Beger

Beger

Beger

Beger

Augustin

SYMBOLES DES VILLES.

repréſentent le Cephiſſe en homme cornu. En Sicile les Syracuſiens peignent
l'Anape en homme, & la fontaine Cyane en femme. Les Egeſtéens peignent
en homme le Porpax, le Crimiſſe & le Telmiſſe. Les Agrigentins donnent
au fleuve qui porte le nom de leur ville la forme d'un jeune garçon, & lui
ſacrifient. Les mêmes conſacrerent à Delphes un petit garçon d'ivoire, & y
mirent pour inſcription le nom de ce fleuve.

IV. La Dace eſt ſouvent ſur les medailles; dans celles de l'Empereur Dece
c'eſt une femme qui tient un bâton au bout duquel eſt la tête d'un animal,
qui n'eſt pas aiſé à reconnoitre. Dans une autre la femme aſſiſe porte un
bonnet Phrygien, tient d'une main un ſceptre & de l'autre un rameau, & a
deux petits enfans avec elle. Dans une autre c'eſt un homme aſſis ſur un
trophée.

La Pannonie dans Ælius Ceſar a un bonnet extraordinaire, & tient un
ſigne militaire de la main droite. Une autre medaille a deux figures de femmes qui tiennent chacune un ſigne militaire.

---

ræenſes; Cherroneſii qui in Cnido ſunt, eum ipſum fluvium
ſimiliter. Athenienſes autem Cephiſſum colunt ut virum
cornutum. Porro in Sicilia Syracuſii Anapum viro exprimunt; at Cyanam fontem figura mulieris colunt.
Ægeſtæi Porpacem, Crimiſſum & Telmiſſum virorum
ſpecie colunt. Agrigentini cognominem urbi fluvium
ſpecioſi pueri forma effingentes, illi ſacrificant, qui etiam
Delphis conſecrarunt eburneam ſtatuam, & fluvii nomen inſcripſerunt: ſtatua pueri eſt.

IV. Dacia ſæpe in nummis viſitur: in Decii nummis mulier eſt baculum tenens, in cujus extrema parte caput
animalis, non cognitu facilis. In alio mulier ſedens
tiaram Phrygiam geſtat, manu ſceptrum tenet, alte-
raque manu ramum, duoſque puerulos juxta poſitos
habet : in alio nummo vir eſt tropæo inſidens.

Pannonia in Ælio Cæſare galerum ſeu tiaram habet
ſingularem, ſignumque militare manu dextera tenet; alius nummus duas mulieres exhibet, quarum
utraque ſignum militare tenet.

CHAPITRE IX.

I. Symboles des Atheniens & des autres peuples de Grece. II. Des Thessaliens & d'autres. III. Des îles.

P L. CXIV.

I. Les Atheniens ont la tête de Minerve d'un côté, & la chouette de l'autre; les Thebains un pot à deux anses d'un côté, & un bouclier de l'autre; les Lacedemoniens Castor & Pollux courans à cheval; les Argiens un loup; ceux de Thea une tête d'Apollon, & au revers un Pegase; les Seriphiens ont un lion sur lequel monte une chevre; ceux de Malea promontoire une aigle; ceux de Patras la tête de Jupiter Olympien, & au revers une Minerve; ceux d'Egine une tortue; les Acheiens la tête de Neptune, & un trident au revers.

P L. CXV.

II. Les Thessaliens ont la tête de Jupiter, & au revers Minerve; ceux de Lamia une tête de Bacchus & une grande cruche à deux anses; les Thespiens une Muse & une lyre; les Opontiens la tête de Protogenie, à ce que croit Beger, & au revers Ajax Oilée; les Macedoniens une tête de Diane, ils avoient aussi beaucoup d'autres symboles. Ceux de Thessalonique ont la tête de Jupiter, & au revers deux chevaux dressez l'un contre l'autre; dans un autre revers est un Cabire. Heraclée de Macedoine a d'un côté un casque, & de l'autre un bouclier singulier; les Lapithes une tête de Diane, & au revers une lyre; Larissa une tête de femme que les uns prennent pour Meduse, les autres pour Larissa fille de Pelasgus, & au revers un cheval. Les Locriens ont Castor & Pollux, & au revers un Jupiter assis.

P L. CXVI.

La tête de bœuf marque l'île d'Eubée. Ceux de Chalcide ont une aigle qui se bat contre un dragon; les Eretriens la tête de Diane, & au revers un bœuf; les Istiéens la tête de Bacchus, & de l'autre côté une femme qui tient un voile de navire, lequel convient à leur nom; l'Epire la tête de Jupiter, & une aigle au revers; les Etoliens la tête de Mercure, & au côté opposé un sanglier; ceux de Dyrrachium ou Durazzo une vache qui allaite un veau; Corfou une tête couverte de la peau du lion, & au revers une proue de navire; les Polyrrheniens une tête de Jupiter, & au revers la tête d'un bœuf.

CAPUT IX.

I. Symbola Atheniensium aliorumque Graeciae populorum. II. Thessalorum & aliorum. III. Insularum.

I. Athenienses ex una parte caput Minervae habent, ex altera noctuam. Thebani diotam seu amphoram utrinque ansatam in una facie, & clipeum in altera. Lacedaemonii Castorem & Pollucem equites currentes; Argivi lupum; Theae incolae caput Apollinis, & in postica facie Pegasum; Seriphii leonem quem conscendit capra; Maleae promontorii incolae aquilam; Patrenses caput Jovis Olympii, & in postica parte Minervam; Æginetae testudinem; Achaei caput Neptuni, & in altera facie tridentem.

II. Thessali caput Jovis & in altera facie Minervam habent; Lamienses caput Bacchi & diotam seu magnam amphoram utrinque ansatam; Thespii musam & lyram; Opuntii caput Protogeniae, ut putat Begerus, & in postica facie Ajacem Oileum; Macedonii caput Dianae, & alia quoque multa symbola habuere. Thessalonica Jovis caput habet, & in postica facie duos equos, unum adversus alterum erectos; in alia ejusdem postica facie Cabirus visitur. Heraclea Macedoniae in altera facie cassidem, in altera clipeum singularem habet; Lapithae caput Dianae, & in postica facie lyram; Larissa caput mulieris, quam alii Medusam, alii Larissam Pelasgi filiam esse dicunt, & in postica facie equum. Locri Castorem & Pollucem habent, & in altera facie Jovem sedentem.

Caput bovis Euboeam insulam significat: Chalcidenses aquilam habent adversus draconem pugnantem; Eretrii caput Dianae, & in postica facie bovem; Istiaei caput Bacchi, & in altera facie mulierem navis velum tenentem, quod ipsorum convenit nomini; Epirus caput Jovis & aquilam in postica parte; Ætoli caput Mercurii & in altera facie aprum; Dyrrachii vaccam vitulum lactantem; Corcyra caput exuviis leonis opertum, & in postica facie proram navis; Polyrrhenii caput Jovis, & in altera facie caput bovis.

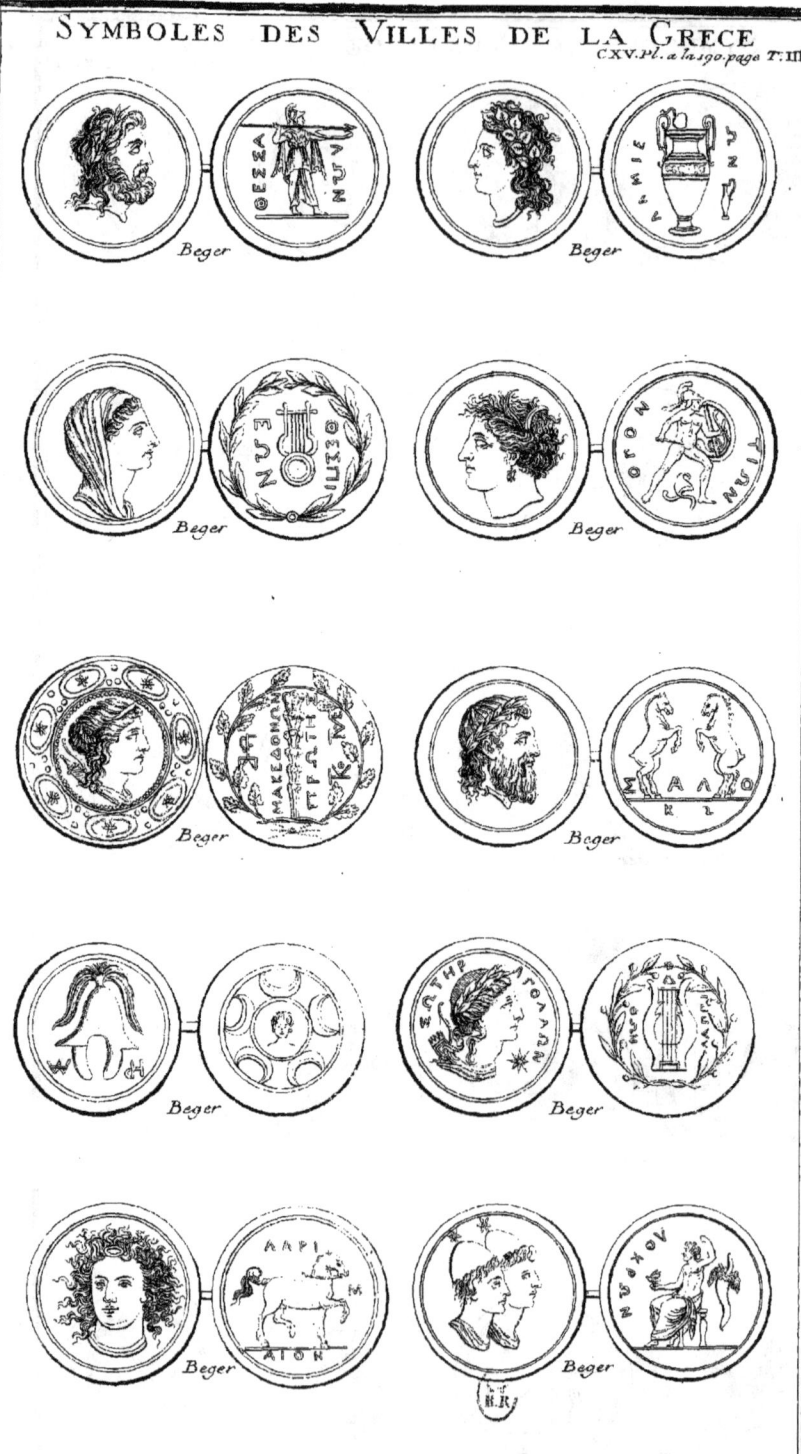

SYMBOLES DES VILLES.

III. Le symbole de Cnossus ville de Crete se voit sur une medaille qui a d'un côté la tête de Jupiter, ou comme d'autres veulent, du roi Minos, & de l'autre le labyrinthe. Gortyne autre ville de Crete, a d'un côté la tête de Jupiter, & de l'autre Europe sur le taureau; Elyros autre ville de Crete a d'un côté un cerf, & de l'autre une mouche à miel. L'île de Rhodes a d'un côté la tête du soleil, & de l'autre une rose. L'île de Chio a d'un côté Homere, & de l'autre une sphinx, qui tient une pate sur une lyre. Paros a la tête de Meduse, & au revers un bœuf. Samos en certaines medailles a une Amazone qui tient une couronne; son symbole le plus ordinaire étoit Junon Samienne, que nous avons donnée au chapitre de Junon tome premier. L'île de Tenedos a d'un côté deux têtes adossées, l'une d'un homme barbu, l'autre d'une femme, & au revers une hache, à un côté de laquelle est une grappe de raisin symbole de Bacchus, & à l'autre une lyre symbole d'Apollon. L'île de Lipare a Vulcain d'un côté, & un certain instrument de l'autre. L'île de Cos a d'un côté la tête d'un jeune Hercule couverte d'une peau de lion, & de l'autre une massue sous un cancre.

PL. CXVII.

III. Symbolum Cnossi Cretensis urbis in nummo visitur, in cujus altera facie caput Jovis, aut, ut alii volunt, Minois regis, & in altera labyrinthus: Gortyna alia urbs Cretensis in una facie caput Jovis habet, in altera Europam tauro insidentem. Elyros alia urbs Cretensis in una facie cervum, in altera apem habet. Rhodus caput solis exhibet, & in postica parte rosam. Chio insula in una facie Homerum, in altera sphingem habet, quæ pedem lyræ imponit. Paros caput habet Medusæ, & in postica facie bovem. Samos in quibusdam nummis Amazonem præfert coronam tenentem. Symbolum Sami solitum Juno Samia erat quam dedimus ubi de Junone tomo primo. Tenedos insula duo capita conjuncta habet, quorum unum barbatum, aliud imberbe, mulieris ut putatur; in altera vero facie securem, & utrinque a lateribus securis, hinc uva Bacchi est, inde lyra Apollinis symbolum. Lipara insula Vulcanum in una facie habet, & instrumentum quodpiam in altera. Insula Cos hinc caput Herculis junioris exuviis leonis indutum; inde clavam cancro suppositam.

CHAPITRE X.

Explication d'un monument singulier trouvé à Pouzzol, des douze villes de l'Asie ruinées du tems de Tibere par un tremblement de terre.

PL. CXVIII

UN des plus beaux monumens découverts de nos jours est un grand piedestal deterré à Pouzzol près de Naples l'an 1693. long d'environ cinq pieds & demi, large & épais d'environ trois & demi: la hauteur égale à peu près la largeur. Des deux plus longues faces l'une a une grande inscription, aux extrémitez de laquelle sont deux figures de femmes, dont l'une tient la main sur la tête d'un enfant. La face opposée a six figures; les deux plus petites en ont trois. Chaque figure a sous ses pieds le nom d'une de ces villes d'Asie; mais tant les figures que les noms ont été fort maltraitez par le tems, & se trouvent aujourd'hui tels que nous les représentons ici après M. Bulifon Libraire de Naples, qui en donna une courte & exacte explication imprimée à Naples en 1694. Il est certain qu'il s'agit ici de ces villes de l'Asie qui furent ruinées par un tremblement de terre sous Tibere, & rétablies par le même Empereur. Quelques-uns croient que ce tremblement de terre est celui qui arriva à la mort de notre Seigneur Jesus-Christ: c'étoit certainement sous le même Empereur; c'est aux chronologistes à voir si l'année convient. On met ordinairement douze villes ruinées; le marbre en a quatorze, sans compter le petit enfant qui a son inscription au pied comme les autres. L'inscription porte, *Tiberio Cæsari divi Augusti filio, divi Julii nepoti, Augusto, Pontifici maximo, Consuli quartum, Imperatori octavum, Tribunitiæ potestatis* XXXII. *Augustales Respublica restituit*: c'est-à-dire que la Republique a rétabli les jeux nommez Augustales en l'honneur de Tibere fils d'Auguste, petit-fils de Jules, lorsqu'il étoit Consul pour la quatriéme fois, *Imperator* pour la huitiéme, à son trente-deuxiéme Tribunat: & cela sans doute en memoire de ce qu'il avoit rétabli les villes d'Asie ruinées par les tremblemens de terre.

Strabon parle en plusieurs endroits de ce tremblement de terre, mais sans faire l'énumeration des villes ruinées: il dit seulement en parlant de Magnesie qu'aiant été ruinée par un tremblement de terre, elle fut rétablie par

---

CAPUT X.

Explicatio monumenti singularis Puteolis raperti, duodecim Asiæ urbium, quæ sub terræ motu obrutæ sunt:

INTER pulcherrima monumenta ævo nostro eruta connumerandus est stylobates ille, qui anno 1693. Puteolis prope Neapolin erutus est; cujus longitudo est quinque pedum atque dimidii, latitudo trium & dimidii, altitudo latitudini pene par. Ex duabus longioribus faciebus, altera inscriptionem magnam habet, in cujus extremis oris sunt duæ mulieres sculptæ, quarum altera manum imponit capiti pueruli: huic aversa facies sex figuras præfert, duo minora latera tres statuas singula exhibent. Quæque figura sub pedibus habet urbis Asiaticæ nomen, sed tum figuræ tum nomina tempore admodum deformata sunt, & hodieque visuntur qualia hic repræsentamus post Antonium Bulifonium bibliopolam Neapolitanum genere Gallum, qui hujus marmoris brevem accuratamque explicationem dedit Neapoli cusam anno 1694. Certum est hic de urbibus illis Asiæ agi, quæ terræ motu prostratæ fuere imperante Tiberio, & ab eodem imperatore restauratæ sunt. Non desunt qui putent hunc terræ motum illum esse, qui in D. N. J. Christi morte accidit: sub eodem certe imperatore evenit: jam chronologi videant an chronologicæ notæ in eumdem conveniant terræ motum. Vulgo ponuntur urbes duodecim dirutæ: marmor quatuordecim exhibet non annumerato puerulo cui inscriptio supposita erat, ut & aliis figuris. Inscriptio sic habet: *Tiberio Cæsari divi Augusti filio, divi Julii nepoti, Augusto, Pontifici maximo, Consuli quartum, Imperatori octavum, Tribunitiæ potestatis* XXXII. *Augustales Respublica restituit*. Marmorque haud dubie positum est in memoriam restauratarum in Asia urbium, quæ terræ motu prostratæ fuerant.

Strabo multis in locis hunc terræ motum commemorat: sed urbes per illum destructas nunquam enumerat; ait solum libro 12. de Magnesia loquens, eam terræ motu obrutam principis videlicet Tiberii libe-

SYMBOLES DES VILLES.

la liberalité du Prince, c'est-à-dire de Tibere; il le nomme comme restaurateur de Sardes capitale de la Lydie, lorsqu'il parle de cette ville, & il dit aussi que Philadelphie a été souvent agitée de tremblemens de terre. Tacite rapporte le fait en détail, & dit qu'en l'an de Rome DCCLXXX. douze villes de l'Asie furent ruinées par un tremblement de terre qui vint la nuit, si furieux que les hautes montagnes furent applanies, & que la plaine devint scabreuse & pleine de précipices, qu'on vit des feux qui s'élevoient parmi les ruines; que la ville de Sardes fut la plus maltraitée; que Tibere lui promit cent mille sesterces, & lui remit tous les tribus pendant cinq ans; que ceux de Magnesie, de Temnos, de Philadelphie, d'Ægé, d'Apollonie, les Mosceniens, ceux qu'on appelloit Macedoniens Hyrcaniens, Hierocesarée, Myrine, Cyme, Tmole, eurent la même exemtion de tributs; & qu'on envoia M. Aletus pour avoir soin du rétablissement & du soulagement de ces villes Ephese & Cibyre qui se trouvent sur le marbre, ne sont point dans l'énumeration de Tacite. La Cronique d'Eusebe y met treize villes, Ephese, Magnesie, Sardes, Mosthene; (le texte est corrompu ici, mais il est évident qu'il faut lire ainsi,) Ægé, Hierocesarée, Philadelphie, Tmolus, Temnos, Cymé, Myrrhine, Apollonie-Die, Hyrcanie. Il y en auroit quatorze, si Apollonia Dia faisoit deux villes; mais il paroit certain que ce qu'Eusebe appelle Apollonia Dia, est ce que le marbre nomme d'un seul mot Apollonidea. Cependant Nicephore qui compte quatorze villes, en a fait une de Dia, & l'a même mise non pas après Apollonie, mais après Hyrcanie, en cet ordre: »Quatorze villes, dit-il, de l'Asie »Mineure furent ruinées par un tremblement de terre; en voici les noms, »Ephese, Magnesie, Sardes, Mosthene, Hierocesarée, Philadelphie, Tmo-»lus, Tymus (pour Temnos), Myrine, Cymé, Apollonie, Hyrcanie, Die, »Cibyre. Il fait donc une ville de Dia ainsi separée & transposée après Hyrcanie, & ne met point Ægé, qui est dans Tacite & dans Eusebe, & sur le marbre; mais il met Cibyre, qui n'est ni dans Tacite ni dans Eusebe, mais qui se trouve bien écrite sur le marbre. Venons aux figures de ce monument & aux inscriptions.

La premiere est une femme qui tient la main sur la tête d'un enfant; l'en-

---

ralitate restauratam fuisse; cumque item ut Sardium Lydiæ metropoleos restauratorem nominat libro decimo tertio, ubi de Sardibus; ait ipse scriptor Philadelphiam frequentibus terræ motibus succussam fuisse. Tacitus rem minutatim describit Annal. 2. aitque: *eodem anno* (DCCLXXX.) *duodecim celebres Asiæ urbes conlapsæ, nocturno motu terræ, quo improvisior graviorque pestis fuit. Neque solitum in tali casu effugium subveniebat in aperta prorumpendi, quia diductis terris hauriebantur: sedisse immensos montes, visa in arduo quæ plana fuerint, effulsisse inter ruinam ignes memorant. Asperrima in Sardianos lues, plurimum in eosdem misericordia traxit: nam centies sestertium pollicitus est Cæsar, & quantum ærario aut fisco pendebant, in quinquennium remisit. Magnetes a Sipylo proximi damno ac remedio habiti. Temnios, Philadelphenos, Ægeatas, Apollonienses, quique Moscceni aut Macedones Hyrcani vocantur, & Hierocæsaream, Myrinam, Cymen, Tmolum levari idem in tempus tributi, mittique ex senatu placuit, qui præsentia spectaret refoveretque. Delectus est M. Aletus e prætoriis, ne consulari obtinente Asiam, æmulatio inter pares, & ex eo impedimentum oriretur.* Ephesus & Cibyra quæ in marmore habentur, apud Tacitum non commemorantur. Eusebii Chronicon tredecim urbes enumerat: *Tredecim urbes terræ motu corruerunt, Ephesus, Magnesia, Sardis, Mosthene,* (series hic vitiata, at conspicuum est sic legendum esse) *Ægæ, Hierocæsarea, Philadelphia, Tmolus, Temnos, Cyme, Myrrhina, Apollonia Dia, Hyrcania*: quatuordecim essent si Apollonia Dia duæ essent urbes; at liquidum videtur id quod Eusebius vocat Apollonia Dia, idipsum esse quod in marmore una voce dicitur Apollonidea. Attamen Nicephorus, qui quatuordecim urbes commemorat, Diam posuit, non post Apolloniam, sed post Hyrcaniam hoc ordine: *Quatuordecim urbes,* inquit ille, *Asiæ Minoris prostratæ terræ motu sunt, quarum hæc nomina, Ephesus, Magnesia, Sardes, Mosthene, Hierocæsarea, Philadelphia, Tmolus, Timus, (lege Temnos) Myrina, Cyme, Apollonia, Hyrcania, Dia, Cibyra*; Diam igitur urbem facit seorsim positam post Hyrcaniam: Ægen vero non nominat, quæ apud Tacitum & Eusebium atque in marmore nominatur, sed Cibyram ponit quæ nec apud Tacitum nec apud Eusebium exstat, sed quæ in marmore clare scripta nec vitiata legitur. Jam ad hujus monumenti schemata ejusque inscriptiones veniendum.

Prima imago mulier est, quæ capiti pueri manum imponit: puer ad pedes positas has literas habet

fant a sous ses pieds l'inscription *Thenia*. Si le nom est assez bien conservé pour être lû exactement, on est bien embarrassé à dire ce que c'est que *Thenia* dans l'Asie Mineure; M. Bulifon croit que c'est la petite île Thynias, qui selon Etienne de Byzance est à l'entrée du Pont, ou selon Strabon entre la Bithynie & la Paphlagonie. Cela ne satisfera peutêtre pas; mais je ne trouve rien de meilleur. M. Fabreti croit qu'il faut lire *Parthenia*, qui est Samos metropole de Pouzzol; Samos, dit-il, s'appelloit anciennement Parthenia: mais aucun de ceux qui ont fait l'énumeration des villes ruinées, n'y a mis ni Samos, ni Parthenia, qui par consequent est mise ici bien au hazard. L'inscription qui est sous la femme n'est pas moins embarrassante: il y a plusieurs lettres effacées, & celles qui restent sont selon M. Bulifon .... EIORON XX. ces deux derniers XX ne se lisent qu'en devinant. M. Bulifon croit que c'est COTEIORON, ville Greque, colonie de ceux de Sinope, dont parle Xenophon. Il est vrai qu'il parle de la ville de Cotyora, Κοτύωρα, & de ses habitans les Cotyorites qu'il appelle Κοτυωρῖται. Mais outre que les noms ne conviennent pas tout à-fait, cette ville paroit trop éloignée des autres, & ne se trouve dans aucune des énumerations des villes ruinées que nous ont données Tacite, Eusebe & Nicephore. De plus, si nous mettons ici Cotyora, la ville de Sardes ne s'y trouvera pas, qui étoit pourtant la plus grande des villes ruinées, la plus maltraitée, & celle au rétablissement de laquelle Tibere fit le plus de dépense. M. Fabreti qui dit avoir reçu cette inscription figurée par ordre du Cardinal Cantelmi, dit que ce mot gâté est ainsi exprimé sur le marbre ... EI. RON. XX. il lit ainsi, EIERON, & prétendant rétablir cette mauvaise leçon qui étoit originairement sur le marbre, à ce qu'il croit, en mettant HIERON. XXI. il dit qu'Hieron sera un temple selon la signification du mot grec, & que XXI. signifiera le nombre des Augustales, qui étoient vingt-un dans leur origine selon Tacite. Mais tout cela me paroit trop hazardé : on ne devine jamais sur des inscriptions si gâtées sans peril d'erreur. J'aimerois mieux croire que c'est ici la ville de Sardes, elle & Magnesie sont mises les premieres, comme les principales & les plus maltraitées: peutêtre que le nom *Sardes* étoit tout le premier dans les lettres effacées, & que les lettres qui restoient disoient quelque chose que nous ne pouvons deviner.

Je croi que M. Bulifon a tres-bien expliqué tout ce qui reste : je ne doute

THENIA : quod nomen si in labefactato lapide recte legatur, difficultatem certe parit : nam quod hujusmodi nomen est in Asia minori ? Putat Bulifonius esse Thyniam insulam, quæ secundum Stephanum Byzantium in Ponti ingressu est, aut secundum Strabonem inter Bithyniam & Paphlagoniam : illud sane fortasse non placebit; at nihil reperio substituendum. Raphaël Fabretus inscript. p. 729. legendum putat PARTHENIA, quæ est Samos hoc olim nomine appellata, quæ erat Puteolorum Metropolis. At nemo eorum, qui prostratas urbes enumerarunt, vel Samum vel Partheniam commemoravit; ideoque hic sine ulla auctoritate locatur. Quæ sub muliere est inscriptio non minus negotii facessit : ex literis plurimæ abrasæ sunt; quæ supersunt autem sic leguntur a Bulifonio...... EIORON XX. Putat Bulifonius hic indicari COTEIORON urbem Græcam Sinopensium coloniam, quam commemorat Xenophon. Vere ille de urbe loquitur cui nomen Cotyora, κοτύωρα, deque incolis, qui apud ipsum nominantur κοτυωρῖται, Cotyoritæ. At præterquam quod nomina non prorsus conveniunt; hæc urbs ab aliis hic memoratis longius disjuncta videtur, neque apud aliquem ex supra memoratis scriptoribus inter obrutas terræ motu urbes connumeratur. Ad hæc si hic Cotyoram ponamus, Sardes non comparebunt, quæ tamen urbium illarum maxima & damnis affecta majoribus fuerat, quamobrem eidem restaurandæ major a Tiberio vis pecuniæ insumta. Fabretus qui se a Cardinali Cantelmio hujus marmoris delineationem accepisse ait, hanc labefactatam vocem in marmore sic exhiberi .. EI. RON XX. hocque modo legit EIERON, malamque, ut putat ille, lectionem in marmore sic positam ab origine, sic restitui vult HIERON. XXI. Hieron, inquit, templum erit secundum græcæ vocis significationem, XXI. numerum denotabit Augustalium, qui ex Tacito in origine sua viginti & unus erant : sed hæc velut casu dicta videntur : in adeo labefactatis hujusmodi inscriptionibus nunquam sine periculo divinatur. Libentius crederem hanc urbem Sardes esse, quæ cum Magnesia primæ positæ fuerint utpote majores majorique detrimento affectæ : forte Sardium nomen primum in abrasis literis erat, & superstites literæ aliud efferebant quod divinare non possumus.

Quæ supersunt omnia a Bulifonio, recte explicata

SIMBOLES DE VI

OLES DE VILLES

pas que la figure de l'autre côté de l'inscription, du nom de laquelle il ne reste que ces lettres ..... IA. ne soit Magnesie. Philadelphie vient après sur un des petits côtez, & son nom est entier. Le mont Tmolus ou Timolus suivant est sous la figure d'un homme, à son côté on voit un cep de vigne qui est cru en arbre, & duquel pendent des grapes. Il est mis parmi les villes rétablies, parceque comme il étoit fort cultivé selon le témoignage des auteurs, il y avoit sans doute des habitations qui furent ruinées par le tremblement de terre, & puis rétablies par la liberalité de l'Empereur. Cymé qui est représentée sous la figure d'une femme a son nom bien écrit. Temnos est aussi sous la forme d'une femme qui tient un bâton. Cibyra a le casque en tête, & tient une pique comme Minerve ; cette pique a un fer à chaque bout. Myrina tient un panier ; Ephese un rameau d'où sortent deux pommes, ou peutêtre deux pavots ; elle est couronnée, & il sort de sa couronne comme des flammes : on voit derriere un piedestal sur lequel est la Diane d'Ephese. Apollonie qui vient après, est selon toutes les apparences celle qui étoit auprès de Thyatire, & dans la Phrygie ; le marbre l'appelle *Apollonidea*, & Eusebe *Apollonia dia* ; je ne connois point les raisons de cette appellation. Hyrcanie est auprès ; c'étoit une contrée & une ville qui avoit pris ce nom d'une colonie que les Perses amenerent là de l'Hyrcanie ; elle étoit tout auprès des villes précedentes : je ne sai pourquoi Tacite appelle ses habitans les Macedoniens Hyrcaniens ; c'étoit dans la Lydie, *Hyrcanus campus in Lydia*, dit Etienne de Byzance. Mosthene qui suit, étoit encore une ville de Lydie ; elle tient je ne sai quoi à la main. Æge ville d'Eolie est désignée aussi par une femme qui tient un bâton d'une main, & je ne sai quoi de l'autre ; elle est couronnée de creneaux, comme sont ordinairement ces femmes qui représentent les villes de l'Orient. L'inscription gâtée n'a plus que le dernier E. mais il ne faut pas douter que ce ne soit Æge. Hierocesarée la derniere de toutes, est une femme couronnée comme la précedente.

---

existimo : ab alio inscriptionis majoris latere mulieri supposita inscriptio, cujus duæ postremæ literæ supersunt ..... I A. Magnesia erat. Philadelphia in altero ex minoribus lateribus est, ejusque nomen sanum *Philadelphea*. Tmolus aut Timolus mons, viri speciem præfert, & ad latus habet vitem arboris more uvis onustam. Hic inter restauratas urbes ponitur, quia cum admodum cultus fertilisque esset secundum scriptorum testimonia, in eo haud dubie habitacula ædificiaque erant terræ motu prostrata, posteaque ab Imperatore restituta. Cyme mulieris forma exhibita nomine gaudet sano. Temnos etiam mulieris speciem præfert baculum tenentis. Cibyra galeata est hastamque tenet ut Minerva, quæ hasta utrinque acieque munitur. Myrina canistrum tenet ; Ephesus ramum unde poma duo erumpunt, aut fortasse duo papavera : ea coronata est, ex ejusque corona quasi flammæ exeunt : pone illam stylobates est, cui imposita Diana Ephesia. Apollonia quæ sequitur ea ipsa est, ut putatur, quæ prope Thyatiram in Phrygia sita erat : in marmore Apollonidea vocatur, & apud Eusebium Apollonia Dia, cujus denominationis causam non novi. Prope est Hyrcania : eratque nomen agri urbisque in quam Persæ coloniam ex Hyrcania transtulerant : urbibus ea supra memoratis vicina erat. Nescio quare Tacitus ejus incolas vocet Macedonas Hyrcanos ; in Lydia erat urbs atque ager ; *Hyrcanus campus in Lydia*, inquit Stephanus Bizantius. Mosthene sequens urbs Lydiæ item erat : hæc manu nescio quid tenet. Æge urbs Æoliæ designatur item muliere, baculum altera & nescio quid altera manu tenente : ea muris pinnisque coronatur, ut mulieres aliæ quæ Orientalium urbium symbola sunt. Inscriptio labefactata ultimam literam E retinet, nec dubium quin sit Æge. Hierocæsarea ultima omnium, mulier est muro similiter coronata.

CHAPITRE XI.

I. Symboles de Smyrne & des villes voisines. II. De Nysse & de plusieurs autres villes & regions. III. De la Syrie & de la Phenicie.

PL. CXIX.

I. Nous allons voir en particulier plusieurs villes Greques de l'Asie. L'Asie elle même se voit représentée comme une femme tenant je ne sai quoi entre les mains. La ville de Smyrne est représentée en Amazone; on dit en effet que c'est une Amazone qui l'a fondée : à son revers elle a un lion. On croit que dans la medaille suivante de Smyrne, la tête cornue est de Bacchus cornu ; nous avons déja vu dans le premier tome Bacchus avec des cornes, au revers sont les deux Nemeses dont nous avons déja parlé au chapitre de Nemesis. Ephese a un cerf, qui est le symbole de Diane aussi-bien que d'Ephese. Diane étoit la principale marque de la ville d'Ephese, comme nous avons vu au tome premier sur Diane. Phocea a d'un côté une tête de femme tourrelée, & de l'autre un poisson qu'on appelle Phoca, ou la femelle qu'on appelle Phocæna selon le sentiment de Beger, qui s'appuie sur ce passage d'Aristote, ὁμοίως δὲ τῷ δελφῖνι καὶ ἡ φώκαινα, la Phocene ressemble au Dauphin : celle-ci lui ressemble en effet ; les anciens aimoient fort ces allusions de noms, telle qu'est ici celle de Phocea à Phoca ou Phocæna. Un loup semble vouloir dévorer ce poisson. Myrina a d'un côté la tête d'Apollon, & de l'autre, à ce que quelques-uns croient, la Pythienne. Pergame a d'un côté Minerve, & de l'autre Esculape. La ville de Sardes a Bacchus d'un côté, & le lion de l'autre. La colonie de Troade avoit d'un côté une tête de femme avec des tours sur la tête, & de l'autre un cheval. Les Meoniens avoient d'un côté une tête couronnée de laurier, & de l'autre Diane d'Ephese.

PL. CXX.

II. La ville de Nyse ou Nysse a un symbole fort singulier d'un taureau porté par un grand nombre de jeunes gens nus ; on croit qu'ils le portent pour être immolé ; c'est apparemment une coutume du payis. Prusa a pour symbole une femme attachée à une roche ou à une montagne ; à ses pieds est un monstre marin : seroit-ce Andromede ? Tarse en Cilicie a d'un côté une femme avec des tours sur la tête, & de l'autre un homme sur un animal peu reconnoissa-

CAPUT XI.

I. Symbola Smyrnæ urbiumque vicinarum. II. Nyssæ aliarumque urbium ac regionum. III. Syriæ ac Phœniciæ.

I. Jam speciatim plurimas Asiæ urbes persequemur. Ipsa Asia repræsentata occurrit in nummis, ut mulier quæ manibus nescio quid tenet. Smyrna Amazonis forma exhibetur : fabulantur enim ab Amazone conditam urbem : in postica facie leo. In nummo Smyrnensi qui sequitur, caput cornutum esse Bacchi putatur : Bacchos cornutos jam primo tomo vidimus : in postica facie duæ Nemeses, de quibus jam diximus ubi de Nemesi. Ephesus cervum habet Dianæ symbolum : Diana vero præcipua erat Ephesi tessera, ut tomo primo in Diana videre est. Phocea ab altera parte mulierem turritam præfert, ab altera vero piscem quem Phocam vocant, vel feminam piscem φώκαινα dictam, ut existimat Begerus, nixus hoc Aristotelis loco lib. 4. c. 12. ὁμοίως δὲ τῷ δελφῖνι ᾖ ἡ φώκαινα, Phocæna delphino similis, in nummo certe delphino similis est : apud Veteres autem ex similitudine nominum symbola aliquando petebantur : hunc piscem lupus devorandum invadere videtur. Myrina in una facie caput Apollinis habet, & in altera, ut quidam opinantur, Pythiam. Pergamus ex una parte Minervam præfert, ex altera Æsculapium. Sardeis Bacchum habebant symbolum & in aversa facie leonem. Troadis colonia, hinc caput mulieris turritæ, inde equum habebat : Mæonii ab una facie caput laureatum, ab altera Dianam Ephesiam.

II. Nysa seu Nyssa symbolum præfert singularissimum, taurum scilicet a nudis magno numero pueris gestatum, atque, ut putatur, ad sacrificium : erat haud dubie ceremonia eodem in loco adhiberi solita. Prusa pro symbolo habet mulierem rupi aut monti colligatam, ad ejus pedes monstrum marinum visitur: an hæc fuerit Andromeda ? Tarsus in Cilicia ab una parte mulierem turritam habet, ab altera virum dorso animalis cujuspiam non noti pedibus insistentem:

ble; on croit que c'est Sardanapale fondateur de Tarse. Mopsueste a à la tête de Jupiter, & de l'autre côté un autel flamboiant. Apamée a d'un côté une tête de Bacchus, & de l'autre un thyrse. Samosate dans un revers de l'Empereur Philippe est une femme couronnée assise sur des roches, qui tient une aigle, & a un cheval à ses pieds. La colonie de Bostra a pour marque une femme avec la tour sur la tête & une corne d'abondance. La medaille des Maronites a d'un côté un cheval, & de l'autre une grappe, marque que le payis étoit abondant en vin & en chevaux. Hierapolis a la tête de Bacchus, & de l'autre côté l'enlevement de Proserpine. Au revers d'une medaille d'Auguste on voit l'Armenie subjuguée, qui porte un bonnet Phrygien, & tient d'une main une pique, & de l'autre un arc. L'Armenie & la Mesopotamie subjuguées se voient aussi sur une medaille de Trajan; ce sont d'un côté deux Rois assis, & de l'autre la figure de l'Euphrate. On prend pour une medaille de Cyrene la suivante, qui a d'un côté une femme avec une couronne murale, & de l'autre une Minerve; il n'est pas bien certain que la medaille soit de Cyrene.

III. Le symbole suivant est de la Syrie; c'est une tête de femme tourrelée à l'ordinaire. Un des symboles de Sidon est une femme couronnée de tours, & au revers une aigle. Un autre symbole de la colonie de Sidon beaucoup plus singulier, est un petit temple qui va sur des roues. Tyr a d'un côté la tête d'Hercule, que cette ville regardoit comme son fondateur, & de l'autre l'aigle & la massue, & dans un autre revers la massue seulement. Beryte est reconnoissable par le voile qui couvre sa tête d'une maniere non ordinaire: dans une autre medaille de Beryte on voit d'un côté la tête de Jupiter, & de l'autre la foudre. La ville d'Antioche tourrelée à l'ordinaire a pour revers un autel flamboiant. Le palmier est le symbole de la Judée non seulement dans le revers qui suit, mais aussi dans d'autres. Les Arcadiens ont une tête avec des tours à l'ordinaire, & au revers une Victoire qui tient une flamme de vaisseau.

Pl. CXXI.

On pourroit faire un gros livre de ces symboles de villes, qu'on trouve dans plusieurs monumens, mais particulierement sur les medailles, où la même ville & la même region ont quelquefois plus de trente symboles differens: le Nil seul est representé en plus de cinquante manieres. Ces symboles se trouvent souvent tous les mêmes pour differentes villes. On peut tirer de ces medailles, & sur tout des Greques, de belles connoissances pour la Geographie; on y rectifie les noms de plusieurs villes corrompus dans les Geopraphes imprimez. On y apprend aussi bien des noms de villes qu'on ne trouve point ailleurs. Dans quelques-unes on apprend le nom des rivieres sur lesquelles elles sont situées. Les Geographes y trouveront beaucoup d'autres utilitez qu'il n'est pas necessaire d'exprimer ici. Nous nous contenterons d'avoir donné les symboles les plus ordinaires & les plus remarquables des payis, des roiaumes & des villes principales.

sunt : vitiata apud Geographos editos nomina eorum ope restituuntur. Multa etiam urbium nomina apud scriptores non memorata occurrunt ; in nonnullis etiam fluviorum juxta quos sitæ sunt urbes : multa quoque alia hinc commoda ad Geographos accedent, quæ hic memorare necessarium non est. Satis erit nobis symbola regionum & urbium præcipuarum commemorasse.

Fin de la premiere partie du troisiéme Volume.

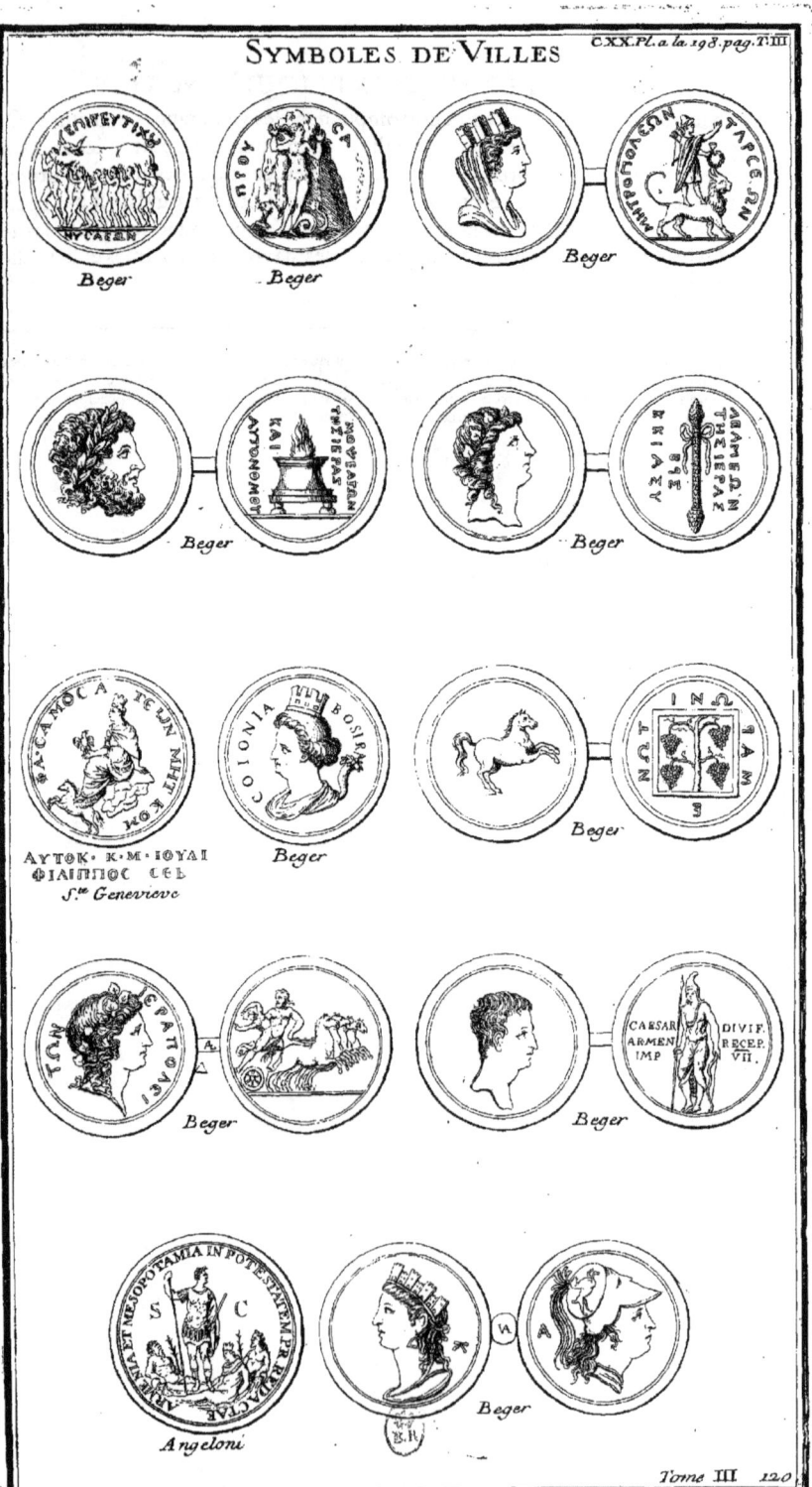

www.ingramcontent.com/pod-product-compliance
Lightning Source LLC
Chambersburg PA
CBHW060628170426
43199CB00012B/1481